説文解字
校訂本

（漢）許慎 著
班吉慶 王劍 王華寶 點校

筆畫檢字表
常用字漢語拼音檢字表

（第二版）

鳳凰出版社

圖書在版編目（CIP）數據

說文解字校訂本/（漢）許慎著；班吉慶、王劍、王華寶點校. --南京：鳳凰出版社，2004.4（2025.3重印）
ISBN 978-7-80643-189-4

Ⅰ. 說… Ⅱ. ①許… ②班…③王…④王… Ⅲ. 說文解字—校勘 Ⅳ. H161

中國版本圖書館CIP數據核字（2004）第026301號

書　　名	說文解字校訂本
著作权人	(漢)許慎 著　班吉慶、王劍、王華寶 點校
責任編輯	王　劍
責任監製	程明嬌
出版發行	鳳凰出版社(原江蘇古籍出版社) 發行部電話025-83223462
出版社地址	江蘇省南京市中央路165號,郵編:210009
照　　排	南京凱建文化發展有限公司
印　　刷	江蘇鳳凰新華印務集團有限公司 中國江蘇南京經濟技術開發區堯新大道399號,郵編:210038
開　　本	880毫米×1230毫米　1/32
印　　張	19.25
字　　數	568千字
版　　次	2004年4月第1版　2012年2月第2版
印　　次	2025年3月第8次印刷
標準書號	ISBN 978-7-80643-189-4
定　　價	58.00圓 (本書凡印裝錯誤可向承印廠調換,電話:025-68037411)

第二版修訂説明

《説文解字校訂本》自2004年出版以來，一直受到广大讀者的喜愛，至2009年，已重印3次。2012年又將重印。借這次重印之機，對原書的索引作部分修訂，主要對《常用字漢語拼音檢字表》進行適當擴充，同時對新增加的字，在正文中亦加以括注。

一些常用字，可能不止一個源頭。如“粗”字，原檢字表只收米部的“粗”字。而鹿部的“麤”字，曾經作爲“粗”的異體字，在很長一段時間内流行，這次增收“(粗)”字，就是要説明，現代漢語常用字中的“粗”字，實際上有兩個源頭，一是《説文》米部的本字“粗”，一是與此同音而異義的鹿部的“麤”字。與此情况相類似的，還有“澀”字。《説文》止部有“歰”字，其義爲“不滑也”；水部又有“濇”字，其義亦爲“不滑也”。這兩個字，很有可能都是“澀”字的源頭。

另一種情况是《説文》的本字不再流行，而與其對應的俗字成爲主體規範字。如“燈”字，不見於《説文》，實際上，在《説文》中是有這個字的，其本字即是金部的“鐙”字。這次加收“(燈)”字，就是爲了讓人們了解，《説文》中并不是没有“燈”字，只是因時代的變化，原來的規範字變成了異體字，後來的俗字反而成了規範字。當然，“燈”字簡化作“灯”後，人們更不容易追根溯源了。

再如，一些字，現在的字形，與古代完全一樣，但讀音和字義却不同。這些字，太過於平常，人們反而想不起來將其與《説文》聯繫起來，如簡化字“赶”字，在今天，是一個標準的常用字，通常

認爲是由“趕”字簡化而來，但這個字形在《説文》中就已經出現，只不過其意義與今天差别較大而已。在索引中增加這一類字，對現代漢語常用字字形的溯源是很有幫助的。同樣是常用字的“敢”字，在很多《説文》檢字中都找不到，因爲這個字在隸變前後的變化實在是太大了，隸變前作“㪿”，與隸變後的字形幾乎找不到任何共同點。

總之，這次對《常用字漢語拼音檢字表》的修訂，儘量將現在還在使用的字，在《説文》中找到其源頭，不管是字義的源頭，還是字形的源頭，爲人們對還活着的漢字溯源作一點嘗試。

2012 年 3 月

目　　録

序

徐　復

東漢許慎爲我國學術史上著名的經學家和語言文字學家。他博通經典,有"五經無雙許叔重"之稱,可見學人對其崇敬之情。其學術成就主要體現於《説文解字》和《五經異義》二書之中。

《説文解字》是我國第一部體大思精的解釋文字的開山之作。寫作宗旨如其自序所云,意在糾正時人主要是今文家根據隸書形體穿鑿字義、進而附會義理之弊,力求準確解釋字形之來源,正確領會文獻之内容。正如北齊顔之推所云:"學者不讀《説文》,則冥冥之中,不知一點一畫有何意焉。"其爲後世繩譽有如此者。許氏運用六書理論,系統解釋字形、字義,并在分析形聲、假借以及注明音讀時旁涉字音,從而在文字、聲韵、訓詁等方面均有所繼承,並多有創獲。《説文》至今仍爲整理古籍不可或缺的重要工具書。

數十年來,余於《説文》猶三致意焉。20 世紀 30 年代初,就讀金陵大學,即有幸親聆蘄春黄季剛先生講授《説文》,撰有《文字考釋》、《〈説文〉疑義舉例》。後至蘇州章氏國學講習會從章太炎先生問學,續有所聞,撰《葑漢大師〈説文〉講記》、《〈説文部首韵語注〉補誼》等。余平生治學,得益於《説文》一書爲多,故常以先師所開示之小學十書誘導後生,許書即列爲根柢書之首,爲究心傳統學術者不可不讀。舊曾與宋君文民整理點校段玉裁《説文解字注》,又以五百四十部爲《説文》之綱領,明辨之可收舉一反三之效,因考成説,參閲傳世文獻與甲骨、金文等,於去歲成《説文五百四十部首正解》。切望能於初學者有所啓發,於"説文學"有所助益,則平生之願畢矣。

又有好學者欲讀《説文》全帙，苦於舊本之差訛與繁難，冀有便讀之整理本。復聞近年滬上有《康熙字典》整理本之舉，學林稱便。《説文》若得新整理本，亦“説文學”推而廣之之善事也，余心許之，而力有不逮焉。適有友生華寶，携《説文解字校訂本》校樣來請序，因欣然接談，展讀多日。該校訂本由班吉慶、王劍、王華寶三人合力完成。班吉慶教授研究《説文》有年，載譽學壇；王劍爲余執友周大璞先生之高弟，學養俱優；華寶則從余遊二十年，勤奮好學，述作斐然。三人相互切磋，成此新書，實爲有志之士可稱道者。

該校訂本以清同治十二年陳昌治刻本爲工作底本，以嘉慶十四年孫星衍覆刊宋刻大徐本爲主校本。因陳本系據孫氏覆刊宋本而刻，而孫本悉依宋本，雖有訛誤，亦沿而不改，校勘有不足之處。孫本之誤，陳本雖有所訂正，翻刻之時，又滋生一些新訛誤，今雖不應苛責古人，然其貽誤不予釐訂，則難免以訛傳訛。而今三人參考段、桂、王、朱等《説文》大家之作，以及今人研究成果，進行校勘，是正文字，傳可信之本，此書之一善也。全書有較科學的校改體例，既保存舊貌，又有所訂正，當爲二善。全書加新式標點，以現代辭書形式進行編排，首列楷書字頭，次列原書小篆，後加注漢語拼音，便於閲讀、查檢，則三善也。全書注音以孫愐《唐韻》切語爲依據，按反切條例拼讀，用漢語拼音注音；孫愐反切與今音不同者，括注今音。這樣便於讀者迅速讀出字音，且方便讀者將反切與拼音對照，學習反切原理，瞭解古音與今音之異，此四善也。舊有《説文》之筆畫索引，多受陳昌治本《檢字》影響，在同一筆畫數下依《説文》部首順序排列，無法快速定位檢字；該書按現代標準字形，新編筆畫索引，則方便、準確；同時，所編《常用字漢語拼音檢字表》，便於讀者依音檢字，節省時間，此乃五善矣。

有此五善，則此校訂本於讀《説文》者多有匡助，其功亦大矣。余耄矣，願後起者益發憤以精進也！會華寶來，與談文字音韻，貢其芻思，遂序其書云爾。

二〇〇三年十二月於鳴謙室

孫氏重刊宋本《説文》序

唐虞三代五經文字燬于暴秦，而存于《説文》。《説文》不作，幾于不知六義。六義不通，唐虞三代古文不可復識，五經不得其本解。《説文》未作已前，西漢諸儒得壁中古文書不能讀，謂之“逸十六篇。《禮記》，七十子之徒所作”。其釋孔悝鼎銘“興舊耆欲”及“對揚以辟之勤大命”，或多不詞，此其證也。

許叔重不妄作，其九千三百五十三字，即史籀大篆九千字。故云：“叙篆文，合以古籀。”既并《倉頡》《爰歷》《博學》《凡將》《急就》以成書，又以壁經、鼎彝、古文爲之左證，得重文一千一百六十三字。其云“古文、籀文”者，明本字篆文；其云“篆文”者，本字即籀、古文。如古文爲弌、爲式，必先有一字、二字，知本字即古文。而世人以《説文》爲大、小篆，非也。

倉頡之始作，先有文而後有字。六書象形、指事多爲文，會意、諧聲多爲字，轉注、假借文字兼之。

象形，如人爲大、烏爲於、黽爲黽之屬，有側視形、正視形；牛、羊、犬、豕、萬、兕之屬，有面視形、後視、旁視形。

如龍之類，从肉指事，以童省諧聲，有形兼事、又兼聲，不一而足。諧聲，有省聲、轉聲。社，土聲；杏，從可省聲之屬，皆轉聲也。

指事别于會意者，會，合也。二字相合爲會意。故“反正爲乏”爲指事，“止戈爲武”、“皿蟲爲蠱”爲會意也。

轉注最廣，建類一首，如禎、祥、祉、福、祐，同在《示部》也；同意相受，如禎，祥也；祥、祉，福也；福，祐也；同義轉注以明之。推廣之，如《爾雅·釋詁》：“肇、祖、元、胎，始也。”“始”爲建類一首，“肇”、“祖”、“元”、“胎”爲同意相受。後人泥“考”、“老”二字，有“左回右注”之説，是不求之注義，而求其字形，謬矣。

《説文》作後，同時鄭康成注經，晋灼注史，已多引據其文。三國時嚴畯、六朝江式諸人，多爲其學。吕忱《字林》、顧野王《玉篇》，亦本此書增廣文字。至唐李陽冰習篆書，手爲寫定，然不能墨守，或改其筆蹟。今戴侗《六書故》引唐本是也。南唐徐鉉及弟鍇，增修其文，各執一見。鍇有《繫傳》，世無善本。而諧聲、讀若之字，多于鉉本。鉉不知轉聲，即加删落。又增新附及新修十九文，用俗字作篆。然唐人引《説文》有在新附者，豈鉉有所本與？鍇又有《五音韻譜》，依李舟《切韻》，改亂次第，不復分别新附，僅有明刻舊本。

漢人之書多散佚，獨《説文》有完帙，蓋以歷代刻印得存。而傳寫脱誤，亦所不免。大氐"一曰"已下，義多假借，後人去之。如"祖"本"始廟"，又爲"祈請道神"，見《初學記》引嵇含《祖道賦序》。"渾"本"混流"，又爲"測儀器也"，見《太平御覽》。"日"本"太陽之精"，又"君象也"，見《事類賦》注。"苛"本"小草"，又曰"尤劇也"，見《一切經音義》。"戲"本"偏軍"，又曰"相弄也"，見《太平御覽》。此類甚多，姑舉一二。或節省其文，如"稷，田正也。自商已來，周弃主之。"見《大觀本草》唐本。"橘，碧樹而冬生。"見《韻會》。"毋，古人言毋猶今人言莫。"見《尚書》《禮記》疏。"山，凡天下名山，出銅之山四百六十七，出鐵之山三千六百有九。"見《〈爾雅〉釋文》。"鮪，一名江豚，多膏少肉。"見《晉書音義》。"兕，皮堅厚可以爲鎧。嶓冢之山，其獸多兕。"見《蓺文類聚》。或失其要義，如"月食則望，日食則朔。"見《史記正義》，當在"有"字下。"耤，古者天子躬耕，使民如借。"見《初學記》。"無底曰囊，有底曰橐。"見《〈詩〉釋文》。"大曰瀆，小曰涔。""天生曰鹵，人生曰鹽。"見《一切經音義》。"柽所以質地，梏所以告天。"見《〈周禮〉釋文》。"瓯，瓦器，受六合。"見《史記索隱》。或引字移易，如《御覽》引"琛，寶也。"乃"珍"字。《廣韻》引"瞑，耳不相聽也。"乃"睽，目不相聽也。"《初學記》引"池，陂也。"即"陂"下"一曰：沱也。"《一切經音義》引"緦，蜀布也。"乃"緒"解。或妄改其文，如"坏，丘一成也。"見《水經注》、《太平御覽》，今依僞《孔傳》改作"再成"。"墓，兆域也。""葑，大也。"見《〈爾雅〉釋文》及疏，今葑作葼，墓作邱也。"莍，裹如裘也。"見《〈爾雅〉釋文》，今作"表如裹也。""蟹六足二螯也。"見《荀子》楊倞注。足當爲跪，言足之屈折處，今改八足二敖。俱由增修者不通古義。賴有唐人

北宋書傳引據，可以是正文字。

宋本亦有譌舛，然長于今世所刊毛本者甚多。如“中，而也。”“而”爲誤字。然知“而”是“内”之譌。今改作“和也”，便失其意。誠，引《周書》曰：“不能誠于小民。”今依《書》作“丕”。不、丕俱語助詞。“矯，揉箭箝也。”今本“箝”作“箱”。“帎，幏裂也。”今本作“祭”。“息，喘也。”今本作“端”。“蘜，以秋華。”今本作“似秋華”。“揖，攘也。”“扶，左也。”今本作“讓”作“佐”。“瘨，腹張。”今本作“脹”。或違《説文》本義，或無其字。毛晋初印本亦依宋大字本翻刊，後以《繫傳》刓補，反多紕繆。

朱學士筠視學安徽，閔文人之不能識字，因刊舊本《説文》，廣布江左右，其學由是大行。按其本亦同毛氏。近有刻小字宋本者，改大其字，又依毛本校定，無復舊觀。吾友錢明經坫、姚修撰文田、嚴孝廉可均、鈕居士樹玉及予手校本，皆檢録書傳所引《説文》異字異義，參考本文。至嚴孝廉爲《説文校議》，引證最備。

今刊宋本，依其舊式。即有譌字，不敢妄改，庶存闕疑之意。古人云：“誤書思之，更是一適。思其致誤之由，有足正古本者。”舊本既附以孫愐音切，雖不合漢人聲讀，傳之既久，亦姑仍之。以傳注所引文字異同，别爲條記，附書而行。又屬顧文學廣圻手摹篆文。辨白然否，校勘付梓。其有遺漏舛錯，俟海内知音正定之。

今世多深于《説文》之學者，蒙以爲漢人完帙，僅存此書，次第尚可循求。倘加校訂，不合亂其舊次，增加俗字。唐人引據多誤，以《字林》爲《説文》。張參、唐元度不通六書，所引不爲典要。並不宜取以更改正文。後有同志，或鑒于斯。

嘉慶十四年太歲己巳，陽湖孫星衍撰。

凡　例

一、本書以清同治十二年(1873)陳昌治刻本(以下簡稱陳本)爲工作底本,以清嘉慶十四年(1809)孫星衍覆刊宋刻大徐本(以下簡稱孫本)爲主校本,參考段玉裁《説文解字注》,桂馥《説文解字義證》,王筠《説文句讀》、《説文釋例》,朱駿聲《説文通訓定聲》等古代《説文》大家的著作,以及今人的研究成果,進行標點、校勘。

二、本書以現代常見的辭書形式進行編排,以便於現代人閲讀、查檢。本書首列楷書字頭,次列原書小篆。在小篆後加注漢語拼音。楷書字頭與後起通用字不同時,將後起通用字用圓括號( )列於拼音之後,以便於對照,如:姕,sǎo(嫂)。

三、凡《説文》原文所列異體字及後起異體字、古今字,均列入拼音後的括號中,以便對照。

四、文字校勘,參照衆本。

凡孫本原書不誤而陳本誤改、誤刻者,一律徑改,如艸部:“茦,莿也。”陳本“莿”誤作“莉”;角部:“觬,从角,兒聲。”陳本“兒”誤作“皃”。木部:“椯,一曰揣度也。”陳本“揣”誤作“椯”。絲部:“𢇍,織絹。从糸貫杼也。从絲省,丱聲。古還切。”陳本“古還切”三字誤入正文。見部:“覜,諸矦三年大相聘曰覜。覜,視也。”陳本將説解中的二“覜”字誤作“頫”。

凡孫本原誤,陳本據他本改正并出校記者,沿用陳本,不作改動。

凡孫本原誤,陳本據他本改正但未出校記者,保留孫本誤

字,用圓括號( )將正字標注其後。

凡孫本原誤而陳本因襲者,在誤字之後,用圓括號( )將正字標出,如艸部:“莙,井(牛)藻也。”“井”,當作“牛”。“蒸,折(析)麻中榦也。”“折”,當作“析”。艸部:“藍,監(濫)聲。”“監”,當作“濫”。口部:“嘮,唬(號)也。”“唬”,當作“號”。鳥部:“鴂,古宂(穴)切。”“宂”,當作“穴”。虫部:“蚼,北方肓(有)蚼犬食人。”“肓”,當作“有”。

凡脱字、漏字,於相應之處用方括號[ ]補出,如艸部:“萃,艸[聚]皃。”“艸”下脱“聚”字。口部:“嘵,懼[聲]也。”“懼”下脱“聲”字。

凡衍文,則在衍文之後用小字加按語説明,如艸部:“蓁,蓁按:蓁字衍。月爾也。”牛部:“牣,牣按:牣字衍。滿也。”

五、本書字形,儘量從陳昌治本和孫星衍本,一般的異體字,均不作改動;對於孫本原來不一致的地方,如侯矦、禮礼互出者,亦依原書照排,不作統一,以儘可能保留其原貌。凡避諱字,無論是宋代還是清代,均徑改爲正字,如𠀉丘、𰯌匡、𢆯玄等。

六、注音以徐鉉據唐代孫愐《唐韻》所注切語爲依據,按反切條例拼讀,用漢語拼音注音。其反切與今音不同者,在漢語拼音之後,用圓括號加注今音,如木部:“棆,陟倫切。”反切拼讀爲 zhūn,今音爲 lún,則標爲“zhūn(今音 lún)”。原書收兩個切語者,則依次標注,以斜綫隔開,如人部:“儇,吐猥切,又魚罪切”,則標作“tuǐ/wèi”。原缺反切者,按今音補出漢語拼音。

七、《説文》部首目録所列部首后的數字,爲《説文》五百四十部首的序號。

八、本書附有《筆畫檢字表》、《常用字漢語拼音檢字表》。

《説文》部首目録

卷三上

卷三下

卷四上

卷四下

卷五上

卷五下

卷六上

卷六下

卷八上

卷八下

卷十二上

卷十二下

説文解字　卷一上

十四部　六百七十二文　重八十一　凡萬六百三十九字　文三十一新附

一　yī　惟初太始，道立於一。造分天地，化成萬物。凡一之屬皆从一。於悉切。　古文一。

元　yuán　始也。从一，从兀。徐鍇曰："元者，善之長也，故从一。"愚袁切。

天　tiān　顛也，至高無上。从一、大。他前切。

丕　pī　大也。从一，不聲。敷悲切。

吏　lì　治人者也。从一，从史，史亦聲。徐鍇曰："吏之治人，心主於一，故从一。"力置切。

文五　重一

丄　shàng（上）　高也。此古文上，指事也。凡丄之屬皆从丄。時掌切。　篆文丄。

帝　dì　諦也。王天下之號也。从丄，朿聲。都計切。　古文帝。古文諸丄字皆从一，篆文皆从二。二，古文上字，辛、示、辰、龍、童、音、章，皆从古文上。

旁　páng（旁）　溥也。从二，闕，方聲。步光切。　古文旁。　亦古文旁。　籀文。

丅　xià（下）　底也。指事。胡雅切。　篆文丅。

文四　重七(六)

示　shì　天垂象，見吉凶，所以示人也。从二；二，古文上字。三垂，日月星也。觀乎天文，以察時變。示，神事也。凡示之屬皆从示。神至切。　古文示。

祜　hù　上諱。臣鉉等曰："此漢安帝名也。福也。當从示，古聲。"候古切。

禮　lǐ　履也，所以事神致福也。从示，从豊，豊亦聲。靈啓切。　古文禮。

禧　xī（今音 xǐ）　禮吉也。从示，喜聲。許其切。

禛 zhēn　以真受福也。从示，真聲。側鄰切。

禄 lù　福也。从示，录聲。盧谷切。

褫 sī　福也。从示，虒聲。息移切。

禎 zhēn　祥也。从示，貞聲。陟盈切。

祥 xiáng　福也。从示，羊聲。一云：善。似羊切。

祉 zhǐ　福也。从示，止聲。敕里切。

福 fú　祐也。从示，畐聲。方六切。

祐 yòu　助也。从示，右聲。于救切。

祺 qí　吉也。从示，其聲。渠之切。

籀文从基。

祗 zhī　敬也。从示，氐聲。旨移切。

禔 shí(今音 zhī)　安福也。从示，是聲。《易》曰："禔既平。"市支切。

神 shén　天神，引出萬物者也。从示、申[聲]。食鄰切。

祇 qí　地祇，提出萬物者也。从示，氏聲。巨支切。

祕 bì(今音 mì，秘)　神也。从示，必聲。兵媚切。

齋 zhāi　戒，潔也。从示，齊省聲。側皆切。

籀文齋，从𩟶省。𩟶音禱。

禋 yīn　潔祀也。一曰：精意以享爲禋。从示，垔聲。於真切。

籀文，从宀。

祭 jì　祭祀也。从示，以手持肉。子例切。

祀 sì　祭無已也。从示，巳聲。詳里切。

祀，或从異。

祡 chái　燒祡(柴)燓燎以祭天神。从示，此聲。《虞書》曰："至于岱宗，祡。"仕皆切。

古文祡，从隋省。

禷 lèi　以事類祭天神。从示，類聲。力遂切。

祪 guǐ　祔、祪，祖也。从示，危聲。過委切。

祔 fù　後死者合食於先祖。从示，付聲。符遇切。

祖 zǔ　始廟也。从示，且聲。則古切。

𥛱 bēng　門内祭，先祖所以徬徨。从示，彭聲。《詩》曰："祝祭于𥛱。"補盲切。

𥛱，或从方。

祰 kǎo(今音 gào)　告祭也。从示，从告聲。按：

从告聲，从字衍。苦浩切。

祏 shí　宗廟主也。《周禮》有郊、宗、石室。一曰：大夫以石爲主。从示，从石，石亦聲。常隻切。

𥙊 bǐ　以豚祠司命。从示，比聲。《漢律》曰：“祠𥙊司命。”卑履切。

祠 cí　春祭曰祠。品物少，多文詞也。从示，司聲。仲春之月，祠不用犧牲，用圭璧及皮幣。似兹切。

礿 yuè　夏祭也。从示，勺聲。以灼切。

禘 dì　諦祭也。从示，帝聲。《周禮》曰：“五歲一禘。”特計切。

祫 xiá　大合祭先祖親疏遠近也。从示、合。《周禮》曰：“三歲一祫。”侯夾切。

祼 guàn　灌祭也。从示，果聲。古玩切。

𥜹 cuì　數祭也。从示，毳聲。讀若春麥爲𥜹之𥜹。臣鉉等曰：“春（舂）麥爲𥜹，今無此語，且非異文。所未詳也。”此芮切。

祝 zhù　祭主贊詞者。从示，从人、口。一曰：从兑省。《易》曰：“兑爲口爲巫。”之六切。

𥛚 liù　祝𥛚也。从示，留聲。力救切。

祓 fú　除惡祭也。从示，犮聲。敷勿切。

祈 qí　求福也。从示，斤聲。渠稀切。

禱 dǎo　告事求福也。从示，壽聲。都浩切。

禱或省。籀文禱。

禜 yòng　設緜蕝爲營，以禳風雨、雪霜、水旱、癘疫於日月星辰山川也。从示，榮（營）省聲。一曰：禜衛，使灾不生。《禮記》曰：“雩，禜。祭水旱。”爲命切。

禳 ráng　磔禳祀，除癘殃也。古者燧人禜子所造。从示，襄聲。汝羊切。

禬 guì　會福祭也。从示，从會，會亦聲。《周禮》曰：“禬之祝號。”古外切。

禪 shàn　祭天也。从示，單聲。時戰切。

禦 yù　祀也。从示，御聲。魚舉切。

䄆 huó（祜）　祀也，从示，昏聲。古末切。

禖 méi　祭也。从示，某聲。莫桮切。

𥜒 xǔ　祭具也。从示，胥聲。私吕切。

祳 shèn　社肉，盛以蜃，故謂之祳。天子所以親遺

同姓。从示，辰聲。《春秋傳》曰：“石尚來歸祳。”時忍切。

祴 gāi　宗廟奏祴樂。从示，戒聲。古哀切。

禡 mà　師行所止，恐有慢其神，下而祀之曰禡。从示，馬聲。《周禮》曰：“禡於所征之地。”莫駕切。

禂 dǎo　禱牲馬祭也。从示，周聲。《詩》曰：“既禡既禂。”或从馬，壽省聲。都皓切。

社 shè　地主也。从示、土。《春秋傳》曰：“共工之子句龍爲社神。”《周禮》：“二十五家爲社，各樹其土所宜之木。”常者切。古文社。

禓 yáng　道上祭。从示，昜聲。与章切。

祲 jìn　精氣感祥。从示，侵省聲。《春秋傳》曰：“見赤黑之祲。”子林切。

禍 huò　害也，神不福也。从示，咼聲。胡果切。

祟 suì　神禍也。从示，从出。雖遂切。

籀文祟，从䨻省。

祅 yāo　地反物爲祅也。从示，芺聲。於喬切。

祘 suàn　明視以筭之。从二示。《逸周書》曰：“士分民之祘，均分以祘之也。”讀若筭。蘇貫切。

禁 jìn　吉凶之忌也。从示，林聲。居蔭切。

禫 dàn　除服祭也。从示，覃聲。徒感切。

文六十按：當爲六十三。　**重十三**

禰 nǐ　親廟也。从示，爾聲。一本云古文禮也。泥米切。

祧 tiāo　遷廟也。从示，兆聲。他彫切。

祆 xiān　胡神也。从示，天聲。火千切。

祚 zuò　福也。从示，乍聲。臣鉉等曰：“凡祭必受胙，胙即福也。此字後人所加。”徂故切。

文四新附

三 sān　天地人之道也。从三數。凡三之屬皆从三。蘇甘切。古文三，从弋。

文一　重一

王 wáng　天下所歸往也。董仲舒曰：“古之造文者，三畫而連其中謂之王。三者，天、地、人也，而參通之者，王也。”孔子曰：“一貫三爲王。”凡王之屬皆从王。李陽冰曰：“中畫

近上，王者則天之義。”雨方切。 古文王。

閏 rùn　餘分之月，五歲再閏。告朔之禮，天子居宗廟，閏月居門中。从王在門中。《周禮》曰：“閏月，王居門中，終月也。”如順切。

皇 huáng　大也。从自、[王]。自，始也。始皇(王)者，三皇，大君也。自讀若鼻。今俗以始生子爲鼻子。胡光切。

文三　重一

玉 yù　石之美，有五德：潤澤以温，仁之方也；䚡理自外，可以知中，義之方也；其聲舒揚，專以遠聞，智之方也；不橈而折，勇之方也；鋭廉而不技(忮)，絜之方也。象三玉之連。丨，其貫也。凡玉之屬皆从玉。陽冰曰：“三畫正均，如貫玉也。”魚欲切。 古文玉。

璙 liáo　玉也。从玉，尞聲。洛簫切。

瓘 guàn　玉也。从玉，雚聲。《春秋傳》曰：“瓘斝。”工玩切。

璥 jǐng　玉也。从玉，敬聲。居領切。

琠 diǎn(今音 tiǎn)　玉也。从玉，典聲。多殄切。

瓇 róu(今音 náo)　玉也。从玉，夒聲。讀若柔。耳由切。

瓑 lì　玉也。从玉，毄聲。讀若鬲。郎擊切。

璠 fán　璵璠，魯之寶玉。从玉，番聲。孔子曰：“美哉璵璠。遠而望之，奂若也；近而視之，瑟若也。一則理勝，二則孚勝。”附袁切。

璵 yú　璵璠也。从玉，與聲。以諸切。

瑾 jǐn　瑾瑜，美玉也。从玉，堇聲。居隱切。

瑜 yú　瑾瑜，美玉也。从玉，俞聲。羊朱切。

玒 hóng　玉也。从玉，工聲。户工切。

琜 lái　琜瓄，玉也。从玉，來聲。落哀切。

瓊 qióng　赤玉也。从玉，夐聲。渠營切。

瓊，或从矞。 瓊，或从巂。

瓊，或从旋省。臣鉉等曰：“今與璿同。”

珦 xiàng　玉也。从玉，向聲。許亮切。

瓎 là　玉也。从玉，剌聲。盧達切。

珣 xún　醫無閭珣玗琪，《周書》所謂夷玉也。从玉，旬聲。一曰：器。讀若宣。

相倫切。

璐 lù 玉也。从玉，路聲。洛故切。

瓚 zàn 三玉二石也。从玉，贊聲。《禮》："天子用全，純玉也；上公用駹，四玉一石；侯用瓚；伯用埒，玉石半相埒也。"徂贊切。

瑛 yīng 玉光也。从玉，英聲。於京切。

璑 wú 三采玉也。从玉，無聲。武扶切。

珛 xiù 朽玉也。从玉，有聲。讀若畜牧之畜。許救切。

璿 xuán 美玉也。从玉，睿聲。《春秋傳》曰："璿弁玉纓。"似沿切。 古文璿。 籒文璿。

球 qiú 玉聲也。从玉，求聲。巨鳩切。

球，或从翏。

琳 lín 美玉也。从玉，林聲。力尋切。

璧 bì 瑞玉圜也。从玉，辟聲。比激切。

瑗 yuàn 大孔璧。人君上除陛以相引。从玉，爰聲。《爾雅》曰："好倍肉謂之瑗，肉倍好謂之璧。"王眷切。

環 huán 璧也，肉好若一謂之環。从玉睘聲。户關切。

璜 huáng 半璧也。从玉，黄聲。户光切。

琮 cóng 瑞玉。大八寸，似車釭。从玉，宗聲。藏宗切。

琥 hǔ 發兵瑞玉，爲虎文。从玉，从虎，虎亦聲。《春秋傳》曰："賜子家雙琥。"呼古切。

瓏 lóng 禱旱玉，龍文。从玉，从龍，龍亦聲。力鍾切。

琬 wǎn 圭有琬者。从玉，宛聲。於阮切。

璋 zhāng 剡上爲圭，半圭爲璋。从玉，章聲。《禮》："六幣：圭以馬，璋以皮，璧以帛，琮以錦，琥以繡，璜以黼。"諸良切。

琰 yǎn 璧上起美色也。从玉，炎聲。以冉切。

玠 jiè 大圭也。从玉，介聲。《周書》曰："稱奉介圭。"古拜切。

瑒 chàng(今音 yáng) 圭，尺二寸，有瓚，以祠宗廟者也。从玉，昜聲。丑亮切。

瓛 huán 桓圭，公所執。从玉，獻聲。胡官切。

珽 tǐng 大圭，長三尺，抒上，終葵首。从玉，廷聲。他鼎切。

瑁 mào　諸侯執圭朝天子，天子執玉以冒之。似犂冠。《周禮》曰："天子執瑁，四寸。"从玉、冒，冒亦聲。莫報切。

古文省。

璬 jiǎo　玉佩。从玉，敫聲。古了切。

珩 héng　佩上玉也，所以節行止也。从玉，行聲。户庚切。

玦 jué　玉佩也。从玉，夬聲。古穴切。

瑞 ruì　以玉爲信也。从玉，耑［聲］。徐鍇曰："耑，諦也。會意。"是僞切。

珥 ěr　瑱也。从玉、耳，耳亦聲。仍吏切。

瑱 tiàn　以玉充耳也。从玉，真聲。《詩》曰："玉之瑱兮。"臣鉉等曰："今充耳字更从玉旁充，非是。"他甸切。

瑱，或从耳。

琫 běng　佩刀上飾，天子以玉，諸侯以金。从玉，奉聲。邊孔切。

珌 bì　佩刀下飾，天子以玉。从玉，必聲。卑吉切。

璏 zhì　劍鼻玉也。从玉，彘聲。直例切。

瑵 zhǎo（璪）　車蓋玉瑵。从玉，蚤聲。側絞切。

瑑 zhuàn　圭璧上起兆瑑也。从玉，篆省聲。《周禮》曰："瑑圭璧。"直戀切。

珇 zǔ　琮玉之瑑。从玉，且聲。則古切。

⿰王綦 qí　弁飾，往往冒玉也。从玉，綦聲。渠之切。

⿰王綦，或从基。

璪 zǎo　玉飾，如水藻之文。从玉，喿聲。《虞書》曰："璪火黺米。"子皓切。

瑬 liú　垂玉也，冕飾。从玉，流聲。力求切。

⿰王𠷎 shú（璹）　玉器也。从玉，𠷎聲。讀若淑。殊六切。

瓃 léi　玉器也。从玉，畾聲。臣鉉等案："靁字注，象回轉之形。畾不成字。凡从畾者，並當从靁省。"魯回切。

瑳 cuō　玉色鮮白。从玉，差聲。七何切。

玼 cǐ　玉色鮮也。从玉，此聲。《詩》曰："新臺有玼。"千礼切。

璱 sè　玉英華相帶如瑟弦。从玉，瑟聲。《詩》曰："瑟彼玉瓚。"所櫛切。

瑮 lì（瑮）　玉英華羅列秩秩。从玉，㮚聲。《逸論語》曰："玉粲之璱兮，其瑮猛也。"力質切。

瑩 yíng 玉色。从玉，熒省聲。一曰：石之次玉者。《逸論語》曰："如玉之瑩。"烏定切。

璊 mén 玉䞓色也。从玉，㒼聲。禾之赤苗謂之虋，言璊玉色如之。莫奔切。

玧 璊，或从允。

瑕 xiá 玉小赤也。从玉，叚聲。乎加切。

琢 zhuó 治玉也。从玉，豖聲。竹角切。

琱 diāo 治玉也。一曰：石似玉。从玉，周聲。都寮切。

理 lǐ 治玉也。从玉，里聲。良止切。

珍 zhēn 寶也。从玉，㐱聲。陟鄰切。

玩 wàn（今音 wán） 弄也。从玉，元聲。五換切。

貦 玩，或从貝。

玲 líng 玉聲。从玉，令聲。郎丁切。

瑲 qiāng 玉聲也。从玉，倉聲。《詩》曰："鞗革有瑲。"七羊切。

玎 dīng 玉聲也。从玉，丁聲。齊太公子伋謚曰玎公。當經切。

琤 chēng 玉聲也。从玉，争聲。楚耕切。

瑣 suǒ 玉聲也。从玉，𧴪聲。蘇果切。

瑝 huáng 玉聲也。从玉，皇聲。乎光切。

瑀 yǔ 石之似玉者。从玉，禹聲。王矩切。

玤 běng（今音 bàng） 石之次玉者，以爲系璧。从玉，丰聲。讀若《詩》曰"瓜瓞菶菶"。一曰：若盒蚌。補蠓切。

玪 jiān 玪塾，石之次玉者。从玉，今聲。古函切。

塾 lè 玪塾也。从玉，勒聲。盧則切。

琚 jū 瓊琚。从玉，居聲。《詩》曰："報之以瓊琚。"九魚切。

璓 xiù 石之次玉者。从玉，莠聲。《詩》曰："充耳璓瑩。"息救切。

玖 jiǔ 石之次玉黑色者。从玉，久聲。《詩》曰："貽我佩玖。"讀若芑。或曰：若人句脊之句。舉友切。

𤤔 yí 石之似玉者。从玉，𦣞聲。讀若貽。與之切。

琅 yín 石之似玉者。从玉，艮聲。語巾切。

玴 yì 石之似玉者。从玉，曳聲。余制切。

璅 zǎo 石之似玉者。从玉，巢聲。子浩切。

璡 jīn　石之似玉者。从玉，進聲。讀若津。將鄰切。

璿 zēn　石之似玉者。从玉，朁聲。側岑切。

璁 cōng　石之似玉者。从玉，悤聲。讀若蔥。倉紅切。

琥 hào　石之似玉者。从玉，號聲。讀若鎬。乎到切。

瓂 xiá　石之似玉者。从玉，牽聲。讀若曷。胡捌切。

璺 wàn　石之似玉者，从玉，䁲聲。烏貫切。

璵 xiè　石之次玉者。从玉，燮聲。穌叶切。

玽 gǒu　石之次玉者。从玉，句聲。讀若苟。古厚切。

琂 yán　石之似玉者。从玉，言聲。語軒切。

璶 jìn　石之似玉者。从玉，盡聲。徐刃切。

琟 wéi　石之似玉者。从玉，隹聲。讀若維。以追切。

瑦 wǔ　石之似玉者。从玉，烏聲。安古切。

瑂 méi　石之似玉者，从玉，眉聲。讀若眉。武悲切。

璒 dēng　石之似玉者。从玉，登聲。都騰切。

玜 sī　石之似玉者。从玉，厶聲。讀與私同。息夷切。

玗 yú　石之似玉者。从玉，于聲。羽俱切。

玫 mò　玉屬。从玉，叏聲。讀若没。莫悖切。

瑎 xié　黑石似玉者。从玉，皆聲。讀若諧。户皆切。

碧 bì　石之青美者。从玉、石，白聲。兵尺切。

琨 kūn　石之美者。从玉，昆聲。《虞書》曰："楊州貢瑤琨。" 琨，或从貫。古渾切。

珉 mín　石之美者。从玉，民聲。武巾切。

瑤 yáo　玉之美者。从玉，䍃聲。《詩》曰："報之以瓊瑤。"余招切。

珠 zhū　蚌之陰精。从玉，朱聲。《春秋國語》曰："珠以禦火灾。"是也。章俱切。

玓 dì　玓瓅，明珠色。从玉，勺聲。都歷切。

瓅 lì　玓瓅。从玉，樂聲。郎擊切。

玭 pín　珠也。从玉，比聲。宋弘云："淮水中出玭

珠。”玭，珠之有聲[者]。步因切。 《夏書》玭从虫、賓。

珕 lì 蜃屬。从玉，劦聲。《禮》：“佩刀，士珕琫而珧珌。”臣鉉等曰：“劦亦音麗，故以爲聲。”郎計切。

珧 yáo 蜃甲也。所以飾物也。从玉，兆聲。《禮》云：“佩刀，天子玉琫而珧珌。”余昭切。

玫 méi(玫) 火齊，玫瑰也。一曰：石之美者。从玉，文聲。莫桮切。

瑰 guī 玫瑰。从玉，鬼聲。一曰：圜好。公回切。

璣 jī 珠不圜也。从玉，幾聲。居衣切。

琅 láng 琅玕，似珠者。从玉，良聲。魯當切。

玕 gān 琅玕也。从玉，干聲。《禹貢》：“雝州球琳琅玕。”古寒切。 古文玕。

珊 shān 珊瑚，色赤，生於海，或生於山。从玉，刪省聲。穌干切。

瑚 hú 珊瑚也。从玉，胡聲。户吴切。

珋 liú(珋) 石之有光[者]，璧珋也。出西胡中。从玉，丣聲。力求切。

琀 hàn(今音 hán) 送死口內玉也。从玉，从含，含亦聲。胡紺切。

鐅 yóu(今音 yǒu) 遺玉也。从玉，歔聲。以周切。

璗 dàng 金之美者，與玉同色。从玉，湯聲。《禮》：“佩刀，諸侯璗琫而璆珌。”徒朗切。

靈 líng 靈巫，以玉事神。从玉，霝聲。郎丁切。

靈，或从巫。

文一百二十六　重十七

珈 jiā 婦人首飾。从玉，加聲。《詩》曰：“副笄六珈。”古牙切。

璩 qú 環屬。从玉，豦聲。見《山海經》。彊魚切。

琖 zhǎn 玉爵也。夏曰琖，殷曰斝，周曰爵。从玉，戔聲。或从皿。阻限切。

琛 chēn 寶也。从玉，深省聲。丑林切。

璫 dāng 華飾也。从玉，當聲。都郎切。

琲 bèi 珠五百枚也。从玉，非聲。普乃切。

珂 kē 玉也。从玉，可聲。苦何切。

玘 qǐ 玉也。从玉，己聲。去里切。

珝 xǔ 玉也。从玉，羽聲。况主切。

璀　cuǐ　璀璨，玉光也。从玉，崔聲。七罪切。

璨　càn　玉光也。从玉，粲聲。倉案切。

琡　chù　玉也。从玉，叔聲。昌六切。

瑄　xuān　璧六寸也。从玉，宣聲。須緣切。

珙　gǒng　玉也。从玉，共聲。拘竦切。

文十四新附

玨　jué(珏)　二玉相合爲一玨。凡玨之屬皆从玨。古岳切。　玨，或从㱿。

班　bān　分瑞玉。从玨，从刀。布還切。

琫　fú　車笭閒皮篋，古者使奉玉以藏之。从車、玨。讀與服同。房六切。

文三　重一

气　qì　雲气也。象形。凡气之屬皆从气。去既切。

氛　fēn　祥气也。从气，分聲。符分切。

　氛，或从雨。

文二　重一

士　shì　事也。數始於一，終於十，从一从十。孔子曰：“推十合一爲士。”凡士之屬皆从士。鉏里切。

壻　xù　夫也。从士，胥聲。《詩》曰：“女也不爽，士貳其行。”士者，夫也。讀與細同。穌計切。　壻，或从女。

壯　zhuàng　大也。从士，爿聲。側亮切。

壿　cūn　舞也。从士，尊聲。《詩》曰：“壿壿舞我。”慈損切。

文四　重一

丨　gǔn　上下通也。引而上行讀若囟，引而下行讀若退。凡丨之屬皆从丨。古本切。

中　zhōng　内也。从口、丨，上下通。陟弓切。

　古文中。　籒文中。

㫃　chǎn　旌旗杠皃。从丨，从㫃，㫃亦聲。丑善切。

文三　重二

說文解字　卷一下

中　chè　艸木初生也,象丨出形,有枝莖也。古文或以爲艸字。讀若徹。凡中之屬皆从中。尹彤說。臣鉉等曰:"丨,上下通也,象艸木萌芽通徹地上也。"丑列切。

屯　zhūn　難也。象艸木之初生,屯然而難。从中貫一。一,地也。尾曲。《易》曰:"屯,剛柔始交而難生。"陟倫切。

每　měi　艸盛上出也。从中,母聲。臣鉉等案:"《左傳》'原田每每'。今别作莓,非是。"武罪切。

毒　dú　厚也。害人之艸,往往而生。从中,从毒(毐)。徒沃切。　古文毒,从刀、萺。

岁　fēn(芬)　艸初生,其香分布。从中,从分,分亦聲。撫文切。　芬(岁),或从艸。

𡴆　lù　菌𡴆,地蕈,叢生田中。从中,六聲。力竹切。

籀文𡴆,从三𡴆。

熏　xūn　火煙上出也。从中,从黑。中黑,熏黑也。許云切。

文七　重三

艸　cǎo(草)　百芔也。从二中。凡艸之屬皆从艸。倉老切。

莊　zhuāng　上諱。臣鉉等曰:"此漢明帝名也。从艸,从壯。未詳。"　古文莊。側羊切。

蓏　luǒ　在木曰果,在地曰蓏。从艸,从㼌。郎果切。

芝　zhī　神艸也。从艸,从之。按:从之,一作之聲。止而切。

萐　shà　萐莆,瑞艸也。堯時生於庖廚,扇暑而涼。从艸,疌聲。士洽切。

莆　fǔ　萐莆也。从艸,甫聲。方矩切。

虋　mén　赤苗,嘉穀(穀)也。从艸,釁聲。莫奔切。

荅　dá　小尗也。从艸,合聲。都合切。

萁　qí　豆莖也。从艸,其聲。渠之切。

藿　huò　尗之少也。从艸,靃聲。虚郭切。

莥　chǒu（今音 niǔ）　鹿藿之實名也。从艸，狃聲。敕久切。

蓈　láng　禾粟之采，生而不成者，謂之董蓈。从艸，郎聲。魯當切。　蓈，或从禾。

莠　yǒu　禾粟下[陽]生[者曰]莠。从艸，秀聲。讀若酉。与久切。

萉　fèi　枲實也。从艸，肥聲。房未切。

　萉，或从麻、賁。

芓　zì　麻母也。从艸，子聲。一曰：芓即枲也。疾吏切。

蘡　yì　芓也。从艸，異聲。羊吏切。

蘇　sū　桂荏也，从艸，穌聲。素孤切。

荏　rěn　桂荏，蘇。从艸，任聲。如甚切。

苵　shǐ　菜也。从艸，矢聲。失匕切。

葚　qǐ　菜之美者，雲夢之葚。从艸，豈聲。驅喜切。

葵　kuí　菜也。从艸，癸聲。彊惟切。

蘁　jiāng（薑）　禦溼之菜也。从艸，彊聲。居良切。

蓼　liǎo　辛菜，薔虞也。从艸，翏聲。盧鳥切。

葅　zǔ　菜也。从艸，祖聲。則古切。

蘧　qú　菜也，似蘇者。从艸，豦聲。彊魚切。

薇　wēi　菜也，似藿。从艸，微聲。無非切。

　籀文薇省。

蓶　wěi（今音 wéi）　菜也。从艸，唯聲。以水切。

菦　qín　菜，類蒿。从艸，近聲。《周禮》有“菦菹”。巨巾切。

釀　niàng　菜也，从艸，釀聲。女亮切。

莧　xiàn　莧菜也。从艸，見聲。侯澗切。

芋　yù（芋）　大葉實根，駭人，故謂之芋也。从艸，亏聲。徐鍇曰：“芋猶言吁。吁，驚辭，故曰駭人。”王遇切。

莒　jǔ　齊謂芋爲莒。从艸，吕聲。居許切。

蘧　qú　蘧麥也。从艸，遽聲。彊魚切。

菊　jú　大菊，蘧麥。从艸，匊聲。居六切。

葷　hūn　臭菜也。从艸，軍聲。許云切。

蘘　ráng　蘘荷也。一名：蒚葙。从艸，襄聲。汝羊切。

菁 jīng 韭華也。从艸，青聲。子盈切。

蘆 lú 蘆菔也。一曰：薺根。从艸，盧聲。落乎切。

菔 bó(今音 fú) 蘆菔，似蕪菁，實如小赤者。从艸，服聲。蒲北切。

苹 píng 蓱也，無根，浮水而生者。从艸，平聲。符兵切。

茞 chén 艸也。从艸，臣聲。稹鄰切。

蘋 pín 大蓱也。从艸，賓聲。符真切。

藍 lán 染青艸也。从艸，監聲。魯甘切。

藼 xuān 令人忘憂艸也。从艸，憲聲。《詩》曰："安得藼艸。" 或从煖。 或从宣。況袁切。

营 xiōng 营藭，香艸也。从艸，宮聲。去弓切。

芎 司馬相如説，营或从弓。

藭 qióng 营藭也。从艸，窮聲。渠弓切。

蘭 lán 香艸也。从艸，闌聲。落干切。

葌 jiān 艸，出吴林山。从艸，姦聲。古顏切。

葰 suī 薑屬，可以香口。从艸，俊聲。息遺切。

芄 wán 芄蘭，莞也。从艸，丸聲。《詩》曰："芄蘭之枝。"胡官切。

虈 xiāo 楚謂之蘺，晉謂之虈，齊謂之茝。从艸，嚻聲。許嬌切。

蘺 lí 江蘺，蘼蕪。从艸，離聲。吕之切。

茝 chǎi 虈也。从艸，𦣞聲。昌改切。

蘪 méi 蘪蕪也。从艸，麋聲。靡爲切。

薰 xūn 香艸也。从艸，熏聲。許云切。

[illegible] dú 水萹茿。从艸，从水，毒聲，讀若督。徒沃切。

萹 biān 萹茿也。从艸，扁聲。方沔切。

茿 zhú 萹茿也。从艸，筑省聲。陟玉切。

藒 qiè 芞輿也。从艸，楬聲。去謁切。

芞 qì 芞輿也。从艸，气聲。去訖切。

苺 měi 馬苺也。从艸，母聲。武罪切。

茖 gé 艸也。从艸，各聲。古額切。

苷 gān 甘艸也。从艸，从甘。古三切。

芧 zhù 艸也。从艸，予聲。可以爲繩。直吕切。

藎　jìn　艸也。从艸，盡聲。徐刃切。

莍　shù　艸也。从艸，述聲。食聿切。

荵　rěn　荵冬艸。从艸，忍聲。而軫切。

萇　cháng　萇楚，跳弋。一名：羊桃。从艸，長聲。直良切。

薊　jì　芺也。从艸，劍聲。古詣切。

蘲　lí　艸也。从艸，里聲。讀若釐。里之切。

藋　diào　釐艸也。一曰：拜商藋。从艸，翟聲。徒弔切。

芨　jī　堇艸也。从艸，及聲。讀若急。居立切。

葥　jiàn（萷）　山苺也。从艸，歬聲。子賤切。

蓩　mòu　毒艸也。从艸，務聲。莫候切。

茅　mǎo　卷耳也。从艸，務聲。亡考切。

蓡　shēn　人蓡，藥艸，出上黨。从艸，浸聲。山林切。

虊　luán　鳧葵也。从艸，攣聲。洛官切。

莀　lì　艸也，可以染留黃。从艸，戾聲。郎計切。

荍　qiáo　蚍虾也。从艸，收聲。渠遥切。

芘　pí　蕌也。从艸，毗聲。房脂切。

蕌　yǔ　艸也。从艸，禹聲。王矩切。

荑　tí　艸也。从艸，夷聲。杜兮切。

薛　xuē（薜）　艸也。从艸，辥聲。私列切。

苦　kǔ　大苦，苓也。从艸，古聲。康杜切。

菩　bèi　艸也。从艸，音聲。步乃切。

蕢　yì　蕢苢。从艸，啻聲。一曰蕢英。於力切。

茅　máo　菅也。从艸，矛聲。莫交切。

菅　jiān　茅也。从艸，官聲。古顔切。

蘄　qí　艸也。从艸，斳聲。江夏有蘄春亭。臣鉉等案：“《説文》無斳字，他字書亦無。此篇下有菥字，注云：江夏平春亭名，疑相承誤，重出一字。”渠支切。

莞　wán（今音 guǎn）　艸也，可以作席。从艸，完聲。胡官切。

藺　lìn　莞屬。从艸，閵聲。良刃切。

蒢　chú　黄蒢，職也。从艸，除聲。直魚切。

蒲　pú　水艸也，可以作席。从艸，浦聲。薄胡切。

蒻　ruò　蒲子，可以爲平席。从艸，弱聲。而灼切。

⿱艹深 shēn 蒲，蒻之類也。从艸，深聲。式箴切。

蓷 tuī 萑也。从艸，推聲。《詩》曰："中谷有蓷。"他回切。

萑 zhuī 艸多皃。从艸，隹聲。職追切。

茥 kuī 缺盆也。从艸，圭聲。苦圭切。

莙 jùn 井（牛）藻也。从艸，君聲。讀若威。渠殞切。

⿱艹睆 wán（今音 guān） 夫蘺也。从艸，睆聲。胡官切。

蒚 lì 夫蘺上也。从艸，鬲聲。力的切。

苢 yǐ（苡） 芣苢，一名馬舄，其實如李，令人宜子。从艸，目聲。《周書》所說。羊止切。

蕁 tán 芜藩也。从艸，尋聲。徒含切。

蕁，或从爻。

⿱艹毄 jī 艸也。从艸，毄聲。古歷切。

蓲 qiū 艸也。从艸，區聲。去鳩切。

⿱艹固 gù 艸也。从艸，固聲。古慕切。

⿱艹榦 gàn 艸也。从艸，榦聲。古案切。

藷 zhū 藷蔗也。从艸，諸聲。章魚切。

蔗 zhè 藷蔗也。从艸，庶聲。之夜切。

⿱艹毀 níng 牂⿱艹毀，可以作縻綆。从艸，毀聲。女庚切。

⿱艹賜 sì 艸也。从艸，賜聲。斯義切。

⿱艹中 zhōng 艸也。从艸，中聲。陟宮切。

萯 fù 王萯也。从艸，負聲。房九切。

芺 ǎo 艸也，味苦，江南食以下气。从艸，夭聲。烏皓切。

⿱艹弦 xián 艸也。从艸，弦聲。胡田切。

⿱艹圝 yòu 艸也。从艸，圝聲。圝，籒文囿。于救切。

莩 fū 艸也。从艸，孚聲。芳無切。

⿱艹寅 yín 兔苽也。从艸，寅聲。翼真切。

荓 píng 馬帚也。从艸，并聲。薄經切。

蕕 yóu 水邊艸也。从艸，猶聲。以周切。

荌 àn 艸也。从艸，安聲。烏旰切。

藄 qí 綦按：綦字衍。月爾也。从艸，綦聲。渠之切。

莃 xī 兔葵也。从艸，稀省聲。香衣切。

蕄 méng　灌渝。从艸，夢聲。讀若萌。莫中切。

蕧 fú　盜庚也。从艸，復聲。房六切。

苓 líng　卷耳也。从艸，令聲。郎丁切。

蘔 gòng / gàn（蘔）　艸也。从艸，贛聲。一曰：薏苢。古送切，又古禫切。

藑 qióng　茅，葍也。一名：蕣。从艸，敻聲。渠營切。

蒚 fù　葍也。从艸，富聲。方布切。

葍 fú　蒚也。从艸，畐聲。方六切。

蓨 tiáo / tiāo　苖也。从艸，脩聲。徒聊切，又湯彫切。

苖 dí / chù　蓨也。从艸，由聲。徒歷切，又他六切。

䓕 chāng　艸。枝枝相值，葉葉相當。从艸，昜聲。楮羊切。

薁 yù　蘡薁也。从艸，奥聲。於六切。

葴 zhēn　馬藍也。从艸，咸聲。職深切。

蓾 lǔ　艸也，可以束。从艸，魯聲。郎古切。

蓾，或从鹵。

蔽 kuǎi　艸也。从艸，敝聲。臣鉉等案：“《説文》無敝字，當是㲄字之省，而聲不相近，未詳。”苦怪切。

蔞 lǘ（今音 lóu）　艸也，可以亨魚。从艸，婁聲。力朱切。

藟 lěi　艸也。从艸，畾聲。《詩》曰：“莫莫葛藟。”一曰：秬鬯也。力軌切。

蒬 yuān　棘（棘）蒬也。从艸，冤聲。於元切。

茈 zǐ　茈艸也。从艸，此聲。將此切。

藐 mò　茈艸也。从艸，貇聲。莫覺切。

萴 cè　烏喙也。从艸，則聲。阻力切。

蒐 sōu　茅蒐，茹藘。人血所生，可以染絳。从艸，从鬼。所鳩切。

茜 qiàn　茅蒐也。从艸，西聲。倉見切。

蕼 sì（蕼）　赤蕼也。从艸，肆[聲]。息利切。

薜 bì　牡贊也。从艸，辟聲。蒲計切。

莣 wáng　杜榮也。从艸，忘聲。武方切。

苞 bāo　艸也。南陽以爲麤履。从艸，包聲。布交切。

艾 ài　冰臺也。从艸，乂聲。五蓋切。

蔁 zhāng　艸也。从艸，章聲。諸良切。

芹 qín　楚葵也。从艸，斤聲。巨巾切。

蘾 zhēn　豕首也。从艸，甄聲。側鄰切。

蔦 diǎo（今音 niǎo）　寄生也。从艸，鳥聲。《詩》曰："蔦與女蘿。"都了切。　蔦，或从木。

芸 yún　艸也，似目宿。从艸，云聲。《淮南子》說："芸艸可以死復生。"王分切。

蔌 cuì（今音 cè）　艸也。从艸，㪚聲。麤最切。

葎 lǜ　艸也。从艸，律聲。呂戌切。

茦 cè（今音 cì）　莿也。从艸，朿聲。楚革切。

萿 kuò（苦）　苦蔞，果蓏也。从艸，昏聲。古活切。

葑 fēng　須從也。从艸，封聲。府容切。

薺 cí/jì　蒺棃也。从艸，齊聲。《詩》曰："牆有薺。"疾咨切，又徂礼切。

莿 cì　茦也。从艸，刺聲。七賜切。

董 dǒng　鼎董也。从艸，童聲。杜林曰："藕根。"多動切。

蘻 jì　狗毒也。从艸，繫聲。古詣切。

蔜 sǎo　艸也。从艸，嫂聲。蘇老切。

芐 hù　地黃也。从艸，下聲。《禮記》："鈃毛：牛、藿；羊、芐；豕、薇。"是。侯古切。

蘞 liǎn　白蘞也。从艸，僉聲。良冉切。

　蘞，或从斂。

芩 qín　黃芩也。从艸，金聲。具今切。

芩 qín　艸也。从艸，今聲。《詩》曰："食野之芩。"巨今切。

藨 piǎo（今音 biāo）　鹿藿也。从艸，麃聲，讀若剽。一曰：蔽屬。平表切。

虉 yì　綬也。从艸，鷊聲。《詩》曰："卭有旨虉。"是。五狄切。

蓤 líng　芰也。从艸，淩聲。楚謂之芰，秦謂之薢茩。力膺切。　司馬相如說："蓤从遴。"

芰 jì　蓤也。从艸，支聲。奇記切。

　杜林說："芰从多。"

薢 xiè　薢茩也。从艸，解聲。胡買切。

茩 gòu　薢茩也。从艸，后聲。胡口切。

芡 qiàn　雞頭也。从艸，欠聲。巨險切。

蘜　jú(鞠)　日精也，以秋華。从艸，𥶶省聲。居六切。

蘜或省。

蘥　yuè　爵麥也。从艸，龠聲。以勺切。

藗　sù　牡茅也。从艸，遬聲。遬，籀文速。桑谷切。

菘　sī　茅秀也。从艸，私聲。息夷切。

蒹　jiān　雚之未秀者。从艸，兼聲。古恬切。

薍　wàn　剡也。从艸，亂聲。八月薍爲葦也。五患切。

菿　tǎn(菼)　雚之初生，一曰薍，一曰騅。从艸，剡聲。土敢切。　菿，或从炎。

薕　lián　蒹也。从艸，廉聲。力鹽切。

薠　fán　青薠，似莎者。从艸，煩聲。附袁切。

茚　áng　昌蒲也。从艸，卬聲。益州云。五剛切。

茒　yé　茚茒也。从艸，邪聲。以遮切。

艻　tiáo　葦華也。从艸，刀聲。徒聊切。

茢　liè(茢)　艻也。从艸，列聲。良辪切。

菡　hàn(菡)　菡藺也。从艸，函聲。胡感切。

藺　dàn(萏)　菡藺，芙蓉華。未發爲菡藺，已發爲芙蓉。从艸，閻聲。徒感切。

蓮　lián　芙蕖之實也。从艸，連聲。洛賢切。

茄　jiā　芙蕖莖。从艸，加聲。古牙切。

荷　hé　芙蕖葉，从艸，何聲。胡哥切。

蔤　mì　芙蕖本。从艸，密聲。美必切。

蕅　ǒu　芙蕖根。从艸、水，禺聲。五厚切。

蘢　lóng　天蘥也。从艸，龍聲。盧紅切。

蓍　shī　蒿屬。生十歲，百莖。《易》以爲數。天子蓍九尺，諸侯七尺，大夫五尺，士三尺。从艸，耆聲。式脂切。

菣　qìn　香蒿也。从艸，臤聲。去刃切。

菣，或从堅。

莪　é　蘿莪，蒿屬。从艸，我聲。五何切。

蘿　luó　莪也。从艸，羅聲。魯何切。

菻　lǐn　蒿屬。从艸，林聲。力稔切。

蔚　wèi　牡蒿也。从艸，尉聲。於胃切。

蕭　xiāo　艾蒿也。从艸，肅聲。蘇彫切。

萩 qiū　蕭也。从艸，秋聲。七由切。

苕 xiào　梟茈也。从艸，勺聲。胡了切。

薕 qián(今音 jiǎn)　王彗也。从艸，湔聲。昨先切。

蔿 wěi　艸也。从艸，爲聲。于鬼切。

芜 chén　艸也，从艸，冘聲。直深切。

蘜 jú　治蘠也。从艸，鞠聲。居六切。

蘠 qiáng　蘠靡，虋冬也。[从]艸，牆聲。賤羊切。

芪 qí　芪母也。从艸，氏聲。常之切。

菀 wǎn　茈菀，出漢中房陵。从艸，宛聲。於阮切。

莔 méng　貝母也。从艸，明(朙)省聲。武庚切。

茶 zhú　山薊也。从艸，朮聲。直律切。

蓂 mì　析蓂，大薺也。从艸，冥聲。莫歷切。

蒢 wèi　荎藸也。从艸，味聲。无沸切。

荎 chí　荎藸，艸也。从艸，至聲。直尼切。

藸 chú　荎藸也。从艸，豬聲。直魚切。

葛 gé　絺綌艸也。从艸，曷聲。古達切。

蔓 màn　葛屬。从艸，曼聲。無販切。

藁 gāo　葛屬，白華。从艸，皋聲。古勞切。

莕 xìng　荌餘也。从艸，杏聲。何梗切。

荇　莕，或从行，同。

荌 jiē　荌餘也。从艸，妾聲。子葉切。

蘽 kūn　艸也。从艸，睘聲。古渾切。

芫 yuán　魚毒也。从艸，元聲。愚袁切。

蘦 líng　大苦也。从艸，霝聲。郎丁切。

蕛 tí　蕛苵也。从艸，稊聲。大兮切。

苵 dié　蕛苵也。从艸，失聲。徒結切。

芐 tīng　芐熒，朐也。从艸，丁聲。天經切。

蔣 jiāng/jiǎng　苽蔣也。从艸，將聲。子良切，又即兩切。

苽 gū　雕苽。一名：蔣。从艸，瓜聲。古胡切。

育 yù　艸也。从艸，育聲。余六切。

蘢 pí(今音 bēi)　艸也。从艸，罷聲。符羈切。

蘸 rán　艸也。从艸，難聲。如延切。

蓈 láng　艸也。从艸，良聲。魯當切。

葽 yāo　艸也。从艸，要聲。《詩》曰："四月秀葽。"劉向説："此味苦，苦葽也。"於消切。

薖 kē　艸也。从艸，過聲。苦禾切。

菌 jùn　地蕈也。从艸，囷聲。渠殞切。

蕈 xùn　桑荬。从艸，覃聲。慈衽切。

荬 ruǎn　木耳也。从艸，耎聲。一曰：萮茈。而兖切。

葚 shèn　桑實也。从艸，甚聲。常衽切。

蒟 jǔ　果也。从艸，竘聲。俱羽切。

芘 pí　艸也。一曰：芘茮木。从艸，比聲。房脂切。

蕣 shùn　木堇，朝華暮落者。从艸，䑞聲。《詩》曰："顔如蕣華。"舒閏切。

萸 yú　茱萸也。从艸，臾聲。羊朱切。

茱 shū（今音 zhū）　茱萸，茮屬。从艸，朱聲。市朱切。

茮 jiāo　茮莍。从艸，尗聲。子寮切。

莍 qiú　茮、樧實，裏（裹）如表（裘）者。从艸，求聲。巨鳩切。

荆 jīng　楚，木也。从艸，刑聲。舉卿切。

古文荆。

菭 tái　水衣。从艸，治聲。徒哀切。

芽 yá　萌芽也。从艸，牙聲。五加切。

萌 méng　艸芽也。从艸，明聲。武庚切。

茁 zhuó　艸初生出地皃。从艸，出聲。《詩》曰："彼茁者葭。"鄒滑切。

莖 jīng　枝柱也。从艸，巠聲。户耕切。

莛 tíng　莖也。从艸，廷聲。特丁切。

葉 yè　艸木之葉也。从艸，枼聲。与涉切。

蘮 jì　艸之小者。从艸，𠚸聲。𠚸，古（籀）文鋭字，讀若芮。居例切。

芣 fú　華盛。从艸，不聲。一曰：芣苢。縛牟切。

葩 pā　華也。从艸，皅聲。普巴切。

芛 wěi　艸之葟榮也。从艸，尹聲。羊捶切。

蘳 huà　黃華。从艸，黊聲。讀若[墮]壞。乎瓦切。

蔈 biǎo（今音 biāo）　苕之黃華也。从艸，𤐫聲。一曰：末也。方小切。

英 yīng 艸榮而不實者。一曰:黄英。从艸,央聲。於京切。

薾 ěr 華盛。从艸,爾聲。《詩》曰:“彼薾惟何。”兒氏切。

萋 qī 艸盛。从艸,妻聲。《詩》曰:“菶菶萋萋。”七稽切。

菶 běng 艸盛。从艸,奉聲。補蠓切。

薿 nǐ 茂也。从艸,疑聲。《詩》曰:“黍稷薿薿。”魚己切。

蕤 ruí 艸木華垂皃。从艸,甤聲。儒隹切。

葼 zōng 青、齊、沇、冀謂木細枝曰葼。从艸,㚇聲。子紅切。

蒰 yí 艸萎蒰。从艸,移聲。弋支切。

蒝 yuán 艸木形。从艸,原聲。愚袁切。

莢 jiá 艸實。从艸,夾聲。古叶切。

芒 máng(芒) 艸耑。从艸,亾聲。武方切。

蓨 wěi 藍蓼秀。从艸,隨省聲。羊捶切。

蔕 dì 瓜當也。从艸,帶聲。都計切。

荄 gāi/jiē 艸根也。从艸,亥聲。古哀切,又古諧切。

苭 yǔn 茇也,茅根也。从艸,均聲。于敏切。

茇 bá 艸根也。从艸,犮聲。春艸根枯,引之而發土爲撥,故謂之茇。一曰:艸之白華爲茇。北末切。

芃 péng 艸盛也。从艸,凡聲。《詩》曰:“芃芃黍苗。”房戎切。

蒪 fù(今音 fū) 華葉布。从艸,傅聲。讀若傅。方遇切。

蓻 jí 艸木不生也。一曰:茅芽。从艸,執聲。姊入切。

菦 yín 艸多皃。从艸,狾聲。江夏平春有菦亭。語斤切。

茂 mào 艸豐盛。从艸,戊聲。莫候切。

蕩 chàng 艸茂也。从艸,暘聲。丑亮切。

蔭 yìn 艸陰地。从艸,陰聲。於禁切。

莲 chòu 艸皃。从艸,造聲。初救切。

茲 zī 艸木多益。从艸,兹省聲。子之切。

蔽 dí 艸旱盡也。从艸,俶聲。《詩》曰:“蔽蔽山川。”徒歷切。

蕭 xiāo　艸皃。从艸，歊聲。《周禮》曰："轂獘不蕭。"許嬌切。

蘮 jì(蘮)　艸多皃。从艸，既聲。居味切。

薋 cí　艸多皃。从艸，資聲。疾兹切。

蓁 zhēn　艸盛皃。从艸，秦聲。側詵切。

萷 shāo　惡艸皃。从艸，肖聲。所交切。

芮 ruì　芮芮，艸生皃。从艸，内聲。讀若汭。而鋭切。

茬 chí　艸皃。从艸，在聲。濟北有茬平縣。仕甾切。

薈 wèi(今音 huì)　艸多皃。从艸，會聲。《詩》曰："薈兮蔚兮。"烏外切。

蓩 mào　細艸叢生也。从艸，敄聲。莫候切。

芼 mào　艸覆蔓。从艸，毛聲。《詩》曰："左右芼之。"莫抱切。

蒼 cāng　艸色也。从艸，倉聲。七岡切。

葻 lán　艸得風皃。从艸、風。讀若婪。盧含切。

萃 cuì　艸[聚]皃。从艸，卒聲。讀若瘁。秦醉切。

蒔 shì　更别穜。从艸，時聲。時吏切。

苗 miáo　艸生於田者。从艸，从田。武鑣切。

苛 kē　小艸也。从艸，可聲。乎哥切。

蕪 wú　薉也。从艸，無聲。武扶切。

薉 huì　蕪也。从艸，歲聲。於廢切。

荒 huāng(荒)　蕪也。从艸，巟聲。一曰：艸淹地也。呼光切。

薴 níng　艸亂也。从艸，寍聲。杜林説："艸䓫薴皃。"女庚切。

䓫 zhēng(苧)　䓫薴皃。从艸，爭聲。側莖切。

落 luò　凡艸曰零，木曰落。从艸，洛聲。盧各切。

蔽 bì　蔽蔽，小艸也。从艸，敝聲。必袂切。

蘀 tuò　艸木凡皮葉落陊地爲蘀。从艸，擇聲。《詩》曰："十月隕蘀。"它各切。

薀 yǔn　積也。从艸，温聲。《春秋傳》曰："薀利生孽。"於粉切。

蔫 yān　菸也。从艸，焉聲。於乾切。

菸 yū　鬱也。从艸，於聲。一曰：痿也。央居切。

藀 yīng(今音 yíng)　艸旋皃也。从艸，熒聲。《詩》曰："葛纍藀之。"於營切。

蔡 cài 艸也。从艸，祭聲。蒼大切。

茷 fá 艸葉多。从艸，伐聲。《春秋傳》曰："晋糴茷。"符發切。

菜 cài 艸之可食者。从艸，采聲。蒼代切。

荋 ér 艸多葉皃。从艸，而聲。沛城父有楊荋亭。如之切。

芝 fān 艸浮水中皃。从艸，乏聲。匹凡切。

薄 bó 林薄也。一曰：蠶薄。从艸，溥聲。旁各切。

苑 yuàn 所以養禽獸也。从艸，夗聲。於阮切。

藪 sǒu 大澤也。从艸，數聲。九州之藪：楊州具區，荆州雲夢，豫州甫田，青州孟諸，沇州大野，雝州弦圃，幽州奚養，冀州楊紆，并州昭餘祁是也。蘇后切。

菑 zī 不耕田也。从艸、甾。《易》曰："不菑畬。"徐鍇曰："當言从艸，从巛，从田。田不耕則艸塞之，故从巛。巛音灾。若从甾，則下有甾缶字，相亂。"側詞切。　菑，或省艸。

蘨 yáo（藞）艸盛皃。从艸，繇（䌛）聲。《夏書》曰："厥艸惟蘨。"余招切。

薙 tì 除艸也。《明堂月令》曰："季夏燒薙。"从艸，雉聲。他計切。

莱 lèi 耕多艸。从艸、耒，耒亦聲。盧對切。

䓜 zhì 艸大也。从艸，致聲。陟利切。

蕲 jiàn 艸相蕲苞也。从艸，斬聲。《書》曰："艸木蕲苞。"　蕲，或从槧。慈冉切。

茀 fú 道多艸，不可行。从艸，弗聲。分勿切。

苾 bì 馨香也。从艸，必聲。毗必切。

蔎 shè 香艸也。从艸，設聲。識列切。

芳 fāng 香艸也。从艸，方聲。敷方切。

蕡 fén 雜香艸。从艸，賁聲。浮分切。

藥 yào 治病艸。从艸，樂聲。以勺切。

蘼 lí（今音 lì）艸木相附蘼土而生。从艸，麗聲。《易》曰："百穀（穀）艸木蘼於地。"吕支切。

蓆 xí 廣多也。从艸，席聲。祥易切。

芟 shān 刈艸也。从艸，从殳。所銜切。

荐 jiàn 薦蓆也。从艸，存聲。在甸切。

藉 jiè/jí　祭藉也。一曰：艸不編，狼藉。从艸，耤聲。慈夜切，又秦昔切。

蒩 zū　茅藉也。从艸，租聲。《禮》曰："封諸侯以土，蒩以白茅。"子余切。

蕝 jué　朝會束茅表位曰蕝。从艸，絶聲。《春秋國語》曰："致茅蕝表坐。"子説切。

茨 cí　以茅葦蓋屋。从艸，次聲。疾兹切。

葺 qì　茨也。从艸，咠聲。七入切。

葢 gài(蓋)　苫也。从艸，盍聲。古太切。

苫 shān　蓋也。从艸，占聲。失廉切。

藹 ài　蓋也。从艸，渴聲。於蓋切。

蓾 qū　刷也。从艸，屈聲。區勿切。

藩 fān　屏也。从艸，潘聲。甫煩切。

菹 zū　酢菜也。从艸，沮聲。側魚切。

或从皿。　或从缶。

荃 quán　芥脃也。从艸，全聲。此緣切。

酤 kù　韭鬱也。从艸，酤聲。苦步切。

蘫 lán　瓜菹也。从艸，監(濫)聲。魯甘切。按：篆字亦當从艸、濫聲。

菧 chí(今音 zhī)　菹也。从艸，泜聲。直宜切。

菧，或从皿。皿，器也。

藔 lǎo　乾梅之屬。从艸，橑聲。《周禮》曰："饋食之籩，其實乾藔。"後漢長沙王始煮艸爲藔。　藔，或从潦。盧皓切。

藙 yì　煎茱萸。从艸，顡聲。《漢律》："會稽獻藙一斗。"魚既切。

䔂 zǐ　羹菜也。从艸，宰聲。阻史切。

若 ruò　擇菜也。从艸、右。右，手也。一曰：杜若，香艸。而灼切。

蓴 chún(今音 tuán)　蒲叢也。从艸，專聲。常倫切。

茜 zhì　以艸補缺。从艸，西聲。讀若陸。或以爲綴。一曰：約空也。直例切。

蕁 zǔn　叢艸也。从艸，尊聲。慈損切。

莜 diào　艸田器。从艸，條省聲。《論語》曰："以杖荷莜。"今作蓧，徒弔切。

萆 pì　雨衣。一曰：衰衣。从艸，卑聲。一曰：萆藨，似烏韭。扶歷切。

䓖 chí　艸也。从艸，是聲。是支切。

苴 jū 履中艸。从艸，且聲。子余切。

䕻 cū 艸履也。从艸，麤聲。倉胡切。

蕢 kuì 艸器也。从艸，貴聲。求位切。

古文蕢，象形。《論語》曰："有荷臾而過孔氏之門。"

䔅 qǐn 覆也。从艸，侵省聲。七朕切。

茵 yīn 車重席。从艸，因聲。於真切。

司馬相如說："茵从革。"

芻 chú 刈艸也。象包束艸之形。叉愚切。

茭 jiāo 乾芻。从艸，交聲。一曰：牛蘄艸。古肴切。

荹 bù 亂艸。从艸，步聲。薄故切。

茹 rù（今音 rú） 飤馬也。从艸，如聲。人庶切。

莝 cuò 斬芻。从艸，坐聲。麤卧切。

萎 wèi 食牛也。从艸，委聲。於僞切。

蓛 cè 以榖（穀）萎馬，置莝中。从艸，敕聲。楚革切。

䒼 qū 蠶薄也。从艸，曲聲。丘玉切。

蔟 cù 行蠶蓐。从艸，族聲。千木切。

苣 jù 束葦燒。从艸，巨聲。臣鉉等曰："今俗别作炬，非是。"其吕切。

蕘 ráo 薪也。从艸，堯聲。如昭切。

薪 xīn 蕘也。从艸，新聲。息鄰切。

蒸 zhēng 折（析）麻中榦也。从艸，烝聲。煮仍切。

蒸，或省火。

蕉 jiāo 生枲也。从艸，焦聲。即消切。

𦯅 shǐ 糞也。从艸，胃省。式視切。

薶 mái 瘞也。从艸，貍聲。莫皆切。

葠 shān 喪藉也。从艸，侵聲。失廉切。

𣂚 shé（折） 斷也。从斤斷艸。譚長說。食列切。

籀文折，从艸在仌中，仌寒故折。

篆文折，从手。

卉 huì 艸之總名也。从艸、屮。許偉切。

艽 qiú 遠荒也。从艸，九聲。《詩》曰："至于艽野。"巨鳩切。

蒜　suàn　葷菜。从艸，祘聲。蘇貫切。

左文五十三　重二，大篆从茻。

芥　jiè　菜也。从艸，介聲。古拜切。

蔥　cōng　菜也。从艸，悤聲。倉紅切。

蒮　yù　艸也。从艸，隺聲。《詩》曰：“食鬱及蒮。”余六切。

蕇　diǎn　亭歷也。从艸，單聲。多殄切。

苟　gǒu　艸也。从艸，句聲。古厚切。

蕨　jué　虌也。从艸，厥聲。居月切。

莎　suō　鎬侯也。从艸，沙聲。蘇禾切。

蓱　píng　苹也。从艸，洴聲。薄經切。

堇　jǐn　艸也，根如薺，葉如細柳，蒸食之，甘。从艸，堇聲。居隱切。

菲　fěi　芴也。从艸，非聲。芳尾切。

芴　wù　菲也。从艸，勿聲。文弗切。

蘬　hàn　艸也。从艸，鸛聲。呼旰切。

萑　huán　薍也。从艸，萑聲。胡官切。

葦　wěi　大葭也。从艸，韋聲。于鬼切。

葭　jiā　葦之未秀者。从艸，叚聲。古牙切。

萊　lái　蔓華也。从艸，來聲。洛哀切。

荔　lì　艸也，似蒲而小，根可作㕞。从艸，劦聲。郎計切。

蒙　méng　王女也。从艸，冡聲。莫紅切。

藻　zǎo　水艸也。从艸，从水，巢聲。《詩》曰：“于以采藻。”　藻，或从澡。子皓切。

菉　lù　王芻也。从艸，录聲。《詩》曰：“菉竹猗猗。”力玉切。

蓸　cáo　艸也。从艸，曹聲。昨牢切。

蓾　yóu　艸也。从艸，卤聲。以周切。

菬　qiáo　艸也。从艸，沼聲。昨焦切。

菩　wú　艸也。从艸，吾聲。《楚詞》有菩蕭艸。吾乎切。

范　fàn　艸也。从艸，氾聲。房芝切。

艿　réng　艸也。从艸，乃聲。如乘切。

䔀　xuè　艸也。从艸，血聲。呼決切。

萄　táo　艸也。从艸，匋聲。徒刀切。

芑 qǐ 白苗嘉穀(穀)。从艸,己聲。驅里切。

藚 xù(蕒) 水舄也。从艸,賣聲。《詩》曰:“言采其藚。”似足切。

苳 dōng 艸也。从艸,冬聲。都宗切。

薔 sè 薔虞,蓼。从艸,嗇聲。所力切。

苕 tiáo 艸也。从艸,召聲。徒聊切。

𦶜 mào 艸也。从艸,楙聲。莫厚切。

萺 mào 艸也。从艸,冒聲。莫報切。

茆 liǔ(今音 mǎo,茆) 鳧葵也。从艸,丣聲。《詩》曰:“言采其茆。”力久切。

荼 tú 苦荼也。从艸,余聲。同都切。臣鉉等曰:“此即今之茶字。”

蘩 fán(蘩) 白蒿也。从艸,緐(緐)聲。附袁切。

蒿 hāo 菣也。从艸,高聲。呼毛切。

蓬 péng 蒿也。从艸,逢聲。薄紅切。

籒文蓬,省。

藜 lí 艸也。从艸,黎聲。郎奚切。

蘬 kuī 薺實也。从艸,歸聲。驅歸切。按:依《爾雅》,薺實,當爲紅,蘢古。

葆 bǎo 艸盛皃。从艸,保聲。博褒切。

蕃 fán 艸茂也。从艸,番聲。甫煩切。

茸 róng 艸茸茸皃。从艸,聰省聲。而容切。

葏 jiān 艸皃。从艸,津聲。子僊切。

叢 cóng 艸叢生皃。从艸,叢聲。徂紅切。

草 zào 草斗,櫟實也。一曰:象斗子。从艸,早聲。自保切。臣鉉等曰:“今俗以此爲艸木之艸,别作皁字爲黑色之皁。案:櫟實可以染帛爲黑色,故曰草。通用爲草棧字。今俗書皁或从白从十,或从白从七,皆無意義,無以下筆。”

菆 zōu 麻蒸也。从艸,取聲。一曰:蓐也。側鳩切。

蓄 chù(今音 xù) 積也。从艸,畜聲。丑六切。

萅 chūn(春) 推也。从艸,从日,艸春時生也。屯聲。昌純切。

菰 gū 艸多皃。从艸,狐聲。江夏平春有菰亭。古狐切。

菿 dào 艸木倒。从艸,到聲。都盜切。

文四百四十五　重三十一

芙　fú　芙蓉也。从艸，夫聲。方無切。

蓉　róng　芙蓉也。从艸，容聲。余封切。

薳　wěi　艸也。《左氏傳》："楚大夫薳子馮。"从艸，遠聲。韋委切。

荀　xún　艸也。从艸，旬聲。臣鉉等案："今人姓荀氏，本郇侯之後，宜用郇字。"相倫切。

莋　zuó　越嶲縣名，見《史記》。从艸，作聲。在各切。

蓀　sūn　香艸也。从艸，孫聲。思渾切。

蔬　shū　菜也。从艸，疏聲。所菹切。

芊　qiān　艸盛也。从艸，千聲。倉先切。

茗　mǐng（今音 míng）　茶芽也。从艸，名聲。莫迥切。

薌　xiāng（香）　穀（穀）气也。从艸，鄉聲。許良切。

藏　cáng　匿也。臣鉉等案："《漢書》通用臧字。从艸，後人所加。"昨郎切。

蕆　chǎn　《左氏傳》以蕆陳事。杜預注云："蕆，敕也。"从艸，未詳。丑善切。

蘸　zhàn　以物没水也。此蓋俗語。从艸，未詳。斬陷切。

文十三新附

蓐　rù　陳艸復生也。从艸，辱聲。一曰：蔟也。凡蓐之屬皆从蓐。　籀文蓐，从茻。而蜀切。

薅　hāo　拔去田艸也。从蓐，好省聲。呼毛切。

　籀文薅，省。　薅，或从休。按：从休，朱駿聲云：休聲。《詩》曰："既茠荼蓼。"

文二　重三

茻　mǎng　衆艸也。从四中。凡茻之屬皆从茻。讀與冈同。模朗切。

莫　mù/mò　日且冥也。从日在茻中。莫故切，又慕各切。

莽　mǎng　南昌謂犬善逐菟（兔）艸中爲莽。从犬，从茻，茻亦聲。謀朗切。

葬　zàng　藏也。从死在茻中。一其中，所以薦之。《易》曰："古之葬者，厚衣之以薪。"則浪切。

文四

說文解字 卷二上

三十部 六百九十三文 重八十八 凡八千四百九十八字 文三十四新附

小 xiǎo 物之微也。从八，丨見而分之。凡小之屬皆从小。私兆切。

少 shǎo 不多也。从小，丿聲。書沼切。

尐 jié 少也。从小，乀聲。讀若輟。子結切。

文三

八 bā 别也。象分别相背之形。凡八之屬皆从八。博拔切。

分 fēn 别也。从八，从刀，刀以分别物也。甫文切。

尒 ěr 詞之必然也。从入、丨、八，八象气之分散。兒氏切。

曾 zēng 詞之舒也。从八，从曰，𡆠聲。昨稜切。

尚 shàng 曾也，庶幾也。从八，向聲。時亮切。

㒸 suì 从意也。从八，豕聲。徐醉切。

詹 zhān 多言也。从言，从八，从厃。臣鉉等曰："厃，高也。八，分也。多，故可分也。"職廉切。

介 jiè 畫也。从八，从人。人各有介。古拜切。

八 bié 分也。从重八。八，别也，亦聲。《孝經説》曰："故上下有别。"兵列切。

公 gōng 平分也。从八，从厶。音司。八，猶背也。韓非曰："背厶爲公。"古紅切。

必 bì 分極也。从八、弋，弋亦聲。卑吉切。

余 yú 語之舒也。从八，舍省聲。以諸切。

二余也，讀與余同。

文十二 重一

釆 biàn 辨别也，象獸指爪分别也。凡釆之屬皆从釆。讀若辨。古文釆。蒲莧切。

番 fán 獸足謂之番。从釆，田象其掌。附袁切。

番，或从足，从煩。古文番。

宷　shěn　悉也，知宷諦也。从宀，从采。徐鍇曰："宀，覆也。采，别也。包覆而深别之。宷，悉也。"　篆文宷，从番。式荏切。

悉　xī　詳盡也。从心，从采。息七切。

古文悉。

釋　shì　解也。从采。采，取其分别物也。从睪聲。賞職切。

文五　重五

半　bàn　物中分也。从八，从牛。牛爲物大，可以分也。凡半之屬皆从半。博幔切。

胖　pàn　半體肉也。一曰：廣肉。从半，从肉，半亦聲。普半切。

叛　pàn　半也。从半，反聲。薄半切。

文三

牛　niú　大牲也。牛，件也。件，事理也。象角頭三、封、尾之形。凡牛之屬皆从牛。徐鍇曰："件，若言物一件二件也。封，高起也。"語求切。

牡　mǔ　畜父也。从牛，土聲。莫厚切。

犅　gāng　特牛也。从牛，岡聲。古朗切。

特　tè　朴特，牛父也。从牛，寺聲。徒得切。

牝　pìn　畜母也。从牛，匕聲。《易》曰："畜牝牛，吉。"毗忍切。

犢　dú　牛子也。从牛，瀆省聲。徒谷切。

㸬　bèi　二歲牛。从牛，市聲。博盖切。

犙　sān　三歲牛。从牛，参聲。穌含切。

牭　sì　四歲牛。从牛，从四，四亦聲。息利切。

　籒文牭，从貳。

犗　jiè　騬牛也。从牛，害聲。古拜切。

牻　máng　白黑雜毛牛。从牛，尨聲。莫江切。

㹁　liáng　牻牛也。从牛，京聲。《春秋傳》曰："牻㹁。"吕張切。

犡　lài(今音 lì)　牛白膂也。从牛，厲聲。洛帶切。

𤘠　tú　黄牛虎文。从牛，余聲。讀若塗。同都切。

犖　luò　駁牛也。从牛，勞省聲。吕角切。

将　liè　牛白膂也。从牛，寽聲。力輟切。

抨　pēng　牛駁如星。从牛，平聲。普耕切。

犥 piāo 牛黄白色。从牛，麃聲。補嬌切。

犉 rún 黄牛黑脣也。从牛，𦎫聲。《詩》曰：“九十其犉。”如均切。

㸸 yuè 白牛也。从牛，隺聲。五角切。

⿰牛畺 jiāng 牛長脊也。从牛，畺聲。居良切。

⿰牛攴 tāo 牛徐行也。从牛，攴聲。讀若滔。土刀切。

犨 chōu 牛息聲。从牛，雔聲。一曰：牛名。赤周切。

牟 móu 牛鳴也。从牛，象其聲气从口出。莫浮切。

㹌 chǎn 畜牷（牲）也。从牛，産聲。所簡切。

牲 shēng 牛完全。从牛，生聲。所庚切。

牷 quán 牛純色。从牛，全聲。疾緣切。

牽 qiān 引前也。从牛，象引牛之縻也。玄聲。苦堅切。

牿 gù 牛馬牢也。从牛，告聲。《周書》曰：“今惟牿牛馬。”古屋切。

牢 láo 閑，養牛馬圈也。从牛，冬省，取其四周帀也。魯刀切。

犓 chú 以芻莖（莝）養牛也。从牛、芻，芻亦聲。《春秋國語》曰：“犓豢幾何？”測愚切。

犪 rǎo（今音 ráo） 牛柔謹也。从牛，夒聲。而沼切。

犕 bèi（犕） 《易》曰：“犕牛乘馬。”从牛，𤰇聲。平祕切。

⿰黎牛 lí（犁） 耕也。从牛，黎聲。郎奚切。

⿱非牛 fěi（今音 fèi） 兩壁耕也。从牛，非聲。一曰：覆耕種也。讀若匪。非尾切。

⿰牛𠷎 tāo（⿰牛壽） 牛羊無子也。从牛，𠷎聲。讀若糗糧之糗。徒刀切。

⿰牛氏 dǐ 觸也。从牛，氏聲。都礼切。

⿱衛牛 wèi 牛踶⿱衛牛也。从牛，衛聲。于歲切。

⿱臤牛 qiǎn 牛很，不從引也。从牛，从臤，臤亦聲。一曰：大皃。讀若賢。喫善切。

牼 kēng 牛厀下骨也。从牛，巠聲。《春秋傳》曰：“宋司馬牼，字牛。”口莖切。

⿰牛今 jìn 牛舌病也。从牛，今聲。巨禁切。

犀 xī 南徼外牛。一角在鼻，一角在頂，似豕。从牛，尾聲。先稽切。

牣 rèn 牣按：牣字衍。滿也。从牛，刃聲。《詩》曰：“於牣魚躍。”而震切。

物　wù　萬物也。牛爲大物，天地之數，起於牽牛，故从牛。勿聲。文弗切。

犧　xī　宗廟之牲也。从牛，羲聲。賈侍中説：“此非古字。”許羈切。

文四十五　重一

犍　jiān　犗牛也。从牛，建聲。亦郡名。居言切。

犝　tóng　無角牛也。从牛，童聲。古通用僮。徒紅切。

文二新附

犛　máo　西南夷長髦牛也。从牛，𠩺聲。凡犛之屬皆从犛。莫交切。

氂　lí　犛牛尾也。从犛省，从毛。里之切。

斄　lái　彊曲毛，可以箸起衣。从犛省，來聲。洛哀切。古文斄省。

文三　重一

告　gào　牛觸人，角箸横木，所以告人也。从口，从牛。《易》曰：“僮牛之告。”凡告之屬皆从告。古奥切。

嚳　kù　急告之甚也。从告，學省聲。苦沃切。

文二

口　kǒu　人所以言食也。象形。凡口之屬皆从口。苦后切。

噭　jiào　吼也。按：吼也，當作口也，孔也。从口，敫聲。一曰：噭，呼也。古弔切。

噣　zhòu　喙也。从口，蜀聲。陟救切。

喙　huì　口也。从口，彖聲。許穢切。

吻　wěn　口邊也。从口，勿聲。武粉切。

吻，或从肉，从昏。

嚨　lóng　喉也。从口，龍聲。盧紅切。

喉　hóu（㗋）　咽也。从口，侯聲。乎鉤切。

噲　kuài　咽也。从口，會聲。讀若快。一曰：嚵，噲也。苦夬切。

吞　tūn　咽也。从口，天聲。土根切。

咽　yān　嗌也。从口，因聲。烏前切。

嗌　yì　咽也。从口，益聲。伊昔切。

籀文嗌，上象口，下象頸脈理也。

嗢　yǔn　大口也。从口，軍聲。牛殞切。

哆　duǒ（今音 chǐ）　張口也。从口，多聲。丁可切。

呱 gū 小兒嗁聲。从口，瓜聲。《詩》曰：“后稷呱矣。”古乎切。

啾 jiū 小兒聲也。从口，秋聲。即由切。

喤 huáng 小兒聲。从口，皇聲。《詩》曰：“其泣喤喤。”乎光切。

咺 xuǎn 朝鮮謂兒泣不止曰咺。从口，宣省聲。況晚切。

唴 qiàng 秦、晋謂兒泣不止曰唴。从口，羌聲。丘尚切。

咷 táo 楚謂兒泣不止曰噭咷。从口，兆聲。徒刀切。

喑 yīn 宋、齊謂兒泣不止曰喑。从口，音聲。於今切。

嶷 yì 小兒有知也。从口，疑聲。《詩》曰：“克岐克嶷。”魚力切。

咳 hái 小兒笑也。从口，亥聲。户來切。

古文咳，从子。

嗛 xián 口有所銜也。从口，兼聲。户監切。

咀 jǔ 含味也。从口，且聲。慈吕切。

啜 chuò 嘗也。从口，叕聲。一曰：喙也。昌說切。

嚛 jí 噍也。从口，集聲。讀若集。子入切。

嚌 jì 嘗也。从口，齊聲。《周書》曰：“大保受同祭嚌。”在詣切。

噍 jiào/jiáo 齧也。从口，焦聲。才肖切。

噍，或从爵。又才爵切。

吮 shǔn 欶也。从口，允聲。徂沇切。

啐 shuò（今音 shuì） 小歙也。从口，率聲。讀若啐。所劣切。

嚵 chán 小啐也。从口，毚聲。一曰：喙也。士咸切。

噬 shì 啗也；喙也。从口，筮聲。時制切。

啗 dàn 食也。从口，臽聲。讀與含同。徒濫切。

嘰 jī 小食也。从口，幾聲。居衣切。

噂 bó 噍皃。从口，尃聲。補各切。

含 hán 嗛也。从口，今聲。胡男切。

哺 bǔ 哺咀也。从口，甫聲。薄故切。

味 wèi 滋味也。从口，未聲。無沸切。

嚛 hù　食辛嚛也。从口，樂聲。火沃切。

嗀 zhuó　口滿食。从口，竅聲。丁滑切。

噫 ǎi　飽食息也。从口，意聲。於介切。

嘽 tān　喘息也。一曰：喜也。从口，單聲。《詩》曰："嘽嘽駱馬。"他干切。

唾 tuò　口液也。从口，𡍮聲。湯臥切。

唾，或从水。

咦 yí　南陽謂大呼曰咦。从口，夷聲。以之切。

呬 xì　東夷謂息爲呬。从口，四聲。《詩》曰："犬夷呬矣。"虚器切。

喘 chuǎn　疾息也。从口，耑聲。昌沇切。

呼 hū　外息也。从口，乎聲。荒烏切。

吸 xī　内息也。从口，及聲。許及切。

嘘 xū　吹也。从口，虚聲。朽居切。

吹 chuī　嘘也。从口，从欠。昌垂切。

喟 kuì　大息也。从口，胃聲。丘貴切。

喟，或从貴。

啍 tūn　口气也。从口，𦎫聲。《詩》曰："大車啍啍。"他昆切。

嚏 tì　悟解气也。从口，疐聲。《詩》曰："願言則嚏。"都計切。

嚌 zhì　野人言之。从口，質聲。之日切。

唫 jìn/yín　口急也。从口，金聲。巨錦切，又牛音切。

噤 jìn　口閉也。从口，禁聲。巨禁切。

名 míng　自命也。从口，从夕。夕者，冥也，冥不相見，故以口自名。武并切。

吾 wú　我自稱也。从口，五聲。五乎切。

哲 zhé　知也。从口，折聲。陟列切。

哲，或从心。　古文哲，从三吉。

君 jūn　尊也，从尹；發號，故从口。舉云切。

古文象君坐形。

命 mìng　使也。从口，从令。眉病切。

咨 zī　謀事曰咨。从口，次聲。即夷切。

召 zhào　評也。从口，刀聲。直少切。

問 wèn　訊也。从口，門聲。亡運切。

唯 wěi　諾也。从口，隹聲。以水切。

唱 chàng　導也。从口，昌聲。尺亮切。

和 hé　相譍也。从口，禾聲。户戈切。

咥 xì/dié　大笑也。从口，至聲。《詩》曰："咥其笑矣。"許既切，又直結切。

啞 è　笑也。从口，亞聲。《易》曰："笑言啞啞。"於革切。

噱 jué　大笑也。从口，豦聲。其虐切。

唏 xī　笑也。从口，稀省聲。一曰：哀痛不泣曰唏。虛豈切。

听 yǐn　笑皃。从口，斤聲。宜引切。

呭 yì　多言也。从口，世聲。《詩》曰："無然呭呭。"余制切。

噭 jiāo（噭）　聲噭噭也。从口，梟聲。古堯切。

咄 duō　相謂也。从口，出聲。當没切。

唉 āi　譍也。从口，矣聲。讀若埃。烏開切。

哉 zāi　言之閒也。从口，𢦏聲。祖才切。

噂 zǔn　聚語也。从口，尊聲。《詩》曰："噂沓背憎。"子損切。

咠 qì　聶語也。从口，从耳。《詩》曰："咠咠幡幡。"七入切。

呷 xiā　吸呷也。从口，甲聲。呼甲切。

嘒 huì　小聲也。从口，彗聲。《詩》曰："嘒彼小星。"呼惠切。或从慧。

嘫 rán　語聲也。从口，然聲。如延切。

唪 běng　大笑也。从口，奉聲。讀若《詩》曰："瓜瓞菶菶。"方蠓切。

嗔 tián　盛气也。从口，真聲。《詩》曰："振旅嗔嗔。"待年切。

嘌 piāo　疾也。从口，㬜聲。《詩》曰："匪車嘌兮。"撫招切。

嘑 hū　唬（號）也。从口，虖聲。荒烏切。

喅 yù　音聲喅喅然。从口，昱聲。余六切。

嘯 xiào　吹聲也。从口，肅聲。穌弔切。

籒文嘯，从欠。

台 yí　説也。从口，㠯聲。与之切。

嗂　yáo(嗂)　喜也。从口，䍃聲。余招切。

启　qǐ　開也。从户，从口。康礼切。

噆　tǎn　聲也。从口，貪聲。《詩》曰："有噆其饁。"他感切。

咸　xián　皆也，悉也。从口，从戌。戌，悉也。胡監切。

呈　chéng　平也。从口，壬聲。直貞切。

右　yòu　助也。从口，从又。徐鍇曰："言不足以左，復手助之。"于救切。

啻　chì　語時(詞)，不啻也。从口，帝聲。一曰：啻，諟也。讀若鞮。施智切。

吉　jí　善也。从士、口。居質切。

周　zhōu　密也。从用、口。職留切。

古文周字，从古文及。

唐　táng　大言也。从口，庚聲。徒郎切。

古文唐，从口、昜。

𠷎　chóu　誰也。从口、𢏚，又聲。𢏚，古文疇。直由切。

嘾　dàn　含深也。从口，覃聲。徒感切。

噎　yē　飯窒也。从口，壹聲。烏結切。

嗢　wò(今音 wà)　咽也。从口，昷聲。烏没切。

哯　xiàn　不歐而吐也。从口，見聲。胡典切。

吐　tǔ　寫也。从口，土聲。他魯切。

噦　yuē　气牾也。从口，歲聲。於月切。

咈　fú　違也。从口，弗聲。《周書》曰："咈其耇長。"符弗切。

嚘　yōu　語未定皃。从口，憂聲。於求切。

吃　jí(今音 chī)　言蹇難也。从口，气聲。居乙切。

嗜　shì　嗜欲，喜之也。从口，耆聲。常利切。

啖　dàn　噍啖也。从口，炎聲。一曰：噉。徒敢切。

哽　gěng　語爲舌所介也。从口，更聲。讀若井級(汲)綆。古杏切。

嘐　jiāo(今音 xiāo)　誇語也。从口，翏聲。古肴切。

啁　zhāo　啁嘐也。从口，周聲。陟交切。

哇　wā　諂聲也。从口，圭聲。讀若醫。於佳切。

舌　è　語相訶歫也。从口歫辛。辛，惡聲也。讀若櫱。五葛切。

吺 dōu 讘吺，多言也。从口，投省聲。當侯切。

呧 dǐ 苛也。从口，氐聲。都礼切。

呰 zǐ 苛也。从口，此聲。將此切。

嗻 zhè 遮也。从口，庶聲。之夜切。

唊 jiá 妄語也。从口，夾聲。讀若莢。古叶切。

嗑 hé(今音 kè) 多言也。从口，盍聲。讀若甲。候榼切。

嗙 bēng 謌(訶)聲。嗙喻也。从口，旁聲。司馬相如說："淮南宋蔡舞嗙喻也。"補盲切。

噧 xiè 高气多言也。从口，蠆省聲。《春秋傳》曰："噧言。"訶介切。

叴 qiú 高气也。从口，九聲。臨淮有叴猶縣。巨鳩切。

嘮 chāo 嘮呶，讙也。从口，勞聲。敕交切。

呶 náo 讙聲也。从口，奴聲。《詩》曰："載號載呶。"女交切。

叱 chì 訶也。从口，七聲。昌栗切。

噴 pēn 吒也。从口，賁聲。一曰：鼓鼻。普魂切。

吒 zhà 噴也，叱怒也。从口，乇聲。陟駕切。

噊 yù 危也。从口，矞聲。余律切。

啐 cuì 驚也。从口，卒聲。七外切。

唇 zhēn(今音 chún) 驚也。从口，辰聲。側鄰切。

吁 xū(吁) 驚也。从口，于聲。況于切。

嘵 xiāo 懼[声]也。从口，堯聲。《詩》曰："唯予音之嘵嘵。"許么切。

嘖 zé 大呼也。从口，責聲。士革切。

嘖，或从言。

嗷 áo 衆口愁也。从口，敖聲。《詩》曰："哀鳴嗷嗷。"五牢切。

唸 diàn 㕧也。从口，念聲。《詩》曰："民之方唸㕧。"都見切。

㕧 xī 唸㕧，呻也。从口，尸聲。馨伊切。

⿰口嚴 yán 呻也。从口，嚴聲。五銜切。

呻 shēn 吟也。从口，申聲。失人切。

吟 yín 呻也。从口，今聲。魚音切。

吟，或从音。或从言。

嗞　zī　嗟也。从口，兹聲。子之切。

哤　máng　哤異之言。从口，尨聲。一曰：雜語。讀若尨。莫江切。

叫　jiào　嘑也。从口，丩聲。古弔切。

嘅　kài　嘆也。从口，既聲。《詩》曰："嘅其嘆矣。"苦蓋切。

唌　xián　語唌嘆也。从口，延聲。夕連切。

嘆　tàn　吞歎也。从口，歎省聲。一曰：太息也。他案切。

喝　yè　㵣（渴）也。从口，曷聲。於介切。

哨　shào　[口]不容也。从口，肖聲。才肖切。

吪　é　動也。从口，化聲。《詩》曰："尚寐無吪。"五禾切。

噆　zā（今音 cǎn）　嗛也。从口，朁聲。子荅切。

吝　lìn　恨惜也。从口，文聲。《易》曰："以往吝。"臣鉉等曰："今俗别作悋，非是。"良刃切。　古文吝，从彣。

各　gè　異辭也。从口、夂。夂者，有行而止之，不相聽也。古洛切。

否　fǒu　不也。从口，从不。方九切。

唁　yàn　弔生也。从口，言聲。《詩》曰："歸唁衛侯。"魚變切。

哀　āi　閔也。从口，衣聲。烏開切。

嗁　tí　號也。从口，虒聲。杜兮切。

㱿　xuè（今音 hù）　歐皃。从口，𣪊聲。《春秋傳》曰："君將㱿之。"許角切。

咼　kuā（今音 wāi）　口戾不正也。从口，冎聲。苦媧切。

哯　jì　嘆也。从口，叔聲。前歷切。

嗼　mò　哯嗼也。从口，莫聲。莫各切。

唇　guā（舌）　塞口也。从口，氒省聲。氒音厥，古活切。　古文从甘。

嗾　sòu（今音 sǒu）　使犬聲。从口，族聲。《春秋傳》曰："公嗾夫獒。"穌奏切。

吠　fèi　犬鳴也。从犬、口。符廢切。

咆　páo　嗥也。从口，包聲。薄交切。

嗥　háo　咆也。从口，皋聲。乎刀切。

譚長說:“嘷从犬。”

嗜　jiē　鳥鳴聲。从口,皆聲。一曰:鳳皇鳴聲喈喈。古諧切。

哮　xiāo　豕驚聲也。从口,孝聲。許交切。

喔　wō　雞聲也。从口,屋聲。於角切。

呃　è　喔也。从口,戹聲。烏格切。

咮　zhū(今音 zhòu)　鳥口也。从口,朱聲。章俱切。

嚶　yīng　鳥鳴也。从口,嬰聲。烏莖切。

啄　zhuó　鳥食也。从口,豖聲。竹角切。

唬　xiāo　嗁聲也。一曰:虎聲。从口,从虎,讀若暠。呼訏切。

呦　yōu　鹿鳴聲也。从口,幼聲。伊虬切。

呦,或从欠。

噳　yǔ　麌鹿羣口相聚皃。从口,虞聲。《詩》曰:“麀鹿噳噳。”魚矩切。

喁　yóng　魚口上見。从口,禺聲。魚容切。

局　jú　促也。从口在尺(尸)下,復局(勹)之。一曰:博,所以行棊。象形。徐鍇曰:“人之無涯者唯口,故口在尺下,則爲局。博局外有垠堮周限也。”渠緑切。

谷　yǎn　山閒陷泥地。从口,从水敗皃。讀若沇州之沇。九州之渥地也,故以沇名焉。以轉切。古文谷。

文一百八十　重二十一

哦　é　吟也。从口,我聲。五何切。

嗃　hè　嗃嗃,嚴酷皃。从口,高聲。呼各切。

售　shòu　賣去手也。从口,雔省聲。《詩》曰:“賈用不售。”承臭切。

噞　yǎn　噞喁,魚口上見也。从口,僉聲。魚檢切。

唳　lì　鶴鳴也。从口,戾聲。郎計切。

喫　chī　食也。从口,契聲。苦擊切。

喚　huàn　評也。从口,奐聲。古通用奐。呼貫切。

咍　hāi　蚩笑也。从口,从台。呼來切。

嘲　cháo　謔也。从口,朝聲。《漢書》通用啁。陟交切。

呀　xiā　張口皃。从口,牙聲。許加切。

文十新附

凵　kǎn　張口也。象形。凡凵之屬皆从凵。口犯切。

文一

吅　xuān　驚嘑也。从二口。凡吅之屬皆从吅。讀若讙。臣鉉等曰："或通用讙。今俗别作喧，非是。"況袁切。

𡈼　níng　亂也。从爻、工，交吅。一曰：窒𡈼。讀若禳。徐鍇曰："二口，噂沓也。爻，物相交質也。工，人所作也。己象交構形。"籒文𡈼。女庚切。

嚴　yán　教命急也。从吅，厰聲。語杴切。

古文。

咢　è（噩）　譁訟也。从吅，屰聲。五各切。

單　dān　大也。从吅、甲，吅亦聲。闕。都寒切。

喌　zhōu　呼雞重言之。从吅，州聲。讀若祝。之六切。

文六　重二

哭　kū　哀聲也。从吅，獄省聲。凡哭之屬皆从哭。苦屋切。

喪　sāng　亡也。从哭，从亡，會意。亡亦聲。息郎切。

文二

走　zǒu　趨也。从夭、止。夭止者，屈也。凡走之屬皆从走。徐鍇曰："走則足屈，故从夭。"子苟切。

趨　qū　走也。从走，芻聲。七逾切。

赴　fù　趨也。从走，仆省聲。臣鉉等曰："《春秋傳》赴告用此字。今俗作訃，非是。"芳遇切。

趣　qù　疾也。从走，取聲。七句切。

超　chāo　跳也。从走，召聲。敕宵切。

趫　qiáo　善緣木走之才。从走，喬聲。讀若王子蹻。去囂切。

赳　jiū　輕勁有才力也。从走，丩聲。讀若鐈。居黝切。

越　qí　緣大木也。一曰：行皃。从走，支聲。巨之切。

趮　zào　疾也。从走，喿聲。臣鉉等曰："今俗别作躁，非是。"則到切。

趯　yuè　踊也。从走，翟聲。以灼切。

蹶　jué　蹠也。从走，厥聲。居月切。

越 yuè　度也。从走，戉聲。王伐切。

趁 chēn　𧼯也。从走，㐱聲。讀若塵。丑刃切。

𧼯 zhān　趁也。从走，亶聲。張連切。

趞 què　趞趞也。一曰：行皃。从走，昔聲。七雀切。

趬 qiāo　行輕皃。一曰：趬，舉足也。从走，堯聲。牽遥切。

𧺤 xián　急走也。从走，弦聲。胡田切。

趀 cī　蒼卒也。从走，𠂔聲。讀若資。取私切。

𧼨 piāo　輕行也。从走，票聲。撫招切。

𧼒 qǐn　行皃。从走，臤聲。讀若菣。弃忍切。

趥 qiū　行皃。从走，酋聲。千牛切。

𧾊 zhú　行皃。从走，蜀聲。讀若燭。之欲切。

𧼲 jiàng　行皃。从走，匠聲。讀若匠。疾亮切。

𧾩 xún　走皃。从走，叡聲。讀若紃。臣鉉等以爲叡聲遠，疑从睿。祥遵切。

𧾲 jié　走意。从走，薊聲。讀若髽結之結。古屑切。

𧼗 yǔn　走意。从走，囷聲。丘忿切。

趖 suō　走意。从走，坐聲。蘇和切。

𧾒 xiàn　走意。从走，憲聲。許建切。

𧽜 biān　走意。从走，臱聲。布賢切。

𧾔 zhí　走也。从走，戴聲。讀若《詩》“威儀秩秩”。直質切。

䞥 yòu　走也。从走，有聲。讀若又。子(于)救切。

𧽌 wǔ　走輕也。从走，烏聲。讀若鄔。安古切。

𧾏 qú　走顧皃。从走，瞿聲。讀若劬。其俱切。

𧾕 jiǎn(今音 qiān)　走皃。从走，蹇省聲。九輦切。

𧺆 cāi　疑之，等𧺆而去也。从走，才聲。倉才切。

𧺼 cǐ　淺渡也。从走，此聲。雌氏切。

赹 qióng　獨行也。从走，勻聲。讀若煢。渠營切。

𧾂 yǔ(今音 yú)　安行也。从走，與聲。余吕切。

起 qǐ　能立也。从走，巳聲。墟里切。

古文起，从辵。

𧺻 hái　留意也。从走，里聲。讀若小兒孩。户來切。

⿺走臭 xiòng 行也。从走，臭聲。香仲切。

趛 yǐn 低頭疾行也。从走，金聲。牛錦切。

趌 jí 趌⿺走曷，怒走也。从走，吉聲。去吉切。

⿺走曷 jié 趌⿺走曷也。从走，曷聲。居謁切。

⿺走睘 xuān 疾也。从走，睘聲。讀若讙。况袁切。

⿺走气 yì(今音 jí) 直行也。从走，气聲。魚訖切。

⿺走翼 yì 趨進⿺走翼如也。从走，翼聲。与職切。

趹 jué 踶也。从走，決省聲。古穴切。

趩 chì 行聲也。一曰：不行皃。从走，異聲。讀若敕。丑亦切。

趆 dǐ(今音 dī) 趨也。从走，氏聲。都礼切。

趍 chí 趨(趍)趙，久(夂)也。从走，多聲。直离切。

趙 zhào 趨(趍)趙也。从走，肖聲。治小切。

赾 qǐn 行難也。从走，斤聲。讀若堇。丘堇切。

⿺走夐 jú 走意也。从走，夐聲。讀若繘。居聿切。

趠 chuò 遠也。从走，卓聲。敕角切。

⿺走龠 yuè 趠⿺走龠也。从走，龠聲。以灼切。

⿺走瞿 jué 大步也。从走，瞿聲。丘縛切。

⿺走契 chì 超特也。从走，契聲。丑例切。

⿺走幾 jī 走也。从走，幾聲。居衣切。

⿺走弗 fú 走也。从走，弗聲。敷勿切。

⿺走矞 yù(今音 jú) 狂走也。从走，矞聲。余律切。

⿺走曼 mán 行遲也。从走，曼聲。莫還切。

趉 jué 走也。从走，出聲。讀若無尾之屈。瞿勿切。

趜 jú 窮也。从走，匊聲。居六切。

趑 cī 趑趄，行不進也。从走，次聲。取私切。

趄 qū 趑趄也。从走，且聲。七余切。

⿺走虔 qiān 蹇行⿺走虔⿺走虔也。从走，虔聲。讀若愆。去虔切。

⿺走雚 quán 行⿺走雚趢也。一曰：行曲脊皃。从走，雚聲。巨員切。

趢 lù ⿺走雚趢也。从走，录聲。力玉切。

⿺走夋 qūn 行趚⿺走夋也。从走，夋聲。七倫切。

趚 jí(今音 qì) 側行也。从走，朿聲。《詩》曰："謂地蓋厚，不敢不趚。"資昔切。

趌 kuǐ 半步也。从走，圭聲。讀若跬同。丘弭切。

趍 chí 趍驚，輕薄也。从走，虒聲。讀若池。直离切。

趏 bó 僵也。从走，音聲。讀若匐。朋北切。

赿 chě 距也。从走，㡿省按：省字衍。聲。《漢令》曰："赿張百人。"車者切。按：小篆當作

趮 lì 動也。从走，樂聲。讀若《春秋傳》曰"輔趮"。郎擊切。

趡 cuǐ 動也。从走，隹聲。《春秋傳》曰："盟于趡。"趡，地名。千水切。

趄 yuán 趄田，易居也。从走，亘聲。羽元切。

趚 diān 走頓也。从走，真聲。讀若顛。都年切。

趥 yǒng 喪辟趥。从走，甬聲。余隴切。

趩 bì 止行也。一曰：竈上祭名。从走，畢聲。卑吉切。

趟 zàn（今音 jiàn） 進也。从走，斬聲。藏監切。

趧 dī（今音 tí） 趧婁，四夷之舞，各自有曲。从走，是聲。都兮切。

趒 tiáo 雀行也。从走，兆聲。徒遼切。

赶 qián 舉尾走也。从走，干聲。巨言切。

文八十五　重一

止 zhǐ 下基也，象艸木出有址，故以止爲足。凡止之屬皆从止。諸市切。

歱 zhǒng 跟也。从止，重聲。之隴切。

堂 chēng 歫也。从止，尚聲。丑庚切。

峙 chí 踞也。从止，寺聲。直离切。

歫 jù 止也。从止，巨聲。一曰：搶（槍）也。一曰：超歫。其吕切。

歬 qián（前） 不行而進謂之歬。从止在舟上。昨先切。

歷 lì 過也。从止，厤聲。郎擊切。

埱 chù 至也。从止，叔聲。昌六切。

壁 bì 人不能行也。从止，辟聲。必益切。

歸 guī 女嫁也。从止，从婦省，自聲。舉韋切。

籀文省。

疌 jié 疾也。从止，从又。又，手也。屮聲。疾葉

切。

疌　niè　機下足所履者。从止,从又,入聲。尼輒切。

少　tà　蹈也。从反止。讀若撻。他達切。

歰　sè(澀)　不滑也。从四止。色立切。

文十四　重一

癶　bō　足剌癶也。从止、少。凡癶之屬皆从癶。讀若撥。北末切。

登　dēng　上車也。从癶、豆,象登車形。都滕切。

籒文登,从収。

癹　bá　以足蹋夷艸。从癶,从殳。《春秋傳》曰:"癹夷蘊崇之。"普活切。

文三　重一

步　bù　行也。从止少相背。凡步之屬皆从步。薄故切。

歲　suì　木星也。越歷二十八宿,宣徧陰陽,十二月一次。从步,戌聲。律歷書名五星爲五步。相鋭切。

文二

此　cǐ　止也。从止,从匕。匕,相比次也。凡此之屬皆从此。雌氏切。

呰　zǐ　窳也。闕。將此切。

策　zuǐ　識也。从此,朿聲。一曰:藏也。遵誄切。

文三

些　suò　語辭也。見《楚辭》。从此,从二。其義未詳。蘇箇切。

文一新附

說文解字　卷二下

正　zhèng　是也。从止，一以止。凡正之屬皆从正。徐鍇曰："守一以止也。"之盛切。

古文正，从二。二，古上字。　古文正，从一、足。足者，亦止也。

乏　fá　《春秋傳》曰："反正爲乏。"房法切。

文二　重二

是　shì　直也。从日、正。凡是之屬皆从是。承旨切。　籀文是，从古文正。

韙　wěi　是也。从是，韋聲。《春秋傳》曰："犯五不韙。"　籀文韙，从心。于鬼切。

尟　xiǎn　是少也。尟俱存也。从是、少。賈侍中説。酥典切。

文三　重二

辵　chuò　乍行乍止也。从彳，从止。凡辵之屬皆从辵。讀若《春秋公羊傳》曰"辵階而走"。丑略切。

迹　jī　步處也。从辵，亦聲。資昔切。

蹟　或从足、責。　籀文迹，从束。

䢦　hài（今音 huì）　無違也。从辵，䜣聲。讀若害。胡蓋切。

達　shuài　先道也。从辵，率聲。疏密切。

邁　mài　遠行也。从辵，蠆省聲。莫話切。

邁，或不省。

巡　xún　延行皃。从辵，川聲。詳遵切。

遚　jiù　恭謹行也。从辵，殷聲。讀若九。居又切。

辻　tú（徒）　步行也。从辵，土聲。同都切。

邎　yóu　行邎徑也。从辵，繇聲。以周切。

延　zhēng　正行也。从辵，正聲。諸盈切。

征，或从彳。

隨　suí　从也。从辵，䧅省聲。旬爲切。

迊　bó　行皃。从辵，市聲。蒲撥切。

迋　wàng　往也。从辵，王聲。《春秋傳》曰："子無我迋。"于放切。

逝　shì　往也。从辵，折聲。讀若誓。時制切。

退　cú　往也。从辵，且聲。退，齊語。全徒切。

徂　退，或从彳。　籒文，从虘。

述　shù　循也。从辵，术聲。食聿切。

　籒文，从秫。

遵　zūn　循也。从辵，尊聲。將倫切。

適　shì　之也。从辵，啻聲。適，宋魯語。施隻切。

過　guō（今音 guò）　度也。从辵，咼聲。古禾切。

遦　guàn　習也。从辵，貫聲。工患切。

遺　dú　媟遺也。从辵，賣聲。徒谷切。

進　jìn　登也。从辵，閵省聲。即刃切。

造　zào　就也。从辵，告聲。譚長説："造，上士也。"七到切。　古文造，从舟。

逾　yú　越進也。从辵，俞聲。《周書》曰："無敢昬逾。"羊朱切。

遝　tà　迨也。从辵，眔聲。徒合切。

迨　hé　遝也。从辵，合聲。侯閤切。

迮　zé　迮迮，起也。从辵，作省聲。阻革切。

逪　cuò　迹（这）逪也。从辵，昔聲。倉各切。

遄　chuán　往來數也。从辵，耑聲。《易》曰："目事遄往。"市緣切。

速　sù　疾也。从辵，束聲。桑谷切。

　籒文，从欶。　古文，从欶，从言。

迅　xùn　疾也。从辵，卂聲。息進切。

适　kuò（适）　疾也。从辵，昏聲。讀與括同。古活切。

逆　nì　迎也。从辵，屰聲。關東曰逆，關西曰迎。宜戟切。

迎　yíng　逢也。从辵，卬聲。語京切。

这　jiāo　會也。从辵，交聲。古肴切。

遇　yù　逢也。从辵，禺聲。牛具切。

遭　zāo　遇也。从辵，曹聲。一曰：邐行。作曹切。

遘 gòu 遇也。从辵，冓聲。古候切。

逢 féng 遇也。从辵，夆省聲。符容切。

遻 è 相遇驚也。从辵，从咢，咢亦聲。五各切。

迪 dí 道也。从辵，由聲。徒歷切。

遞 dì 更易也。从辵，虒聲。特計切。

通 tōng 達也。从辵，甬聲。他紅切。

辿 xǐ(徙) 迻也。从辵，止聲。斯氏切。

徙，或从彳。古文徙。

迻 yí 遷徙也。从辵，多聲。弋支切。

遷 qiān 登也。从辵，䙴聲。七然切。

古文遷，从手、西。

運 yùn 迻徙也。从辵，軍聲。王問切。

遁 dùn 遷也。一曰：逃也。从辵，盾聲。徒困切。

遜 xùn 遁也。从辵，孫聲。蘇困切。

返 fǎn 還也。从辵，从反，反亦聲。《商書》曰："祖甲返。"《春秋傳》返，从彳。扶版切。

還 huán 復也。从辵，瞏聲。户關切。

選 xuǎn 遣也。从辵、巽。巽遣之。巽亦聲。一曰：選，擇也。思沇切。

送 sòng 遣也。从辵，倂省。蘇弄切。

籀文，不省。

遣 qiǎn 縱也。从辵，䝿聲。去衍切。

邐 lǐ 行邐邐也。从辵，麗聲。力紙切。

逮 dài 唐逮，及也。从辵，隶聲。臣鉉等曰："或作迨。"徒耐切。

遲 chí 徐行也。从辵，犀聲。《詩》曰："行道遲遲。"直尼切。遲，或从𡰥。籀文遲，从屖。

邌 lí 徐也。从辵，黎聲。郎奚切。

遰 dì 去也。从辵，帶聲。特計切。

𨘢 yuān 行皃。从辵，𣶒聲。烏玄切。

𨘥 zhù 不行也。从辵，䮑聲。讀若住。中句切。

逗 dòu 止也。从辵，豆聲。田候切。

迟 xì(今音 qì) 曲行也。从辵，只聲。綺戟切。

透 wěi　透迆，衺去之皃。从辵，委聲。於爲切。

或从虫、爲。

迆 yǐ　衺行也。从辵，也聲。《夏書》曰："東迆北，會于匯。"移尔切。

遹 yù　回避也。从辵，矞聲。余律切。

避 bì　回也。从辵，辟聲。毗義切。

違 wéi　離也。从辵，韋聲。羽非切。

遴 lìn　行難也。从辵，粦聲。《易》曰："以往遴。"良刃切。或从人。

逡 qūn　復也。从辵，夋聲。七倫切。

䢚 dǐ　怒不進也。从辵，氐聲。都礼切。

達 dá　行不相遇也。从辵，羍聲。《詩》曰："挑兮達兮。"達，或从大，或曰迭。徒葛切。

逯 lù　行謹逯逯也。从辵，录聲。盧谷切。

迵 dòng　迵迭也。从辵，同聲。徒弄切。

迭 dié　更迭也。从辵，失聲。一曰：达。徒結切。

迷 mí　或也。从辵，米聲。莫兮切。

連 lián　員連也。从辵，从車。力延切。

逑 qiú　斂聚也。从辵，求聲。《虞書》曰："旁逑孱功。"又曰："怨匹曰逑。"巨鳩切。

退 bài　數也。从辵，貝聲。《周書》曰："我興受其退。"薄邁切。

逭 huàn　逃也。从辵，官聲。胡玩切。

逭，或从雚、从兆。

遯 dùn　逃也。从辵，从豚。徒困切。

逋 bū　亡也。从辵，甫聲。博孤切。

籀文逋，从捕。

遺 yí　亡也。从辵，貴聲。以追切。

遂 suì　亡也。从辵，㒸聲。徐醉切。

古文遂。

逃 táo　亡也。从辵，兆聲。徒刀切。

追 zhuī　逐也。从辵，自聲。陟隹切。

逐 zhú　追也。从辵，从豚省。徐鍇曰："豚走而豕追之，會意。"直六切。

迺 qiú　迫也。从辵，酉聲。字秋切。

迺，或从酉。

近 jìn 附也。从辵，斤聲。渠遴切。

古文近。

邋 liè 擸也。从辵，巤聲。良涉切。

迫 bó(今音pò) 近也。从辵，白聲。博陌切。

⿺辶臸 rì 近也。从辵，臸聲。人質切。

邇 ěr 近也。从辵，爾聲。兒氏切。

古文邇。

遏 è 微止也。从辵，曷聲。讀若桑蟲之蝎。烏割切。

遮 zhē 遏也。从辵，庶聲。止車切。

⿺辶羨 yàn 遮⿺辶羨也。从辵，羨聲。于線切。

迣 zhì 迾也。晉、趙曰迣。从辵，世聲。讀若寘。征例切。

迾 liè 遮也。从辵，列聲。良辥切。

迁 gān 進也。从辵，干聲。讀若干。古寒切。

⿺辶侃 qiān 過也。从辵，侃聲。去虔切。

遱 lóu 連遱也。从辵，婁聲。洛侯切。

⿺辶市 zhì(⿺辶朩) 前頡(頓)也。从辵，市(朩)聲。賈侍中說："一讀若拾，又若郅。"北末切。

迦 jiā 迦互，令不得行也。从辵，枷聲。徐鍇曰："迦互，猶犬牙左右相制也。"古牙切。

⿺辶戉 yuè 踰也。从辵，戉聲。《易》曰："雜而不⿺辶戉。"王伐切。

逞 chěng 通也。从辵，呈聲。楚謂疾行爲逞。《春秋傳》曰："何所不逞欲。"丑郢切。

遼 liáo 遠也。从辵，尞聲。洛簫切。

遠 yuǎn 遼也。从辵，袁聲。雲阮切。

古文遠。

逖 tì 遠也。从辵，狄聲。他歷切。

古文逖。

迥 jiǒng 遠也。从辵，冋聲。户潁切。

逴 chuò 遠也。从辵，卓聲。一曰：蹇也。讀若棹苕之棹。臣鉉等案："棹苕，今無此語，未詳。"敕角切。

迂 yū 避也。从辵，于聲。憶俱切。

⿺辶𦘒 jiān 目(自)進極也。从辵，𦘒聲。子僊切。

邍 yuán　高平之野，人所登。从辵、备、录。闕。愚袁切。

道 dào　所行道也。从辵，从𩠐。一達謂之道。徒皓切。

古文道，从𩠐、寸。

遽 jù　傳也。一曰：窘也。从辵，豦聲。其倨切。

迒 háng　獸迹也。从辵，亢聲。胡郎切。

迒，或从足，从更[聲]。

𨑩 dì　至也。从辵，弔聲。都歷切。

邊 biān　行垂崖也。从辵，臱聲。布賢切。

文一百一十八　重三十一

邂 xiè　邂逅，不期而遇也。从辵，解聲。胡懈切。

逅 hòu　邂逅也。从辵，后聲。胡遘切。

遑 huáng　急也。从辵，皇聲。或从彳。胡光切。

逼 bī　近也。从辵，畐聲。彼力切。

𨘢 miǎo（邈）　遠也。从辵，䫉聲。莫角切。

遐 xiá　遠也。从辵，叚聲。臣鉉等曰："或通用假字。"胡加切。

迄 qì　至也。从辵，气聲。許訖切。

迸 bèng　散走也。从辵，并聲。北諍切。

透 tòu　跳也。過也。从辵，秀聲。他候切。

邏 luó　巡也。从辵，羅聲。郎左切。

迢 tiáo　迢遰也。从辵，召聲。徒聊切。

逍 xiāo　逍遥，猶翱翔也。从辵，肖聲。臣鉉等案："《詩》只用消搖。此二字，《字林》所加。"相邀切。

遥 yáo　逍遥也。又遠也。从辵，䍃聲。余招切。

文十三新附

彳 chì　小步也，象人脛三屬相連也。凡彳之屬皆从彳。丑亦切。

德 dé　升也。从彳，悳聲。多則切。

徑 jìng　步道也。从彳，巠聲。徐鍇曰："道不容車，故曰步道。"居正切。

復 fù　往來也。从彳，复聲。房六切。

𢔶 rǒu　復也。从彳，从柔，柔亦聲。人九切。

徎 chěng　徑行也。从彳，呈聲。丑郢切。

往 wǎng　之也。从彳，㞷聲。于兩切。

古文，从辵。

衢 qú 行皃。从彳，瞿聲。其俱切。

彼 bǐ 往有所加也。从彳，皮聲。補委切。

徼 jiāo(今音 jiào) 循也。从彳，敫聲。古堯切。

循 xún 行順也。从彳，盾聲。詳遵切。

彶 jí 急行也。从彳，及聲。居立切。

䞙 sà 行皃。从彳，歰聲。一曰：此與馺同。穌合切。

微 wēi 隱行也。从彳，𢼸聲。《春秋傳》曰：“白公其徒微之。”無非切。

徥 chí(今音 shì) 徥徥，行皃。从彳，是聲。《爾雅》曰：“徥，則也。”是支切。

徐 xú 安行也。从彳，余聲。似魚切。

𢓊 yí 行平易也。从彳，夷聲。以脂切。

𢕟 pīng 使也。从彳，甹聲。普丁切。

夆 fēng 使也。从彳，夆聲。讀若螽。敷容切。

後 jiàn 迹也。从彳，戔聲。慈衍切。

徬 bàng 附行也。从彳，旁聲。蒲浪切。

徯 xī 待也。从彳，奚聲。胡計切。

蹊 徯，或从足。

待 dài 竢也。从彳，寺聲。徒在切。

油 dí 行油油也。从彳，由聲。徒歷切。

徧 biàn 帀也。从彳，扁聲。比薦切。

假 jiǎ 至也。从彳，叚聲。古雅切。

復 tuì(退) 却也。一曰：行遲也。从彳，从日，从夊。他內切。 衲 復，或从內。 退 古文，从辵。

後 hòu 遲也。从彳、幺、夊者，後也。徐鍇曰：“幺猶躧躓之也。” 逡 古文後，从辵。胡口切。

徲 tí 久也。从彳，屖聲。讀若遲。杜兮切。

很 hěn 不聽从也。一曰：行難也。一曰：盭也。从彳，皀聲。胡懇切。

種 zhǒng 相迹也。从彳，重聲。之隴切。

得 dé 行有所得也。从彳，㝵聲。多則切。

㝵 古文，省彳。

徛 qī(今音 jì) 舉脛有渡也。从彳，奇聲。去奇切。

徇 xùn　行示也。从彳，勻聲。《司馬法》：“斬以徇。”詞閏切。

律 lǜ　均布也。从彳，聿聲。吕戌切。

御 yù　使馬也。从彳，从卸。徐鍇曰：“卸，解車馬也。或彳或卸，皆御者之職。”牛據切。　古文御，从又，从馬。

亍 chù　步止也。从反彳。讀若畜。丑玉切。

文三十七　重七

廴 yǐn　長行也。从彳引之。凡廴之屬皆从廴。余忍切。

廷 tíng　朝中也。从廴，壬聲。特丁切。

延 zhēng　行也。从廴，正聲。諸盈切。

建 jiàn　立朝律也。从聿，从廴。臣鉉等曰：“聿，律省也。”居萬切。

文四

㢟 chān　安步㢟㢟也。从廴，从止。凡㢟之屬皆从㢟。丑連切。

延 yán　長行也。从㢟，丿聲。以然切。

文二

行 xíng　人之步趨也。从彳，从亍。凡行之屬皆从行。户庚切。

術 shù　邑中道也。从行，术聲。食聿切。

街 jiē　四通道也。从行，圭聲。古膎切。

衢 qú　四達謂之衢。从行，瞿聲。其俱切。

衝 chōng(衝)　通道也。从行，童聲。《春秋傳》曰：“及衝，以戈擊之。”昌容切。

衕 tòng(今音 tóng)　通街也。从行，同聲。徒弄切。

衡 jiàn　迹也。从行，戔聲。才綫切。

衙 yú/ yá　[衙衙]，行皃。从行，吾聲。魚舉切，又音牙。

衎 kàn　行喜皃。从行，干聲。空旱切。

衒 xuàn(衒)　行且賣也。从行，从言。黄絢切。

衒，或从玄。

衛 shuài　將衛也。从行，率聲。所律切。

衛 wèi　宿衛也。从韋、帀，从行。行，列衛也。于歲切。

文十二　重一

齒 chǐ 口齗骨也，象口齒之形，止聲。凡齒之屬皆从齒。昌里切。古文齒字。

齗 yín 齒本也。从齒，斤聲。語斤切。

齔 chèn 毀齒也。男八月生齒，八歲而齔。女七月生齒，七歲而齔。从齒，从七(七)。初堇切。

齰 zé 齒相值也。一曰：齧也。从齒，責聲。《春秋傳》曰："晳齰。"士革切。

齜 chái 齒相齗(齘)也。一曰：開口見齒之皃。从齒，柴省聲。讀若柴。仕街切。

齘 xiè 齒相切也。从齒，介聲。胡介切。

齞 yǎn 口張齒見。从齒，只聲。研繭切。

䶢 yán(今音 yàn) 齒差也。从齒，兼聲。五銜切。

齺 zōu 齒搑也。一曰：齰也。一曰：馬口中糜也。从齒，芻聲。側鳩切。

齵 óu 齒不正也。从齒，禺聲。五婁切。

齇 zhā 齬齒也。从齒，虘聲。側加切。

齱 zōu 齵也。从齒，取聲。側鳩切。

齹 cī 齒參差。从齒，差聲。楚宜切。

齹 cuó 齒差跌皃。从齒，佐聲。《春秋傳》曰："鄭有子齹。"臣鉉等曰："《說文》無佐字，此字當从沎，傳寫之誤。"昨何切。

齤 quán 缺齒也。一曰：曲齒，从齒，尖聲。讀若權。巨員切。

齳 yǔn 無齒也。从齒，軍聲。魚吻切。

齾 yà 缺齒也。从齒，獻聲。五鎋切。

齟 gǔ(今音 jù) 齗腫也。从齒，巨聲。區主切。

齯 ní 老人齒。从齒，兒聲。五雞切。

齮 yǐ 齧也。从齒，奇聲。魚綺切。

齣 zhí 齰齒也。从齒，出聲。仕乙切。

䶠 zé 齧也。从齒，昔聲。側革切。

齚 䶠，或从乍。

鹹 jiān 齧也。从齒，咸聲。工咸切。

齦 kěn 齧也。从齒，㫐聲。康很切。

齞 yǎn 齒見皃。从齒，干聲。五版切。

䶕 zú 䶕齚也。从齒，卒聲。昨沒切。

䶛 là 齒分骨聲。从齒，列聲。讀若剌。盧達切。

齩 yǎo 齧骨也。从齒，交聲。五巧切。

⿰齒屑 qiè 齒差也。从齒，屑聲。讀若切。千結切。

⿰齒吉 xiá 齒堅聲。从齒，吉聲。赫鍺切。

⿰齒豈 ái 齒屑牙也。从齒，豈聲。五來切。

齝 chī 吐而噍也。从齒，台聲。《爾雅》曰："牛曰齝。"丑之切。

齕 hú(齕，今音 hé) 齧也。从齒，气聲。户骨切。

⿱聯齒 lián 齒見皃。从齒，聯聲。力延切。

齧 niè 噬也。从齒，㓞聲。五結切。

齭 chǔ 齒傷酢也。从齒，所聲。讀若楚。創舉切。

齨 jiù 老人齒如臼也。一曰：馬八歲齒臼也。从齒，从臼，臼亦聲。其久切。

齬 yǔ 齒不相值也。从齒，吾聲。魚舉切。

齛 xiè 羊粻也。从齒，世聲。私列切。

齸 yì 鹿麋粻。从齒，益聲。伊昔切。

⿰齒至 zhì 齒（齧）堅也。从齒，至聲。陟栗切。

⿰齒骨 huá 齧骨聲。从齒，从骨，骨亦聲。户八切。

⿰齒昏 kuò 噍聲。从齒，昏聲。古活切。

⿰齒尃 bó 噍堅也。从齒，博省聲。補莫切。

文四十四　重二

齡 líng 年也。从齒，令聲。臣鉉等案：《禮記》"夢帝與我九齡"。疑通用靈。武王初聞九齡之語，不達其義，乃云西方有九國。若當時有此齡字，則武王豈不達也。蓋後人所加。郎丁切。

文一新附

牙 yá 牡（壯）齒也，象上下相錯之形。凡牙之屬皆从牙。五加切。古文牙。

⿰牙奇 qī 武（虎）牙也。从牙，从奇，奇亦聲。去奇切。

⿰牙禹 qǔ 齒蠹也。从牙，禹聲。區禹切。

⿰牙禹，或从齒。

文三　重二

足 zú 人之足也，在下。从止、口。凡足之屬皆

从足。徐鍇曰:“口象股脛之形。”即玉切。

蹏 tí 足也。从足,虒聲。杜兮切。

跟 gēn 足踵也。从足,皀聲。古痕切。

跟,或从止。

踝 huái 足踝也。从足,果聲。胡瓦切。

跖 zhí 足下也。从足,石聲。之石切。

踦 qī 一足也。从足,奇聲。去奇切。

跪 guì 拜也。从足,危聲。去委切。

跽 jì 長跪也。从足,忌聲。渠几切。

踧 cù(今音 dí) 行平易也。从足,叔聲。《詩》曰:“踧踧周道。”子六切。

躣 qú 行皃。从足,瞿聲。其俱切。

踖 jí 長脛行也。从足,昔聲。一曰:踧踖。資昔切。

踽 qǔ(今音 jǔ) 疏行皃。从足,禹聲。《詩》曰:“獨行踽踽。”區主切。

蹩 qiāng 行皃。从足,將聲。《詩》曰:“管磬蹡蹡。”七羊切。

躖 duàn 踐處也。从足,斷省聲。徒管切。

趴 fù 趣越皃。从足,卜聲。芳遇切。

踰 yú 越也。从足,俞聲。羊朱切。

跋 yuè 輕也。从足,戉聲。王伐切。

蹻 jiǎo(今音 qiāo) 舉足行高也。从足,喬聲。《詩》曰:“小子蹻蹻。”居勺切。

跾 shū 疾也。長也。从足,攸聲。式竹切。

蹌 qiāng 動也。从足,倉聲。七羊切。

踊 yǒng 跳也。从足,甬聲。余隴切。

躋 jī 登也。从足,齊聲。《商書》曰:“予顛躋。”祖雞切。

躍 yuè 迅也。从足,翟聲。以灼切。

跧 quán 蹴也。一曰:卑也,絭也。从足,全聲。莊緣切。

蹴 cù 躡也。从足,就聲。七宿切。

躡 niè 蹈也。从足,聶聲。尼輒切。

跨 kuà 渡也。从足,夸聲。苦化切。

蹋 tà 踐也。从足,𦐇聲。徒盍切。

踄 bù/bó　蹈也。从足，步聲。旁各切，又音步。

蹈 dǎo　踐也。从足，舀聲。徒到切。

躔 chán　踐也。从足，廛聲。直連切。

踐 jiàn　履也。从足，戔聲。慈衍切。

踵 zhǒng　追也。从足，重聲。一曰：往來皃。之隴切。

踔 chuò　踶也。从足，卓聲。知教切。

蹛 dài　踶也。从足，帶聲。當蓋切。

蹩 bié　踶也。从足，敝聲。一曰：跛也。蒲結切。

踶 dì　躗也。从足，是聲。特計切。

躗 wèi　衛也。从足，衛聲。于歲切。

⿱執足 dié　⿱執足(縶)足也。从足，執聲。徒叶切。

⿰足氏 shì　尌也。从足，氏聲。承旨切。

蹢 zhí　住足也。从足，適省聲。或曰：蹢躅。賈侍中說："足垢也。"直隻切。

躅 zhú　蹢躅也。从足，蜀聲。直録切。

踤 zú　觸也。从足，卒聲。一曰：駭也。一曰：蒼踤。昨没切。

蹶 jué　僵也。从足，厥聲。一曰：跳也。亦讀若橜。居月切。蹶，或从闕。

跳 tiào　蹶也。从足，兆聲。一曰：躍也。徒遼切。

⿰足辰 zhēn(今音 zhèn)　動也。从足，辰聲。側鄰切。

⿰足屠 chú　峙⿰足屠，不前也。从足，屠聲。直魚切。

⿰足弗 fú　跳也。从足，弗聲。敷勿切。

蹠 zhí　楚人謂跳躍曰蹠。从足，庶聲。之石切。

踏 tà　趿(跳)也。从足，沓聲。他合切。

⿰足䍃 yáo　跳也。从足，䍃聲。余招切。

趿 sà　進足有所擷取也。从足，及聲。《爾雅》曰："趿謂之擷。"穌合切。

⿰足貝 bèi　步行獵跋也。从足，貝聲。博蓋切。

躓 zhì　跲也。从足，質聲。《詩》曰："載躓其尾。"陟利切。

跲 jié(今音 jiá)　躓也。从足，合聲。居怯切。

跇 chì(今音 yì)　述也。从足，世聲。丑例切。

蹎 diān　跋也。从足，真聲。都年切。

跋 bō(今音 bá) 蹎跋也。从足,犮聲。北末切。

蹐 jí 小步也。从足,脊聲。《詩》曰:“不敢不蹐。”資昔切。

跌 diē 踢也。从足,失聲。一曰:越也。徒結切。

踼 táng 跌踼也。从足,昜聲。一曰:搶(槍)也。徒郎切。

蹲 cún(今音 dūn) 踞也。从足,尊聲。徂尊切。

踞 jù 蹲也。从足,居聲。居御切。

跨 kuà 踞也。从足,夸聲。苦化切。

躩 jué 足躩如也。从足,矍聲。丘縛切。

踣 bó 僵也。从足,音聲。《春秋傳》曰:“晉人踣之。”蒲北切。

跛 bǒ 行不正也。从足,皮聲。一曰:足排之。讀若彼。布火切。

蹇 jiǎn 跛也。从足,寒省聲。臣鉉等案:“《易》王臣蹇蹇。今俗作謇,非。”九輦切。

蹁 pián 足不正也。从足,扁聲。一曰:拖後足馬。讀若苹(釆)。或曰:徧。部田切。

踦 kuí 脛肉也。一曰:曲脛也。从足,弅聲。讀若逵。渠追切。

踒 wō 足跌也。从足,委聲。烏過切。

跣 xiǎn 足親地也。从足,先聲。穌典切。

跔 jū 天寒足跔也。从足,句聲。其俱切。

踂 kǔn 瘃足也。从足,困聲。苦本切。

距 jù 雞距也。从足,巨聲。其吕切。

躧 xǐ 舞履也。从足,麗聲。所綺切。

韆 或从革。

蝦 xiā 足所履也。从足,叚聲。乎加切。

跸 fèi 跀也。从足,非聲。讀若匪。扶味切。

跀 yuè 斷足也。从足,月聲。魚厥切。

𧿹 跀,或从兀。

趽 pēng(今音 fàng) 曲脛馬也。从足,方聲。讀與彭同。薄庚切。

趹 jué 馬行皃。从足,决省聲。古穴切。

趼 yàn 獸足企也。从足,开聲。五甸切。

路 lù 道也。从足,从各。臣鉉等曰:“言道路人各有

適也。”洛故切。

蹸 lìn　轢也。从足，粦聲。良忍切。

跂 qí　足多指也。从足，支聲。巨支切。

文八十五　重四

蹮 xiān　蹁蹮，旋行。从足，䙴聲。穌前切。

蹭 cèng　蹭蹬，失道也。从足，曾聲。七鄧切。

蹬 dèng　蹭蹬也。从足，登聲。徒亘切。

蹉 cuō　蹉跎，失時也。从足，差聲。臣鉉等案：“經史通用差池，此亦後人所加。”七何切。

跎 tuó　蹉跎也。从足，它聲。徒何切。

蹙 cù　迫也。从足，戚聲。臣鉉等案：“李善《文選注》通蹴字。”子六切。

踸 chěn　踸踔，行無常皃。从足，甚聲。五(丑)甚切。

文七新附

疋 shū　足也。上象腓腸，下从止。《弟子職》曰：“問疋何止？”古文以爲《詩・大疋》字，亦以爲足字，或曰胥字。一曰：疋，記也。凡疋之屬皆从疋。所菹切。

䟽 shū　門户疏窻也。从疋，疋亦聲。囱象䟽形，讀若疏。所菹切。

㽰 shū　通也。从爻，从疋，疋亦聲。所菹切。

文三

品 pǐn　衆庶也。从三口。凡品之屬皆从品。丕飲切。

喦 niè　多言也。从品相連。《春秋傳》曰：“次于喦北。”讀與聶同。尼輒切。

喿 zào　鳥羣鳴也。从品在木上。穌到切。

文三

龠 yuè　樂之竹管，三孔，以和衆聲也。从品、侖。侖，理也。凡龠之屬皆从龠。以灼切。

龡 chuī（今音 chuì）　龡，音律管壎之樂也。从龠，炊聲。昌垂切。

龥 chí　管樂也。从龠，虒聲。直离切。

篪 龥，或从竹。

龢 hé　調也。从龠，禾聲。讀與和同。户戈切。

龤 xié　樂和龤也。从龠，皆聲。《虞書》曰：“八音克龤。”户皆切。

文五 重一

册 cè 符命也。諸侯進受於王也。象其札一長一短，中有二編之形。凡册之屬皆从册。楚革切。古文册，从竹。

嗣 sì 諸侯嗣國也。从册，从口，司聲。徐鍇曰："册必於廟，史讀其册，故从口。"祥吏切。古文嗣，从子，[司聲]。

扁 biǎn 署也。从户、册。户册者，署門户之文也。方沔切。

文三 重二

说文解字　卷三上

五十三部　　文六百三十　　重百四十五_{按：五，当}
作三。凡八千六百八十四字　　文十六_{新附}

品 ^品 jí　衆口也。从四口。凡品之屬皆从品。讀若戢。阻立切。又讀若呶。

嚚 ^嚚 yín　語聲也。从品，臣聲。語巾切。

^𡄑 古文嚚。

嚣 ^嚣 xiāo　聲也，气出頭上。从品，从頁。頁，首也。許嬌切。嚣，或省。

^𣢲

㗊 ^㗊 jiào　高聲也。一曰：大呼也。从品，丩聲。《春秋公羊傳》曰："魯昭公叫然而哭。"古弔切。

嚾 ^嚾 huān（今音 huàn）呼也。从品，萈聲。讀若讙。呼官切。

器 ^器 qì　皿也。象器之口，犬所以守之。去冀切。

文六　重二

舌 ^舌 shé　在口所以言也，別味也。从干，从口，干亦聲。凡舌之屬皆从舌。徐鍇曰："凡物入口，必干於舌，故从干。"食列切。

舚 ^舚 tà　歠也。从舌，沓聲。他合切。

舓 ^舓 shì　以舌取食也。从舌，易聲。神旨切。

^𦧇 舓，或从也。

文三　重一

干 ^干 gān　犯也。从反入，从一。凡干之屬皆从干。古寒切。

𢆉 ^𢆉 rěn　撃也。从干。入一爲干，入二爲𢆉。讀若能。言稍甚也。如審切。

屰 ^屰 nì　不順也。从干，下屮屰之也。魚戟切。

文三

谷 ^谷 jué　口上阿也。从口，上象其理。凡谷之屬皆从谷。其虐切。𡔷 谷，或如此。臄 或从肉，从豦。

^西 tiàn　舌皃。从谷省。象形。他念切。

古文西。讀若三年導服之導。一曰竹上皮，讀若沾。一曰讀若誓，弼字从此。

文二 重三

只 zhǐ 語已詞也。从口，象气下引之形。凡只之屬皆从只。諸氏切。

䝞 xīng 聲也。从只，甹聲。讀若聲。呼形切。

文二

㕯 nè 言之訥也。从口，从内。凡㕯之屬皆从㕯。女滑切。

矞 yù 以錐有所穿也。从矛，从㕯。一曰：滿有所出也。余律切。

商 shāng 从外知内也。从㕯，章省聲。式陽切。古文商。亦古文商。籒文商。

文三 重三

句 gōu/jù 曲也。从口，丩聲。凡句之屬皆从句。古侯切，又九遇切。

拘 jū 止也。从句，从手，句亦聲。舉朱切。

笱 gǒu 曲竹捕魚笱也。从竹，从句，句亦聲。古厚切。

鉤 gōu 曲［鉤］也。从金，从句，句亦聲。古侯切。

文四

丩 jiū 相糾繚也。一曰：瓜瓠結丩起。象形。凡丩之屬皆从丩。居虯切。

茻 jiū 艸之相丩者。从茻，从丩，丩亦聲。居虯切。

糾 jiū 繩三合也。从糸、丩。居黝切。

文三

古 gǔ 故也。从十、口，識前言者也。凡古之屬皆从古。臣鉉等曰："十口所傳，是前言也。"公户切。古文古。

嘏 jiǎ 大遠也。从古，叚聲。古雅切。

文二 重一

十 shí 數之具也。一爲東西，丨爲南北，則四方中央備矣。凡十之屬皆从十。是執切。

丈 zhàng 十尺也。从又持十。直兩切。

千 qiān 十百也。从十，从人。此先切。

肸 xì 響，布也。从十，从㐱。臣鉉等曰："㐱，振㐱也。"羲乙切。

卙　jí　卙卙，盛也。从十，从甚。汝南名蠶盛曰卙。子入切。

博　bó　大通也。从十，从尃。尃，布也。補各切。

協　lè　材十人也。从十，力聲。盧則切。

廿　niàn　二十并也。古文省。人汁切。

卙　jí　詞之卙矣。从十，咠聲。秦入切。

文九

卅　sà(卅)　三十并也。古文省。凡卅之屬皆从卅。蘇沓切。

世　shì　三十年爲一世。从卅而曳長之。亦取其聲也。舒制切。

文二

言　yán　直言曰言，論難曰語。从口，辛聲。凡言之屬皆从言。語軒切。

譻　yīng　聲也。从言，賏聲。烏莖切。

謦　qǐng　欬也。从言，殸聲。殸，籒文磬字。去挺切。

語　yǔ　論也。从言，吾聲。魚舉切。

談　tán　語也。从言，炎聲。徒甘切。

謂　wèi　報也。从言，胃聲。于貴切。

諒　liàng　信也。从言，京聲。力讓切。

詵　shēn　致言也。从言，从先，先亦聲。《詩》曰："螽斯羽詵詵兮。"所臻切。

請　qǐng　謁也。从言，青聲。七井切。

謁　yè　白也。从言，曷聲。於歇切。

許　xǔ　聽也。从言，午聲。虚吕切。

諾　nuò　譍也。从言，若聲。奴各切。

譍　yìng　以言對也。从言，雁聲。於證切。

讎　chóu　猶譍也。从言，雔聲。市流切。

諸　zhū　辯也。从言，者聲。章魚切。

詩　shī　志也。从言，寺聲。書之切。

古文詩省。

讖　chèn　驗也。从言，韱聲。楚蔭切。

諷　fěng　誦也。从言，風聲。芳奉切。

誦　sòng　諷也。从言，甬聲。似用切。

讀　dú　誦書也。从言，賣聲。徒谷切。

啻 yì 快也。从言，从中。於力切。

訓 xùn 説教也。从言，川聲。許運切。

誨 huì 曉教也。从言，每聲。荒内切。

譔 zhuàn 專教也。从言，巽聲。此緣切。

譬 pì 諭也。从言，辟聲。匹至切。

謜 yuàn(今音 yuán) 徐語也。从言，原聲。《孟子》曰："故謜謜而來。"魚怨切。

詇 yàng 早知也。从言，央聲。於亮切。

諭 yù 告也。从言，俞聲。羊戍切。

詖 bì 辯論也。古文以爲頗字。从言，皮聲。彼義切。

諄 zhūn 告曉之孰也。从言，享聲。讀若庉。章倫切。

諢 chí 語諄諢也。从言，犀聲。直离切。

詻 è 論訟也。《傳》曰："詻詻孔子容。"从言，各聲。五陌切。

誾 yín 和説而静也。从言，門聲。語巾切。

謀 móu 慮難曰謀。从言，某聲。莫浮切。 古文謀。 亦古文。

謨 mó 議謀也。从言，莫聲。《虞書》曰："咎繇謨。"莫胡切。 古文謨，从口。

訪 fàng(今音 fǎng) 泛謀曰訪。从言，方聲。敷亮切。

諏 jū(今音 zōu) 聚謀也。从言，取聲。子于切。

論 lún 議也。从言，侖聲。盧昆切。

議 yì 語也。从言，義聲。宜寄切。

訂 dìng 平議也。从言，丁聲。他頂切。

詳 xiáng 審議也。从言，羊聲。似羊切。

諟 shì 理也。从言，是聲。承旨切。

諦 dì 審也。从言，帝聲。都計切。

識 shí 常也。一曰：知也。从言，戠聲。賞職切。

訊 xùn 問也。从言，卂聲。思晉切。 古文訊，从卤。

詧 chá 言微親詧也。从言，察(祭)省聲。楚八切。

謹 jǐn 慎也。从言，堇聲。居隱切。

訒 réng　厚也。从言，乃聲。如乘切。

諶 chén　誠諦也。从言，甚聲。《詩》曰："天難諶斯。"是吟切。

信 xìn　誠也。从人，从言，會意。息晉切。

古文，从言省。古文信。

訦 chén　燕、代、東齊謂信訦。从言，冘聲。是吟切。

誠 chéng　信也。从言，成聲。氏征切。

誡 jiè　敕也。从言，戒聲。古拜切。

諅 jì　誡也。从言，忌聲。渠記切。

諱 huì　誋也。从言，韋聲。許貴切。

誥 gào　告也。从言，告聲。古到切。

古文誥。

詔 zhào　告也。从言，从召，召亦聲。之紹切。

誓 shì　約束也。从言，折聲。時制切。

譣 xiǎn　問也。从言，僉聲。《周書》曰："勿以譣人。"息廉切。

詁 gǔ　訓故言也。从言，古聲。《詩》曰："詁訓。"公户切。

藹 ǎi　臣盡力之美。从言，葛聲。《詩》曰："藹藹王多吉士。"於害切。

誎 sù(今音 cù)　餔旋促也。从言，束聲。桑谷切。

諝 xǔ(今音 xū)　知也。从言，胥聲。私吕切。

証 zhèng　諫也。从言，正聲。之盛切。

諫 jiàn　証也。从言，柬聲。古晏切。

諗 shěn　深諫也。从言，念聲。《春秋傳》曰："辛伯諗周桓公。"式荏切。

課 kè　試也。从言，果聲。苦卧切。

試 shì　用也。从言，式聲。《虞書》曰："明試以功。"式吏切。

諴 xián　和也。从言，咸聲。《周書》曰："不能諴于小民。"胡毚切。

䚻 yáo　徒歌。从言、肉。余招切。

詮 quán　具也。从言，全聲。此緣切。

訢 xīn　喜也。从言，斤聲。許斤切。

説 shuō / yuè　説釋也。从言、兑。一曰：談説。失爇切，又弋雪切。

計 jì 會也，筭也。从言，从十。古詣切。

諧 xié 詥也。从言，皆聲。户皆切。

詥 hé 諧也。从言，合聲。候閤切。

調 tiáo 和也。从言，周聲。徒遼切。

䛡 huà(話) 合會善言也。从言，𠯑聲。《傳》曰："告之話言。" 籒文䛡，从會。胡快切。

諈 zhuì 諈諉，纍也。从言，垂聲。竹寘切。

諉 wěi 纍也。从言，委聲。女恚切。

警 jǐng 戒也。从言，从敬，敬亦聲。居影切。

謐 mì 静語也。从言，𥁑聲。一曰：無聲也。彌必切。

謙 qiān 敬也。从言，兼聲。苦兼切。

誼 yì 人所宜也。从言，从宜，宜亦聲。儀寄切。

詡 xǔ 大言也。从言，羽聲。况羽切。

諓 jiàn 善言也。从言，戔聲。一曰：謔也。慈衍切。

誐 é 嘉善也。从言，我聲。《詩》曰："誐以溢我。"五何切。

詷 tóng 共也。一曰：譀也。从言，同聲。《周書》曰："在夏后之詷。"徒紅切。

設 shè 施陳也。从言，从殳。殳，使人也。識列切。

護 hù 救視也。从言，蒦聲。胡故切。

譞 xuān 譞慧也。从言，圜省聲。許緣切。

誧 bū 大也。一曰：人相助也。从言，甫聲。讀若逋。博孤切。

諰 xǐ 思之意。从言，从思。胥里切。

託 tuō 寄也。从言，乇聲。他各切。

記 jì 疏也。从言，己聲。居吏切。

譽 yù 稱也。从言，與聲。羊茹切。

譒 bò 敷也。从言，番聲。《商書》曰："王譒告之。"補過切。

謝 xiè 辤、去也。从言，䠶聲。辤夜切。

謳 ōu 齊歌也。从言，區聲。烏侯切。

詠 yǒng 歌也。从言，永聲。爲命切。

詠，或从口。

諍　zhèng　止也。从言，爭聲。側迸切。

評　hū　召也。从言，乎聲。荒烏切。

謼　hù(今音 hū)　評謼也。从言，虖聲。荒故切。

訖　qì　止也。从言，气聲。居迄切。

諺　yàn　傳言也。从言，彦聲。魚變切。

訝　yà　相迎也。从言，牙聲。《周禮》曰：“諸侯有卿訝發。”迓　訝，或从辵。吾駕切。

詣　yì　候至也。从言，旨聲。五計切。

講　jiǎng　和解也。从言，冓聲。古項切。

謄　téng　迻書也。从言，朕聲。徒登切。

訒　rèn　頓也。从言，刃聲。《論語》曰：“其言也訒。”而振切。

訥　nè　言難也。从言，从内。内骨切。

譇　zhā(今音 jiē)　譇䛩也。从言，虘聲。側加切。

諐　xì　待也。从言，伿聲。讀若饗。胡禮切。

警　jiào　痛呼也。从言，敫聲。古弔切。

譊　náo　恚呼也。从言，堯聲。女交切。

䇯　yíng　小聲也。从言，熒省聲。《詩》曰：“䇯䇯青蠅。”余傾切。

諎　zé　大聲也。从言，昔聲。讀若笮。壯革切。

唶　諎，或从口。

諛　yú　諂也。从言，臾聲。羊朱切。

讇　chǎn　諛也。从言，閻聲。丑琰切。

諂　讇，或省。

諼　xuān　詐也。从言，爰聲。況袁切。

謷　áo　不肖（省）人［言］也。从言，敖聲。一曰：哭不止，悲聲謷謷。五牢切。

訹　xù　誘也。从言，朮聲。思律切。

詑　tuó　沇州謂欺曰詑。从言，它聲。託何切。

謾　mán　欺也。从言，曼聲。母官切。

譇　zhā　譇拏，羞窮也。从言，奢聲。陟加切。

詐　zhà　慙語也。从言，作聲。鉏駕切。

讋　zhé　讋讘也。从言，執聲。之涉切。

謰　lián　謰謱也。从言，連聲。力延切。

謱　zhōu(今音 lóu)　謰謱也。从言，婁聲。陟侯切。

詒　yí　相欺詒也。一曰：遺也。从言，台聲。與之切。

謲　càn　相怒使也。从言，參聲。倉南切。

誑　kuáng　欺也。从言，狂聲。居況切。

譺　ài　騃也。从言，疑聲。五介切。

諣　guà　相誤也。从言，咼聲。古罵切。

訕　shàn　謗也。从言，山聲。所晏切。

譏　jī　誹也。从言，幾聲。居衣切。

誣　wū　加也。从言，巫聲。武扶切。

誹　fěi　謗也。从言，非聲。敷尾切。

謗　bàng　毁也。从言，旁聲。補浪切。

譸　zhōu　詶也。从言，壽聲。讀若醻。《周書》曰："無或譸張爲幻。"張流切。

詶　chóu　譸(詛)也。从言，州聲。市流切。

詛　zǔ　詶也。从言，且聲。莊助切。

䛆　zhòu　詶也。从言，由聲。直又切。

誃　chǐ　離别也。从言，多聲。讀若《論語》"跢予之足"。周景王作洛陽誃臺。尺氏切。

誖　bó(今音 bèi)　亂也。从言，孛聲。蒲没切。

　誖，或从心。　籒文誖，从二或。

䜌　luán　亂也。一曰：治也。一曰：不絶也。从言、絲。吕員切。　古文䜌。

誤　wù　謬也。从言，吳聲。五故切。

詿　guà　誤也。从言，圭聲。古賣切。

誒　xī　可惡之辭。从言，矣聲。一曰：誒，然。《春秋傳》曰："誒誒出出。"許其切。

譆　xī　痛也。从言，喜聲。火衣切。

詯　huì　膽气滿聲，在人上。从言，自聲。讀若反目相睞。荒内切。

謧　lí　謧詍，多言也。从言，离聲。吕之切。

詍　yì　多言也。从言，世聲。《詩》曰："無然詍詍。"余制切。

訿　zǐ　不思稱意也。从言，此聲。《詩》曰："翕翕訿訿。"將此切。

謟　táo　往來言也。一曰：小兒未能正言也。一

曰：祝也。从言，䛌，或从包。匋聲。大牢切。

詽　rán(今音 nán)　詽詽，多語也。从言，冄聲。樂浪有詽邯縣。汝閻切。

譅　tà　語相反譅也。从言，遝聲。他合切。

誻　tà　譅誻也。从言，沓聲。徒合切。

詽　xiān(今音 yán，詽)　諍語詽詽也。从言，幵聲。呼堅切。

讗　huà(今音 xié)　言壯皃。一曰：數相怒也。从言，巂聲。讀若畫。呼麥切。

訇　hōng　騃言聲。从言，匀省聲。漢中西城有訇鄉。又讀若玄。籒文，不省。虎横切。

諞　pián(今音 piǎn)　便巧言也。从言，扁聲。《周書》曰："戔戔善諞言。"《論語》曰："友諞佞。"部田切。

䚯　pín　匹(比)也。从言，頻聲。符真切。

訵　kòu　扣也。如求婦，先訵叕(發)之。从言，从口，口亦聲。苦后切。

誽　ná(今音 nì)　言相誽司也。从言，兒聲。女家切。

誂　tiǎo　相呼誘也。从言，兆聲。徒了切。

譄　zēng　加也。从言，从曾聲。作滕切。

詄　dié　忘也。从言，失聲。徒結切。

諅　jì　忌也。从言，其聲。《周書》曰："上不諅于凶德。"渠記切。

譀　hàn　誕也。从言，敢聲。下闞切。

俗譀，从忘。

誇　kuā　譀也。从言，夸聲。苦瓜切。

誕　dàn　詞誕也。从言，延聲。徒旱切。

籒文誕，省正。

譪　mài　譀也。从言，萬聲。莫話切。

謔　xuè　戲也。从言，虐聲。《詩》曰："善戲謔兮。"虛約切。

詪　hěn　眼(很)戾也。从言，皀聲。乎懇切。

訌　hóng　讃也。从言，工聲。《詩》曰："蟊賊内訌。"户工切。

譓　huì　中止也。从言，貴聲。《司馬法》曰："師多則人譓。"譓，止也。胡對切。

譿　huì　聲也。从言，歲聲。《詩》曰："有譿其聲。"呼會切。

諣 huà 疾言也。从言，咼聲。呼卦切。

譈 tuí 譟也。从言，魋聲。杜回切。

譟 zào 擾也。从言，喿聲。蘇到切。

訆 jiào 大呼也。从言，丩聲。《春秋傳》曰："或訆于宋大廟。"古弔切。

諕 háo 號也。从言，从虎。乎刀切。

讙 huān 譁也。从言，雚聲。呼官切。

譁 huā 讙也。从言，華聲。呼瓜切。

謣 yú 妄言也。从言，雩聲。羽俱切。

謣，或从荂。

譌 é 譌言也。从言，爲聲。《詩》曰："民之譌言。"五禾切。

詿 guà 誤也。从言，佳省聲。古賣切。按：見前，此重出。

誤 wù 謬也。从言，吴聲。五故切。按：見前，此重出。

謬 miù 狂者之妄言也。从言，翏聲。靡幼切。

詤 huāng（今音 huǎng） 夢言也。从言，㡿聲。呼光切。

譽 pó 大呼自勉（冤）也。从言，暴省聲。蒲角切。

訬 chāo 訬擾也。一曰：訬獪。从言，少聲。讀若毚。楚交切。

諆 qī 欺也。从言，其聲。去其切。

譎 jué 權詐也。益、梁曰謬欺，天下曰譎。从言，矞聲。古穴切。

詐 zhà 欺也。从言，乍聲。側駕切。

訏 xū 詭譌也。从言，于聲。一曰：訏摹。齊楚謂信曰訏。況于切。

謎 jiē 咨也。一曰：痛惜也。从言，差聲。子邪切。

讋 zhé 失气言。按：失气言，當作失气也。一曰：［言］不止也。从言，䜌省聲。傅毅讀若慴。之涉切。籀文讋，不省。

謵 xí 言謵讋也。从言，習聲。秦入切。

諲 wǔ（今音 wù） 相毁也。从言，亞聲。一曰：畏亞。宛古切。

讆 suì（今音 suī） 相毁也。从言，隨省聲。雖遂切。

讕 tà 嗑也。从言，闒聲。徒盍切。

訩 xiōng 説也。从言，匈聲。許容切。

或省。詾,或从兇。

訟 sòng　爭也。从言,公聲。[一]曰:謌訟。似用切。古文訟。

謓 chēn　恚也。从言,真聲。賈侍中説:"謓笑。"一曰:讀若振。昌真切。

讘 zhé(今音 niè)　多言也。从言,聶聲。河東有狐讘縣。之涉切。

訶 hē　大言而怒也。从言,可聲。虎何切。

⿰言臣 zhǐ　訐也。从言,臣聲。讀若指。職雉切。

訐 jié　面相厈罪,相告訐也。从言,干聲。居謁切。

訴 sù　告也。从言,厈[㡿]省聲。《論語》曰:"訴子路於季孫。"臣鉉等曰:"厈非聲,蓋古之字音,多與今異,如皀亦音香,釁亦音門,乃亦音仍,他皆放此。古今失傳,不可詳究。"桑故切。訴,或从言、朔。訴,或从朔、心。

譖 zèn　愬也。从言,朁聲。莊蔭切。

讒 chán　譖也。从言,毚聲。士咸切。

譴 qiǎn　謫問也。从言,遣聲。去戰切。

謫 zhé　罰也。从言,啻聲。陟革切。

諯 chuàn(今音 zhuān)　數也。一曰:相讓也。从言,耑聲。讀若專。尺絹切。

讓 ràng　相責讓。从言,襄聲。人漾切。

譙 qiào　嬈譊也。从言,焦聲。讀若嚼。才肖切。古文譙,从肖。《周書》曰:"亦未敢誚公。"

誎 cì　數諫也。从言,朿聲。七賜切。

誶 suì　讓也。从言,卒聲。《國語》曰:"誶申胥。"雖遂切。

詰 jié　問也。从言,吉聲。去吉切。

⿰言望 wàng　責望也。从言,望聲。巫放切。

詭 guǐ　責也。从言,危聲。過委切。

證 zhèng　告也。从言,登聲。諸應切。

詘 qū　詰詘也。一曰:屈襞。从言,出聲。區勿切。詘,或从屈。

⿰言夗 yuǎn　尉也。从言,夗聲。於願切。

詗 xiòng　知處告言之。从言，同聲。朽正切。

譞 xuàn(今音 juàn)　流言也。从言，夐聲。火縣切。

詆 dǐ　苛也。一曰：訶也。从言，氐聲。都禮切。

誰 shuí　何也。从言，隹聲。示隹切。

諽 gé　飾也。一曰：更也。从言，革聲。讀若戒。古覈切。

讕 lán　怟讕也。从言，闌聲。洛干切。

讕，或从閒。

診 zhèn /zhěn　視也。从言，㐱聲。直刃切，又之忍切。

⿰⿱其言斤 xī　悲聲也。从言，斯省聲。先稽切。

訧 yóu　罪也。从言，尤聲。《周書》曰："報以庶訧。"羽求切。

誅 zhū　討也。从言，朱聲。陟輸切。

討 tǎo　治也。从言，从寸。他皓切。

諳 ān　悉也。从言，音聲。烏含切。

讄 lěi　禱也。累功德以求福。《論語》云："讄曰：禱尔于上下神祇。"从言，纍省聲。力軌切。或不省。

諡 shì　行之迹也。从言、兮、皿。闕。徐鍇曰："兮聲也。"神至切。

誄 lěi　謚也。从言，耒聲。力軌切。

謑 xǐ　恥也。从言，奚聲。胡禮切。

謑，或从奊。

詬 hòu(今音 gòu)　謑詬，恥也。从言，后聲。呼寇切。詬，或从句。

諜 dié　軍中反閒也。从言，枼聲。徒叶切。

該 gāi　軍中約也。从言，亥聲。讀若心中滿該。古哀切。

譯 yì　傳譯四夷之言者。从言，睪聲。羊昔切。

訄 qiú　迫也。从言，九聲。讀若求。巨鳩切。

謚 yì /xì　笑皃。从言，益聲。伊昔切，又呼狄切。

譶 tà　疾言也。从三言。讀若沓。徒合切。

文二百四十五　重三十三

詢 xún　謀也。从言，旬聲。相倫切。

讜 dǎng　直言也。从言，黨聲。多朖切。

譜　pǔ　籍録也。从言，普聲。《史記》从並。博古切。

詎　jù　詎猶豈也。从言，巨聲。其吕切。

謏　xiǎo（謏）　小也。誘也。从言，叜聲。《禮記》曰："足以謏聞。"先鳥切。

謎　mí　隱語也。从言、迷，迷亦聲。莫計切。

誌　zhì　記誌也。从言，志聲。職吏切。

訣　jué　訣别也。一曰：法也。从言，決省聲。古穴切。

文八新附

誩　jìng　競言也。从二言。凡誩之屬皆从誩。讀若競。渠慶切。

譱　shàn（善）　吉也。从誩，从羊。此與義美同意。常衍切。　篆文善，从言。

競　jìng　彊語也。一曰：逐也。从誩，从二人。渠慶切。

讟　dú　痛怨也。从誩，賣聲。《春秋傳》曰："民無怨讟。"徒谷切。

文四　**重一**

音　yīn　聲也。生於心，有節於外，謂之音。宫商角徵羽，聲；絲竹金石匏土革木，音也。从言含一。凡音之屬皆从音。於今切。

響　xiǎng　聲也。从音，鄉聲。許兩切。

韽　ān　下徹聲。从音，酓聲。恩甘切。

韶　sháo　虞舜樂也。《書》曰："《簫韶》九成，鳳皇來儀。"从音，召聲。市招切。

章　zhāng　樂竟爲一章。从音，从十。十，數之終也。諸良切。

竟　jìng　樂曲盡爲竟。从音，从人。居慶切。

文六

韻　yùn　和也。从音，員聲。裴光遠云："古與均同，未知其審。"王問切。

文一新附

䇂　qiān　辠也。从干、二。二，古文上字。凡䇂之屬皆从䇂。讀若愆。張林説。去虔切。

童　tóng　男有辠曰奴。奴曰童，女曰妾。从䇂，重省聲。徒紅切。　籀文童，中與竊（竊）中同从廿。廿，以爲古文疾字。

妾　qiè　有辠女子，給事之得接於君者。从䇂，从

女。《春秋》云："女爲人妾。"妾不娉也。七接切。

文三　重一

丵　zhuó　叢生艸也。象丵嶽相竝出也。凡丵之屬皆从丵。讀若浞。士角切。

業　yè　大版也。所以飾[栒]縣鍾(鐘)鼓。捷業如鋸齒，以白畫之。象其鉏鋙相承也。从丵，从巾。巾，象版。《詩》曰："巨業維樅。"魚怯切。　古文業。

叢　cóng　聚也。从丵，取聲。徂紅切。

對　duì　𤔲無方也。从丵，从口，从寸。都隊切。

對，或从士。漢文帝以爲責對而爲言多非誠對，故去其口，以从士也。

文四　重二

菐　pú　瀆菐也。从丵，从廾，廾亦聲。凡菐之屬皆从菐。臣鉉等曰："瀆，讀爲煩瀆之瀆。一本注云：丵，衆多也。兩手奉之，是煩瀆也。"蒲沃切。

僕　pú　給事者。从人，从菐，菐亦聲。蒲沃切。

古文，从臣。

𥪎　bān　賦事也。从菐，从八。八，分之也。八亦聲。讀若頒。一曰：讀若非。布還切。

文三　重一

𠬞　gǒng(廾)　竦手也。从𠂇，从又。凡廾之屬皆从廾。居竦切。　楊雄說："廾从兩手。"今變隸作廾。

奉　fèng　承也。从手，从廾，丰聲。扶隴切。

丞　chéng　翊也。从廾，从卩，从山。山高，奉承之義。署陵切。

奐　huàn　取奐也。一曰：大也。从廾，夐省。臣鉉等曰："夐，營求也，取之義也。"呼貫切。

弇　gān/yǎn　蓋也。从廾，从合。古南切，又一儉切。　古文弇。

𢍰　yì　引給也。从廾，睪聲。羊益切。

𢌿　jì(今音 qí)　舉也。从廾，由聲。《春秋傳》曰："晉人或以廣墜，楚人𢌿之。"黄顥說："廣車陷，楚人爲舉之。"杜林以爲騏麟字。渠記切。

异　yì　舉也。从廾，巳聲。《虞書》曰："岳曰异哉。"羊吏切。

弄　lòng　玩也。从廾持玉。盧貢切。

弆 yù　兩手盛也。从廾，宍聲。余六切。

弮 juàn　摶飯也。从廾，釆聲。釆，古文辦(辨)字。讀若書卷。居券切。

𢍜 kuí　持弩拊。从廾、肉[聲]。讀若逵。臣鉉等曰："从肉，未詳。"渠追切。

戒 jiè　警也。从廾持戈，以戒不虞。居拜切。

兵 bīng　械也。从廾持斤，并力之皃。補明切。

古文兵，从人、廾、干。

籀文。

龏 gōng　慤也。从廾，龍聲。紀庸切。

弈 yì　圍棊也。从廾，亦聲。《論語》曰："不有博弈者乎？"羊益切。

具 jù　共置也。从廾，从貝省。古以貝爲貨。其遇切。

文十七　重四

𠬜 pān(攀)　引也。从反廾。凡𠬜之屬皆从𠬜。普班切。今變隸作大。

𠬜，或从手，從樊。

樊 fán　騺(鷙)不行也。从𠬜，从棥，棥亦聲。附袁切。

奱 luán　樊也。从𠬜，䜌聲。呂員切。

文三　重一

共 gòng　同也。从廿、廾。凡共之屬皆从共。渠用切。

古文共。

龔 gōng　給也。从共，龍聲。俱容切。

文二　重一

異 yì　分也。从廾，从畀。畀，予也。凡異之屬皆从異。徐鍇曰："將欲與物，先分異之也。《禮》曰：賜君子小人不同日。"羊吏切。

戴 dài　分物得增益曰戴。从異，𢦏聲。都代切。

籀文戴。

文二　重一

舁 yú(舁)　共舉也。从臼，从廾。凡舁之屬皆从舁。讀若余。以諸切。

䙴 qiān　升高也。从舁，囟聲。七然切。

䙴，或从卩。

古文䙴。

與 yǔ　黨與也。从舁，从与。余呂切。

古文與。

興 xīng 起也。从舁，从同。同力也。虚陵切。

文四 重三

臼 jū 叉手也。从𦥑、彐。凡臼之屬皆从臼。居玉切。

要 yāo/yào（要、腰） 身中也。象人要自臼之形。从臼，交省聲。於消切，又於笑切。古文要。

文二 重一

晨 chén（晨） 早、昧爽也。从臼，从辰。辰，時也。辰亦聲。丮夕爲㚈，臼辰爲晨。皆同意。凡晨之屬皆从晨。食鄰切。

農 nóng（農） 耕也。从晨，囟聲。徐鍇曰："當从凶乃得聲。"奴冬切。籀文農，从林。古文農。亦古文農。

文二 重三

爨 cuàn 齊謂之炊爨。臼象持甑，冂爲竈口，廾推林内火。凡爨之屬皆从爨。七亂切。籀文爨，省。

𦦑 qióng 所以枝鬲者。从爨省，鬲省。渠容切。

釁 xìn 血祭也。象祭竈也。从爨省，从酉。酉，所以祭也。从分，分亦聲。臣鉉等曰："分，布也。"虚振切。

文三 重一

説文解字　卷三下

革　gé　獸皮治去其毛，革更之。象古文革之形。凡革之屬皆从革。古覈切。　古文革，从三十。三十年爲一世，而道更也。臼聲。

鞹　kuò　去毛皮也。《論語》曰："虎豹之鞹。"从革，郭聲。苦郭切。

靬　jiān　靬，乾革也。武威有麗靬縣。从革，干聲。苦旰切。

鞈　luò　生革可以爲縷束也。从革，各聲。盧各切。

鞄　páo　柔革工也。从革，包聲。讀若朴。《周禮》曰："柔皮之工鮑氏。"鞄即鮑也。蒲角切。

韗　yùn　攻皮治鼓工也。从革，軍聲。讀若運。王問切。　韗，或从韋。

鞣　róu　耎也。从革，从柔，柔亦聲。耳由切。

靼　zhè(今音 dá)　柔革也。从革，从旦聲。旨熱切。　古文靼，从亶。

鞼　guì　韋繡也。从革，貴聲。求位切。

鞶　pán　大帶也。《易》曰："或錫之鞶帶。"男子帶鞶，婦人帶絲。从革，般聲。薄官切。

鞏　gǒng　以韋束也。《易》曰："鞏用黄牛之革。"从革，巩聲。居竦切。

鞔　mán　履空也。从革，免聲。徐鍇曰："履空猶言履㲉也。"母官切。

靸　sǎ　小兒履也。从革，及聲。讀若沓。穌合切。

靪　áng　靪角，鞮屬。从革，卬聲。五岡切。

鞮　dī　革履也。从革，是聲。都兮切。

鞅　jiá　鞮鞅沙也。从革，从夾，夾亦聲。古洽切。

韃　xǐ　鞮屬。从革，徙聲。所綺切。

鞵　xié　革生鞮也。从革，奚聲。户佳切。

靪　dīng　補履下也。从革，丁聲。當經切。

鞠　jū　蹋鞠也。从革，匊聲。居六切。

鞠,或从⿱𥫗⿰革凡。

鞀 táo 鞀遼也。从革,召聲。徒刀切。

鞀,或从兆。鞀,或从鼓,从兆。

籀文鞀,从殸、召。

䩩 yuān 量物之䩩。一曰:抒井䩩。古以革。从革,冤聲。於袁切。䩩,或从宛。

鞞 bǐng 刀室也。从革,卑聲。并頂切。

䩵 hén 車革前曰䩵。从革,艮聲。户恩切。

鞃 qióng(今音 hóng) 車軾[中靶]也。从革,弘聲。《詩》曰:"鞹鞃淺幭。"讀若穹。丘弘切。

鞪 mù 車軸束也。从革,敄聲。莫卜切。

⿰革必 bì 車束也。从革,必聲。毗必切。

⿰革爨 zuān 車衡三束也。曲轅⿰革贊縛,直轅⿱暴革縛。从革,爨聲。讀若《論語》"鑽燧"之鑽。借官切。⿰革爨,或从革、贊。

⿰革旨 zhì 蓋杠絲也。从革,旨聲。徐鍇曰:"絲,其繫系也。"脂利切。

鞁 bèi 車駕具也。从革,皮聲。平祕切。

鞥 è(今音 ēng) 轡鞥。从革,弇聲。讀若譍。一曰:龍頭繞者。烏合切。

靶 bà 轡革也。从革,巴聲。必駕切。

韅 xiǎn 著掖(腋)鞥也。从革,顯聲。呼典切。

靳 jìn 當膺也。从革,斤聲。居近切。

⿰革蚩 chěng 驂具也。从革,蚩聲。讀若騁蜃。丑郢切。

靷 yǐn 引軸也。从革,引聲。余忍切。

籀文靷。

⿰革官 guǎn 車鞁具也。从革,官聲。古满切。

⿰革豆 dòu 車鞁具也。从革,豆聲。田候切。

⿰革于 yú(靬) ⿰革官内環靼也。从革,于聲。羽俱切。

⿰革尃 bó 車下索也。从革,尃聲。補各切。

⿰革奄 è 車具也。从革,奄聲。烏合切。

⿰革叕 zhuó 車具也。从革,叕聲。陟劣切。

鞌 ān 馬鞁具也。从革,从安。烏寒切。

䩸 róng　鞌毳飾也。从革，茸聲。而隴切。

鞊 tié　鞌飾。从革，占聲。他叶切。

鞈 jiá(今音 gé)　防汗也。从革，合聲。古洽切。

勒 lè　馬頭絡銜也。从革，力聲。盧則切。

鞙 xuàn　大車縛軛靼。从革，肙聲。狂沇切。

䩄 miǎn　勒靼也。从革，面聲。弥沇切。

靲 qín　鞮[系]也。从革，今聲。巨今切。

鞬 jiān　所以戢弓矢。从革，建聲。居言切。

韇 dú　弓矢韇也。从革，賣聲。徒谷切。

䪎 shuī　綏也。从革，巂聲。山垂切。

䩯 jí　急也。从革，亟聲。紀力切。

鞭 biān　驅也。从革，便聲。卑連切。

古文鞭。

鞅 yǎng　頸靼也。从革，央聲。於兩切。

韄 wò(今音 hù)　佩刀絲也。从革，蒦聲。乙白切。

䩞 tuó　馬尾䩞也。从革，它聲。今之般緧。徒何切。

䩴 jì(今音 xié)　繫牛脛也。从革，見聲。己彳切。

文五十七　重十一

鞘 qiào　刀室也。从革，肖聲。私妙切。

韉 jiān　馬鞁具也。从革，薦聲。則前切。

鞾 xuē　鞮屬。从革，華聲。許𦚆切。

靮 dí　馬羈也。从革，勺聲。都歷切。

文四新附

鬲 lì　鼎屬。實五觳(㲄)。斗二升曰觳(㲄)。象腹交文，三足。凡鬲之屬皆从鬲。郎激切。

… 鬲，或从瓦。… 漢令鬲，从瓦，厤聲。

䰙 yǐ　三足鍑也。一曰：滫米器也。从鬲，支聲。魚綺切。

鬹 guī　三足釜也，有柄喙。讀若嬀。从鬲，規聲。居隨切。

鬷 zōng　釜屬。从鬲，㚇聲。子紅切。

䰛 guō　秦名土釜曰䰛。从鬲，斗聲。讀若過。古禾切。

鬵 xín　大釜也。一曰：鼎大上小下若甑曰鬵。从

鬲，兓聲。讀若岑。才林切。

籀文鬵。

䰝　zèng　鬵屬。从鬲，曾聲。子孕切。

鬴　fǔ　鍑屬。从鬲，甫聲。扶雨切。

鬴，或从金，父聲。

鬳　yàn　鬲屬。从鬲，虍聲。牛建切。

融　róng　炊气上出也。从鬲，蟲省聲。以戎切。

籀文融，不省。

䰫　xiāo　炊气皃。从鬲，嚻聲。許嬌切。

鬺　shāng　煮也。从鬲，羊聲。式羊切。

䰪　fèi　涫也。从鬲，沸聲。芳未切。

文十三　重五

䰜　lì　歷也。古文，亦鬲字。象孰飪五味气上出也。凡䰜之屬皆从䰜。郎激切。

𩱛　zhān　鬻也。从䰜，侃聲。諸延切。

鬻，或从食，衍聲。

或从干聲。

或从建聲。

鬻　zhōu(粥)　鍵也。从䰜，米聲。武悲切。臣鉉等曰：“今俗鬻作粥，音之六切。”

鬻　hú　鍵也。从䰜，古聲。户吴切。

鬻　gēng　五味盉羹也。从䰜，从羔。《詩》曰：“亦有和鬻”。古行切。

鬻或省。

或从美，鬻省。

小篆从羔，从美。

鬻　sù　鼎實。惟葦及蒲。陳留謂鍵爲鬻。从䰜，速聲。桑谷切。

鬻，或从食，束聲。

鬻　yù　鬻也。从䰜，毓聲。余六切。

鬻，或省从米。

鬻　miè　涼州謂鬻爲鬻。从䰜，㒼聲。莫結切。

鬻，或省从末。

鬻　ěr　粉餅也。从䰜，耳聲。仍吏切。

鬻，或从食，耳聲。

鬻　chǎo　熬也。从䰜，芻聲。臣鉉等曰：“今俗作㷅，别作炒，非是。”尺沼切。

鬻　yuè　内肉及菜湯中，薄出之。从䰜，翟聲。以勺切。

鬻 zhǔ(煮)　孚(烹)也。从䰜,者聲。章與切。

鬻,或从火。鬻,或从水在其中。

鬻 bó　吹聲潰(沸)也。从䰜,孛聲。蒲没切。

文十三　重十二

爪 zhǎo　丮也。覆手曰爪。象形。凡爪之屬皆从爪。側狡切。

孚 fú　卵孚也。从爪,从子。一曰:信也。徐鍇曰:"鳥之孚卵,皆如其期,不失信也。"鳥裦恒以爪,反覆其卵也。"芳無切。古文孚,从禾。禾,古文保。

爲 wéi　母猴也。其爲禽好爪,爪,母猴象也。下腹爲母猴形。王育曰:"爪,象形也。"薳支切。古文爲,象兩母猴相對形。

爫 zhǎng　亦丮也。从反爪。闕。諸兩切。

文四　重二

丮 jí　持也。象手有所丮據也。凡丮之屬皆从丮。讀若戟。几劇切。

埶 yì(藝)　種也。从坴、丮。持亟種之。《書》曰:"我埶黍稷。"徐鍇曰:"坴,土也。"魚祭切。

孰 shú(孰、熟)　食飪也。从丮,𦎫聲。《易》曰:"孰飪。"殊六切。

[illegible] zài　設飪也。从丮,从食,才聲。讀若載。作代切。

巩 gǒng(巩、𢪌)　褱也。从丮,工聲。居悚切。

巩,或加手。

谻 jué　相踦之也。从丮,谷(𧮫)聲。其虐切。

[illegible] huà　擊踝也。从丮,从戈。讀若踝。胡瓦切。

[illegible] jú　拖持也。从反丮。闕。居玉切。

文八　重一

鬥 dòu　兩士相對,兵杖在後,象鬥之形。凡鬥之屬皆从鬥。都豆切。

鬭 dòu　遇也。从鬥,斲聲。都豆切。

鬨 hòng　鬭也。从鬥,共聲。《孟子》曰:"鄒與魯鬨。"下降切。

[illegible] liú　經繆殺也。从鬥,翏聲。力求切。

鬮 jiū　鬭取也。从鬥,龜聲。讀若三合繩糾。古矦切。

[illegible] nǐ　智少力劣也。从鬥,爾聲。奴礼切。

⿵鬥燹 fēn 鬭連結⿵鬥賓紛,相牽也。从鬥,燹聲。臣鉉等案:"燹,今先典切,从豩聲。豩,呼還切。蓋燹亦有豩音,故得爲聲。一本从豩。《説文》無豩字。"撫文切。

⿵鬥賓 pīn 鬭也。从鬥,賓省聲。讀若賓。匹賓切。

鬩 xì 恒訟也。《詩》云:"兄弟鬩于牆。"从鬥,从兒。兒,善訟者也。許激切。

⿵鬥戈 xuàn 試力士錘也。从鬥,从戈。或从戰省。讀若縣。胡畎切。

文十

鬧 nào 不静也。从市(市)、鬥。奴教切。

文一新附

又 yòu 手也。象形。三指者,手之列多略不過三也。凡又之屬皆从又。于救切。

右 yòu 手口相助也。从又,从口。臣鉉等曰:"今俗别作佑。"于救切。

厷 gōng 臂上也。从又,从古文[ㄥ]。古薨切。

古文厷,象形。 厷,或从肉。

叉 chā 手指相錯也。从又,象叉之形。初牙切。

㕚 zhǎo 手足甲也。从又,象㕚形。側狡切。

父 fù 矩也。家長率教者。从又舉杖。扶雨切。

叜 sǒu(叟) 老也。从又,从灾。闕。穌后切。

籒文,从寸。 叜,或从人。

燮 xiè 和也。从言,从又、炎。籒文燮从𢆉。𢆉音飪。讀若溼。臣鉉等案:"燮字,義大熟也。从炎,从又,即執物可持也。此燮蓋从燮省,言語以和之也。二字義相出入故也。"穌叶切。

曼 màn 引也。从又,冒聲。無販切。

㬰 shēn 引也。从又,𦥔聲。𦥔,古文申。失人切。

夬 guài 分決也。从又,中象決形。徐鍇曰:"コ,物也。丨所以決之。"古賣切。

尹 yǐn 治也。从又、丿,握事者也。余準切。

古文尹。

⿰虘又 zhā 又(㕚)卑也。从又,虘聲。側加切。

⿱𠩺又 lí 引也。从又,𠩺聲。里之切。

㕞 shuā 拭也。从又持巾在尸下。所劣切。

及 jí　逮也。从又，从人。徐鍇曰："及前人也。"巨立切。　古文及。《秦刻石》及如此。　亦古文及。　亦古文及。

秉 bǐng　禾束也。从又持禾。兵永切。

反 fǎn　覆也。从又，厂反形。府遠切。　古文。

𠬝 fú　治也。从又，从卪。卪，事之節也。房六切。

叏 tāo　滑也。《詩》云："叏兮達兮。"从又、中。一曰：取也。土刀切。

𠭊 zhuì　楚人謂卜問吉凶曰𠭊。从又持祟，祟亦聲。讀若贅。之芮切。

叔 shū　拾也。从又，尗聲。汝南名收芌爲叔。式竹切。　叔，或从寸。

𠬛 mò(殳、没)　入水有所取也。从又在回下。回，古文回。回，淵水也。讀若沬。莫勃切。

取 qǔ　捕取也。从又，从耳。《周禮》："獲者取左耳。"《司馬法》曰："載獻聝。"聝者，耳也。七庾切。

彗 huì　掃竹也。从又持甡。祥歲切。　彗，或从竹。　古文彗，从竹，从習。

叚 jiǎ　借也。闕。古雅切。　古文叚。　譚長說："叚如此。"

友 yǒu　同志爲友。从二又。相交友也。云久切。　古文友。　亦古文友。

度 dù　法制也。从又，庶省聲。徒故切。

文二十八　重十六

𠂇 zuǒ　𠂇手也。象形。凡𠂇之屬皆从𠂇。臧可切。

卑 bēi　賤也。執事也。从𠂇、甲。徐鍇曰："右重而左卑，故在甲下。"補移切

文二

史 shǐ　記事者也。从又持中。中，正也。凡史之屬皆从史。踈士切。

事 shì　職也。从史，之省聲。鉏史切。　古文事。

文二　重一

支 zhī　去竹之枝也。从手持半竹。凡支之屬皆从

支。章移切。古文支。

攲 qī（今音 jī）　持去也。从支，奇聲。去奇切。

文二　重一

聿 niè　手之疌巧也。从又持巾。凡聿之屬皆从聿。尼輒切。

肄 yì　習也。从聿，帬（帬）聲。羊至切。籀文肄。篆文肄。

肅 sù　持事振敬也。从聿在㴱上，戰戰兢兢也。息逐切。古文肅，从心，从卪。

文三　重三

聿 yù　所以書也。楚謂之聿，吳謂之不律，燕謂之弗。从聿，一聲。凡聿之屬皆从聿。余律切。

筆 bǐ　秦謂之筆。从聿，从竹。徐鍇曰："筆尚便疌，故从聿。"鄙密切。

𦘔 jīn　聿飾也。从聿，从彡。俗語以書好爲𦘔。讀若津。將鄰切。

書 shū　箸也。从聿，者聲。商魚切。

文四

畫 huà　界也。象田四界，聿所以畫之。凡畫之屬皆从畫。胡麥切。古文畫省。亦古文畫。

晝 zhòu　日之出入，與夜爲界。从畫省，从日。陟救切。籀文晝。

文二　重三

隶 dài　及也。从又，从尾省。又持尾者，从後及之也。凡隶之屬皆从隶。徒耐切。

隸 dài　及也。从隶，枲聲。《詩》曰："隸天之未陰雨。"臣鉉等曰："枲非聲，未詳。"徒耐切。

隸 lì　附箸也。从隶，柰聲。郎計切。

篆文隸，从古文之體。臣鉉等："未詳古文所出。"

文三　重一

臤 qiān　堅也。从又，臣聲。凡臤之屬皆从臤。讀若鏗鏘之鏗。古文以爲賢字。苦閑切。

緊 jǐn　纏絲急也。从臤，从絲省。糾忍切。

堅 jiān　剛也。从臤，从土。古賢切。

豎 shù　豎立也。从臤，豆聲。臣庾切

籀文豎，从殳。

文四　重一

臣 chén　牽也。事君也。象屈服之形。凡臣之屬皆从臣。植鄰切。

臦 guàng　乖也。从二臣相違。讀若誑。居况切。

臧 zāng　善也。从臣，戕聲。則郎切。

籀文。

文三　重一

殳 shū　以杸殊人也。《禮》："殳以積竹，八觚，長丈二尺，建於兵車，[車]旅賁以先驅。"从又，几聲。凡殳之屬皆从殳。市朱切。

祋 duì　殳也。从殳，示聲。或説城郭市里，高縣羊皮，有不當入而欲入者，暫下以驚牛馬，曰祋。故从示、殳。《詩》曰："何戈與祋。"丁外切。

杸 shū　軍中士所持殳也。从木，从殳。《司馬法》曰："執羽从杸。"市朱切。

毄 jī　相擊中也。如車相擊，故从殳，从軎。古歷切。

㱿 què(殼)　从上擊下也。一曰：素也。从殳，㱿聲。苦角切。㱿，苦江切。

㪛 zhěn　下擊上也。从殳，冘聲。知朕切。

豛 tóu　繇擊也。从殳，豆聲。古文祋(投)如此。度侯切。

𣪘 chóu(毃)　縣物𣪘擊。从殳，𠷎聲。市流切。

豛 dú　椎毄物也。从殳，豖聲。冬毒切。

毆 ōu　捶毄物也。从殳，區聲。烏后切。

毃 qiāo　擊頭也。从殳，高聲。口卓切。

殿 diàn　擊聲也。从殳，屍聲。堂練切。

殹 yì　擊中聲也。从殳，医聲。於計切。

段 duàn　椎物也。从殳，耑省聲。徒玩切。

㕨 tóng/hōng　擊空聲也。从殳，宮聲。徒冬切，又火宫切。

殽 xiáo　相雜錯也。从殳，肴聲。胡茅切。

毅 yì　妄怒也。一曰：有決也。从殳，豙聲。魚既切。

𣪠 jiù　揉屈也。从殳，从皀。皀，古文叀字。廄字从此。臣鉉等曰："叀，小謹也。

亦屈服之意。"居又切。

役 yì 戍邊也。从殳，从彳。臣鉉等曰："彳，步也。彳亦聲。" 古文役，从人。營隻切。

毅 gāi 毅改，大剛卯也，以逐精鬼。从殳，亥聲。古哀切。

文二十 重一

殺 shā 戮也。从殳，杀聲。凡殺之屬皆从殺。臣鉉等曰："《説文》無杀字。相傳云音察，未知所出。"所八切。 古文殺。 古文殺。 古文殺。

弒 shì 臣殺君也。《易》曰："臣弒其君。"从殺省，式聲。式吏切。

文二 重四

几 shū 鳥之短羽飛几几也。象形。凡几之屬皆从几。讀若殊。市朱切。

㐱 zhěn 新生羽而飛也。从几，从彡。之忍切。

鳧 fú 舒鳧，鶩也。从鳥，几聲。房無切。

文三

寸 cùn 十分也。人手却一寸，動𧖴，謂之寸口。从又，从一。凡寸之屬皆从寸。倉困切。

寺 sì 廷也。有法度者也。从寸，之聲。祥吏切。

將 jiàng 帥也。从寸，𤖕省聲。即諒切。

㝷 xún(尋) 繹理也。从工，从口，从又，从寸。工、口，亂也。又、寸，分理之。彡聲。此與𠭥同意。度人之兩臂爲尋，八尺也。徐林切。

專 zhuān 六寸簿也。从寸，叀聲。一曰：專，紡專。職緣切。

尃 fū 布也。从寸，甫聲。芳無切。

導 dào(今音 dǎo) 導引也。从寸，道聲。徒皓切。

文七

皮 pí 剥取獸革者謂之皮。从又，爲省聲。凡皮之屬皆从皮。 古文皮。 籀文皮。符羈切。

皰 pào 面生气也。从皮，包聲。旁教切。

皯 gǎn 面黑气也。从皮，干聲。古旱切。

文二 重二

皸 jūn 足坼也。从皮，軍聲。矩云切。

皴 cūn　皮細起也。从皮，夋聲。七倫切。

文二新附

甍 ruǎn　柔韋也。从北，从皮省，从夐省。凡甍之屬皆从甍。讀若耎。一曰：若儁。臣鉉等曰："北者，反覆柔治之也。夐，營也。"而兖切。

古文甍。　籀文甍，从夐省。

𤿠 rǒng(今音 jùn)　羽獵韋絝。从甍，灷聲。而隴切。或从衣，从朕。《虞書》曰："鳥獸䙓毛。"

文三　重二

攴 pū　小擊也。从又，卜聲。凡攴之屬皆从攴。普木切。

啓 qǐ　教也。从攴，启聲。《論語》曰："不憤不啓"。康礼切。

徹 chè　通也。从彳，从攴，从育。丑列切。

古文徹。

肇 zhào　擊也。从攴，肁省聲。治小切。

敏 mǐn　疾也。从攴，每聲。眉殞切。

敃 mǐn　彊也。从攴，民聲。眉殞切。

敄 wù　彊也。从攴，矛聲。亾遇切。

敀 pò　迮也。从攴，白聲。《周書》曰："常敀常任。"愽陌切。

整 zhěng　齊也。从攴，从朿，从正，正亦聲。之郢切。

效 xiào　象也。从攴，交聲。胡教切。

故 gù　使爲之也。从攴，古聲。古慕切。

政 zhèng　正也。从攴，从正，正亦聲。之盛切。

敊 shī　敷也。从攴，也聲。讀與施同。式支切。

敷 fū(敷)　敊也。从攴，尃聲。《周書》曰："用敷遺後人。"芳无切。

敟 diǎn　主也。从攴，典聲。多殄切。

𢾁 lǐ　數也。从攴，麗聲。力米切。

數 shǔ　計也。从攴，婁聲。所矩切。

潄 liàn　辟潄鐵也。从攴，从湅。郎電切。

孜 zī　汲汲也。从攴，子聲。《周書》曰："孜孜無怠。"子之切。

攽 bān　分也。从攴，分聲。《周書》曰："乃惟孺子攽。"亦讀與彬同。布還切。

⿰旱攵 hàn 止也。从攴，旱聲。《周書》曰："⿰旱攵我于艱。"侯旰切。

敳 ái 有所治也。从攴，豈聲。讀若豤。五來切。

敞 chǎng 平治高土可以遠望也。从攴，尚聲。昌兩切。

敒 zhèn(今音 shēn) 理也。从攴，伸聲。直刃切。

改 gǎi 更也。从攴、己。李陽冰曰："己有過，攴之即改。"古亥切。

變 biàn 更也。从攴，䜌聲。祕戀切。

更 gèng/gēng 改也。从攴，丙聲。古孟切，又古行切。

敕 chì 誡也。臿地曰敕。从攴，束聲。恥力切。

⿰耴攵 rè(今音 xiè) 使也。从攴，耴省聲。而涉切。

斂 liǎn 收也。从攴，僉聲。良冉切。

敹 liáo 擇也。从攴，尞聲。《周書》曰："敹乃甲冑。"洛簫切。

敿 jiǎo 繫連也。从攴，喬聲。《周書》曰："敿乃干。"讀若矯。居夭切。

敆 gé(今音 hé) 合會也。从攴，从合，合亦聲。古沓切。

敶 zhèn(今音 chén) 列也。从攴，陳聲。直刃切。

敵 dí 仇也。从攴，啻聲。徒歷切。

救 jiù 止也。从攴，求聲。居又切。

敓 duó(奪) 彊取也。《周書》曰："敓攘矯虔。"从攴，兑聲。徒活切。

斁 yì 解也。从攴，睪聲。《詩》云："服之無斁。"斁，猒也。一曰：終也。羊益切。

赦 shè 置也。从攴，赤聲。始夜切。

赦，或从亦。

攸 yōu 行水也。从攴，从人，水省。徐鍇曰："攴，入水所杖也。"以周切。秦刻石嶧山文攸字如此。

⿰亡攵 fǔ 撫也。从攴，亾聲。讀與撫同。芳武切。

敉 mǐ 撫也。从攴，米聲。《周書》曰："亦未克敉公功。"讀若弭。敉，或从人。緜婢切。

敡 yì 侮也。从攴，从易，易亦聲。以豉切。

⿰韋攵 wéi 戾也。从攴，韋聲。羽非切。

敦 dūn/duī 怒也，詆也。一曰：誰何也。从攴，𦎫聲。都昆切，又丁回切。

⿰羣攴 qún　朋侵也。从攴，从羣，羣亦聲。渠云切。

敗 bài　毁也。从攴、貝。敗、賊，皆从貝，會意。薄邁切。

籀文敗，从賏。

𢿢 luàn　煩也。从攴，从𤔔，𤔔亦聲。郎段切。

寇 kòu　暴也。从攴，从完。徐鍇曰："當其完聚，而欲寇之。"苦候切。

⿰蚩攴 zhǐ　刺也。从攴，蚩聲。豬几切。

⿰度攴 dù　閉也。从攴，度聲。讀若杜。徒古切。

⿰度攴，或从刀。

敜 niè　塞也。从攴，念聲。《周書》曰："敜乃穽。"奴叶切。

⿰畢攴 bì　⿰畢攴盡也。从攴，畢聲。卑吉切。

收 shōu　捕也。从攴，丩聲。式州切。

鼓 gǔ　擊鼓也。从攴，从壴，壴亦聲。公户切。

攷 kǎo　敂也。从攴，丂聲。苦浩切。

敂 kòu　擊也。从攴，句聲。讀若扣。苦候切。

攻 gōng　擊也。从攴，工聲。古洪切。

敲 qiāo　横擿也。从攴，高聲。口交切。

豛 zhuó　擊也。从攴，豖聲。竹角切。

⿰㞷攴 wǎng　放也。从攴，㞷聲。迂往切。

𠩺 xī　坼也。从攴，从厂。厂之性坼，果孰有味亦坼，故謂之𠩺。从未聲。徐鍇曰："厂，厓也。"許其切

斀 zhuó　去陰之刑也。从攴，蜀聲。《周書》曰："刖劓斀黥。"竹角切。

敯 mǐn　冒也。从攴，昏聲。《周書》曰："敯不畏死。"眉殞切。

敔 yǔ　禁也。一曰：樂器椌楬也，形如木虎。从攴，吾聲。魚舉切。

敤 kě　研治也。从攴，果聲。舜女弟名敤首。苦果切。

鈙 qín　持也。从攴，金聲。讀若琴。巨今切。

⿰𠷎攴 chóu　棄也。从攴，𠷎聲。《周書》以爲討。《詩》云："無我⿰𠷎攴兮。"市流切。

畋 tián　平田也。从攴、田。《周書》曰："畋尒田。"待年切。

攺 gǎi　毅攺，大剛卯，以逐鬼鬽也。从攴，巳聲。讀若巳。古亥切。

敘　xù(叙)　次弟也。从攴，余聲。徐吕切。

敉　bǐ　毁也。从攴，卑聲。辟米切。

𢿽　ní　敉也。从攴，兒聲。五計切。

牧　mù　養牛人也。从攴，从牛。《詩》曰："牧人乃夢。"莫卜切。

𢼄　cè　擊馬也。从攴，朿聲。楚革切。

𣀒　cuàn(今音 chuàn)　小舂也。从攴，算聲。初絭切。

𣀭　qiāo　𣀭田也。从攴，堯聲。牽遥切。

文七十七　重六

教　jiào　上所施下所效也。从攴，从孝。凡教之屬皆从教。古孝切。　古文教。　亦古文教。

斆　xiào　覺悟也。从教，从冂。冂尚矇(朦)也。臼聲。胡覺切。　篆文斆省。

文二　重二

卜　bǔ　灼剥龜也。象灸龜之形。一曰：象龜兆之從横也。凡卜之屬皆从卜。博木切。　古文卜。

卦　guà　筮也。从卜，圭聲。臣鉉等曰："圭，字聲不相近，當从挂省聲。"古壞切。

𠧧　jī(乩)　卜以問疑也。从口、卜。讀與稽同。《書》云："𠧧疑。"古兮切。

貞　zhēn　卜問也。从卜，貝以爲贄。一曰：鼎省聲。京房所説。陟盈切。

𠧪　huì　《易》卦之上體也。《商書》曰："貞曰𠧪。"从卜，每聲。荒内切。

占　zhān　視兆問也。从卜，从口。職廉切。

𠮷　shào　卜問也。从卜，召聲。市沼切。

𠧩　zhào(兆)　灼龜坼也。从卜、兆。象形。治小切。　古文兆省。

文八　重二

用　yòng　可施行也。从卜，从中。衛宏説。凡用之屬皆从用。臣鉉等曰："卜中乃可用也。"余訟切。　古文用。

甫　fǔ　男子美稱也。从用、父，父亦聲。方矩切。

庸　yōng　用也。从用，从庚。庚，更事也。《易》曰："先庚三日。"余封切。

葡 bèi(備)　具也。从用，苟省。臣鉉等曰："苟，急敕也。會意。"平祕切。

甯 nìng　所願也。从用，寧省聲。乃定切。

文五　重一

爻 yáo　交也。象《易》六爻頭交也。凡爻之屬皆从爻。胡茅切。

棥 fán　藩也。从爻，从林。《詩》曰："營營青蠅，止于棥。"附袁切。

文二

㸚 lǐ　二爻也。凡㸚之屬皆从㸚。力几切。

爾 ěr　麗爾，猶靡麗也。从冂，从㸚，其孔㸚，尒聲。此與爽同意。兒氏切。

爽 shuǎng　明也。从㸚，从大。徐鍇曰："大其中隙縫光也。"　篆文爽。疏兩切。

文三　重一

說文解字　卷四上

四十五部　　文七百四十八　　重百一十二

凡七千六百三十八字　　文二十四新附

夐 xuè　舉目使人也。从攴，从目。凡夐之屬皆从夐。讀若颰。火劣切。

敻 xiòng(今音 xuàn)　營求也。从夐，从人在穴上。《商書》曰："高宗夢得説，使百工敻求，得之傅巖。"巖，穴也。徐鍇曰："人與目隔穴經營而見之，然後指使以求之。"攴，所指畫也。朽正切。

閿 wén　低目視也。从夐，門聲。弘農湖縣有閿鄉，汝南西平有閿亭。無分切。

奰 xuǎn(今音 quán)　大視也。从大、夐。讀若齤。况晚切。

文四

目 mù　人眼。象形。重童子也。凡目之屬皆从目。莫六切。古文目。

眼 yǎn　目也。从目，艮聲。五限切。

矏 biǎn　兒初生瞥者。从目，瞏聲。邦免切。

眩 xuàn　目無常主也。从目，玄聲。黄絢切。

眥 zì(眦)　目匡也。从目，此聲。在詣切。

睞 jié　目旁毛也。从目，夾聲。子葉切。

矄 xuàn　盧童子也。从目，縣聲。胡畎切。

瞦 xī　目童子精也。从目，喜聲。讀若禧。許其切。

矏 mián　目旁薄緻宀宀也。从目，臱聲。武延切。

䀰 fēi　大目也。从目，非聲。芳微切。

䁔 xiàn　大目也。从目，叚聲。侯簡切。

睅 hàn　大目也。从目，旱聲。户版切。

睅，或从完。

暖 xuǎn(今音 xuān)　大目也。从目，爰聲。汎晚切。

瞞 mán　平目也。从目，㒼聲。母官切。

睴 gùn　大目出也。从目，軍聲。古鈍切。

矕 mǎn　目矕矕也。从目，䜌聲。武版切。

睔 gǔn（今音 gùn）　目大也。从目、侖。《春秋傳》有鄭伯睔。古本切。

盼 pàn　《詩》曰："美目盼兮。"从目，分聲。匹莧切。

盰 gàn　目多白也。一曰：張目也。从目，干聲。古旱切。

眅 pān　多白眼也。从目，反聲。《春秋傳》曰："鄭游眅，字子明。"普班切。

睍 xiàn　出目也。从目，見聲。胡典切。

矔 guàn　目多精也。从目，雚聲。益州謂瞋目曰矔。古玩切。

瞵 lín　目精也。从目，粦聲。力珍切。

窅 yǎo　深目也。从穴中目。烏皎切。

眊 mào　目少精也。从目，毛聲。《虞書》耄字从此。亡報切。

矘 tǎng　目無精直視也。从目，黨聲。他朗切。

睒 shǎn　暫視皃。从目，炎聲。讀若"白蓋謂之苫"相似。失冉切。

眮 dòng　吳、楚謂瞋目顧視曰眮，从目，同聲。徒弄切。

䀣 bì　直視也。从目，必聲。讀若《詩》云"泌彼泉水"。兵媚切。

瞴 móu　瞴婁，微視也。从目，無聲。莫浮切。

䀺 qī（今音 xié）　蔽人視也。从目，开（幵）聲。讀若攜手。一曰：直視也。又苦兮切。䀺，目或在下。

睌 miǎn（今音 mǎn）　睌睯，目視皃。从目，免聲。武限切。

眂 shì　眂皃。从目，氏聲。承旨切。

睨 nì　衺視也。从目，兒聲。研計切。

瞐 mào　低目視也。从目，冒聲。《周書》曰："武王惟瞐。"亡保切。

眓 huò　視高皃。从目，戉聲。讀若《詩》曰"施罛濊濊"。呼哲切。

眈 dān　視近而志遠。从目，冘聲。《易》曰："虎視眈眈。"丁含切。

䢭 yàn　相顧視而行也。从目，从延，延亦聲。于線切。

盱 xū　張目也。从目，于聲。一曰：朝鮮謂盧童

子曰盱。況于切。

睘 qióng 目驚視也。从目,袁聲。《詩》曰:“獨行睘睘。”渠營切。

瞫 zhǎn 視而止也。从目,亶聲。旨善切。

昒 mèi 目冥遠視也。从目,勿聲。一曰:久[視]也。一曰:旦明也。莫佩切。

眕 zhěn 目有所恨而止也。从目,㐱聲。之忍切。

瞟 piǎo 瞭也。从目,㶾聲。敷沼切。

瞭 qì 察也。从目,祭聲。戚細切。

睹 dǔ 見也。从目,者聲。當古切。

古文从見。

眔 dà 目相及也。从目,从隶省。徒合切。

睽 kuí 目不相聽也。从目,癸聲。苦圭切。

眜 mò 目不明也。从目,末聲。莫撥切。

𥈊 pán 轉目視也。从目,般聲。蒲官切。

𥌞 pàn 小兒白眼也。从目,辡聲。蒲莧切。

脈 mò 目財視也。从目,𠂢聲。莫獲切。

䁖 tì 失意視也。从目,脩聲。他歷切。

䃂 zhùn 謹鈍目也。从目,𦎫聲。之閏切。

瞤 rún 目動也。从目,閏聲。如匀切。

矉 pín 恨張目也。从目,賓聲。《詩》曰:“國步斯矉。”符真切。

眢 yuān 目無明也。从目,夗聲。一丸切。

睢 huī 仰目也。从目,隹聲。許惟切。

旬 xuàn 目搖也。从目,勻省聲。黃絢切。

旬,或从旬。

矆 huò 大視也。从目,蒦聲。許縛切。

睦 mù 目順也。从目,坴聲。一曰:敬和也。莫卜切。古文睦。

瞻 zhān 臨視也。从目,詹聲。職廉切。

瞀 mào 氐目謹視也。从目,敄聲。莫候切。

䁹 mái 小視也。从目,買聲。莫佳切。

瞷 jiān 視也。从目,監聲。古銜切。

䁈 qì 省視也。从目,啓省聲。苦系切。

相 xiāng　省視也。从目，从木。《易》曰：“地可觀者，莫可觀於木。”《詩》曰：“相鼠有皮。”息良切。

瞋 chēn　張目也。从目，真聲。昌真切。

祕書瞋，从戌。

鵰 diāo　目孰視也。从目，鳥聲。讀若雕。都僚切。

睗 shì　目疾視也。从目，易聲。施隻切。

睊 juàn　視皃。从目，肙聲。於絢切。

䀹 yuè　目深皃。从目、窅。讀若《易》曰“勿郵”之郵。於悦切。

睼 tì(今音 tiàn)　迎視也。从目，是聲。讀若珥瑱之瑱。他計切。

睥 yǎn　目相戲也。从目，晏聲。《詩》曰：“睥婉之求。”於殄切。

瞃 wò　短深目皃。从目，叟聲。烏括切。

眷 juàn　顧也。从目，𠔉聲。《詩》曰：“乃眷西顧。”居倦切。

督 dū　察也。一曰：目痛也。从目，叔聲。冬毒切。

睎 xī　望也。从目，稀省聲。海岱之閒謂眄曰睎。香衣切。

看 kān　睎也。从手下目。苦寒切。

看，或从倝。

瞫 shěn　深視也。一曰：下視也。又：竊見也。从目，覃聲。式荏切。

睡 shuì　坐寐也。从目、垂。是僞切。

瞑 mián　翕目也。从目、冥，冥亦聲。臣鉉等曰：“今俗别作眠，非是。”武延切。

眚 shěng　目病生翳也。从目，生聲。所景切。

瞥 piē　過目也。又：目翳也。从目，敝聲。一曰：財見也。普滅切。

眵 chī　目傷眥也。从目，多聲。一曰：瞢兜。叱支切。

䁾 miè　目眵也。从目，蔑省聲。莫結切。

眏 jué　涓目也。从目，夬聲。臣鉉等曰：“當从決省。”古穴切。

眼 liàng　目病也。从目，良聲。力讓切。

眛 mèi　目不明也。从目，未聲。莫佩切。

瞯 xián　戴目也。从目，閒聲。江淮之閒謂眄曰瞯。户閒切。

眯 mǐ　艸入目中也。从目,米聲。莫禮切。

眺 tiào　目不正也。从目,兆聲。他弔切。

睞 lài　目童子不正也。从目,來聲。洛代切。

睩 lù　目睞謹也。从目,录聲。讀若鹿。盧谷切。

䀺 chōu　眣也。从目,攸聲。敕鳩切。

䀺,或从丩。

眣 chì(今音 dié)　目不正也。从目,失聲。丑栗切。

矇 méng　童矇也。一曰:不明也。从目,蒙聲。莫中切。

眇 miǎo　一目小也。从目,从少,少亦聲。亡沼切。

眄 miǎn　目偏合也。一曰:衺視也。秦語。从目,丏聲。莫甸切。

䀯 luò　眄也。从目,各聲。盧各切。

盲 máng　目無牟子。从目,亡聲。武庚切。

䁍 qià　目陷也。从目,咸聲。苦夾切。

瞽 gǔ　目但有眹也。从目,鼓聲。公户切。

瞍 sǒu　無目也。从目,叜聲。穌后切。

䁝 yíng　惑也。从目,榮(熒)省聲。户扃切。

睉 cuó　目小也。从目,坐聲。臣鉉等曰:"案《尚書》'元首叢睉哉',叢睉,猶細碎也。今从肉,非是。"昨禾切。

䀹 wò　捾目也。从目、又(叉)。烏括切。

睇 dì　目小視也。从目,弟聲。南楚謂眄曰睇。特計切。

瞚 shùn　開闔目數摇也。从目,寅聲。臣鉉等曰:"今俗别作瞬,非是。"舒問切。

眙 chì　直視也。从目,台聲。丑吏切。

眝 zhù　長眙也。一曰:張目也。从目,宁聲。陟吕切。

盻 xì　恨視也。从目,兮聲。胡計切。

𥆧 fèi　目不明也。从目,弗聲。普未切。

文百十三　重八

瞼 jiǎn　目上下瞼也。从目,僉聲。居奄切。

眨 zhǎ　動目也。从目,乏聲。側洽切。

眭 huī　深目也。亦人姓。从目,圭聲。許規切。

眹 zhèn　目精也。从目,灷聲。案勝字、賸皆从

朕聲，疑古以朕爲眹。直引切。

眸　móu　目童子也。从目，牟聲。《説文》直作牟。莫浮切。

睚　yá　目際也。从目、厓。五隘切。

文六新附

䀠　jù　左右視也。从二目。凡䀠之屬皆从䀠。讀若拘，又若“良土瞿瞿”。九遇切。

䀢　juàn　目圍也。从䀠、𠂆，讀若書卷之卷。古文以爲醜字。居倦切。

⿻大䀠　jū　目衺也。从䀠，从大。大，人也。舉朱切。

文三

眉　méi　目上毛也。从目，象眉之形。上象頟理也。凡眉之屬皆从眉。武悲切。

省　xǐng　視也。从眉省，从屮。臣鉉等曰：“屮，通識也。”所景切。古文从少，从囧。

文二　重一

盾　shǔn（今音 dùn）　瞂也。所以扞身、蔽目。象形。凡盾之屬皆从盾。食問切。

瞂　fá　盾也。从盾，犮聲。扶發切。

䲣　kuī　盾握也。从盾，圭聲。苦圭切。

文三

自　zì　鼻也。象鼻形。凡自之屬皆从自。疾二切。古文自。

⿱自丏　mián　宫（宀宀）不見也。闕。武延切。

文二　重一

白　zì（自）　此亦自字也。省自者，詞言之气从鼻出，與口相助也。凡白之屬皆从白。疾二切。

皆　jiē　俱詞也。从比，从白。古諧切。

魯　lǔ　鈍詞也。从白，鮺省聲。《論語》曰：“參也魯。”郎古切。

者　zhě　別事詞也。从白，𣥠聲，𣥠，古文旅字。之也切。

⿰白壽　chóu　詞也。从白，𠃬聲。𠃬與疇同。《虞書》：“帝曰：𠷎咨。”直由切。

⿰知⿱亏白　zhì（智）　識詞也。从白，从亏，从知。知義切。古文⿰知⿱亏白。

百　bǎi　十十也。从一、白。數，十百爲一貫。相章也。博陌切。古文百，从自。

文七　重二

鼻　bí　引气自畀也。从自、畀。凡鼻之屬皆从鼻。父二切。

齅　xiù　以鼻就臭也。从鼻，从臭，臭亦聲。讀若畜牲之畜。許救切。

鼾　hān　臥息也。从鼻，干聲。讀若汗。矦幹切。

鼽　qiú　病寒鼻窒也。从鼻，九聲。巨鳩切。

𪖙　xiè　臥息也。从鼻，隶聲。讀若虺。許介切。

文五

皕　bì　二百也。凡皕之屬皆从皕。讀若祕。彼力切。

奭　shì　盛也。从大，从皕，皕亦聲。此燕召公名。讀若郝。《史篇》名醜。徐鍇曰："《史篇》，謂所作《倉頡》十五篇也。"詩亦切。　古文奭。

文二　重一

習　xí　數飛也。从羽，从白。凡習之屬皆从習。似入切。

翫　wàn　習猒也。从習，元聲。《春秋傳》曰："翫歲而愒日。"五換切。

文二

羽　yǔ　鳥長毛也。象形。凡羽之屬皆从羽。王矩切。

翨　chì　鳥之彊羽猛者。从羽，是聲。俱豉切。

翰　hàn　天鷄赤羽也。从羽，倝聲。《逸周書》曰："大翰若翬雉。一名鷐風。周成王時蜀人献之。"矦幹切。

翟　dí　山雉尾長者。从羽，从隹。徒歷切。

翡　fěi　赤羽雀也。出鬱林。从羽，非聲。房味切。

翠　cuì　青羽雀也。出鬱林。从羽，卒聲。七醉切。

翦　jiǎn　羽生也。一曰：天（矢）羽。从羽，前聲。即淺切。

翁　wēng　頸毛也。从羽，公聲。烏紅切。

翄　chì　翼也。从羽，支聲。施智切。

翄，或从氏。

𩊚　gé　翅也。从羽，革聲。古翮切。

翹　qiáo　尾長毛也。从羽，堯聲。渠遥切。

翭　hóu　羽本也。一曰：羽初生皃。从羽，矦聲。乎溝切。

翮 hé　羽莖也。从羽，鬲聲。下革切。

翑 qú　羽曲也。从羽，句聲。其俱切。

羿 yì(羿)　羽之羿風。亦古諸侯也。一曰：射師。从羽，开(幵)聲。五計切。

翥 zhù　飛舉也。从羽，者聲。章庶切。

翕 xī　起也。从羽，合聲。許及切。

翾 xuān　小飛也。从羽，睘聲。許緣切。

翬 huī　大飛也。从羽，軍聲。一曰：伊雒而南，雉五采皆備曰翬。《詩》曰："如翬斯飛。"臣鉉等曰："當从揮省。"許歸切。

翏 liù　高飛也。从羽，从㐱。力救切。

翩 piān　疾飛也。从羽，扁聲。芳連切。

翜 shà　捷也。飛之疾也。从羽，夾聲。讀若澮(濇)。一曰：俠也。山洽切。

翊 yì　飛皃。从羽，立聲。與職切。

翕 tà　飛盛皃。从羽，从冃。臣鉉等曰："犯冒而飛，是盛也。"土盍切。

翄 chī　飛(羽)盛皃。从羽，之聲。侍之切。

翱 áo　翱翔也。从羽，皋聲。五牢切。

翔 xiáng　回飛也。从羽，羊聲。似羊切。

翽 huì　飛聲也。从羽，歲聲。《詩》曰："鳳皇于飛，翽翽其羽。"呼會切。

翯 xué　鳥白肥澤皃。从羽，高聲。《詩》云："白鳥翯翯。"胡角切。

翌 huáng　樂舞，以羽䍿自翳其首，以祀星辰也。从羽，王聲。讀若皇。胡光切。

翇 fú　樂舞，執全羽以祀社稷也。从羽，犮聲。讀若紱。分勿切。

翿 dào　翳也。所以舞也。从羽，𣪊聲。《詩》曰："左執翿。"徒到切。

翳 yì　華蓋也。从羽，殹聲。於計切。

翣 shà　棺羽飾也。天子八，諸侯六，大夫四，士二。下垂。从羽，妾聲。山洽切。

文三十四　重一

翻 fān　飛也。从羽，番聲。或从飛。孚袁切。

翎 líng　羽也。从羽，令聲。郎丁切。

翃 hóng　飛聲。从羽，工聲。户公切。

文三新附

隹 zhuī　鳥之短尾總名也。象形。凡隹之屬皆从隹。職追切。

雅 yǎ/yā　楚烏也。一名鸒，一名卑居。秦謂之雅。从隹，牙聲。臣鉉等曰："今俗别作鴉，非是。"五下切，又烏加切。

隻 zhī　鳥一枚也。从又持隹。持一隹曰隻，二隹曰雙。之石切。

雒 luò　鵋鵙也。从隹，各聲。盧各切。

閵 lìn　今閵，似鴝鵒而黄。从隹，𠑹省聲。良刃切。

籀文不省。

巂 guī　周燕也。从隹，中象其冠也，冏聲。一曰：蜀王望帝婬其相妻，慙，亡去，爲子巂鳥。故蜀人聞子巂鳴，皆起，云望帝。户圭切。

𨾴 fāng　鳥也。从隹，方聲。讀若方。府良切。

雀 què　依人小鳥也。从小、隹。讀與爵同。即略切。

猚 yá(雅)　鳥也。从隹，犬聲。睢陽有猚水。五加切。

雗 hàn　雗鷽也。从隹，倝聲。侯幹切。

雉 zhì　有十四種：盧諸雉、喬雉、鳪雉、鷩雉、秩秩海雉、翟山雉、翰雉、卓雉；伊洛而南曰翬，江淮而南曰搖，南方曰弓，東方曰甾，北方曰稀，西方曰蹲。从隹，矢聲。直几切。　古文雉，从弟。

雊 gòu　雄雌(雉)鳴也。雷始動，雉鳴而雊其頸。从隹，从句，句亦聲。古候切。

雞 jī　知時畜也。从隹，奚聲。古兮切。

籀文雞，从鳥。

雛 chú　雞子也。从隹，芻聲。士于切。

籀文雛，从鳥。

雡 liù　鳥大雛也。从隹，翏聲。一曰：雉之莫子爲雡。力救切。

離 lí　黄，倉庚也。鳴則蠶生。从隹，离聲。吕支切。

雕 diāo　鷻也。从隹，周聲。都僚切。

籀文雕，从鳥。

䧹 yīng(鷹)　鳥也。从隹，瘖省聲。或从人，人亦聲。徐鍇曰："鷹隨人所指𩌏，故从人。"於凌切。　籀文䧹(䧹)，从鳥。

雄 chī　雖也。从隹，氏聲。處脂切。

籒文𨾊，从鳥。

䧳 shuì　𨾊也。从隹，垂聲。是僞切。

雃 qiān（雅）　石鳥。一名雝鶏，一曰精列。从隹，幵聲。《春秋傳》："秦有士雃。"苦堅切。

雝 yōng　雝鶏也。从隹，邕聲。於容切。

雂 qián　鳥也。从隹，今聲。《春秋傳》有公子苦雂。巨淹切。

雁 yàn　鳥也。从隹，从人，厂聲。讀若鴈。臣鉉等曰："雁，知時鳥。大夫以爲摯，昏禮用之，故从人。"五晏切。

䳘 lí　䳘黃也。从隹，黎聲。一曰：楚雀也。其色黎黑而黃。郎兮切。

雐 hū　鳥也。从隹，虍聲。荒烏切。

雓 rú　牟母也。从隹，奴聲。人諸切。

雓，或从鳥。

雇 hù　九雇，農桑候鳥。扈民不婬者也。从隹，户聲。春雇鳻盾，夏雇竊玄，秋雇竊藍，冬雇竊黄，棘（棘）雇竊丹，行雇唶唶，宵雇嘖嘖，桑雇竊脂，老雇鷃也。雇，或从雩。侯古切。

籒文雇，从鳥。

䧼 chún　𨿧屬。从隹，𦎫聲。常倫切。

𨿧 ān　䧼屬。从隹，酓聲。恩含切。

籒文𨿧，从鳥。

𨾴 zhī　鳥也。从隹，支聲。一曰：𨾴度。章移切。

𨾏 hóng　鳥肥大𨾏𨾏也。从隹，工聲。户工切。

𨾏，或从鳥。

𩁂 sàn　繳𩁂也。从隹，㪔聲。一曰：飛𩁂也。臣鉉等曰："繳，之若切。𦋆繳以取鳥也。"穌旰切。

隿 yì　繳射飛鳥也。从隹，弋聲。與職切。

雄 xióng　鳥父也。从隹，厷聲。羽弓切。

雌 cí　鳥母也。从隹，此聲。此移切。

雿 zhào　覆鳥令不飛走也。从网、隹。讀若到。都校切。

雋 juàn（隽）　肥肉也。从弓，所以射隹。長沙有下雋縣。徂沇切。

𨿽 shuí（今音 wéi）　飛也。从隹，隓聲。山垂切。

文三十九　重十二

奞 suī 鳥張毛羽自奮也。从大,从隹。凡奞之屬皆从奞。讀若睢。息遺切。

奪 duó 手持隹失之也。从又,从奞。徒活切。

奮 fèn 翬也。从奞在田上。《詩》曰:“不能奮飛。”方問切。

文三

萑 huán 鴟屬。从隹,从𦫳,有毛角。所鳴其民有旤。凡萑之屬皆从萑。讀若和。胡官切。

蒦 huò 規蒦,商也。从又持萑。一曰:視遽皃。一曰:蒦,度也。徐鍇曰:“商,度也,萑,善度人禍福也。”乙虢切。 𧫶 蒦,或从尋,尋亦度也。《楚詞》曰:“求矩彠之所同。”

雚 guàn 小爵也。从萑,吅聲。《詩》曰:“雚鳴于垤。”工奐切。

舊 jiù 雖(鴟)舊,舊留也。从萑,臼聲。巨救切。

鵂 舊,或从鳥,休聲。

文四 重二

𦫳 guǎi 羊角也。象形。凡𦫳之屬皆从𦫳。讀若乖。工瓦切。

𠀠 guāi(乖) 戾也。从𦫳而𠔁。𠔁,古文别。臣鉉等曰:“𠔁,兵列切。篆文分別字也。”古懷切。

𦫵 mián(芇) 相當也。闕,讀若宀。母官切。

文三

𥄕 miè(今音 mò) 目不正也。从𦫳、从目。凡𥄕之屬皆从𥄕。莧从此。讀若末。徐鍇曰:“𦫳,角戾也。”徒(模)結切。

瞢 méng(瞢) 目不明也。从𥄕,从旬。旬,目數搖也。木空切。

䁾 miè(䁾) 火不明也。从𥄕,从火,𥄕亦聲。《周書》曰:“布重䁾席。”織蒻席也。讀與蔑同。莫結切。

蔑 miè(蔑) 勞目無精也。从𥄕,人勞則蔑然,从戍。莫結切。

文四

羊 yáng 祥也。从𦫳,象頭角足尾之形。孔子曰:“牛羊之字,以形舉也。”凡羊之屬皆从羊。與章切。

芈 mǐ 羊鳴也。从羊,象聲气上出。與牟同意。緜婢切。

羔　gāo　羊子也。从羊，照省聲。古牢切。

羜　zhù　五月生羔也。从羊，宁聲。讀若煑。直吕切。

䍮　yù/wù　六月生羔也。从羊，敄聲。讀若霧。己（已）遇切，又亡遇切。

羍　dá　小羊也。从羊，大聲。讀若達。他末切。

羍，或省。

䍜　zhào　羊未卒歲也。从羊，兆聲。或曰：夷羊百斤左右爲䍜。讀若《春秋》“盟于洮”。治小切。

羝　dī　牡羊也。从羊，氐聲。都兮切。

羒　fén　牂（牡）羊也。从羊，分聲。符分切。

牂　zāng　牡（牝）羊也。从羊，爿聲。則郎切。

羭　yú　夏羊牡（牝）曰羭。从羊，俞聲。羊朱切。

羖　gǔ　夏羊牡曰羖。从羊，殳聲。公户切。

羯　jié　羊羖犗也。从羊，曷聲。居謁切。

羠　sì（今音 yí）　騬羊也。从羊，夷聲。徐姊切。

羳　fán　黄腹羊。从羊，番聲。附袁切。

羥　kēng（今音 qiān）　羊名。从羊，巠聲。口莖切。

𦏁　jìn　羊名。从羊，執聲。汝南平輿有𦏁（摯）亭。讀若晉。臣鉉曰：“執非聲，未詳。”即刃切。

羸　léi　瘦也。从羊，𣎆聲。臣鉉等曰：“羊主給膳，以瘦爲病，故从羊。”力爲切。

䍴　wèi　羊相䍤也。从羊，委聲。於僞切。

䍤　zì　䍴䍤也。从羊，責聲。子賜切。

羣　qún　輩也。从羊，君聲。臣鉉等曰：“羊性好羣，故从羊。”渠云切。

䍨　yān　羣羊相䍤也。一曰：黑羊。从羊，垔聲。烏閑切。

𦍩　cī　羊名。蹏皮可以割桼。从羊，此聲。此思切。

美　měi　甘也。从羊，从大。羊在六畜主給膳也。美與善同意。臣鉉等曰：“羊大則美，故从大。”無鄙切。

羌　qiāng　西戎，牧羊人也。从人，从羊，羊亦聲。南方蠻閩从虫，北方狄从犬，東方貉从豸，西方羌从羊，此六種也。西南僰人、僬僥从人，蓋在坤地，頗有順理之性。唯東夷从大。大，人也。夷俗仁，仁者壽，有君子、不死之國。

孔子曰："道不行，欲之九夷，乘桴浮於海。"有以也。去羊切。古文羌如此。

羑 yǒu 進善也。从羊，久聲。文王拘羑里，在湯陰。與久切。

文二十六 重二

羴 shān 羊臭也。从三羊。凡羴之屬皆从羴。式連切。羴，或从亶。

羼 chàn 羊相厠也。从羴在尸下。尸，屋也。一曰：相出前也。初限切。

文二 重一

瞿 jù/qú 鷹隼之視也。从隹，从䀠，䀠亦聲。凡瞿之屬皆从瞿。讀若章句之句。九遇切，又音衢。

矍 jué 隹欲逸走也。从又持之矍矍也。讀若《詩》云"穬彼淮夷"之穬。一曰：視遽皃。九縛切。

文二

雔 chóu 雙鳥也。从二隹。凡雔之屬皆从雔。讀若醻。市流切。

靃 huò 飛聲也。雨而雙飛者其聲靃然。呼郭切。

雙 shuāng 隹二枚也。从雔，又持之。所江切。

文三

雥 zá 羣鳥也。从三隹。凡雥之屬皆从雥。徂合切。

𩁹 yuān 鳥羣也。从雥，𣶒聲。烏玄切。

雧 jí 羣鳥在木上也。从雥，从木。秦入切。雧，或省。

文三 重一

鳥 diǎo（今音 niǎo） 長尾禽總名也。象形。鳥之足似匕，从匕。凡鳥之屬皆从鳥。都了切。

鳳 fèng 神鳥也。天老曰：鳳之象也，鴻前麐後，蛇頸魚尾，鸛顙鴛思，龍文虎背，燕頷雞喙，五色備舉。出於東方君子之國，翺翔四海之外，過崐崘，飲砥柱，濯羽弱水，莫宿風穴。見則天下大安寧。从鳥，凡聲。馮貢切。古文鳳。象形。鳳飛，羣鳥從以萬數，故以爲朋黨字。亦古文鳳。

鸞 luán 亦神靈之精也。赤色五采，雞形，鳴中五音，頌聲作則至。从鳥，䜌聲。

周成王時氏羌獻鸞鳥。洛官切。

鸑 yuè　鸑鷟，鳳屬，神鳥也。从鳥，獄聲。《春秋國語》曰："周之興也，鸑鷟鳴於岐山。"江中有鸑鷟，似鳧而大，赤目。五角切。

鷟 zhuó　鸑鷟也。从鳥，族聲。士角切。

鷫 sù　鷫鷞也。五方神鳥也。東方發明，南方焦明，西方鷫鷞，北方幽昌，中央鳳皇。从鳥，肅聲。息逐切。　司馬相如説，从叜聲。

鷞 shuāng　鷫鷞也。从鳥，爽聲。所莊切。

鳩 jiū　鶻鵃也。从鳥，九聲。居求切。

鶌 jué　鶌鳩也。从鳥，屈聲。九勿切。

鵻 sǔn(今音 zhuī)　祝鳩也。从鳥，隹聲。思允切。

鵻，或从隹、一。一曰：鶉字。

鶻 gǔ　鶻鵃也。从鳥，骨聲。古忽切。

鵃 zhōu　鶻鵃也。从鳥，舟聲。張流切。

鵴 jú　秸鵴，尸鳩。从鳥，𥤚聲。臣鉉等曰："𥤚，居六切。與𥷚同。"居六切。

鴿 gē　鳩屬。从鳥，合聲。古沓切。

鴠 dàn　渴鴠也。从鳥，旦聲。得案切。

鵙 jú　伯勞也。从鳥，狊聲。古闃切。

鵙，或从隹。

鷚 liù(鷚)　天龠也。从鳥，翏聲。力救切。

鸒 yù　卑居也。从鳥，與聲。羊茹切。

鷽 xué　雗鷽，山鵲，知來事鳥也。从鳥，學省聲。胡角切。　鷽，或从隹。

鷲 jiù(鷲)　鳥，黑色，多子。師曠曰："南方有鳥，名曰羌鷲，黄頭赤目，五色皆備。"从鳥，就聲。疾僦切。

鴞 xiāo　鴟鴞，寧鴂也。从鳥，号聲。于嬌切。

鴂 jué　寧鴂也。从鳥，夬聲。古穴切。

𪀦 xù　鳥也。从鳥，祟聲。辛聿切。

鴋 fǎng　澤虞也。从鳥，方聲。分兩切。

鸐 jié　鳥也。从鳥，截聲。了結切。

鶔 qī　鳥也。从鳥，桼聲。親吉切。

鴩 dié　鋪豉也。从鳥，失聲。臣鉉等曰："鋪豉，鳥名。"徒結切。

鶤 kūn 鶤鷄也。从鳥，軍聲。讀若運。古渾切。

鴹 ǎo 鳥也。从鳥，芺聲。烏浩切。

舄 jú 鳥也。从鳥，臼聲。居玉切。

鷦 jiāo 鷦䳏，桃蟲也。从鳥，焦聲。即消切。

䳏 miǎo 鷦䳏也。从鳥，眇聲。亡沼切。

鶹 liú 鳥少美長醜爲鶹離。从鳥，留聲。力求切。

鷬 nán(難) 鳥也。从鳥，堇聲。那干切。

難 鷬，或从隹。古文鷬。古文鷬。古文鷬。

鶨 chuàn 欺老也。从鳥，彖聲。丑絹切。

䳆 yuè 鳥也。从鳥，説省聲。弋雪切。

鴸 tǒu 鳥也。从鳥，主聲。天口切。

鴖 mín 鳥也。从鳥，昏聲。武巾切。

鷯 liáo 刀鷯。剖葦食其中蟲。从鳥，尞聲。洛簫切。

鶠 yǎn 鳥也。其雌皇。从鳥，匽聲。一曰：鳳皇也。於幰切。

鴲 zhī 瞑鴲也。从鳥，旨聲。旨夷切。

鵅 luò 烏鸔也。从鳥，各聲。盧各切。

鸔 pú(鸔，今音 bǔ) 烏鸔也。从鳥，暴聲。蒲木切。

鶴 hè 鳴九皋，聲聞于天。从鳥，寉（隺）聲。下各切。

鷺 lù 白鷺也。从鳥，路聲。洛故切。

鵠 hú 鴻鵠也。从鳥，告聲。胡沃切。

鴻 hóng 鴻鵠也。从鳥，江聲。户工切。

鵚 qiū 秃鵚也。从鳥，赤聲。臣鉉等曰："赤非聲，未詳。"七由切。鵚，或从秋。

鴛 yuān 鴛鴦也。从鳥，夗聲。於袁切。

鴦 yāng 鴛鴦也。从鳥，央聲。於良切。

鵽 duò 鵽鳩也。从鳥，叕聲。丁刮切。

鵱 lù 蔞鵱也。从鳥，坴聲。力竹切。

鴚 gē 鴚鵝也。从鳥，可聲。古俄切。

鵝 é(鵝) 鴚鵝也。从鳥，我聲。五何切。

鴈 yàn　鵝也。从鳥、人，厂聲。臣鉉等曰："从人，从厂，義無所取。當从雁省聲。"五晏切。

鶩 wù　舒鳧也。从鳥，敄聲。莫卜切。

鷖 yī　鳧屬。从鳥，殹聲。《詩》曰："鳧鷖在梁。"烏雞切。

𪄳 jié　𪄳鸊，鳧屬。从鳥，契聲。古節切。

鸊 niè(今音 jiá)　𪄳鸊也。从鳥，辥聲。魚列切。

鸏 méng　水鳥也。从鳥，蒙聲。莫紅切。

鷸 yù　知天將雨鳥也。从鳥，矞聲。《禮記》曰："知天文者冠鷸。"余律切。　鷸，或从遹。

䴙 pì(鸊)　鸊鷉也。从鳥，辟聲。普擊切。

鷉 tī　鸊鷉也。从鳥，虒聲。土雞切。

䴪 lú(鸕)　䴪鷀也。从鳥，盧聲。洛乎切。

鶿 cí　䴪鶿也。从鳥，兹聲。疾之切。

䴰 yì(鷧)　鶿也。从鳥，壹聲。乙冀切。

鴔 pì(今音 fú)　鴔鵖也。从鳥，乏聲。平立切。

鵖 bí　鴔鵖也。从鳥，皀聲。彼及切。

鴇 bǎo　鳥也。肉出尺胾。从鳥，𠦪聲。博好切。

鴇，或从包。

鸈 qú　雝鸈也。从鳥，渠聲。强魚切。

鷗 ōu　水鴞也。从鳥，區聲。烏侯切。

䳊 bá(今音 bó)　鳥也。从鳥，犮聲，讀若撥。蒲達切。

鷛 yóng　鳥也。从黑(鳥)，庸聲。余封切。

鶂 yì　鳥也。从鳥，兒聲。《春秋傳》曰："六鶂退飛。"五歷切。　鶂，或从鬲。　司馬相如說："鶂从赤。"

鴺 tí　鴺胡，污澤也。从鳥，夷聲。杜兮切。

鴺，或从弟。

鴗 lì　天狗也。从鳥，立聲。力入切。

鶬 cāng　麋鴰也。从鳥，倉聲。七岡切。

鶬，或从隹。

鴰 kuò(今音 guā)　麋鴰也。从鳥，𠯑聲。古活切。

鵁 jiāo　鵁鶄也。从鳥，交聲。一曰：殦鸕也。古肴切。

鶄 jīng 鵁鶄也。从鳥，青聲。子盈切。

鳽 jiān 鵁鶄也。从鳥，幵聲。古賢切。

䳩 zhēn 䳩鴜也。从鳥，箴聲。職深切。

鴜 zī（今音 cí） 䳩鴜也。从鳥，此聲。即夷切。

鷻 tuán 雕也。从鳥，敦聲。《詩》曰："匪鷻匪鳶。"度官切。

鳶 yuān 鷙鳥也。从鳥，屰聲。臣鉉等曰："屰非聲，一本从𠂹，疑从雈省。今俗别作鳶，非是。"與專切。

鷳 xián 鴟也。从鳥，閒聲。户閒切。

鷂 yào 鷙鳥也。从鳥，䍃聲。弋笑切。

鷢 jué 白鷢，王鴡也。从鳥，厥聲。居月切。

鴡 jū 王鴡也。从鳥，且聲。七余切。

鸛 huān 鸛專，畐蹂。如誰短尾。射之銜矢射人。从鳥，雚聲。呼官切。

鸇 zhān 鷐風也。从鳥，亶聲。諸延切。

籀文鸇，从廛。

鷐 chén 鷐風也。从鳥，晨聲。植鄰切。

鷙 zhì 擊殺鳥也。从鳥，執聲。脂利切。

鴥 yù 鸇飛皃。从鳥，穴聲。《詩》曰："鴥彼晨風。"余律切。

鶯 yīng 鳥也。从鳥，榮（熒）省聲。《詩》曰："有鶯其羽。"烏莖切。

鴝 qú 鴝鵒也。从鳥，句聲。其俱切。

鵒 yù 鴝鵒也。从鳥，谷聲。古者鴝鵒不踰泲。余蜀切。 鵒，或从隹、从臾。

鷩 biē 赤雉也。从鳥，敝聲。《周禮》曰："孤服鷩冕。"并列切。

鵔 jùn 鵔鸃，鷩也。从鳥，夋聲。私閏切。

鸃 yí 鵔鸃也。从鳥，義聲。秦漢之初，侍中冠鵔鸃冠。魚羈切。

鸐 dí 雉屬。戇鳥也。从鳥，適省聲。都歷切。

鶡 hé 似雉，出上黨。从鳥，曷聲。胡割切。

鴧 jiè 鳥，似鶡而青，出羌中。从鳥，介聲。古拜切。

鸚 yīng 鸚䳇，能言鳥也。从鳥，嬰聲。烏莖切。

䳇 wǔ 鸚䳇也。从鳥，母聲。文甫切。

鷮 jiāo　走鳴長尾雉也。乘輿以爲防釳，著馬頭上。从鳥，喬聲。巨嬌切。

鷕 yǎo　雌雉鳴也。从鳥，唯聲。《詩》曰："有鷕雉鳴。"以沼切。

鸓 lěi　鼠形，飛走且乳之鳥也。从鳥，畾聲。力軌切。籀文鸓。

翰 hàn　雉肥翰音者也。从鳥，倝聲。魯郊以丹雞祝曰："以斯翰音赤羽去魯侯之咎。"侯幹切。

鴳 yàn　雇也。从鳥，安聲。烏諫切。

鴆 zhèn　毒鳥也。从鳥，冘聲。一名運日。直禁切。

鷇 kòu　鳥子生哺者。从鳥，𣪊聲。口豆切。

鳴 míng　鳥聲也。从鳥，从口。武兵切。

騫 xiān　飛皃。从鳥，寒省聲。虚言切。

鳻 fēn　鳥聚皃。一曰：飛皃。从鳥，分聲。府文切。

文百十六　重十九

鷓 zhè　鷓鴣，鳥名。从鳥，庶聲。之夜切。

鴣 gū　鷓鴣也。从鳥，古聲。古乎切。

鴨 yā　鶩也，俗謂之鴨。从鳥，甲聲。烏狎切。

鶒 chì　谿鶒，水鳥，从鳥，式聲。恥力切。

文四新附

烏 wū　孝鳥也。象形。孔子曰："烏，盱呼也。"取其助气，故以爲烏呼。凡烏之屬皆从烏。哀都切。臣鉉等曰："今俗作鳴，非是。"古文烏，象形。象古文烏省。

舄 què　雒也。象形。七雀切。篆文舄，从隹、昔。

焉 yān　焉鳥，黄色，出於江淮。象形。凡字，朋者羽蟲之屬，烏者日中之禽，舄者知太歲之所在，燕者請子之候，作巢避戊己，所貴者故皆象形。焉亦是也。有乾切。

文三　重三

說文解字　卷四下

華 bān　箕屬，所以推棄之器也。象形。凡華之屬皆从華。官溥說。北潘切。

畢 bì　田罔也。从華，象畢形，微也。或曰：由聲。臣鉉等曰："由音弗。"卑吉切。

糞 fèn　棄除也。从廾推華棄采也。官溥說，似米而非米者，矢字。方問切。

棄 qì　捐也。从廾推華棄之。从𠫓，𠫓，逆子也。臣鉉等曰："𠫓，他忽切。"詰利切。古文棄。籀文棄。

文四　重二

冓 gòu　交積材也。象對交之形。凡冓之屬皆从冓。古候切。

再 zài　[一]舉而二也。从[一]，冓省。作代切。

爯 chēng　并舉也。从爪，冓省。處陵切。

文三

幺 yāo　小也。象子初生之形。凡幺之屬皆从幺。於堯切。

幼 yòu　少也。从幺，从力。伊謬切。

文二

麼 mó(麽)　細也。从幺，麻聲。亡果切。

文一新附

𢆶 yōu　微也。从二幺。凡𢆶之屬皆从𢆶。於虯切。

幽 yōu　隱也。从山中𢆶，𢆶亦聲。於虯切。

幾 jī　微也，殆也。从𢆶，从戍。戍，兵守也。𢆶而兵守者，危也。居衣切。

文三

叀 zhuān(叀)　專小謹也。从幺省。中，財見也，中亦聲。凡叀之屬皆从叀。職緣切。古文叀。亦古文叀。

惠 huì　仁也。从心，从叀。徐鍇曰："為惠者心專也。"胡桂切。古文惠，从芔。

疐　zhì　礙不行也。从叀，引而止之也。叀者，如叀馬(牛)之鼻。从[冂]，此與牽同意。陟利切。

文二(三)　重三

玄　xuán　幽遠也。黑而有赤色者爲玄，象幽而入覆之也。凡玄之屬皆从玄。胡涓切。古文玄。

兹　zī　黑也。从二玄。《春秋傳》曰："何故使吾水兹?"子之切。

文二　重一

玈　lú　黑色也。从玄，旅省聲。義當用黸。洛乎切。

文一新附

予　yǔ　推予也。象相予之形。凡予之屬皆从予。余吕切。

舒　shū　伸也。从舍，从予，予亦聲。一曰：舒緩也。傷魚切。

幻　huàn　相詐惑也。从反予。《周書》曰："無或譸張爲幻。"胡辦切。

文三

放　fàng　逐也。从攴，方聲。凡放之屬皆从放。甫妄切。

敖　áo　出游也。从出，从放。五牢切。

敫　yuè　光景流也。从白，从放，讀若龠。以灼切。

文二(三)

受　biào　物落。上下相付也。从爪，从又。凡受之屬皆从受。讀若《詩》"摽有梅"。平小切。

爰　yuān　引也。从受，从于。籀文以爲車轅字。羽元切。

𤔔　luàn　治也。幺子相亂，受治之也。讀若亂同。一曰：理也。徐鍇曰："曰冂，坰也，界也。"郎段切。古文𤔔。

受　shòu　相付也。从受，舟省聲。殖酉切。

寽　liè　撮也。从受，从己。臣鉉等曰："己者，物也。又，爪掫取之。指事。"力輟切。

爭　zhēng(争)　引也。从受、厂。臣鉉等曰："厂音曳。受，二手也。而曳之，爭之道也。"側莖切。

㥯　yǐn　所依據也。从受、工。讀與隱同。於謹切。

寽　lǜ　五指持也。从受，一聲。讀若律。吕戌切。

敢　gǎn（敢）　進取也。从𠬪，古聲。古覽切。　籒文𠭥。　古文𠭥。

文九　重三

𣦼　cán　殘穿也。从又，从歺。凡𣦼之屬皆从𣦼。讀若殘。昨干切。

㕡　hè　溝也。从𣦼，从谷。讀若郝。呼各切。　㕡，或从土。

𣪊　gài　𣦼探堅意也。从𣦼，从貝。貝，堅寶（實）也。讀若概。古代切。

𣦽　jǐng　坑也。从𣦼，从井，井亦聲。疾正切。

叡　ruì　深明也。通也。从𣦼，从目，从谷省。以芮切。　古文叡。　籒文叡，从土。

文五　重三

歺　è（歹）　𠛱骨之殘也。从半冎。凡歺之屬皆从歺。讀若櫱岸之櫱。徐鍇曰："冎，剔肉置骨也。歺，殘骨也。故从半冎。"臣鉉等曰："義不應有中一。秦刻石文有之。"五割切。　古文歺。

骫　wěi　病也。从歺，委聲。於爲切。

殙　hūn　瞀也。从歺，昏聲。呼昆切。

殰　dú　胎敗也。从歺，𧶠聲。徒谷切。

歾　mò　終也。从歺，勿聲。莫勃切。　歾，或从㝵。

殚　zú　大夫死曰殚。从歺，卒聲。子聿切。

殊　shū　死也。从歺，朱聲。漢令曰："蠻夷長有罪，當殊之。"市朱切。

殟　wù（今音 wēn）　胎敗也。从歺，𥁑聲。烏没切。

殤　shāng　不成人也。人年十九至十六死爲長殤；十五至十二死爲中殤；十一至八歲死爲下殤。从歺，傷省聲。式陽切。

殂　cú　往死也。从歺，且聲。《虞（唐）書》曰："勛乃殂。"　古文殂，从歺，从作。昨胡切。

殛　jí　殛（殊）也。从歺，亟聲。《虞（唐）書》曰："殛鯀于羽山。"巳（己）力切。

殪　yì　死也。从歺，壹聲。於計切。　古文殪，从死。

𣧠　mò　死，宋𣧠也。从歺，莫聲。莫各切。

殯　bìn　死在棺，將遷葬，柩，賓遇之。从歺，从賓，賓亦聲。夏后殯於阼階，殷人殯於兩楹之間，周人殯於賓階。必刃切。

殔　yì　瘞也。从歺，隶聲。羊至切。

殣　jìn　道中死人，人所覆也。从歺，堇聲。《詩》曰："行有死人，尚或殣之。"渠吝切。

殠　chòu　腐气也。从歺，臭聲。尺救切。

殨　kuì　爛也。从歺，貴聲。胡對切。

㱙　xiǔ　腐也。从歺，丂聲。許久切。

㱙，或从木。

殆　dài　危也。从歺，台聲。徒亥切。

殃　yāng　咎也。从歺，央聲。於良切。

殘　cán　賊也。从歺，戔聲。昨干切。

殄　tiǎn　盡也。从歺，㐱聲。徒典切。

古文殄，如此。

殲　jiān　微盡也。从歺，韱聲。《春秋傳》曰："齊人殲于遂。"子廉切。

殫　dān　殛（極）盡也。从歺，單聲。都寒切。

殬　dù　敗也。从歺，睪聲。《商書》曰："彝倫攸殬。"當故切。

㱻　luǒ（今音 luò）　畜産疫病也。从歺，从羸。郎果切。

殪　ái　殺羊出其胎也。从歺，豈聲。五來切。

㱚　cán　禽獸所食餘也。从歺，从肉。昨干切。

殖　zhí　脂膏久殖也。从歺，直聲。常職切。

殆　kū　枯也。从歺，古聲。苦孤切。

殗　qī　棄也。从歺，奇聲。俗語謂死曰大殗。去其切。

文三十二　重六

死　sǐ　澌也。人所離也。从歺，从人。凡死之屬皆从死。古文死如此。息姊切。

薨　hōng　公侯猝也。从死，瞢省聲。呼肱切。

薧　hāo　死人里也。从死，蒿省聲。呼毛切。

㱵　zì　戰見血曰傷，亂或爲惛，死而復生爲㱵。从死，次聲。咨四切。

文四　重一

冎 guǎ　剔人肉置其骨也。象形。頭隆骨也。凡冎之屬皆从冎。古瓦切。

⿰冎刂 bié(别)　分解也。从冎,从刀。憑列切。

⿰冎卑 bēi　别也。从冎,卑聲,讀若罷。府移切。

文三

骨 gǔ　肉之覈也。从冎有肉。凡骨之屬皆从骨。古忽切。

髑 dú　髑髏,頂也。从骨,蜀聲。徒谷切。

髏 lóu　髑髏也。从骨,婁聲。洛侯切。

髆 bó　肩甲也。从骨,尃聲。補各切。

髃 ǒu　肩前也。从骨,禺聲。午口切。

骿 pián　并脅也。从骨,并聲。晉文公骿脅。臣鉉等曰:“骿胝字同,今别作胼,非。”部田切。

髀 bǐ　股也。从骨,卑聲。并弭切。

古文髀。

髁 kē　髀骨也。从骨,果聲。苦卧切。

⿰骨厥 jué　臀骨也。从骨,厥聲。居月切。

髖 kuān　髀上也。从骨,寬聲。苦官切。

髕 bìn　厀耑也。从骨,賓聲。毗忍切。

⿰骨舌 kuò(今音 guā)　骨耑也。从骨,昏聲。古活切。

⿰骨貴 kuì　厀脛間骨也。从骨,貴聲。丘媿切。

骹 qiāo　脛也。从骨,交聲。口交切。

骭 gàn　骹也。从骨,干聲。古案切。

骸 hái　脛骨也。从骨,亥聲。户皆切。

⿰骨隓 suǐ(髓)　骨中脂也。从骨,隓聲。息委切。

⿰骨易 tì　骨間黄汁也。从骨,易聲。讀若《易》曰:“夕惕若厲。”他歷切。

體 tǐ　總十二屬也。从骨,豊聲。他禮切。

髍 mó　㿈病也。从骨,麻聲。莫鄱切。

骾 gěng　食骨留咽中也。从骨,㪅聲。古杏切。

骼 gé　禽獸之骨曰骼。从骨,各聲。古覈切。

骴 cī　鳥獸殘骨曰骴。骴,可惡也。从骨,此聲。《明堂月令》曰:“掩骼薶骴。”骴,或从肉。資四切。

骫　wěi　骨耑骫奊也。从骨，丸聲。於詭切。

䯤　kuài　骨擿之可會髮者。从骨，會聲。《詩》曰：“䯤并如星。”古外切。

文二十五　重一

肉　ròu　胾肉。象形。凡肉之屬皆从肉。如六切。

腜　méi　婦始孕腜兆也。从肉，某聲。莫桮切。

肧　pēi　婦孕一月也。从肉，不聲。匹桮切。

胎　tāi　婦孕三月也。从肉，台聲。土來切。

肌　jī　肉也。从肉，几聲。居夷切。

臚　lú　皮也。从肉，盧聲。力居切。

籀文臚。

肫　zhūn　面頯也。从肉，屯聲。章倫切。

䐅　jī　頰肉也。从肉，幾聲。讀若畿。居衣切。

脣　chún　口耑也。从肉，辰聲。食倫切。

古文脣，从頁。

脰　dòu　項也。从肉，豆聲。徒候切。

肓　huāng　心上（下）鬲下（上）也。从肉，亡聲。《春秋傳》曰：“病在肓之下（上）。”呼光切。

腎　shèn　水藏也。从肉，臤聲。時忍切。

肺　fèi　金藏也。从肉，巿聲。芳吠切。

脾　pí　土藏也。从肉，卑聲。符支切。

肝　gān　木藏也。从肉，干聲。古寒切。

膽　dǎn　連肝之府。从肉，詹聲。都敢切。

胃　wèi　榖（穀）府也。从肉，図象形。云貴切。

脬　pāo　膀光也。从肉，孚聲。匹交切。

腸　cháng　大小腸也。从肉，昜聲。直良切。

膏　gāo　肥也。从肉，高聲。古勞切。

肪　fáng　肥也。从肉，方聲。甫良切。

膺　yīng　匈也。从肉，雁聲。於陵切。

肊　yì　胸骨也。从肉，乙聲。於力切。

肊，或从意。

背　bèi　脊也。从肉，北聲。補妹切。

脅　xié　兩膀也。从肉，劦聲。虛業切。

膀 páng 脅也。从肉，㫄聲。步光切。

髈，或从骨。

脟 liè 脅肉也。从肉，寽聲。一曰：脟，腸閒肥也。一曰：膫也。力輟切。

肋 lè(今音 lèi) 脅骨也。从肉，力聲。盧則切。

胂 shēn 夾脊肉也。从肉，申聲。矢人切。

脢 méi 背肉也。从肉，每聲。《易》曰："咸其脢。"莫桮切。

肩 jiān 髆也。从肉，象形。古賢切。

俗肩从户。

胳 gē 亦下也。从肉，各聲。古洛切。

胠 qū 亦下也。从肉，去聲。去劫切。

臂 bì 手上也。从肉，辟聲。卑義切。

臑 nào 臂羊矢也。从肉，需聲。讀若襦。那到切。

肘 zhǒu 臂節也。从肉，从寸。寸，手寸口也。陟柳切。

臍 qí 朏(朏)齎也。从肉，齊聲。徂兮切。

腹 fù 厚也。从肉，复聲。方六切。

腴 yú 腹下肥也。从肉，臾聲。羊朱切。

脽 shuí 尻也。从肉，隹聲。示隹切。

肤 jué 孔也。从肉，決省聲。讀若決水之決。古穴切。

胯 kù(今音 kuà) 股也。从肉，夸聲。苦故切。

股 gǔ 髀也。从肉，殳聲。公户切。

脚 jiǎo 脛也。从肉，郄(卻)聲。居勺切。

脛 jìng 胻也。从肉，巠聲。胡定切。

胻 héng 脛耑也。从肉，行聲。户更切。

腓 féi 脛腨也。从肉，非聲。符飛切。

腨 shuàn 腓腸也。从肉，耑聲。市沇切。

胑 zhī 體四胑也。从肉，只聲。章移切。

肢，或从支。

胲 gāi 足大指毛[肉]也。从肉，亥聲。古哀切。

肖 xiào 骨肉相似也。从肉，小聲。不似其先，故曰不肖也。私妙切。

胤 yìn 子孫相承續也。从肉，从八，象其長也；

从幺，象重累也。羊晉切。　古文胤。

胄　zhòu　胤也。从肉，由聲。直又切。

肸　xì　振肸也。从肉，八聲。許訖切。

膻　dàn　肉膻也。从肉，亶聲。《詩》曰："膻裼暴虎。"徒旱切。

膢　rǎng　益州鄙言人盛，諱其肥，謂之膢。从肉，襄聲。如兩切。

腊　jiē　臞也。从肉，皆聲。古諧切。

臞　qú　少肉也。从肉，瞿聲。其俱切。

脱　tuō　消肉臞也。从肉，兑聲。徒活切。

脙　qiú　齊人謂臞脙也。从肉，求聲。讀若休止。巨鳩切。

臠　luán　臞也。从肉，䜌聲。一曰：切肉臠也。《詩》曰："棘（棘）人臠臠兮。"力沇切。

膌　jí（膌）　瘦也。从肉，脊聲。資昔切。

古文膌，从疒，从朿，朿亦聲。

脀　chéng　騃也。从肉，丞聲。讀若丞。署陵切。

胗　zhěn　脣瘍也。从肉，㐱聲。之忍切。

籀文胗，从疒。

腄　zhuī　瘢胝也。从肉，垂聲。竹垂切。

胝　zhī　腄也。从肉，氐聲。竹尼切。

肬　yóu　贅也。从肉，尤聲。羽求切。

籀文肬，从黑。

肒　huàn　搔生創也。从肉，丸聲。胡岸切。

腫　zhǒng　癰也。从肉，重聲。之隴切。

胅　dié　骨差也。从肉，失聲。讀與跌同。徒結切。

脪　xìn　創肉反出也。从肉，希聲。香近切。

朋　yìn（今音 zhèn）　瘢也。从肉，引聲。一曰：遽也。善（羊）晉切。

臘　là　冬至後三戌，臘，祭百神。从肉，巤聲。盧盍切。

膢　lǘ　楚俗以二月祭飲食也。从肉，婁聲。一曰：祈穀（穀）食新曰離膢。力俱切。

朓　tiǎo　祭也。从肉，兆聲。土了切。

胙　zuò　祭福肉也。从肉，乍聲。臣鉉等曰："今俗别作祚，非是。"昨誤切。

隋 duò　裂肉也。从肉，从隓省。徒果切。

膳 shàn　具食也。从肉，善聲。常衍切。

腬 róu　嘉善肉也。从肉，柔聲。耳由切。

肴 yáo　啖也。从肉，爻聲。徐鍇曰："謂已修庖之可食也。"胡茅切。

腆 tiǎn　設膳腆腆多也。从肉，典聲。他典切。

古文腆。

腯 tú　牛羊曰肥，豕曰腯。从肉，盾聲。他骨切。

𦙶 bié　肥肉也。从肉，必聲。蒲結切。

胡 hú　牛顄垂也。从肉，古聲。户孤切。

胘 xián　牛百葉也，从肉，弦省聲。胡田切。

膍 pí　牛百葉也。从肉，毘聲。一曰：鳥膍胵。房脂切。

膍，或从比。

胵 chī　鳥胃也。从肉，至聲。一曰：胵，五藏總名也。處脂切。

膘 piǎo　牛脅後髀前合革肉也。从肉，㶾聲。讀若繇。敷紹切。

𦞟 lǜ　血祭肉按：肉，衍文。也。从肉，帥聲。吕戌切。

𦞟，或从率。

膫 liáo　牛腸脂也。从肉，尞聲。《詩》曰："取其血膫。"洛蕭切。

膫，或从勞省聲。

脯 fǔ　乾肉也。从肉，甫聲。方武切。

脩 xiū　脯也。从肉，攸聲。息流切。

膎 xié　脯也。从肉，奚聲。户皆切。

脼 liǎng　膎肉也。从肉，兩聲。良獎切。

膊 pò　薄脯，膊之屋上。从肉，尃聲。匹各切。

脘 wǎn　胃府也。从肉，完聲。讀若患。舊云脯。古卵切。

朐 qú　脯挺也。从肉，句聲。其俱切。

膴 hū　無骨腊也。楊雄説，鳥腊也。从肉，無聲。《周禮》有膴判。讀若謨。荒烏切。

胥 xū　蟹醢也。从肉，疋聲。相居切。

腒 jū　北方謂鳥腊曰腒。从肉，居聲。《傳》曰："堯如腊，舜如腒。"人(九)魚切。

肍 qiú　孰肉醬也。从肉，九聲。讀若舊。巨鳩切。

䐹 sōu　乾魚尾䐹䐹也。从肉，肅聲。《周禮》有腒䐹。所鳩切。

腝 ní　有骨醢也。从肉，耎聲。人移切。

臡 腝，或从難。

脠 chān(今音 shān)　生肉醬也。从肉，延聲。丑連切。

䏽 bù　豕肉醬也。从肉，否(咅)聲。薄口切。

胹 ér　爛也。从肉，而聲。如之切。

䐣 sǔn　切孰肉内於血中，和也。从肉，員聲。讀若遜。穌本切。

胜 xīng　犬膏臭也。从肉，生聲。一曰：不孰也。桑經切。

臊 sāo　豕膏臭也。从肉，喿聲。穌遭切。

膮 xiāo　豕肉羹也。从肉，堯聲。許幺切。

腥 xìng　星見食豕，令肉中生小息肉也。从肉，从星，星亦聲。穌佞切。

脂 zhī　戴角者脂，無角者膏。从肉，旨聲。旨夷切。

䐝 suǒ(今音 suò)　䯄也。从肉，𧴪聲。穌果切。

膩 nì　上肥也。从肉，貳聲。女利切。

膜 mó　肉間胲膜也。从肉，莫聲。慕各切。

䐞 ruò　肉表革裏也。从肉，弱聲。而勺切。

臛 hè　肉羹也。从肉，隺(隺)聲。呼各切。

膹 fèn　臛也。从肉，賁聲。房吻切。

臇 juǎn　臛也。从肉，雋聲。讀若纂。子沇切。

臇，或从火、巽。

胾 zì　大臠也。从肉，𢦏聲。側吏切。

䐑 zhé　薄切肉也。从肉，䐑(枼)聲。直葉切。

膾 kuài　細切肉也。从肉，會聲。古外切。

腌 yè(今音 yān)　漬肉也。从肉，奄聲。於業切。

脃 cuì　小耎易斷也。从肉，从絶省。此芮切。

膬 cuì　耎易破也。从肉，毳聲。七細(絶)切。

散 sàn(散)　雜肉也。从肉，㪔聲。穌旰切。

膞 zhuān　切肉也。从肉，專聲。市沇切。

腏 chuò　挑取骨閒肉也。从肉，叕聲。讀若《詩》曰："啜其泣矣。"陟劣切。

𦙶 zǐ　食所遺也。从肉，仕聲。《易》："噬乾𦙶。"

阻史切。楊雄説，𦙍从朿。

脂　xiàn　食肉不猒也。从肉，臽聲。讀若陷。户猎切。

肰　rán　犬肉也。从犬、肉。讀若然。如延切。古文然(肰)。亦古文然(肰)。

䐜　chēn　起也。从肉，真聲。昌真切。

肬　tǎn　肉汁滓也。从肉，冘聲。他感切。

膠　jiāo　昵也。作之以皮。从肉，翏聲。古肴切。

蠃　luǒ(今音 luó)　或曰嘼名。象形。闕。郎果切。

胆　qū　蠅乳肉中也。从肉，且聲。七余切。

肙　yuān(今音 yuàn)　小蟲也。从肉，口聲。按：段注云，口者，象其首尾相接之狀也。各本有聲字，非也。一曰：空也。烏玄切。臣鉉等曰："口，音韋。"

腐　fǔ(腐)　爛也。从肉，府聲。扶雨切。

肎　kěn(肯)　骨閒肉，肎肎箸也。从肉，从冎省。一曰：骨無肉也。古等切。古文肎。

肥　féi(肥)　多肉也。从肉，从卩。臣鉉等曰："肉不可過多，故从卩。"符非切。

文一百四十　重二十

䏿　qǐ　肥腸也。从肉，啓省聲。康禮切。

朘　zuī　赤子陰也。从肉，夋聲。或从血。子回切。

腔　qiāng　内空也。从肉，从空，空亦聲。苦江切。

朐　chǔn　朐腮，蟲名。漢中有朐腮縣，地下多此蟲，因以爲名。从肉，旬聲。考其義，當作潤蠢。如順切。

腮　rùn　朐腮也。从肉，忍聲。尺尹切。

文五新附

筋　jīn　肉之力也。从力，从肉，从竹。竹，物之多筋者。凡筋之屬皆从筋。居銀切。

笏　jiàn　筋之本也。从筋，从夗省聲。渠建切。笏，或从肉，建。

筋　bó　手足指節鳴也。从筋省，勺聲。北角切。筋(笏)，或省竹。

文三　重三

刀　dāo　兵也。象形。凡刀之屬皆从刀。都牢切。

缶刂 fǒu　刀握也。从刀，缶聲。方九切。

剽 è（鍔）　刀劍刃也。从刀，咢聲。臣鉉等曰："今俗作鍔，非是。" 籀文剽，从轫，从各。五各切。

削 xuē　鞞也。一曰：析也。从刀，肖聲。息約切。

刨 gōu　鎌也。从刀，句聲。古矦切。

剴 ái（今音 kǎi）　大鎌也。一曰：摩也。从刀，豈聲。五來切。

剞 jī　剞剧，曲刀也。从刀，奇聲。居綺切。

剧 jué　剞剧也。从刀，屈聲。九勿切。

利 lì　銛也。从刀，和然後利，从和省。《易》曰："利者，義之和也。" 古文利。力至切。

剡 yǎn　鋭利也。从刀，炎聲。以冉切。

初 chū　始也。从刀，从衣。裁衣之始也。楚居切。

剃 jiǎn（剪）　齊斷也。从刀，歬聲。子善切。

則 zé　等畫物也。从刀，从貝。貝，古之物貨也。子德切。古文則。亦古文則。

籀文則，从鼎。

剛 gāng　彊斷也。从刀，岡聲。古郎切。

古文剛，如此。

剬 zhuǎn（今音 duān）　斷齊也。从刀，耑聲。旨兖切。

劊 guì　斷也。从刀，會聲。古外切。

切 qiē　刌也。从刀，七聲。千結切。

刌 cǔn　切也。从刀，寸聲。倉本切。

劈 xiè　斷也。从刀，辥聲。私列切。

刏 guì（今音 jī）　劃傷也。从刀，乞（气）聲。一曰：斷也。又讀若殪。一曰：刀不利，於瓦石上刏之。古外切。

劌 guì　利傷也。从刀，歲聲。居衛切。

刻 kè　鏤也。从刀，亥聲。苦得切。

副 pì　判也。从刀，畐聲。《周禮》曰："副辜祭。" 芳逼切。籀文副。

剖 pōu　判也。从刀，咅聲。浦后切。

辧 bàn（今音 biàn，辨）　判也。从刀，辡聲。蒲莧切。

判 pàn　分也。从刀，半聲。普半切。

剫 duó　判也。从刀，度聲。徒洛切。

刳 kū　判也。从刀，夸聲。苦孤切。

列 liè　分解也。从刀，𡿪聲。良薛切。

刊 kān　剟也。从刀，干聲。苦寒切。

剟 zhuō　刊也。从刀，叕聲。陟劣切。

删 shān　剟也。从刀、册。册，書也。所姦切。

劈 pì　破也。从刀，辟聲。普擊切。

剝 bō（剥）　裂也。从刀，从录。录，刻割也。录亦聲。北角切。　剝，或从卜。

割 gē　剝也。从刀，害聲。古達切。

剺 lí　剝也。劃也。从刀，𠩺聲。里之切。

劃 huá　錐刀曰劃。从刀，从畫，畫亦聲。呼麥切。

剈 yuān　挑取也。从刀，肙聲。一曰：窒也。烏玄切。

劀 guā　刮去惡創肉也。从刀，矞聲。《周禮》曰："劀殺之齊。"古鎋切。

劑 jì　齊也。从刀，从齊，齊亦聲。在詣切。

刷 shuā　刮也。从刀，㕞省聲。《禮》布（有）刷巾。所劣切。

刮 guā　掊把也。从刀，𠯑聲。古八切。

剽 piào　砭刺（刺）也。从刀，㮯聲。一曰：剽，劫人也。匹妙切。

刲 kuī　刺（刺）也。从刀，圭聲。《易》曰："士刲羊。"苦圭切。

剉 cuò　折傷也。从刀，坐聲。麤卧切。

剿 jiǎo　絶也。从刀，喿聲。《周書》曰："天用剿絶其命。"子小切。

刖 yuè　絶也。从刀，月聲。魚厥切。

刜 fú　擊也。从刀，弗聲。分勿切。

刺 qiè（今音 chì）　傷也。从刀，桼聲。親結切。

劖 chán　斷也。从刀，毚聲。一曰：剽也，釗也。鉏銜切。

刓 wán　剸也。从刀，元聲。一曰：齊也。五丸切。

釗 zhāo　刓也。从刀，从金。周康王名。止遥切。

制　zhì　裁也。从刀，从未。未，物成，有滋味，可裁斷。一曰：止也。征例切。　古文制如此。

㓠　diàn　缺也。从刀，占聲。《詩》曰："白圭之㓠。"丁念切。

罰　fá　辠之小者。从刀，从詈。未以刀有所賊，但持刀罵詈，則應罰。房越切。

刵　èr　斷耳也。从刀，从耳。仍吏切。

劓　yì　刑鼻也。从刀，臬聲。《易》曰："天且劓。"魚器切。　臬(劓)，或从鼻。

刑　xíng　剄也。从刀，幵聲。户經切。

剄　jīng(今音 jǐng)　刑也。从刀，巠聲。古零切。

劕　zǔn　減也。从刀，尊聲。兹損切。

魝　jié　楚人謂治魚也。从刀，从魚。讀若鍥。古屑切。

券　quàn　契也。从刀，𢍏聲。券别之書。以刀判契其旁，故曰契券。去願切。

刺　cì　君殺大夫曰刺(刺)。刺(刺)，直傷也。从刀，从朿(朿)，朿(朿)亦聲。七賜切。

剔　tī　解骨也。从刀，易聲。他歷切。

文六十二　重九

刎　wěn　剄也。从刀，勿聲。武粉切。

剜　wān　削也。从刀，宛聲。一丸切。

劇　jù　尤甚也。从刀，未詳，豦聲。渠力切。

剎　chà　柱也。从刀，未詳，殺省聲。初轄切。

文四新附

刃　rèn　刀堅也。象刀有刃之形。凡刃之屬皆从刃。而振切。

刅　chuāng　傷也。从刃(刃)，从一。楚良切。

創　或从刀，倉聲。臣鉉等曰："今俗别作瘡，非是也。"

劒　jiàn　人所帶兵也。从刃，僉聲。居欠切。

劍　籀文劒，从刀。

文三　重二

㓞　qià　巧㓞也。从刀，丰聲。凡㓞之屬皆从㓞。恪八切。

㓣　jiá　齘契，刮也。从㓞，夬聲。一曰：契，畫堅也。古黠切。

栔 qì 刻也。从㓞，从木。苦計切。

文三

丯 jiè 艸蔡也。象艸生之散亂也。凡丯之屬皆从丯。讀若介。古拜切。

挌 gé 枝挌也。从丯，各聲。古百切。

文二

耒 lěi 手耕曲木也。从木推丯。古者垂作耒相以振民也。凡耒之屬皆从耒。盧對切。

耕 gēng 犂也。从耒，井聲。一曰：古者井田。古莖切。

耦 ǒu 耒(耜)廣五寸爲伐，二伐爲耦。从耒，禺聲。五口切。

耤 jí 帝耤千畝也。古者使民如借，故謂之耤。从耒，昔聲。秦昔切。

𦓤 guī 册(卌)又(叉)，可以劃麥。河内用之。从耒，圭聲。古攜切。

𦓹 yún 除苗間穢也。从耒，員聲。羽文切。

𦓹，或从芸。

耡 chú 商人七十而耡。耡，耤，税也。从耒，助聲。《周禮》曰："以興耡利萌。"牀倨切。

文七 重一

角 jiǎo 獸角也。象形。角與刀魚相似。凡角之屬皆从角。古岳切。

𧥄 xuān 揮角皃。从角，雚聲。梁隱縣有𧥄亭。又讀若䋸。況袁切。

觻 lù 角也。从角，樂聲。張掖有觻得縣。盧谷切。

䚡 sāi 角中骨也。从角，思聲。穌來切。

觠 quán 曲角也。从角，𠔉聲。巨員切。

觬 ní 角觬(觬)曲也。从角，兒聲。西河有觬氏縣。研啓切。

觢 chì(今音 shì) 一(二)角仰也。从角，㓞聲。《易》曰："其牛觢。"臣鉉等曰："當从契省，乃得聲。"尺制切。

𧤗 zhì 角傾也。从角，虒聲。敕豕切。

觭 qī 角一俛一仰也。从角，奇聲。去奇切。

觓 qiú 角皃。从角，丩聲。《詩》曰："兕觵其觓(觩)。"渠幽切。

𧤭 wěi(今音 wēi) 角曲中也。从角，畏聲。烏賄切。

䚥 zhuó　角長皃。从角，爿聲。士角切。

觼 jué　角有所觸發也。从角，厥聲。居月切。

觸 chù　抵也。从角，蜀聲。尺玉切。

觲 xīng　用角低仰便也。从羊、牛、角。《詩》曰："觲觲角弓。"息營切。

䚗 gāng　舉角也。从角，公聲。古雙切。

觷 xué　治角也。从角，學省聲。胡角切。

衡 héng　牛觸，横大木其角。从角，从大，行聲。《詩》曰："設其楅衡。"户庚切。古文衡如此。

䚟 duān　角䚟，獸也。狀似豕，角善爲弓。出胡休多國。从角，耑聲。多官切。

觰 zhā　觰拏，獸也。从角，者聲。一曰：下大者也。陟加切。

觤 guǐ　羊角不齊也。从角，危聲。過委切。

觟 huà　牝牂羊生角者也。从角，圭聲。下瓦切。

觡 gé　骨角之名也。从角，各聲。古百切。

觜 zī　鴟舊頭上角觜也。一曰：觜觿也。从角，此聲。遵爲切。

解 jiě/xiè　判也。从刀判牛角。一曰：解廌，獸也。佳買切，又户賣切。

觿 xié（今音 xī）　佩角，鋭耑可以解結。从角，巂聲。《詩》曰："童子佩觿。"户圭切。

觵 gōng　兕牛角，可以飲者也。从角，黄聲。其狀觵觵，故謂之觵。古横切。俗觵，从光。

觶 zhì　鄉飲酒角也。《禮》曰："一人洗舉觶。"觶受四升。从角，單聲。臣鉉等曰："當从戰省，乃得聲。"之義切。觶，或从辰。《禮經》觶。

觛 dàn　小觶也。从角，旦聲。徒旱切。

觴 shāng　觶實曰觴，虛曰觶。从角，𥏫省聲。式陽切。籀文觴，从爵省。

觚 gū　鄉飲酒之爵也。一曰：觴受三升者謂之觚。从角，瓜聲。古乎切。

䚙 xuān　角匕也。从角，亘聲。讀若讙。臣鉉等曰："亘音宣，俗作古鄧切。篆文有異。"況袁切。

䚫 xí　杖耑角也。从角，敫聲。胡狄切。

觼 jué(觼) 環之有舌者。从角，敻聲。古穴切。

鐍 觼，或从金、矞。

觮 wò(今音 nuò) 調弓也。从角，弱省聲。於角切。

䚨 fèi 惟射收繁具也。从角，發聲。方肺切。

䚡 qiú 惟射收繳具。从角，酋聲。讀若䱉(鰌)。字秋切。

觳 hú 盛觵卮也。一曰：射具。从角，㱿聲。讀若斛。胡谷切。

觱 bì 羌人所吹角屠觱，以驚馬也。从角，𤇾聲。𤇾，古文誖字。卑吉切。

文三十九 重六

説文解字　卷五上

六十三部　五百二十七文　重百二十二

凡七千二百七十三字　文十五新附

竹 zhú　冬生艸也。象形。下垂者，箁箬也。凡竹之屬皆从竹。陟玉切。

箭 jiàn　矢[竹]也。从竹，前聲。子賤切。

箘 jùn　箘簬也。从竹，囷聲。一曰：博棊也。渠隕切。

簬 lù　箘簬也。从竹，路聲。《夏書》曰："惟箘簬楛。"古文簬，从輅。洛故切。

筱 xiǎo　箭屬，小竹也。从竹，攸聲。先杳切。

簜 dàng　大竹也。从竹，湯聲。《夏書》曰："瑤、琨、筱、簜。"簜可爲幹，筱可爲矢。徒朗切。

籲 wéi　竹也。从竹，微聲。無非切。

籀文从微省。

筍 sǔn（笋）　竹胎也。从竹，旬聲。思允切。

箈 tái　竹萌也。从竹，怠聲。徒哀切。

箁 póu　竹箬也。从竹，音聲。薄侯切。

箬 ruò　楚謂竹皮曰箬。从竹，若聲。而勺切。

節 jié　竹約也。从竹，即聲。子結切。

筡 tú　折（析）竹筤也。从竹，余聲。讀若絮。同都切。

簢 mí　筡也。从竹，矞聲。武移切。

筤 mǐn　竹膚也。从竹，民聲。武盡切。

笨 bèn　竹裹也。从竹，本聲。布忖切。

篛 wēng　竹皃。从竹，翁聲。烏紅切。

篸 shēn（今音 chēn）　差也。从竹，參聲。所今切。

篆 zhuàn　引書也。从竹，彖聲。持兖切。

籀 zhòu　讀書也。从竹，擂聲。《春秋傳》曰"卜籀"云。直又切。

篇 piān　書也。一曰：關西謂榜曰篇。从竹，扁聲。

芳連切。

籍 jí 簿書也。从竹，耤聲。秦昔切。

篁 huáng 竹田也。从竹，皇聲。户光切。

䈇 jiǎng 剖竹未去節謂之䈇。从竹，將聲。即兩切。

䈎 yè 籥也。从竹，枼聲。与接切。

籥 yuè 書僮竹笘也。从竹，龠聲。以灼切。

䉧 liú 竹聲也。从竹，劉聲。力求切。

簡 jiǎn 牒也。从竹，閒聲。古限切。

笐 gāng 竹列也。从竹，亢聲。古郎切。

篰 bù 萳爰也。从竹，部聲。薄口切。

等 děng 齊簡也。从竹，从寺。寺，官曹之等平也。多肯切。

笵 fàn 法也。从竹，竹，簡書也；氾聲。古法有竹刑。防妥切。

箋 jiān 表識書也。从竹，戔聲。則前切。

符 fú 信也 。漢制以竹，長六寸，分而相合。从竹，付聲。防無切。

筮 shì 《易》卦用蓍也。从竹，从𢀚。𢀚，古文巫字。時制切。

笄 jī 簪也。从竹，幵聲。古兮切。

𥬤 jī 取蟣比也。从竹，𦣞聲。居之切。

籆 yuè 收絲者也。从竹，蒦聲。王縛切。

籆，或从角、从閒。

筳 tíng 繀絲筦也。从竹，廷聲。特丁切。

筦 guǎn 筟也。从竹，完聲。古滿切。

筟 fū 筳也。从竹，孚聲。讀若《春秋》魯公子彄。芳無切。

笮 zé 迫也。在瓦之下，棼上。从竹，乍聲。阻厄切。

簾 lián 堂簾也。从竹，廉聲。力鹽切。

簀 zé 牀棧也。从竹，責聲。阻厄切。

笫 zǐ 牀簀也。从竹，𠂔聲。阻史切。

筵 yán 竹席也。从竹，延聲。《周禮》曰："度堂以筵，筵一丈。"以然切。

簟 diàn 竹席也。从竹，覃聲。徒念切。

籧 qū 籧篨，粗竹席也。从竹，遽聲。彊魚切。

篨 chú 籧篨也。从竹，除聲。直魚切。

籭 shī(今音 shāi)　竹器也。可以取粗去細。从竹，麗聲。所宜切。

籓 fān　大箕也。从竹，潘聲。一曰：蔽也。甫煩切。

籅 yù　漉米籔也。从竹，奥聲。於六切。

籔 sǒu　炊籅也。从竹，數聲。蘇后切。

箅 bì　蔽也。所以蔽甑底。从竹，畀聲。必至切。

𥳓 shū(今音 shāo)　飯筥也。受五升。从竹，稍聲。秦謂筥曰𥳓。山樞切。

䈰 shāo　陳留謂飯帚曰䈰。从竹，捎聲。一曰：飯器，容五升。一曰：宋、魏謂箸筩爲䈰。所交切。

筥 jǔ　𥳓也。从竹，吕聲。居許切。

笥 sì　飯及衣之器也。从竹，司聲。相吏切。

簞 dān 笥也。从竹，單聲。漢律令：“簞，小筐也。”《傳》曰：“簞食壺漿。”都寒切。

簁 xǐ(今音 shāi)　簁箄，竹器也。从竹，徙聲。所綺切。

箄 bǐ　簁箄也。从竹，卑聲。并弭切。

篿 tuán　圜竹器也。从竹，專聲。度官切。

箸 zhù　飯攲也。从竹，者聲。陟慮切，又遲倨切。

簍 lóu(今音 lǒu)　竹籠也。从竹，婁聲。洛侯切。

筤 láng　籃也。从竹，良聲。盧黨切。

籃 lán　大篝也。从竹，監聲。魯甘切。

古文籃如此。

篝 gōu　笿也。可熏衣。从竹，冓聲。宋、楚謂竹篝牆以居也。古侯切。

笿 luò　桮笿也。从竹，各聲。盧各切。

䇨 gòng　桮笿也。从竹，夅聲。或曰盛箸籠。古送切。

籢 lián　鏡籢也。从竹，斂聲。力鹽切。

籫 zuǎn　竹器也。从竹，贊聲。讀若纂。一曰：叢。作管切。

籯 yíng　笭也。从竹，贏聲。以成切。

䉶 sān　竹器也。从竹，刪聲。蘇旰切。

簋 guǐ　黍稷方器也。从竹，从皿，从皀。居洧切。

古文簋，从匚，飢。　古文簋，或从軌。

亦古文簋。

簠 fǔ　黍稷圜器也。从竹，从皿，甫聲。方矩切。

古文簠，从匚，从夫。

籩　biān　竹豆也。从竹，邊聲。布玄切。

籒文籩。

笹　dùn　篅也。从竹，屯聲。徒損切。

篅　chuán　以判竹，圜以盛穀（穀）也。从竹，耑聲。市緣切。

簏　lù（簶）　竹高篋也。从竹，鹿聲。盧谷切。

簏，或从录。

簜　dàng　大竹筩也。从竹，昜聲。徒朗切。

筩　tóng　斷竹也。从竹，甬聲。徒紅切。

箯　biān　竹輿也。从竹，便聲。旁連切。

笯　nù（今音 nú）　鳥籠也。从竹，奴聲。乃故切。

竿　gān　竹挺（梃）也。从竹，干聲。古寒切。

籗　zhuó　罩魚者也。从竹，靃聲。竹角切。

籗，或省。

箇　gè　竹枚也。从竹，固聲。古賀切。

筊　xiáo（今音 jiǎo）　竹索也。从竹，交聲。胡茅切。

筰　zuó　筊也。从竹，作聲。在各切。

箝　qián　蔽絮簣也。从竹，沾聲。讀若錢。昨鹽切。

箑　shà　扇也。从竹，疌聲。山洽切。

箑，或从妾。

籠　lóng　舉土器也。一曰：笭也。从竹，龍聲。盧紅切。

籐　rǎng（今音 ráng）　褏也。从竹，襄聲。如兩切。

笠　hù　可以收繩也。从竹，象形。中象人手所推握也。胡誤切。

笠，或省。

簝　liáo　宗廟盛肉竹器也。从竹，尞聲。《周禮》："供盆簝以待事。"洛蕭切。

篆　jǔ　飲（飤）牛筐也。从竹，豦聲。方曰筐，圜曰篆。居許切。

篼　dōu　飲馬器也。从竹，兜聲。當侯切。

籚　lú　積竹，矛戟矜也。从竹，盧聲。《春秋國語》曰："朱儒扶籚。"洛乎切。

箝　qián（鉗）　籋也。从竹，拑聲。巨淹切。

籋　niè　箝也。从竹，爾聲。臣鉉等曰："爾非聲，未詳。"尼輒切。

簦 dēng　笠蓋也。从竹，登聲。都滕切。

笠 lì　簦無柄也。从竹，立聲。力入切。

箱 xiāng　大車牝服也。从竹，相聲。息良切。

篚 fěi　車笭也。从竹，匪聲。敷尾切。

笭 líng　車笭也。从竹，令聲。一曰：笭籯也。郎丁切。

笍 chān(今音 tán)　搔馬也。从竹，剡聲。丑廉切。

策 cè　馬箠也。从竹，朿聲。楚革切。

箠 chuí　擊馬也。从竹，垂聲。之壘切。

箊 zhuā　箠也。从竹，朵聲。陟瓜切。

笍 zhuì　羊車騶箠也。箸箴其耑，長半分。从竹，内聲。陟衛切。

籣 lán　所以盛弩矢，人所負也。从竹，闌聲。洛干切。

箙 fú　弩矢箙也。从竹，服聲。《周禮》："仲秋獻矢箙。"房六切。

筡 zhū　棰雙也。从竹，朱聲。陟輸切。

笘 shān　折竹箠也。从竹，占聲。潁川人名小兒所書寫爲笘。失廉切。

笪 dá　笞也。从竹，旦聲。當割切。

笞 chī　擊也。从竹，台聲。丑之切。

籤 qiān(簽)　驗也。一曰：鋭也；貫也。从竹，韱聲。七廉切。

籔 tún　椯也。从竹，殿聲。臣鉉等曰："當从臀省聲。"徒魂切。

箴 zhēn　綴衣箴也。从竹，咸聲。職深切。

箾 shuò /xiāo　以竿擊人也。从竹，削聲。虞舜樂曰箾韶。所角切，又音簫。

竽 yú　管三十六簧也。从竹，亏聲。羽俱切。

笙 shēng　十三簧，象鳳之身也。笙，正月之音。物生，故謂之笙。大者謂之巢，小者謂之和。从竹，生聲。古者隨作笙。所庚切。

簧 huáng　笙中簧也。从竹，黄聲。古者女媧作簧。户光切。

箟 chí　簧屬。从竹，是聲。是支切。

簫 xiāo　參差，管樂。象鳳之翼。从竹，肅聲。穌彫切。

筒 dòng　通簫也。从竹，同聲。徒弄切。

籟　lài　三孔龠也。大者謂之笙，其中謂之籟，小者謂之箹。从竹，賴聲。洛帶切。

箹　yuè　小籟也。从竹，約聲。於角切。

管　guǎn　如篪，六孔。十二月之音。物開地牙，故謂之管。从竹，官聲。古滿切。　古者玉琯以玉。舜之時，西王母來獻其白琯。前零陵文學姓奚，於伶道舜祠下得笙玉琯。夫以玉作音，故神人以和，鳳皇來儀也。从玉，官聲。

篎　miǎo　小管謂之篎。从竹，眇聲。亡沼切。

笛　dí　七孔筩也。从竹，由聲。羌笛三孔。徐鍇曰："當从胄省，乃得聲。"徒歷切。

筑　zhú　以竹[擊之成]曲，五弦之樂也。从竹，从巩。巩，持之也。竹亦聲。張六切。

箏　zhēng　鼓弦竹(筑)身樂也。从竹，爭聲。側莖切。

箛　gū　吹鞭也。从竹，孤聲。古乎切。

篍　qiū　吹筩也。从竹，秋聲。七肖切。

籌　chóu　壺矢也。从竹，壽聲。直由切。

簺　sài　行棊相塞謂之簺。从竹，从塞，塞亦聲。先代切。

簙　bó　局戲也。六箸十二棊也。从竹，博聲。古者烏胄作簙。補各切。

篳　bì　藩落也。从竹，畢聲。《春秋傳》曰："篳門圭窬。"卑吉切。

薆　ài　蔽不見也。从竹，愛聲。烏代切。

䉷　yán　隿射所蔽者也。从竹，嚴聲。語杴切。

籞　yǔ　禁苑也。从竹，御聲。《春秋傳》曰："澤之目(舟)籞。"　籞，或从又，魚聲。魚舉切。

筭　suàn　長六寸，計歷數者。从竹，从弄。言常弄乃不誤也。蘇貫切。

算　suàn　數也。从竹，从具。讀若筭。蘇管切。

笑　xiào　此字本闕。臣鉉等案："孫愐《唐韻》引《說文》云：'喜也。从竹，从犬。'而不述其義。今俗皆从犬。"又案："李陽冰刊定《說文》，'从竹、从夭'，義云'竹得風其體夭屈如人之笑'。未知其審。"於妙切。

文百四十四　重十五

簃　yí　閣邊小屋也。从竹，移聲。《說文》通用誃。弋支切。

筠　yún　竹皮也。从竹，均聲。王春切。

笏　hù　公及士所搢也。从竹,勿聲。案:"籒文作回,象形。義云'佩也'。古笏佩之。此字後人所加。"呼骨切。

箟　bì　導也。今俗謂之箟。从竹,毘聲。邊兮切。

篙　gāo　所以進船也。从竹,高聲。古牢切。

文五新附

箕　jī(其)　簸也。从竹、𠀠,象形,下其丌也。凡箕之屬皆从箕。古文箕省。亦古文箕。亦古文箕。籒文箕。籒文箕。居之切。

簸　bǒ　揚米去糠也。从箕,皮聲。布火切。

文二　重五

丌　jī　下基也。薦物之丌。象形。凡丌之屬皆从丌。讀若箕同。居之切。

近　jì　古之遒人,以木鐸記詩言。从辵,从丌,丌亦聲。讀與記同。徐鍇曰:"遒人行而求之,故从辵。丌,薦而進之於上也。"居吏切。

典　diǎn　五帝之書也。从册在丌上。尊閣之也。莊都説:"典,大册也。"多殄切。古文典,从竹。

顨　xùn　巽也。从丌,从頣。此《易》"顨卦爲長女爲風"者。臣鉉等曰:"頣之義亦選具也。"蘇困切。

畀　bì　相付與之,約在閣上也。从丌,甶聲。必至切。

巺　xùn　具也。从丌,𠀠聲。臣鉉等曰:"庶物皆具,丌以薦之。"古文巺。篆文巺。蘇困切。

奠　diàn　置祭也。从酋;酋,酒也。下其丌也。《禮》有奠祭者。堂練切。

文七　重三

左　zuò(佐,今音 zuǒ)　手相左助也。从𠂇、工。凡左之屬皆从左。則箇切。臣鉉等曰:"今俗别作佐。"

差　chā / chāi　貳也。差不相值也。从左,从𠂹。徐鍇曰:"左於事,是不當值也。"初牙切,又楚佳切。籒文𢀩,从二。

文二　重一

工　gōng　巧飾也。象人有規榘也。與巫同意。凡工之屬皆从工。徐鍇曰:"爲巧必遵規矩法度,然後爲工。否則目巧也。巫事無形,失在於詭,亦當遵規榘。故曰:與巫同意。"古紅切。古文工,从彡。

式　shì　法也。从工,弋聲。賞職切。

巧 qiǎo　技也。从工，丂聲。苦絞切。

巨 jù(矩)　規巨也。从工，象手持之。其吕切。

榘 巨，或从木、矢。矢者，其中正也。

𢀜 古文巨。

文四　重三

㠭 zhǎn　極巧視之也。从四工。凡㠭之屬皆从㠭。知衍切。

𡨄 sè　窒也。从㠭，从廾，窒宀中。㠭猶齊也。穌則切。

文二

巫 wū　祝也。女能事無形，以舞降神者也。象人兩褎舞形，與工同意。古者巫咸初作巫。凡巫之屬皆从巫。武扶切。古文巫。

覡 xí　能齋肅事神明也。在男曰覡，在女曰巫。从巫，从見。徐鍇曰："能見神也。"胡狄切。

文二　重一

甘 gān　美也。从口含一。一，道也。凡甘之屬皆从甘。古三切。

甛 tián(甜)　美也。从甘，从舌。舌，知甘者。徒兼切。

𤯳 gān(𤯳)　和也。从甘，从麻(厤)。麻(厤)，調也。甘亦聲。讀若函。古三切。

猒 yān　飽也。从甘，从肰。於鹽切。

猒，或从目。

甚 shèn　尤安樂也，从甘，从匹，耦也。常枕切。

古文甚。

文五　重二

曰 yuè　詞也。从口，乙聲，亦象口气出也。凡曰之屬皆从曰。王代切。

𣊫 cè(䇲)　告也。从曰，从册，册亦聲。楚革切。

曷 hé　何也。从曰，匃聲。胡葛切。

曶 hū(曶)　出气詞也。从曰，象气出形。《春秋傳》曰："鄭太子曶。"呼骨切。

籀文曶，一曰：佩也。象形。

朁 cǎn　曾也。从曰，兓聲。《詩》曰："朁不畏明。"臣鉉等曰："今俗有昝字。蓋朁之譌。"七感切。

沓 tà　語多沓沓也。从水，从曰。遼東有沓縣。臣鉉等曰："語多沓沓，若水之流，故从水，會意。"徒合切。

曹 cáo　獄之兩曹也。在廷東。从棘，治事者；从曰。徐鍇曰："以言詞治獄也，故从曰。"昨牢切。

文七　重一

乃 nǎi　曳詞之難也。象气之出難。凡乃之屬皆从乃。奴亥切。鉉等曰："今隸書作乃。"古文乃。籀文乃。

㔴 réng　驚聲也。从乃省，西聲。籀文㔴不省。或曰：㔴，往也。讀若仍。臣鉉等曰："西非聲，未詳。"如乘切。古文㔴。

卤 yóu　气行皃。从乃，鹵聲。讀若攸。以周切。

文三　重三

丂 kǎo　气欲舒出。勹上礙於一也。丂，古文以爲亏字，又以爲巧字。凡丂之屬皆从丂。苦浩切。

甹 pīng　亟詞也。从丂，从由。或曰甹，俠也。三輔謂輕財者爲甹。臣鉉等曰："由，用也。任俠用气也。"普丁切。

寧 níng　願詞也。从丂，寍聲。奴丁切。

丂 hē　反丂也。讀若呵。虎何切。

文四

可 kě　肎也。从口、丂，丂亦聲。凡可之屬皆从可。肯我切。

奇 qí　異也。一曰：不耦。从大，从可。渠羈切。

哿 gě　可也。从可，加聲。《詩》曰："哿矣富人。"古我切。

哥 gē　聲也。从二可。古文以爲謌字。古俄切。

文四

叵 pǒ　不可也。从反可。普火切。

文一新附

兮 xī　語所稽也。从丂、八，象气越亏也。凡兮之屬皆从兮。胡雞切。

㝁 sǔn　驚辭也。从兮，旬聲。思允切。

㝁，或从心。

羲 xī　气也。从兮，義聲。許羈切。

乎 hú（今音 hū）　語之餘也。从兮，象聲上越揚之形也。户吴切。

文四　重一

号 háo　痛聲也。从口在丂上。凡号之屬皆从号。胡到切。

號　háo　呼也。从号，从虎。乎刀切。

文二

亏　yú(于)　於也。象气之舒亏。从丂，从一。一者，其气平之也。凡亏之屬皆从亏。羽俱切。今變隸作于。

虧　kuī　气損也。从亏，雐聲。去爲切。

虧，或从兮。

粵　yuè　亏也。審慎之詞者。从亏，从宷。《周書》曰："粵三日丁亥。"王伐切。

吁　xū(吁)　驚語也。从口，从亏，亏亦聲。臣鉉等案："口部有吁，此重出。"况于切。

平　píng　語平舒也。从亏，从八。八，分也。爰禮說。符兵切。古文平如此。

文五　重二

旨　zhǐ　美也。从甘，匕聲。凡旨之屬皆从旨。職雉切。古文旨。

嘗　cháng　口味之也。从旨，尚聲。市羊切。

文二　重一

喜　xǐ　樂也。从壴，从口。凡喜之屬皆从喜。虚里切。古文喜，从欠，與歡同。

憙　xì(今音 xǐ)　說也。从心，从喜，喜亦聲。許記切。

嚭　pǐ　大也。从喜，否聲。《春秋傳》吴有太宰嚭。匹鄙切。

文三　重一

壴　zhù　陳樂立而上見也。从屮，从豆。凡壴之屬皆从壴。中句切。

尌　shù　立也。从壴，从寸持之也。讀若駐。常句切。

鼜　qì　夜戒守鼓也。从壴，蚤聲。《禮》："昏鼓四通爲大鼓，夜半三通爲戒晨，旦明五通爲發明。"讀若戚。倉歷切。

彭　péng　鼓聲也。从壴，彡聲。臣鉉等曰："當从形省，乃得聲。"薄庚切。

嘉　jiā　美也，从壴，加聲。古牙切。

文五

鼓　gǔ　郭也。春分之音。萬物郭皮甲而出，故謂之鼓。从壴、支，象其手擊之也。《周禮》六鼓：靁鼓八面，靈鼓六面，路鼓四面，鼖鼓、皋鼓、晉鼓

皆兩面。凡鼓之屬皆从鼓。徐鍇曰："郭者，覆冒之意。"工户切。　籀文鼓，从古聲。

鼛　gāo　大鼓也。从鼓，咎聲，《詩》曰："鼛鼓不勝。"古勞切。

鼖　fén　大鼓謂之鼖。鼖八尺而兩面，以鼓軍事。从鼓，賁省聲。　鼖，或从革，賁不省。符分切。

鼙　pí　騎鼓也。从鼓，卑聲。部迷切。

⿱隆鼓　tóng（今音 lóng）　鼓聲也。从鼓，隆聲。徒冬切。

鼘　yuān　鼓聲也。从鼓，𣶒聲。《詩》曰："鼗鼓鼘鼘。"烏玄切。

鼞　tāng　鼓聲也。从鼓，堂聲。《詩》曰："擊鼓其鼞。"土郎切。

⿱合鼓　tà　鼓聲也。从鼓，合聲。徒合切。

古文⿱合鼓，从革。

鼜　tiè（今音 qì）　鼓無聲也。从鼓，咠聲。他叶切。

⿱缶鼓　tà　鼓鼜聲。从鼓，缶聲。土盍切。

文十　重三

豈　qǐ　還師振旅樂也。一曰：欲也，登也。从豆，微省聲。凡豈之屬皆从豈。墟喜切。

愷　kǎi　康也。从心、豈，豈亦聲。苦亥切。

⿰豈幾　qí　⿱幾气也，訖事之樂也。从豈，幾聲。臣鉉等曰："《説文》無⿱幾气字。从幾，从气，義無所取，當是訖字之誤尔。"渠稀切。

文三

豆　dòu　古食肉器也。从口，象形。凡豆之屬皆从豆。徒候切。　古文豆。

梪　dòu　木豆謂之梪。从木、豆。徒候切。

⿱丞豆　jǐn　蠡也。从豆，蒸省聲。居隱切。

⿱𠔉豆　juàn　豆屬。从豆，𢍏聲。居倦切。

⿱夗豆　wān　豆飴也。从豆，夗聲。一丸切。

𢍺　dēng　禮器也。从廾，持肉在豆上，讀若鐙同。都滕切。

文六　重一

豊　lǐ　行禮之器也。从豆，象形。凡豊之屬皆从豊，讀與禮同。盧啓切。

豑　zhì　爵之次弟也。从豊，从弟。《虞書》曰："平豑東作。"直質切。

文二

豐 fēng 豆之豐滿者也。从豆，象形。一曰：鄉飲酒有豐侯者。凡豐之屬皆从豐。敷戎切。古文豐。

豔 yàn 好而長也。从豐，豐，大也，盇聲。《春秋傳》曰："美而豔。"以贍切。

文二 重一

䖒 xī 古陶器也。从豆，虍聲。凡䖒之屬皆从䖒。許羈切。

號 hào 土鍪也。从虎（䖒），号聲。讀若鎬。胡到切。

䖓 zhù 器也。从䖒、宔，宔亦聲。闕。直吕切。

文三

虍 hū 虎文也。象形。凡虍之屬皆从虍。徐鍇曰："象其文章屈曲也。"荒烏切。

虞 yú 騶虞也。白虎黑文。尾長於身。仁獸。食自死之肉。从虍，吴聲。《詩》曰："于嗟乎騶虞。"五俱切。

虙 fú 虎皃。从虍，必聲。房六切。

虔 qián 虎行皃。从虍，文聲。讀若矜。臣鉉等曰："文非聲，未詳。"渠焉切。

虘 cuó 虎不柔不信也。从虍，且聲。讀若𥃀縣。昨何切。

虖 hū 哮虖也。从虍，兮聲。荒烏切。

虐 nüè 殘也。从虍，虎足反爪人也。魚約切。

古文虐如此。

彪 bān（今音 bīn） 虎文彪也。从虍，彬聲。布還切。

虡 jù 鐘鼓之柎也。飾爲猛獸，从虍，異（畀）象[形]，其下足。其吕切。鐻，或从金，豦聲。

篆文虡省。

文九 重三

虎 hǔ 山獸之君。从虍，虎足象人足，象形。凡虎之屬皆从虎。古文虎。呼古切。

亦古文虎。

虢 gé 虎聲也。从虎，毄聲。讀若隔。古覈切。

䖘 mì 白虎也。从虎，昔（冥）省聲。讀若鼏。莫狄切。

䖔 hàn（今音 kǎn） 䖘屬。从虎，去聲。臣鉉等曰："去非聲，未詳。"呼濫切。

虪　shù　黑虎也。从虎，儵聲。式竹切。

虦　zhàn　虎竊毛謂之虦苗。从虎，戔聲。竊，淺也。昨閑切。

彪　biāo　虎文也。从虎，彡象其文也。甫州切。

虓　yì　虎皃。从虎，乂聲。魚廢切。

虒　yì　虎皃。从虎，气聲。魚迄切。

虓　xiāo　虎鳴也。一曰：師子[大怒聲也]。从虎，九聲。許交切。

虎斤　yín　虎聲也。从虎，斤聲。語斤切。

虩　xì　《易》："履虎尾虩虩。"恐懼。一曰：蠅虎也。从虎，㡀聲。許隙切。

虢　guó　虎所攫畫明文也。从虎，寽聲。古伯切。

虒　sī　委虒，虎之有角者也。从虎，厂聲。息移切。

䲢　téng　黑虎也。从虎，騰聲。徒登切。

文十五　重二

虣　bào　虐也，急也。从虎，从武。見《周禮》。薄報切。

虪　tú　楚人謂虎爲烏𧹞。从虎，兔聲。同都切。

文二新附

虤　yán　虎怒也。从二虎。凡虤之屬皆从虤。五閑切。

贙　yín　兩虎爭聲。从虤，从曰。讀若憖。臣鉉等曰："曰，口气出也。"語巾切。

贙　xuàn　分別也。从虤對爭貝。讀若迴。胡畎切。

文三

皿　mǐn　飯食之用器也。象形。與豆同意。凡皿之屬皆从皿。讀若猛。武永切。

盂　yú　飯器也。从皿，亏聲。羽俱切。

盌　wǎn　小盂也。从皿，夗聲。烏管切。

盛　chéng　黍稷在器中以祀者也。从皿，成聲。氏征切。

齍　zī　黍稷在器以祀者。从皿，齊聲。即夷切。

盍　yòu　小甌也。从皿，有聲。讀若灰。一曰：若賄。于救切。　盍，或从右。

盧　lú　飯器也。从皿，𧇉聲。洛乎切。

籒文盧。

盬　gǔ　器也。从皿，从缶，古聲。公户切

𥁕　zhāo　器也。从皿，弔聲。止遥切。

盎　àng　盆也。从皿，央聲。烏浪切。

𥂇　盎，或从瓦。

盆　pén　盎也。从皿，分聲。步奔切。

宁皿　zhù　器也。从皿，宁聲。直吕切。

盨　xǔ　橾盨，負戴器也。从皿，須聲。相庾切。

𥂤　jiǎo　器也。从皿，漻聲。古巧切。

监　mì　械器也。从皿，必聲。彌畢切。

醯　xī　酸也。作醯以鬻、以酒。从鬻、酒并省，从皿。皿，器也。呼雞切。

盉　hé　調味也。从皿，禾聲。户戈切。

益　yì　饒也。从水、皿。皿，益之意也。伊昔切。

盈　yíng　滿器也。从皿、夃。臣鉉等曰："夃，古乎切，益多之義也。古者以買物多得爲夃，故从夃。"以成切。

盡　jìn　器中空也。从皿，㶳(隶)聲。慈刃切。

盅　zhōng(今音 chōng)　器虛也。从皿，中聲。《老子》曰："道盅而用之。"直弓切。

盦　ān　覆蓋也。从皿，酓聲。臣鉉等曰："今俗别作署，非是。"烏合切。

昷　wēn(昷)　仁也。从皿，以食囚也。官溥説。烏渾切。

盥　guàn　澡手也。从臼、水，臨皿。《春秋傳》曰："奉匜沃盥。"古玩切。

盪　dàng　滌器也。从皿，湯聲。徒朗切。

文二十五　重三

盋　bó　盋器，盂屬。从皿，犮聲。或从金，从本。北末切。

文一新附

凵　qū　凵盧，飯器。以柳爲之，象形。凡凵之屬皆从凵。𥫱　凵，或从竹，去聲。去魚切。

文一　重一

去　qù　人相違也。从大，凵聲。凡去之屬皆从去。丘據切。

朅　qiè　去也。从去，曷聲。丘竭切。

䟫　líng　去也。从去，夌聲。讀若陵。力膺切。

文三

血　xuè　祭所薦牲血也。从皿，一象血形。凡血之屬皆从血。呼決切。

衁　huāng　血也。从血，亡聲。《春秋傳》曰："士刲羊，亦無衁也。"呼光切。

衃　pēi　凝血也。从血，不聲。芳桮切。

𧖧　jīn　气液也。从血，𦘒聲。將鄰切。

䘒　tíng　定息也。从血，甹省聲。讀若亭。特丁切。

衄　nǜ　鼻出血也。从血，丑聲。女六切。

盥　nóng（膿）　腫血也。从血，農省聲。奴冬切。

膿　俗盥从肉，農聲。

𧖾　tǎn　血醢也。从血，肬聲。《禮記》有𧖾醢，以牛乾脯、粱、䉫、鹽、酒也。臣鉉等曰："肬，肉汁滓也。故从肬，肬亦聲。"他感切。

𧗎　zú　醢也。从血，菹聲。側余切。

𧗎，或从缶。

𧗑　qí（今音 jī）　以血有所刏涂，祭也。从血，幾聲。渠稀切。

卹　xù　憂也。从血，卩聲。一曰：鮮少也。徐鍇曰："皿者，按：皿，疑當作血。言憂之切至也。"辛聿切。

衋　xì　傷痛也。从血、聿，皕聲。《周書》曰："民冈（罔）不衋傷心。"許力切。

衉　kàn　羊凝血也。从血，臽聲。苦紺切。

衉，或从贛。

盇　hé　覆也。从血、大。臣鉉等曰："大象蓋覆之形。"胡臘切。

衊　miè　污血也。从血，蔑聲。莫結切。

文十五　重三

丶　zhǔ　有所絕止，丶而識之也。凡丶之屬皆从丶。知庾切。

主　zhǔ　鐙中火主也。从呈，象形，从丶，丶亦聲。臣鉉等曰："今俗别作炷，非是。"之庾切。

咅　tǒu（今音 pǒu）　相與語，唾而不受也。从丶，从否，否亦聲。天口切。

咅，或从豆，从欠。

文三　重一

說文解字　卷五下

丹　dān　巴越之赤石也，象采丹井，一象丹形。凡丹之屬皆从丹。都寒切。　古文丹。　亦古文丹。

臒　wò　善丹也。从丹，蒦聲。《周書》曰："惟其斁丹臒。"讀若隺（雀）。烏郭切。

彤　tóng　丹飾也。从丹，从彡，彡，其畫也。徒冬切。

文三　重二

青　qīng　東方色也。木生火，从生、丹。丹青之信，言象（必）然。凡青之屬皆从青。倉經切。　古文青。

靜　jìng（静）　審也。从青，争聲。徐鍇曰："丹青明審也。"疾郢切。

文二　重一

井　jǐng　八家一井。象構韓形。•，罋之象也。古者伯益初作井。凡井之屬皆从井。子郢切。

𠦈　yǐng　深池也。从井，熒省聲。烏迥切。

阱　jìng（今音 jǐng）　陷也。从𨸏，从井，井亦聲。疾正切。　阱，或从穴。　古文阱，从水。

刑　xíng　罰辠也。从井，从刀。《易》曰："井，法也。"井亦聲。户經切。

刱　chuàng　造法刱業也。从井，办聲。讀若創。初亮切。

文五　重二

皀　bī　穀（穀）之馨香也。按：孙本穀字多误作穀，以下径改。象嘉穀在裹中之形。匕所以扱之。或說：皀，一粒也。凡皀之屬皆从皀。又讀若香。皮及切。

卽　jí（即）　即食也。从皀，卩聲。徐鍇曰："即，就也。"子力切。

既　jì（既）　小食也。从皀，旡聲。《論語》曰："不使勝食既。"居未切。

冟　shì　飯剛柔不調相著。从皀，冂聲，讀若適。施隻切。

文四

鬯 chàng　以秬釀鬱艸，芬芳攸(條)服(暢)，以降神也。从凵，凵，器也。中象米，匕所以扱之。《易》曰："不喪匕鬯。"凡鬯之屬皆从鬯。丑諒切。

鬱 yù　芳艸也。十葉爲貫，百廿貫築以煮之爲鬱。从臼(𦥑)、冂、缶、鬯；彡，其飾也。一曰：鬱鬯，百艸之華，遠方鬱人所貢芳艸，合釀之以降神。鬱，今鬱林郡也。迂勿切。

爵 jué　禮器也。象爵(雀)之形，中有鬯酒，又持之也。所以飲。器象爵(雀)者，取其鳴節節足足也。即略切。古文爵，象形。

𪏲 jù　黑黍也。一稃二米以釀也。从鬯，矩聲。其吕切。秬，𪏲，或从禾。

𩰪 shǐ　列也。从鬯，吏聲。讀若迅。疏吏切。

文五　重二

食 shí　一米也。从皀，亼聲。或説：亼皀也。凡食之屬皆从食。乘力切。

餴 fēn　滫飯也。从食，桒聲。臣鉉等曰："桒音忽，非聲。疑桒字之誤。"府文切。饙，餴，或从賁。餴，或从奔。

餾 liù(餾)　飯气蒸也。从食，留聲。力救切。

飪 rèn　大孰也。从食，壬聲。如甚切。古文飪。亦古文飪。

饔 yōng　孰食也。从食，雝聲。於容切。

飴 yí　米糱煎也。从食，台聲。與之切。籀文飴，从異省。

餳 xíng(餳)　飴和饊者也。从食，昜(易)聲。徐盈切。

饊 sǎn(饊)　熬稻粻程也。从食，散聲。穌旱切。

餅 bǐng　麪餈也。从食，并聲。必郢切。

餈 cí　稻餅也。从食，次聲。疾資切。餈，或从齊。餈，或从米。

饘 zhān　糜也。从食，亶聲。周謂之饘，宋謂之餬。諸延切。

餱 hóu(餱)　乾食也。从食，侯聲。《周書》曰："峙乃餱粻。"乎溝切。

餥 fěi　餱也。从食，非聲。陳、楚之閒相謁食麥飯曰餥。非尾切。

饎 chì 酒食也。从食，喜聲。《詩》曰："可以饙饎。"昌志切。 饎，或从巸。 饎，或从米。

籑 zhuàn(饌) 具食也。从食，算聲。士戀切。

 籑，或从巽。

養 yǎng 供養也。从食，羊聲。余兩切。

 古文養。

飯 fàn 食也。从食，反聲。符萬切。

飷 niǔ(今音 niù) 雜飯也。从食，丑聲。女久切。

飤 sì(飼) 糧也。从人、食。祥吏切。

饡 zàn 以羹澆飯也。从食，贊聲。則榦切。

餳 shǎng 晝食也。从食，象聲。書兩切。

 餳，或从傷省聲。

飧 sūn(飱) 餔也。从夕、食。思魂切。

餔 bū 日加申時食也。从食，甫聲。博狐切。

 籀文餔，从皿，浦聲。

餐 cān 吞也。从食，𣦼聲。七安切。

 餐，或从水。

鎌 lián 嘰也。从食，兼聲。讀若風溓溓。一曰：廉潔也。力鹽切。

饁 yè 餉田也。从食，盍聲。《詩》曰："饁彼南畝。"筠輒切。

饟 ràng(今音 xiǎng) 周人謂餉曰饟。从食，襄聲。人漾切。

餉 xiǎng 饟也。从食，向聲。式亮切。

饋 kuì 餉也。从食，貴聲。求位切。

饗 xiǎng(飨) 鄉人飲酒也。从食，从鄉，鄉亦聲。許兩切。

饛 méng 盛器滿皃。从食，蒙聲。《詩》曰："有饛簋飧。"莫紅切。

飵 zuò 楚人相謁食麥曰飵。从食，乍聲。在各切。

䬴 nián 相謁食麥也。从食，占聲。奴兼切。

䭀 wèn 秦人謂相謁而食麥曰䭀䬪。从食，㬎聲。烏困切。

䬪 èn 䭀䬪也。从食，豈聲。五困切。

餬 hú(糊) 寄食也。从食，胡聲。户吴切。

飶 bì 食之香也。从食，必聲。《詩》曰："有飶其香。"毗必切。

飫 yù 燕食也。从食，芺聲。《詩》曰："飲酒之飫。"依據切。

飽 bǎo 猒也。从食，包聲。博巧切。

古文飽，从采。 亦古文飽，从卯聲。

餇 yuān(今音 yuàn) 猒也。从食，肙聲。烏玄切。

饒 ráo 飽也。从食，堯聲。如昭切。

餘 yú 饒也。从食，余聲。以諸切。

餀 hài 食臭也。从食，艾聲。《爾雅》曰："餀謂之喙。"呼艾切。

餞 jiàn 送去也。从食，戔聲。《詩》曰："顯父餞之。"才線切。

餫 yùn 野饋曰餫。从食，軍聲。王問切。

館 guǎn 客舍也。从食，官聲。《周禮》："五十里有市，市有館，館有積，以待朝聘之客。"古玩切。

饕 tāo 貪也。从食，號聲。土刀切。

饕或从口，刀聲。 籀文饕，从號省。

飻 tiè 貪也。从食，殄省聲。《春秋傳》曰："謂之饕飻。"他結切。

饖 wèi 飯傷熱(熱)也。从食，歲聲。於廢切。

饐 yì 飯傷溼也。从食，壹聲。乙冀切。

餲 yì/ài 飯餲也。从食，曷聲。《論語》曰："食饐而餲。"乙例切，又烏介切。

饑 jī 穀不孰爲饑。从食，幾聲。居衣切。

饉 jǐn 蔬不孰爲饉。从食，堇聲。渠吝切。

䬪 è 飢也。从食，戹聲。讀若楚人言恚人。於革切。

餧 něi 飢也。从食，委聲。一曰：魚敗曰餧。奴罪切。

飢 jī 餓也。从食，几聲。居夷切。

餓 è 飢也。从食，我聲。五箇切。

餽 guì/kuì 吳人謂祭曰餽。从食，从鬼，鬼亦聲。俱位切，又音饋。

餟 zhuì 祭酹也。从食，叕聲。陟衛切。

䬽 shuì 小餟也。从食，兑聲。輸(輸)芮切。

䬬 lèng(今音 líng) 馬食穀多，气流四下也。从食，

麦聲。里甑切。

䬴 mò 食馬穀也。从食，末聲。莫撥切。

文六十二 重十八

餕 jùn 食之餘也。从食，夋聲。子陖切。

餻 gāo 餌屬。从食，羔聲。古牢切。

文二新附

亼 jí(亼) 三合也。从入、一，象三合之形。凡亼之屬皆从亼。讀若集。秦入切。臣鉉等曰："此疑只象形，非从入、一也。"

合 hé 合口也。从亼，从口。候閤切。

僉 qiān 皆也，从亼，从吅，从从。《虞書》曰："僉曰伯夷。"七廉切。

侖 lún 思也。从亼，从册。力屯切。

籒文侖。

今 jīn 是時也。从亼，从乛。乛，古文及。居音切。

舍 shè 市居曰舍，从亼、屮，象屋也。口象築也。始夜切。

文六 重一

會 huì 合也。从亼，从曾省。曾，益也。凡會之屬皆从會。古文會如此。黄外切。

朇 pí 益也。从會，卑聲。符支切。

𣌭 chén 日月合宿爲辰（𣌭）。从會，从辰，辰亦聲。植鄰切。

文三 重一

倉 cāng 穀藏也。倉黄取而藏之，故謂之倉。从食省，口象倉形。凡倉之屬皆从倉。七岡切。奇字倉。

牄 qiāng 鳥獸來食聲也。从倉，爿聲。《虞書》曰："鳥獸牄牄。"七羊切。

文二 重一

入 rù 内也。象从上俱下也。凡入之屬皆从入。人汁切。

内 nèi 入也。从冂，自外而入也。奴對切。

𡴫 cén 入山之深也。从山，从入。闕。鉏箴切。

糴 dí 市穀也。从入，从𥼶。徒歷切。

仝 quán 完也。从入，从工。疾緣切。

全 篆文仝，从玉。純玉曰全。 古文仝。

从 liǎng　二入也。兩从此。闕。良奬切。

文六　重二

缶 fǒu　瓦器，所以盛酒漿，秦人鼓之以節謌。象形。凡缶之屬皆从缶。方九切。

𣪍 kòu　未燒瓦器也。从缶，𣪊聲。讀若筩莩。又苦候切。

匋 táo　瓦器也。从缶，包省聲。古者昆吾作匋。案：《史篇》讀與缶同。徒刀切。

罌 yīng　缶也。从缶，賏聲。烏莖切。

𦈢 chuì(今音 chuí)　小口罌也。从缶，𠂹聲。池偽切。

𦈣 bù　小缶也。从缶，咅聲。蒲候切。

缾 píng　甕也。从缶，并聲。薄經切。

瓶 缾，或从瓦。

罋 wèng　汲缾也。从缶，雝聲。烏貢切。

𦈥 tà　下平缶也。从缶，乏聲。讀若𦐇。土盍切。

罃 yīng　備火長頸缾也。从缶，熒省聲。烏莖切。

缸 xiáng(今音 gāng)　瓨也。从缶，工聲。下江切。

𦈦 yù　瓦器也。从缶，或聲。于逼切。

𦉥 jiàn(今音 cùn)　瓦器也。从缶，薦聲。作甸切。

䍃 yóu(䍃)　瓦器也。从缶，肉聲。臣鉉等曰："當从𦝠省乃得聲。"以周切。

䍡 líng　瓦器也。从缶，霝聲。郎丁切。

𦈜 diǎn　缺也。从缶，占聲。都念切。

缺 quē　器破也。从缶，决省聲。傾雪切。

罅 xià　裂也。从缶，虖聲。缶燒善裂也。呼迓切。

罄 qìng　器中空也。从缶，殸聲。殸，古文磬字。《詩》云："缾之罄矣。"苦定切。

罊 qì　器中盡也。从缶，毄聲。苦計切。

𦈭 dòu/xiàng　受錢器也。从缶，后聲。古以瓦，今以竹。大口切，又胡講切。

文二十一　重一

罐 guàn　器也。从缶，雚聲。古玩切。

文一新附

矢 shǐ 弓弩矢也。从入，象鏑栝羽之形。古者夷牟初作矢。凡矢之屬皆从矢。式視切。

䠶 shè 弓弩發於身而中於遠也。从矢，从身。食夜切。篆文䠶。从寸，寸，法度也。亦手也。

矯 jiǎo 揉箭箝也。从矢，喬聲。居夭切。

矰 zēng 隿䠶矢也。从矢，曾聲。作滕切。

矦 hóu(侯) 春饗所䠶矦也。从人，从厂，象張布，矢在其下。天子䠶熊虎豹，服猛也；諸矦䠶熊豕虎；大夫射麋，麋，惑也；士䠶鹿豕，爲田除害也。其祝曰："毋若不寧矦，不朝于王所，故伉而䠶汝也。"乎溝切。古文矦。

𥏫 shāng 傷也。从矢，昜聲。式陽切。

短 duǎn 有所長短。以矢爲正。从矢，豆聲。都管切。

矤 shěn 況也，詞也。从矢，引省聲。从矢，取詞之所之如矢也。式忍切。

知 zhī 詞也。从口，从矢。陟离切。

矣 yǐ 語已詞也。从矢，以聲。于已切。

文十 重二

矮 ǎi 短人也。从矢，委聲。烏蟹切。

文一新附

高 gāo 崇也。象臺觀高之形。从冂、口。與倉、舍同意。凡高之屬皆从高。古牢切。

高 qǐng 小堂也。从高省，冋聲。去潁切。高，或从广，頃聲。

亭 tíng 民所安定也。亭有樓。从高省，丁聲。特丁切。

亳 bó 京兆杜陵亭也。从高省，乇聲。旁各切。

文四 重一

冂 jiōng 邑外謂之郊，郊外謂之野，野外謂之林，林外謂之冂。象遠界也。凡冂之屬皆从冂。古熒切。古文冂，从口，象國邑。

坰 冋，或从土。

市 shì 買賣所之也。市有垣。从冂，从㇕，㇕，古文及，象物相及也，之省聲。時止切。

冘 yín 淫淫，行皃。从人，出冂。余箴切。

央 yāng 中央也。从大在冂之内。大，人也。央、㚃同意。一曰：久也。於良切。

隺 hú 高至也。从隹上欲出冂。《易》曰："夫乾隺然。"胡沃切。

文五 重二

𩫏 guō 度也，民所度居也。从回，象城𩫏之重，兩亭相對也。或但从口。音韋。凡𩫏之屬皆从𩫏。古博切。

䵶 quē 缺也。古者城闕其南方，謂之䵶。从𩫏，缺省。讀若拔物爲決引也。傾雪切。

文二

京 jīng 人所爲絶高丘也。从高省。丨象高形。凡京之屬皆从京。舉卿切。

就 jiù 就高也。从京，从尤。尤，異於凡也。疾僦切。籀文就。

文二 重一

亯 xiǎng/pēng/hēng 獻也。从高省，曰象進孰物形。《孝經》曰："祭則鬼亯之。"凡亯之屬皆从亯。許兩切，又普庚切，又許庚切。篆文亯。

𦎧 chún 孰也。从亯，从芉（羊）。讀若純。一曰：鬻也。常倫切。篆文𦎧。

管 dǔ 厚也。从亯，竹聲。讀若篤。冬毒切。

䏍 yōng 用也。从亯，从自。自知臭香所食也。讀若庸。余封切。

文四 重二

㫗 hòu（𠪋） 厚也。从反亯。凡㫗之屬皆从㫗。徐鍇曰："亯者，進上也。以進上之具反之於下，則厚也。"胡口切。

覃 tán（覃） 長味也。从㫗，鹹省聲。《詩》曰："實覃實吁。"徒含切。古文覃。篆文覃省。

厚 hòu 山陵之厚也。从㫗，从厂。胡口切。古文厚，从后、土。

文三 重三

畐 fú（畗） 滿也。从高省，象高厚之形。凡畐之屬皆从畐。讀若伏。芳逼切。

良 liáng 善也。从畐省，亡聲。徐鍇曰："良，甚也。故从畐。"吕張切。古文良。亦古文良。

亦古文良。

文二　重三

㐭　lǐn　穀所振入，宗廟粢盛，倉黄㐭而取之，故謂之㐭。从入，回象屋形。中有户牖。凡㐭之屬皆从㐭。力甚切。　㐭，或从广，从禾。

稟　bǐng(禀)　賜穀也。从㐭，从禾。筆錦切。

亶　dǎn　多穀也。从㐭，旦聲。多旱切。

啚　bǐ　嗇也。从口、㐭。㐭，受也。方美也。

古文啚如此。

文四　重二

嗇　sè　愛濇也。从來，从㐭。來者㐭而藏之，故田夫謂之嗇夫。凡嗇之屬皆从嗇。所力切。　古文嗇，从田。

牆　qiáng(墻)　垣蔽也。从嗇，爿聲。才良切。

籒文，从二禾。　籒文，亦从二來。

文二　重三

來　lái　周所受瑞麥來麰，一來二縫。象芒束之形。天所來也，故爲行來之來。《詩》曰："詒我來麰。"凡來之屬皆从來。洛哀切。

𠩺　sì　《詩》曰："不𠩺不來。"从來，矣聲。牀史切。　𠩺，或从彳。

文二　重一

麥　mài　芒穀。秋穜厚薶，故謂之麥。麥，金也，金王而生，火王而死。从來有穗者，从夊。凡麥之屬皆从麥。臣鉉等曰："夊，足也。周受瑞麥來麰。如行來。故从夊。"莫獲切。

麰　móu　來麰，麥也。从麥，牟聲。莫浮切。

　麰，或从艸。

麧　hé　堅麥也。从麥，气聲。乎沒切。

麷　suǒ　小麥屑之覈。从麥，貨聲。穌果切。

䴭　cuó　礦麥也。从麥，差聲。一曰：擣也。昨何切。

麩　fū　小麥屑皮也。从麥，夫聲。甫無切。

　麩，或从甫。

麪　miàn　麥末也。从麥，丏聲。弥箭切。

麶　zhí　麥覈屑也。十斤爲三斗。从麥，啻聲。直

隻切。

麷　fēng　煮麥也。从麥，豐聲。讀若馮。敷戎切。

麮　qù　麥甘鬻也。从麥，去聲。丘據切。

⿱殻麥　kū　餅籟也。从麥，㱿聲。讀若庫。空谷切。

⿰麥穴　huá　餅籟也。从麥，穴聲。户八切。

⿰麥才　cái　餅籟也。从麥，才聲。昨哉切。

文十三　重二

夊　suī　行遲曳夊夊。象人兩脛有所躧也。凡夊之屬皆从夊。楚危切。

夋　qūn　行夋夋也。一曰：倨也。从夊，允聲。七倫切。

复　fú(复)　行故道也。从夊，富省聲。房六切。

夌　líng　越也。从夊，从兴，兴，高也。一曰：夌倨也。力膺切。

致　zhì(致)　送詣也。从夊，从至。陟利切。

憂　yōu　和之行也。从夊，㥑聲。《詩》曰："布政憂憂。"於求切。

愛　ài　行皃。从夊，㤅聲。烏代切。

𡕥　pú　行𡕥𡕥也。从夊，闕。讀若僕。又(皮)卜切。

竷　kǎn　繇也，舞也。樂有章，从章，从夅，从夊。《詩》曰："竷竷舞我。"苦感切。

𡕒　wǎn　㽉(㽉)蓋也。象皮包覆㽉(㽉)，下有兩臂而夊在下。讀若范。亡范切。

夏　xià　中國之人也。从夊，从頁，从𦥑。𦥑，兩手夊兩足也。古文夏。胡雅切。

畟　cè　治稼畟畟進也。从田、人，从夊。《詩》曰："畟畟良耜。"初力切。

㚇　zōng　斂足也。鵲鵙醜，其飛也㚇。从夊，兇聲。子紅切。

夒　náo　貪獸也。一曰：母猴，似人。从頁，巳、止、夊，其手足。臣鉉等曰："巳、止皆象形也。"奴刀切。

夔　kuí　神魖也。如龍，一足。从夊，象有角、手、人面之形。渠追切。

文十五　重一

夎　cuò　拜失容也。从夊，坐聲。則卧切。

文一新附

舛　chuǎn　對卧也。从夊㐄相背。凡舛之屬皆从

舛。昌兖切。楊雄説："舛从足、春。"

舞 wǔ 樂也。用足相背。从舛，無聲。文撫切。

古文舞，从羽、亡。

舝 xiá 車軸耑鍵也。兩穿相背。从舛，嶲省聲。嶲，古文偰字。胡戛切。

文三 重二

䑞 shùn(舜) 艸也。楚謂之葍，秦謂之藑。蔓地連華。象形。从舛，舛亦聲。凡䑞之屬皆从䑞。舒閏切。今隸變作舜。

古文䑞。

䑟 huáng 華榮也。从舜，生聲。讀若皇。《爾雅》曰："䑟，華也。"户光切。

䑟，或从艸、皇。

文二 重二

韋 wéi 相背也。从舛，囗聲。獸皮之韋可以束，枉戾相韋背，故借以爲皮韋。凡韋之屬皆从韋。宇非切。

古文韋。

韠 bì 韍也。所以蔽前，以韋。下廣二尺，上廣一尺，其頸五寸。一命緼韠，再命赤韠。从韋，畢聲。卑吉切。

韎 mèi 茅蒐染韋也。一入曰韎。从韋，末聲。莫佩切。

韢 xì(今音 suì) 橐紐也。从韋，惠聲。一曰：盛虜頭橐也。徐鍇曰："謂戰伐以盛首級。"胡計切。

韜 tāo 劍衣也。从韋，舀聲。土刀切。

韝 gōu 射臂決也。从韋，冓聲。古侯切。

韘 shè 射決也。所以拘弦，以象骨，韋系，著右巨指。从韋，枼聲。《詩》曰："童子佩韘。"失涉切。

韘，或从弓。

韣 zhú 弓衣也。从韋，蜀聲。之欲切。

韔 chàng 弓衣也。从韋，長聲。《詩》曰："交韔二弓。"丑亮切。

韕 xiá 履也。从韋，叚聲。乎加切。

𩏄 duàn 履後帖也。从韋，段聲。徒玩切。

緞 𩏄，或从糸。

韤 wà 足衣也。从韋，蔑聲。臣鉉等曰："今俗作襪，非是。"望發切。

䪖 pò 軶裹也。从韋，尃聲。匹各切。

韏 quàn 革中辨謂之韏。从韋，𢍏聲。九萬切。

𩏶 jiū　收束也。从韋，𤋳聲。讀若酋。臣鉉等曰："𤋳，側角切，聲不相近，未詳。"即由切。 𩏶，或从要。

𩏶，或从秋、手。

韓 hán（韓）　并垣也。从韋，取其帀也，倝聲。胡安切。

文十六　重五

韌 rèn　柔而固也。从韋，刃聲。而進切。

文一新附

弟 dì　韋束之次弟也。从古字之象。凡弟之屬皆从弟。 古文弟，从古文韋省，丿聲。特計切。

罤 kūn　周人謂兄曰罤。从弟，从眔。臣鉉等曰："眔，目相及也。兄弟親比之義。"古魂切。

文二　重一

夂 zhǐ　从後至也。象人兩脛後有致之者。凡夂之屬皆从夂。讀若黹。陟侈切。

夆 hài　相遮要害也。从夂，丯聲。南陽新野有夆亭。乎蓋切。

夆 fēng　啎也。从夂，丰聲。讀若縫。敷容切。

夅 xiáng　服也。从夂、㐄。相承不敢竝也。下江切。

夃 gū（今音 gǔ）　秦以市買多得爲夃。从乃，从夂。益至也。从乃。按：从乃二字衍。《詩》曰："我夃酌彼金罍。"臣鉉等曰："乃，難意也。"古乎切。

㐄 kuǎ（今音 kuà）　跨步也。从反夂。䰛从此。苦瓦切。

文六

久 jiǔ　从後灸之，象人兩脛後有距也。《周禮》曰："久諸牆以觀其橈。"凡久之屬皆从久。舉友切。

文一

桀 jié　磔也。从舛在木上也。凡桀之屬皆从桀。渠列切。

磔 zhé　辜也。从桀，石聲。陟格切。

椉 chéng（乘）　覆也。从入、桀。桀，黠也。軍法曰乘。 古文乘，从几。食陵切。

文三　重一

説文解字　卷六上

二十五部　　文七百五十三　　重六十一　　凡九千四百四十三字　　文二十新附

木　mù　冒也。冒地而生。東方之行。从屮，下象其根。凡木之屬皆从木。徐鍇曰："屮者，木始甲拆，萬物皆始於微，故木从屮。"莫卜切。

橘　jú　果。出江南。从木，矞聲。居聿切。

橙　chéng　橘屬。从木，登聲。丈庚切。

柚　yòu　條也。似橙而酢。从木，由聲。《夏書》曰："厥包橘柚。"余救切。

樝　zhā　果似梨而酢。从木，虘聲。側加切。

棃　lí(梨)　果名。从木，𥝢聲。𥝢，古文利。力脂切。

梬　yǐng　棗按：孫本棗多誤作枣，以下徑改。也。似柹。从木，甹聲。以整切。

柹　shì(柿)　赤實果。从木，朿聲。鉏里切。

枏　nán　梅也。从木，冄聲。汝閻切。

梅　méi　枏也。可食。从木，每聲。莫桮切。

或从某。

杏　xìng　果也。从木，可省聲。何梗切。

柰　nài　果也。从木，示聲。奴帶切。

李　lǐ　果也。从木，子聲。良止切。

古文。

桃　táo　果也。从木，兆聲。徒刀切。

楙　mào(今音 máo)　冬桃。从木，敄聲。讀若髦。莫候切。

亲　zhēn　果實如小栗。从木，辛聲。《春秋傳》曰："女摯不過亲栗。"側詵切。

楷　kǎi(今音 jiē)　木也。孔子冢蓋樹之者。从木，皆聲。苦駭切。

梫　qǐn　桂也。从木，侵省聲。七荏切。

桂　guì　江南木，百藥之長。从木，圭聲。古惠切。

棠 táng　牡曰棠，牝曰杜。从木，尚聲。徒郎切。

杜 dù　甘棠也。从木，土聲。徒古切。

槢 xí　木也。从木，習聲。似入切。

樿 zhǎn(今音 shàn)　木也。可以爲櫛。从木，單聲。旨善切。

椲 wěi　木也。可屈爲杅者。从木，韋聲。于鬼切。

楢 yóu　柔木也。工官以爲耎輪。从木，酋聲。讀若糗。以周切。

桏 qióng　檡椐木也。从木，邛聲。渠容切。

棆 zhūn(今音 lún)　母(毋)杶也。从木，侖聲。讀若《易》卦"屯"。陟倫切。

楈 xū　木也。从木，胥聲。讀若芟刈之芟。私閭切。

柍 yīng(今音 yǎng)　梅也。从木，央聲。一曰：江南橦材，其實謂之柍。於京切。

楑 kuí　木也。从木，癸聲。又，度也。求癸切。

⿰木咎 gǎo(今音 gāo)　木也。从木，咎聲。讀若皓。古老切。

椆 chóu　木也。从木，周聲。讀若丩。職留切。

樕 sù　樸樕，木。从木，欶聲。桑谷切。

⿰木彝 yí　木也。从木，彝聲。羊皮切。

梣 jīn(今音 cén)　青皮木。从木，岑聲。子林切。

或从㝯省。㝯，籒文寑。

棳 zhuō　木也。从木，叕聲。益州有棳縣。職説切。

椃 háo　木也。从木，號省聲。乎刀切。

棪 yǎn　遬其也。从木，炎聲。讀若三年導服之導。以冉切。

⿰木遄 chuán　木也。从木，遄聲。市緣切。

椋 liáng　即來也。从木，京聲。吕張切。

檍 yì　杶也。从木，意聲。於力切。

⿰木費 fèi　木也。从木，費聲。房未切。

⿰木虖 chū　木也。从木，虖聲。丑居切。

楀 yǔ　木也。从木，禹聲。王矩切。

蘽 lěi　木也。从木，藟聲。力軌切。

籒文。

桋 yí　赤栜(楝)也。从木，夷聲。《詩》曰："隰有杞桋。"以脂切。

栟　bīng　栟櫚也。从木，并聲。府盈切。

椶　zōng　栟櫚也。可作萆。从木，㚇聲。子紅切。

檟　jiǎ　楸也。从木，賈聲。《春秋傳》曰："樹六檟於蒲圃。"古雅切。

椅　yī　梓也。从木，奇聲。於离切。

梓　zǐ　楸也。从木，宰省聲。即里切。

或不省。

楸　qiū　梓也。从木，秋聲。七由切。

檍　yì　梓屬。大者可爲棺椁，小者可爲弓材。从木，啻聲。於力切。

柀　bǐ　樧也。从木，皮聲。一曰：折也。甫委切。

樧　shān　木也。从木，煔聲。臣鉉等曰："今俗作杉，非是。"所銜切。

榛　zhēn　木也。从木，秦聲。一曰：菆也。側詵切。

㮁　kǎo　山樗也。从木，尻聲。苦浩切。

杶　chūn　木也。从木，屯聲。《夏書》曰："杶榦栝柏。"　或从熏。　古文杶。敕倫切。

橁　xún（今音 chūn）　杶也。从木，筍聲。相倫切。

桵　ruí　白桵，棫。从木，妥聲。臣鉉等曰："當从綏省。"儒隹切。

棫　yù　白桵也。从木，或聲。于逼切。

槐　xī　木也。从木，息聲。相即切。

椐　jū　樻也。从木，居聲。九魚切。

樻　kuì　椐也。从木，貴聲。求位切。

栩　xǔ　柔（柔）也。从木，羽聲。其阜，一曰樣。况羽切。

柔　zhù（今音 shù）　栩也。从木，予聲。讀若杼。直吕切。

樣　xiàng　栩實。从木，羕聲。徐兩切。

杙　yì　劉，劉杙。从木，弋聲。与職切。

枇　pí　枇杷，木也。从木，比聲。房脂切。

桔　jié　桔梗，藥名。从木，吉聲。一曰：直木。古屑切。

柞　zuò　木也。从木，乍聲。在各切。

枰　tū（今音 lú）　木。出橐山。从木，乎聲。他乎切。

榗 jiàn　木也。从木，晉聲。書曰："竹箭如榗。"子善切。

檖 suì　羅也。从木，遂聲。《詩》曰："隰有樹檖。"徐醉切。

椵 jiǎ　木。可作牀几。从木，叚聲。讀若賈。古雅切。

橞 xì(今音 huì)　木也。从木，惠聲。胡計切。

楛 hù　木也。从木，苦聲。《詩》曰："榛楛濟濟。"侯古切。

櫅 jī　木也。可以爲大車軸。从木，齊聲。祖雞切。

⿰木乃 réng　木也。从木，乃聲。讀若仍。如乘切。

櫇 pín　木也。从木，頻聲。符真切。

樲 èr　酸棗也。从木，貳聲。而至切。

樸 pú　棗也。从木，僕聲。博木切。

橪 rǎn　酸小棗。从木，然聲。一曰：染也。人善切。

柅 nǐ　木也。實如棃。从木，尼聲。女履切。

梢 shāo　木也。从木，肖聲。所交切。

⿰木隸 lì(棣)　木也。从木，隸聲。郎計切。

⿰木寽 liè　木也。从木，寽聲。力輟切。

梭 xùn　木也。从木，夋聲。臣鉉等曰："今人别音酥禾切。以爲機杼之屬。"私閏切。

⿰木畢 bì　木也。从木，畢聲。卑吉切。

楋 là　木也。从木，刺聲。盧達切。

枸 jǔ　木也。可爲醬。出蜀。从木，句聲。俱羽切。

樜 zhè　木。出發鳩山。从木，庶聲。之夜切。

枋 fāng　木。可作車。从木，方聲。府良切。

橿 jiāng　枋也。从木，畺聲。一曰：鉏柄名。居良切。

樗 huà(今音 chū)　木也。以其皮裹松脂。从木，雩聲。讀若華。或从蒦。乎化切。

檗 bò　黄木也。从木，辟聲。博戹切。

⿰木岎 fēn(今音 fén)　香木也从木，岎聲。撫文切。

榝 shā　似茱萸。出淮南。从木，殺聲。所八切。

槭 zú(今音 qī)　木。可作大車輮。从木，戚聲。子六切。

楊 楊 yáng 木也。从木，昜聲。与章切。

檉 檉 chēng 河柳也。从木，聖聲。敕貞切。

桺 桺 liǔ（柳） 小楊也。从木，丣聲。丣，古文酉。力九切。

樳 樳 xún 大木。可爲鉏柄。从木，㝷聲。詳遵切。

欒 欒 luán 木。似欄。从木，䜌聲。《禮》："天子樹松，諸侯柏，大夫欒，士楊。"洛官切。

栘 栘 yí 棠棣也。从木，多聲。弋支切。

棣 棣 dì 白棣也。从木，隶聲。特計切。

枳 枳 zhǐ 木。似橘。从木，只聲。諸氏切。

楓 楓 fēng 木也。厚葉，弱枝，善搖。一名欇。从木，風聲。方戎切。

權 權 quán 黄華木。从木，雚聲。一曰：反常。巨員切。

柜 柜 jǔ 木也。从木，巨聲。其吕切。

槐 槐 huái 木也。从木，鬼聲。户恢切。

榖 榖 gǔ 楮也。从木，𣪊聲。古禄切。

楮 楮 chǔ（柠） 榖也。从木，者聲。丑吕切。

柠 楮，或从宁。

檵 檵 jì 枸杞也。从木，繼省聲。一曰：監（堅）木也。古詣切。

杞 杞 qǐ 枸杞也。从木，己聲。墟里切。

枒 枒 yá 木也。从木，牙聲。一曰：車輞會也。五加切。

檀 檀 tán 木也。从木，亶聲。徒乾切。

櫟 櫟 lì 木也。从木，樂聲。郎擊切。

梂 梂 qiú 櫟實。一曰：鑿首。从木，求聲。巨鳩切。

楝 楝 liàn 木也。从木，柬聲。郎電切。

檿 檿 yǎn 山桑也。从木，厭聲。《詩》曰："其檿其柘。"於琰切。

柘 柘 zhè 桑也。从木，石聲。之夜切。

㯃 㯃 qī 木。可爲杖。从木，桼聲。親吉切。

檈 檈 xuán 檈味，稔棗。从木，還聲。似沿切。

梧 梧 wú 梧桐木。从木，吾聲。一名櫬。五胡切。

榮 榮 róng 桐木也。从木，熒省聲。一曰：屋梠之兩頭起者爲榮。永兵切。

桐 tóng　榮也。从木，同聲。徒紅切。

橎 fán　木也。从木，番聲。讀若樊。附轅切。

榆 yú　榆，白枌。从木，俞聲。羊朱切。

枌 fén　榆也。从木，分聲。扶分切。

梗 gěng　山枌榆。有朿，莢可爲蕪夷者。从木，更聲。古杏切。

樵 qiáo　散也。从木，焦聲。昨焦切。

松 sōng　木也。从木，公聲。祥容切。

松，或从容。

樠 mén　松心木。从木，㒼聲。莫奔切。

檜 guì　柏葉松身。从木，會聲。古外切。

樅 cōng　松葉柏身。从木，從聲。七恭切。

柏 bǎi　鞠也。从木，白聲。博陌切。

机 jī　木也。从木，几聲。居履切。

枮 xiān　木也。从木，占聲。息廉切。

梇 lòng　木也。从木，弄聲。益州有梇棟縣。盧貢切。

楰 yú　鼠梓木。从木，臾聲。《詩》曰：“北山有楰。”羊朱切。

桅 guǐ（zhī，栀）　黄木。可染者。从木，危聲。過委切。按：此字當作栀，从木，卮聲。篆字字形亦當改爲从木卮聲，反切當作章移切。

杒 rèn　梣杒也。从木，刃聲。而震切。

櫏 tà　榙櫏，木也。从木，遝聲。徒合切。

榙 tā　榙櫏。果似李。从木，荅聲。讀若嚃。土合切。

某 mǒu（一音 méi）　酸果也。从木，从甘。闕。莫厚切。古文某，从口。

櫾 yóu　崐崘河隅之長木也。从木，繇聲。以周切。

樹 shù　生植之總名。从木，尌聲。常句切。

籒文。

本 běn　木下曰本。从木，一在其下。徐鍇曰：“一，記其處也。本、末、朱皆同義。”布忖切。古文。

柢 dǐ　木根也。从木，氐聲。都礼切。

朱 zhū　赤心木。松柏屬。从木，一在其中。章俱切。

根 gēn　木株也。从木，艮聲。古痕切。

株 zhū　木根也。从木，朱聲。陟輸切。

末 mò　木上曰末。从木，一在其上。莫撥切。

㮨 jì　細理木也。从木，畟聲。子力切。

果 guǒ　木實也。从木，象果形，在木之上。古火切。

樏 léi　木實也。从木，絫聲。力追切。

杈 chā　枝也。从木，叉聲。初牙切。

枝 zhī　木別生條也。从木，支聲。章移切。

朴 pò　木皮也。从木，卜聲。匹角切。

條 tiáo　小枝也。从木，攸聲。徒遼切。

枚 méi　榦也。可爲杖。从木，从支。《詩》曰："施于條枚。"莫桮切。

栞 kān　槎識也。从木、㚘。闕。《夏書》曰："隨山栞木。"讀 篆文，从幵。若刊。苦寒切。

欇 zhé　木葉榣白也。从木，聶聲。之涉切。

栠 rěn　弱皃。从木，任聲。如甚切。

枖 yāo　木少盛皃。从木，夭聲。《詩》曰："桃之枖枖。"於喬切。

槙 diān　木頂也。从木，真聲。一曰：仆木也。都年切。

梃 tǐng　一枚也。从木，廷聲。徒頂切。

𣡕 shēn　衆盛也。从木，驫聲。《逸周書》曰："疑沮事。"闕。所臻切。

標 biāo　木杪末也。从木，𤐫聲。敷沼切。

杪 miǎo　木標末也。从木，少聲。亡沼切。

朵 duǒ(朵)　樹木垂朵朵也。从木，象形。此與采同意。丁果切。

桹 láng　高木也。从木，良聲。魯當切。

橌 jiǎn(今音 xiàn)　大木皃。从木，閒聲。古限切。

枵 xiāo　木根也。从木，号聲。《春秋傳》曰："歲在玄枵。"玄枵，虛也。許嬌切。

柖 zhāo(今音 sháo)　樹搖皃。从木，召聲。止搖切。

榣 yáo(摇)　樹動也。从木，䍃聲。余昭切。

樛 jiū　下句曰樛。从木，翏聲。吉虯切。

朻 jiū　高木也。从木，丩聲。吉虯切。

枉 wǎng　衺曲也。从木，㞷聲。迂往切。

橈 náo　曲木。从木，堯聲。女教切。

枎 fú　枎疏，四布也。从木，夫聲。防無切。

檹 yī　木檹施。从木，旖聲。賈侍中說，檹即椅木，可作琴。於離切。

⿰木小 xiǎo(今音 jiǎo)　相(榴)高也。从木，小聲。私兆切。

榴 hū　高皃。从木，曶聲。呼骨切。

槮 shēn　木長皃。从木，參聲。《詩》曰："槮差荇菜。"所今切。

梴 chān　長木也。从木，延聲。《詩》曰："松桷有梴。"丑連切。

櫹 xiǎo(今音 sù)　長木皃。从木，肅聲。山巧切。

杕 dì　樹皃。从木，大聲。《詩》曰："有杕之杜。"特計切。

⿱⿱乇巴木 tuò　木葉陊也。从木，⿱乇巴聲。讀若薄。他各切。

格 gé　木長皃。从木，各聲。古百切。

槸 yì　木相摩也。从木，埶聲。魚祭切。

槸，或从艸。

枯 kū　槀也。从木，古聲。《夏書》曰："唯箘輅枯。"木名也。苦孤切。

槀 gǎo(槁)　木枯也。从木，高聲。苦浩切。

樸 pǔ　木素也。从木，菐聲。匹角切。

楨 zhēn　剛木也。从木，貞聲。上郡有楨林縣。陟盈切。

柔 róu　木曲直也。从木，矛聲。耳由切。

柝 tuò　判也。从木，㡿聲。《易》曰："重門擊㯓。"他各切。

朸 lè(今音 lì)　木之理也。从木，力聲。平原有朸縣。盧則切。

材 cái　木梃也。从木，才聲。昨哉切。

柴 chái　小木散材。从木，此聲。臣鉉等曰："師行野次，豎散木爲區落，名曰柴籬。後人語譌，轉入去聲。又别作寨字，非是。"士佳切。

榑 fú　榑桑，神木。日所出也。从木，尃聲。防無切。

杲 gǎo　明也。从日在木上。古老切。

杳 yǎo 冥也。从日在木下。烏皎切。

[木郤] xì(今音 hé) 角械也。从木，郤聲。一曰：木下白也。其逆切。

栽 zài 築牆長版也。从木，𢦏聲。《春秋傳》曰："楚圍蔡，里而栽。"昨代切。

築 zhù 擣也。从木，筑聲。陟玉切。

古文。

榦 gàn 築牆耑木也。从木，倝聲。臣鉉等曰："今别作幹，非是。矢榦亦同。"古案切。

檥 yǐ 榦也。从木，義聲。魚羈切。

構 gòu 蓋也。从木，冓聲。杜林以爲椽桷字。古后切。

模 mú 法也。从木，莫聲。讀若嫫母之嫫。莫胡切。

桴 fú 棟名。从木，孚聲。附柔切。

棟 dòng 極也。从木，東聲。多貢切。

極 jí 棟也。从木，亟聲。渠力切。

柱 zhù 楹也。从木，主聲。直主切。

楹 yíng 柱也。从木，盈聲。《春秋傳》曰："丹桓宫楹。"以成切。

樘 chēng 衺柱也。从木，堂聲。臣鉉等曰："今俗别作橕，非是。"丑庚切。

榰 zhī 柱砥。古用木，今以石。从木，耆聲。《易》："榰恒凶。"章移切。

楶 jié 欂櫨也。从木，咨聲。子結切。

欂 bì 壁柱。从木，薄省聲。弼戟切。

櫨 lú 柱上柎也。从木，盧聲。伊尹曰："果之美者，箕山之東，青鳧之所，有櫨橘焉。夏孰也。"一曰：宅櫨木，出弘農山也。落胡切。

枅 jī(枅) 屋櫨也。从木，幵聲。古兮切。

栵 liè 栭也。从木，𠛱聲。《詩》曰："其灌其栵。"良辪切。

栭 ér 屋枅上標。从木，而聲。《爾雅》曰："栭謂之楶。"如之切。

檼 yìn 棼也。从木，㥯聲。於靳切。

橑 lǎo 椽也。从木，尞聲。盧浩切。

桷 jué 榱也。椽方曰桷。从木，角聲。《春秋傳》曰："刻桓宫之桷。"古岳切。

椽 chuán 榱也。从木，彖聲。直專切。

榱 cuī　秦名爲屋椽，周謂之榱，齊魯謂之桷。从木，衰聲。所追切。

楣 méi　秦名屋櫋（櫋）聯也。齊謂之檐，楚謂之梠。从木，眉聲。武悲切。

梠 lǚ　楣也。从木，吕聲。力舉切。

㮰 pí　梠也。从木，毘聲。讀若枇杷之枇。房脂切。

櫋 mián　屋櫋聯也。从木，邊省聲。武延切。

檐 yán　㮰也。从木，詹聲。臣鉉等曰：“今俗作簷，非是。”余廉切。

橝 tán　屋梠前也。从木，覃聲。一曰：蠶槌。徒含切。

樀 dí　户樀也。从木，啻聲。《爾雅》曰：“檐謂之樀。”讀若滴。都歷切。

植 zhí　户植也。从木，直聲。常職切。

或从置。

樞 shū　户樞也。从木，區聲。昌朱切。

槏 qiǎn　户也。从木，兼聲。苦減切。

樓 lóu　重屋也。从木，婁聲。洛侯切。

櫳 lóng　房室之疏也。从木，龍聲。盧紅切。

楯 shǔn　闌楯也。从木，盾聲。食允切。

櫺 líng　楯閒子也。从木，霝聲。郎丁切。

杗 máng（杧）　棟也。从木，亡聲。《爾雅》曰：“杗廇謂之梁。”武方切。

梀 sù　短椽也。从木，束聲。丑録切。

杇 wū　所以涂也。秦謂之杇，關東謂之槾。从木，亏聲。哀都切。

槾 màn　杇也。从木，曼聲。母官切。

椳 wēi　門樞謂之椳。从木，畏聲。烏恢切。

㮘 mào　門樞之横梁。从木，冒聲。莫報切。

梱 kǔn　門橛也。从木，困聲。苦本切。

榍 xiè　限也。从木，屑聲。先結切。

柤 zhā　木閑。从木，且聲。側加切。

槍 qiāng　歫也。从木，倉聲。一曰：槍，欀（攘）也。七羊切。

楗 jiàn　限門也。从木，建聲。其獻切。

櫼 jiān　楔也。从木，韱聲。子廉切。

楔 xiē　櫼也。从木，契聲。先結切。

栅 zhà 編樹木也。从木，从册，册亦聲。楚革切。

杝 zhì（今音 lí） 落也。从木，也聲。讀若他。池尒切。

欜 tuò 夜行所擊者。从木，橐聲。《易》曰："重門擊欜。"他各切。

桓 huán 亭郵表也。从木，亘聲。胡官切。

楃 wò 木帳也。从木，屋聲。於角切。

橦 chuáng 帳極也。从木，童聲。宅江切。

杠 gāng 牀前横木也。从木，工聲。古雙切。

桯 tīng 牀前几。从木，呈聲。他丁切。

桱 jīng（今音 jìng） 桱桯也。東方謂之蕩。从木，巠聲。古零切。

牀 chuáng（床） 安身之坐者。从木，爿聲。徐鍇曰："《左傳》：薳子馮詐病，掘地下冰而牀焉。至於恭坐則席也。故从爿。爿則丬之省。象人衺身有所倚箸。至於牆、壯、戕、狀之屬，竝當从牀省聲。李陽冰言：木右爲片，左爲爿。音牆。且《説文》無爿字，其書亦異，故知其妄。"仕莊切。

枕 zhěn 卧所薦首者。从木，冘聲。章衽切。

楲 wēi 楲窬，褻器也。从木，威聲。於非切。

櫝 dú 匱也。从木，賣（𧶠）聲。一曰：木名。又曰：大梡也。徒谷切。

櫛 zhì 梳比之總名也。从木，節聲。阻瑟切。

梳 shū 理髮也。从木，疏省聲。所菹切。

㭘 xiá（今音 gé） 劒柙也。从木，合聲。胡甲切。

槈 nòu 薅器也。从木，辱聲。奴豆切。

或从金。

𣛱 jū（今音 xū） 芣，臿也。从木；入，象形；䀠聲。舉朱切。

芣 huá（鏵） 兩刃臿也。从木；丫（丫），象形。宋魏曰芣也。互瓜切。或从金，从于。

梠 sì 臿也。从木，吕聲。一曰：徒土輂，齊人語也。臣鉉等曰："今俗作耜。"詳里切。或从里。

枱 sì 耒耑也。从木，台聲。弋之切。

或从金。籀文，从辝。

楎 hún 六叉犂。一曰：犂上曲木，犂轅。从木，軍聲。讀若渾天之渾。户昆切。

櫌 yōu 摩田器。从木，憂聲。《論語》曰："櫌而不

輟。”於求切。

欘 zhú　斫也。齊謂之鎡錤。一曰：斤柄，性自曲者。从木，屬聲。陟玉切。

櫡 zhuó　斫謂之櫡。从木，箸聲。張略切。

杷 pá　收麥器。从木，巴聲。蒲巴切。

椴 yì（今音 xí）　穜樓也。一曰：燒麥柃椴。从木，役聲。与辟切。

柃 líng　木也。从木，令聲。郎丁切。

柫 fú　擊禾連枷也。从木，弗聲。敷勿切。

枷 jiā　柫也。从木，加聲。淮南謂之柍。古牙切。

杵 chǔ　舂杵也。从木，午聲。昌與切。

槩 gài（概）　杚斗斛。从木，既聲。工代切。

杚 gǔ（今音 gài）　平也。从木，气聲。古没切。

楷 shěng　木參交以枝炊籅者也。从木，省聲。讀若驪駕。臣鉉等曰：“驪駕，未詳。”所綆切。

柶 sì　《禮》有柶。柶，匕也。从木，四聲。息利切。

桮 bēi（杯）　𠥽也。从木，否聲。布回切。

籀文桮。

槃 pán　承槃也。从木，般聲。薄官切。

鎜 古文，从金。盤 籀文，从皿。

榹 sī　槃也。从木，虒聲。息移切。

案 àn　几屬。从木，安聲。烏旰切。

檈 xuán　圜案也。从木，睘聲。似沿切。

椷 jiān　篋也。从木，咸聲。古咸切。

枓 zhǔ　勺也。从木，从斗。之庾切。

杓 biāo　枓柄也。从木，从勺。臣鉉等曰：“今俗作市若切，以爲桮杓之杓。”甫摇切。

櫑 léi　龜目酒尊。刻木作雲雷象，象施不窮也。从木，畾聲。櫑，或从缶。魯回切。

櫑，或从皿。籀文櫑。

椑 pí　圜榼也。从木，卑聲。部迷切。

榼 kē　酒器也。从木，盍聲。枯蹋切。

橢 tuǒ　車笭中橢橢器也。从木，隋聲。徒果切。

槌 zhuì　關東謂之槌，關西謂之㮳。从木，追聲。

直類切。

㭙 zhé 槌也。从木，特省聲。陟革切。

栚 zhèn 槌之横者也。關西謂之㯓。从木，灷聲。臣鉉等曰：“當从朕省。”直衽切。

槤 liǎn 瑚槤也。从木，連聲。臣鉉等曰：“今俗作璉，非是。”里典切。

櫎 huǎng 所以几器。从木，廣聲。一曰：帷屏風之屬。臣鉉等曰：“今别作幌，非是。”胡廣切。

㮂 jú 舉食者。从木，具聲。俱燭切。

檕 jì 繘耑木也。从木，毄聲。古詣切。

檷 nǐ 絡絲檷。从木，爾聲。讀若柅。奴礼切。

機 jī 主發謂之機。从木，幾聲。居衣切。

榺 shèng 機持經者。从木，朕聲。詩證切。

杼 zhù 機之持緯者。从木，予聲。直吕切。

椱 fù 機持繒者。从木，夏聲。扶富切。

楥 xuàn 履法也。从木，爰聲。讀若指撝。吁券切。

核 gāi 蠻夷以木皮爲篋，狀如籢尊。从木，亥聲。古哀切。

棚 péng 棧也。从木，朋聲。薄衡切。

棧 zhàn 棚也。竹木之車曰棧。从木，戔聲。士限切。

栫 zùn(今音 jiàn) 以柴木壅也。从木，存聲。祖(徂)悶切。

槶 guì 筐當也。从木，國聲。古悔切。

梯 tī 木階也。从木，弟聲。土雞切。

棖 chéng 杖也。从木，長聲。一曰：法也。宅耕切。

桊 juàn 牛鼻中環也。从木，𢍏聲。居倦切。

椯 duǒ 箠也。从木，耑聲。一曰：揣度也。一曰：剟也。兜果切。

橜 jué(橛) 弋也。从木，厥聲。一曰：門梱也。瞿月切。

樴 zhí 弋也。从木，戠聲。之弋切。

杖 zhàng 持也。从木，丈聲。臣鉉等曰：“今俗别作仗，非是。”直兩切。

柭 bō(今音 bā) 棓也。从木，犮聲。北末切。

棓 bàng 棁也。从木，咅聲。步項切。

椎 chuí 擊也。齊謂之終葵。从木，隹聲。直追

切。

柯 kē　斧柄也。从木，可聲。古俄切。

棁 tuō/zhuō　木杖也。从木，兑聲。他活切，又之説切。

柄 bǐng　柯也。从木，丙聲。陂病切。

或从秉。

柲 bì　欑也。从木，必聲。兵媚切。

欑 cuán　積竹杖也。从木，贊聲。一曰：穿也。一曰：叢木。在丸切。

屎 nǐ（今音 chì）　籆柄也。从木，尸聲。女履切。

屎，或从木，尼聲。臣鉉等曰："柅，女氏切。木，若棃。此重出。"

榜 bēng　所以輔弓弩。从木，旁聲。補盲切。臣鉉等案："李舟《切韻》一音北孟切，進船也。又音北朗切，木片也。今俗作牓，非。"

檠 qíng　榜也。从木，敬聲。巨京切。

檃 yǐn　桰也。从木，隱省聲。於謹切。

桰 kuò（栝）　檃也。从木，昏聲。一曰：矢桰築弦處。古活切。

棊 qí（棋）　博棊。从木，其聲。渠之切。

椄 jiē　續木也。从木，妾聲。子葉切。

栙 xiáng　栙雙也。从木，夅聲。讀若鴻。下江切。

栝 tiǎn　炊竈木。从木，舌聲。臣鉉等曰："當从甛省，乃得聲。"他念切。

槽 cáo　畜按：畜字衍。獸（嘼）之食器。从木，曹聲。昨牢切。

臬 niè　射準的也。从木，从自。李陽冰曰："自非聲，从劓省。"五結切。

桶 tǒng　木方，受六升。按：木方句，唐写本木部残卷作"木方器也，受十六升。"从木，甬聲。他奉切。

櫓 lǔ　大盾也。从木，魯聲。郎古切。

或从鹵。

樂 yuè　五聲八音總名。象鼓鞞。木，虡也。玉角切。

柎 fū　闌足也。从木，付聲。甫無切。

枹 fú　擊鼓杖也。从木，包聲。甫無切。

椌 qiāng　柷。樂也。从木，空聲。苦江切。

柷 zhù　樂，木空也。所以止音爲節。从木，祝省聲。昌六切。

槧 qiàn 牘樸也。从木，斬聲。自琰切。

札 zhá 牒也。从木，乙聲。側八切。

檢 jiǎn 書署也。从木，僉聲。居奄切。

檄 xí 二尺書。从木，敫聲。胡狄切。

棨 qǐ 傳信也。从木，啓省聲。康礼切。

楘 mù 車歷録束文也。从木，敄聲。《詩》曰："五楘梁輈。"莫卜切。

桓 hù 行馬也。从木，互聲。《周禮》曰："設梐枑再重。"胡誤切。

梐 bì 梐枑也。从木，陛省聲。邊兮切。

极 jí 驢上負也。从木，及聲。或按：或字衍。讀若急。其輒切。

柭 qū 极也。从木，去聲。去魚切。

槅 gé 大車枙。从木，鬲聲。古覈切。

橾 shū 車轂中空也。从木，喿聲。讀若藪。山樞切。

楇 huò 盛膏器。从木，咼聲。讀若過。乎臥切。

枊 àng 馬柱。从木，卬聲。一曰：堅也。吾浪切。

梱 gù 梱斗。可射鼠。从木，固聲。古慕切。

欙 léi 山行所乘者。从木，纍聲。《虞書》曰："予乘四載。"水行乘舟，陸行乘車，山行乘欙，澤行乘𨋩。力追切。

榷 què 水上横木，所以渡者也。从木，隺(隺)聲。江岳切。

橋 qiáo 水梁也。从木，喬聲。巨驕切。

梁 liáng 水橋也。从木，从水，刅聲。吕張切。

　古文。

梭 sāo(今音 sōu) 船總名。从木，叜聲。臣鉉等曰："今俗别作艘，非是。"穌遭切。

橃 fá 海中大船。从木，發聲。臣鉉等曰："今俗别作筏，非是。"房越切。

楫 jí 舟櫂也。从木，咠聲。子葉切。

欚 lǐ 江中大船名。从木，蠡聲。盧啓切。

校 jiào 木因(囚)也。从木，交聲。古孝切。

樔 cháo 澤中守艸樓。从木，巢聲。鉏交切。

采 cǎi 捋取也。从木，从爪。倉宰切。

柿 fèi　削木札樸(朴)也。从木，市聲。陳楚謂櫝爲柿。芳吠切。

横 héng　闌木也。从木，黄聲。户盲切。

梜 jiā　檢柙也。从木，夾聲。古洽切。

桄 guàng　充也。从木，光聲。古曠切。

檇 zuì(槜)　以木有所擣也。从木，雋聲。《春秋傳》曰："越敗吴於檇李。"遵爲切。

椓 zhuó　擊也。从木，豖聲。竹角切。

朾 chéng　橦(撞)也。从木，丁聲。宅耕切。

柧 gū　棱也。从木，瓜聲。又，柧棱，殿堂上最高之處也。古胡切。

棱 léng　柧也。从木，夌聲。魯登切。

櫱 niè　伐木餘也。从木，獻聲。《商書》曰："若顛木之有甹櫱。"五葛切。　櫱，或从木，辥聲。　古文櫱，从木，無頭。　亦古文櫱。

枰 píng　平也。从木，从平，平亦聲。蒲兵切。

柆 lā　折木也。从木，立聲。盧合切。

槎 chá　衺斫也。从木，差聲。《春秋傳》曰："山不槎。"側下切。

柮 duò　斷也。从木，出聲。讀若《爾雅》"貀無前足"之貀。女滑切。

檮 táo　斷木也。从木，𠷎聲。《春秋傳》曰："檮柮。"徒刀切。

析 xī　破木也。一曰：折也。从木，从斤。先激切。

棷 zōu　木薪也。从木，取聲。側鳩切。

梡 hùn(今音 hún)　梱，木薪也。从木，完聲。胡本切。

梱 hún　梡，木未析也。从木，圂聲。胡昆切。

楄 pián　楄部，方木也。从木，扁聲。《春秋傳》曰："楄部薦榦。"部田切。

楅 bī　以木有所逼束也。从木，畐聲。《詩》曰："夏而楅衡。"彼即切。

枼 yè　楄也。枼，薄也。从木，世聲。臣鉉等曰："當从卅，乃得聲。卅，穌合切。"与涉切。

槱 yǒu　積火(木)燎之也。从木，从火，酉聲。《詩》曰："薪之槱之。"《周禮》："以槱燎祠司中、司命。"余救切。　柴祭天神，或从示。

休 xiū　息止也。从从(人)依木。許尤切。

休,或从广。

桓 gèng(今音 gèn)　竟也。从木,恒聲。古鄧切。

古文桓。

械 xiè　桎梏也。从木,戒聲。一曰:器之總名。一曰:持(治)也。一曰:有盛爲械,無盛爲器。胡戒切。

杽 chǒu　械也。从木,从手,手亦聲。敕九切。

桎 zhì　足械也。从木,至聲。之日切。

梏 gù　手械也。从木,告聲。古沃切。

櫪 lì　櫪㯕,椑(柙)指也。从木,歷聲。郎擊切。

㯕 xī　櫪㯕也。从木,斯聲。先稽切。

檻 jiàn　櫳也。从木,監聲。一曰:圈。胡黯切。

櫳 lóng　檻也。从木,龍聲。盧紅切。

柙 yā(今音 xiá)　檻也。以藏虎兕。从木,甲聲。烏匣切。古文柙。

棺 guān　關也,所以掩尸。从木,官聲。古丸切。

櫬 chèn　棺也。从木,親聲。《春秋傳》曰:"士輿櫬。"初僅切。

槥 huì　棺櫝也。从木,彗聲。祥歲切。

椁 guǒ　葬有木䇮也。从木,䇮聲。古博切。

楬 jié　楬桀按:唐写本桀作櫫。也。从木,曷聲。《春秋傳》按:唐写本《春秋传》作《周礼》。曰:"楬而書之。"其謁切。

梟 xiāo　不孝鳥也。日至,捕梟磔之。从鳥頭在木上。古堯切。

棐 fěi　輔也。从木,非聲。敷尾切。

文四百二十一　重三十九

梔 zhī　木,實可染。从木,巵聲。章移切。

榭 xiè　臺有屋也。从木,䠶聲。詞夜切。

槊 shuò　矛也。从木,朔聲。所角切。

椸 yí　衣架也。从木,施聲。以支切。

榻 tà　牀也。从木,𦐇聲。士(土)盍切。

櫍 zhì　柎也。从木,質聲。之日切。

櫂 zhào　所以進船也。从木,翟聲。或从卓。《史記》通用濯。直教切。

槔 gāo　桔槔,汲水器也。从木,皋聲。古牢切。

椿 zhuāng　橛杙也。从木,春聲。啄江切。

櫻 yīng　果也。从木，嬰聲。烏莖切。

栜 sè　梀也。从木，策省聲。所厄切。

文十二新附

東 dōng　動也。从木。官溥説，从日在木中。凡東之屬皆从東。得紅切。

棘 cáo　二東，曹从此。闕。

文二

林 lín　平土有叢木曰林。从二木。凡林之屬皆从林。力尋切。

橆 wú（無）　豐也。从林、𡘲。或説規模字。从大；卌，數之積也；林者，木之多也。卌與庶同意。《商書》曰："庶草繁無。"徐鍇曰："或説大卌爲規模之模，諸部無者，不審信也。"文甫切。

鬱 yù　木叢生者。从林，鬰（鬱）省聲。迂弗切。

楚 chǔ　叢木。一名荊也。从林，疋聲。創舉切。

棽 chēn　木枝條棽儷皃。从林，今聲。丑林切。

楙 mào　木盛也。从林，矛聲。莫候切。

麓 lù　守山林吏也。从林，鹿聲。一曰：林屬於山爲麓。《春秋傳》曰："沙麓崩。"盧谷切。𣘉古文从录。

棼 fén　複屋棟也。从林，分聲。符分切。

森 sēn　木多皃。从林，从木。讀若曾參之參。所今切。

文九　重一

梵 fàn　出自西域釋書，未詳意義。扶泛切。

文一新附

才 cái　艸木之初也。从丨上貫一，將生枝葉；一，地也。凡才之屬皆从才。徐鍇曰："上一，初生歧枝也。下一，地也。"昨哉切。

文一

説文解字 卷六下

叒 ruò 日初出東方湯谷，所登榑桑，叒木也。象形。凡叒之屬皆从叒。而灼切。 籒文。

桑 sāng 蠶所食葉木。从叒、木。息郎切。

文二 重一

之 zhī 出也。象艸過屮，枝莖益大，有所之。一者，地也。凡之之屬皆从之。止而切。

𡳿 huáng 艸木妄生也。从之在土上。讀若皇。徐鍇曰："妄按：孫本原作反。生謂非所宜生。傳曰，門上生莠。从之在土上，土上益高，非所宜也。"户光切。

文二 重一

帀 zā(匝) 周也。从反之而帀也。凡帀之屬皆从帀。周盛説。子荅切。

師 shī 二千五百人爲師。从帀，从𠂤。𠂤，四帀，衆意也。疎夷切。 古文師。

文二 重一

出 chū 進也。象艸木益滋，上出達也。凡出之屬皆从出。尺律切。

敖 áo 游也。从出，从放。五牢切。

賣 mài 出物貨也。从出，从買。莫邂切。

糶 tiào 出穀也。从出，从糴，糴亦聲。他弔切。

䵶 niè(今音 wà) 槷䵶，不安也。从出，臬聲。《易》曰："槷䵶。"徐鍇曰："物不安則出，不在也。"五結切。

文五

米 pō 艸木盛米米然。象形，八聲。凡米之屬皆从米。讀若輩。普活切。

𣏟 wèi 艸木𣏟孛之皃。从米，畀聲。于貴切。

索 suǒ 艸有莖葉，可作繩索。从米、糸。杜林説：米亦朱木(市)字。蘇各切。

孛 bèi 𣏟也。从米；人色也，从子。《論語》曰："色孛如也。"蒲妹切。

𠂔 zǐ 止也。从米盛而一横止之也。即里切。

南　nán　艸木至南方，有枝任也。从𣎵，𢆉聲。那含切。　古文。

文六　重一

生　shēng　進也。象艸木生出土上。凡生之屬皆从生。所庚切。

丰　fēng　艸盛丰丰也。从生，上下達也。敷容切。

產　chǎn　生也。从生，彥省聲。所簡切。

隆　lóng　豐、大也。从生，降聲。徐鍇曰："生而不已，益高大也。"力中切。

甤　ruí　草木實甤甤也。从生，豨省聲。讀若綏。儒隹切。

甡　shēn　衆生並立之皃。从二生。《詩》曰："甡甡其鹿。"所臻切。

文六

乇　zhé　艸葉也。从垂穗，上貫一，下有根。象形。凡乇之屬皆从乇。陟格切。

文一

𠂹　chuí　艸木華葉𠂹。象形。凡𠂹之屬皆从𠂹。是爲切。　古文。

文一　重一

𠌶　xū（今音 huā）　艸木華也。从𠂹，亏聲。凡𠌶之屬皆从𠌶。　𠌶，或从艸，从夸。況于切。

𩏂　wěi　盛也。从𠌶，韋聲。《詩》曰："萼不𩏂𩏂。"于鬼切。

文二　重一

華　huá（一音 huā）　榮也。从艸，从𠌶。凡華之屬皆从華。户瓜切。

皣　yè　艸木白華也。从華，从白。筠輒切。

文二

禾　jī　木之曲頭，止不能上也。凡禾之屬皆从禾。古兮切。

稘　zhǐ（積）　多小意而止也。从禾，从支，只聲。一曰：木也。職雉切。

𥝩　jǔ（椒）　積𥝩也。从禾，从又，句聲。又者，从丑省。一曰：木名。徐鍇曰："丑者，束縛也。積𥝩不伸之意。"俱羽切。

文三

稽　jī　留止也。从禾，从尤，旨聲。凡稽之屬皆从稽。古兮切。

稽 zhuó 特止也。从稽省，卓聲。徐鍇曰：“特止，卓立也。”竹角切。

𥡴 gǎo 𥡴椒而止也。从稽省，咎聲。讀若皓。賈侍中說：稽、𥡴、𥡴三字皆木名。古老切。

文三

巢 cháo 鳥在木上曰巢，在穴曰窠。从木，象形。凡巢之屬皆从巢。鉏交切。

㡀 biǎn 傾覆也。从寸，臼覆之。寸，人手也。从巢省。杜林說：以爲貶損之貶。方斂切。

文二

桼 qī 木汁。可以髤物。象形。桼如水滴而下。凡桼之屬皆从桼。親吉切。

髤 xiū 桼也。从桼，髟聲。許由切。

㲏 pào 桼垸巳（已），復桼之。从桼，包聲。匹皃切。

文三

束 shù 縛也。从囗、木。凡束之屬皆从束。書玉切。

柬 jiǎn 分別簡之也。从束，从八。八，分別也。古限切。

𣏟 jiǎn 小束也。从束，幵聲。讀若繭。古典切。

剌 là 戾也。从束，从刀。刀者，剌之也。徐鍇曰：“剌，乖違也。束而乖違者，莫若刀也。”盧達切。

文四

㯻 hùn（今音 gǔn） 㯻也。从束，圂聲。凡㯻之屬皆从㯻。胡本切。

橐 tuó 囊也。从㯻省，石聲。他各切。

囊 náng 㯻也。从㯻省，襄省聲。奴當切。

櫜 gāo 車上大㯻。从㯻省，咎聲。詩曰：“載櫜弓矢。”古勞切。

㯹 piáo 囊張大皃。从㯻省，匋省聲。符宵切。

文五

囗 wéi 回也。象回帀之形。凡囗之屬皆从囗。羽非切。

圜 yuán 天體也。从囗，瞏聲。王權切。

團 tuán 圜也。从囗，專聲。度官切。

圓 xuán 規也。从囗，肙聲。似沿切。

囩　yún　回也。从口，云聲。羽巾切。

圓　yuán　圜全也。从口，員聲。讀若員。王問切。

回　huí　轉也。从口，中象回轉形。户恢切。

古文。

圖　tú　畫計難也。从口，從啚。啚，難意也。徐鍇曰："規畫之也，故从口。"同都切。

圛　yì　回行也。从口，睪聲。《尚書》："曰圛。"圛，升雲半有半無。讀若驛。羊益切。

國　guó　邦也。从口，从或。古惑切。

㯻　kǔn(壼)　宫中道。从口，象宫垣、道、上之形。《詩》曰："室家之壼。"苦本切。

囷　qūn　廩之圜者。从禾在口中。圜謂之囷，方謂之京。去倫切。

圈　juàn　養畜之閑也。从口，卷聲。渠篆切。

囿　yòu　苑有垣也。从口，有聲。一曰：禽獸曰囿。于救切。籒文囿。

園　yuán　所以樹果也。从口，袁聲。羽元切。

圃　pǔ　種菜曰圃。从口，甫聲。博古切。

因　yīn　就也。从口、大。徐鍇曰："《左傳》曰：'植有禮，因重固。'能大者衆圍就之。"於真切。

囡　nà　下取物縮藏之。从口，从又。讀若聶。女洽切。

囹　líng　獄也。从口，令聲。郎丁切。

圄　yǔ　守之也。从口，吾聲。魚舉切。

囚　qiú　繫也。从人在口中。似由切。

固　gù　四塞也。从口，古聲。古慕切。

圍　wéi　守也。从口，韋聲。羽非切。

困　kùn　故廬也。从木在口中。苦悶切。

古文困。

圂　hùn　廁也。从口，象豕在口中也。會意。胡困切。

囮　é　譯也。从口、化。率鳥者繫生鳥以來之，名曰囮。讀若譌。囮，或从繇。又音由。五禾切。

文二十六　重四

員　yuán　物數也。从貝，口聲。凡員之屬皆从

員。徐鍇曰："古以貝爲貨，故數之。"王權切。　籀文，从鼎。

賱　yún　物數紛賱亂也。从員，云聲。讀若《春秋傳》曰"宋皇鄖"。羽文切。

文二　重一

貝　bèi　海介蟲也。居陸名猋，在水名蜬。象形。古者貨貝而寶龜，周而有泉，至秦廢貝行錢。凡貝之屬皆从貝。博蓋切。

𧴪　suǒ　貝聲也。从小、貝。酥果切。

賄　huì　財也。从貝，有聲。呼罪切。

財　cái　人所寶也。从貝，才聲。昨哉切。

貨　huò　財也。从貝，化聲。呼卧切。

䝿　guì　資也。从貝，爲聲。或曰：此古貨字。讀若貴。詭僞切。

資　zī　貨也。从貝，次聲。即夷切。

贎　wàn　貨也。从貝，萬聲。無販切。

賑　zhèn　富也。从貝，辰聲。之忍切。

賢　xián　多才也。从貝，臤聲。胡田切。

賁　bì　飾也。从貝，卉聲。彼義切。

賀　hè　以禮相奉慶也。从貝，加聲。胡箇切。

貢　gòng　獻功也。从貝，工聲。古送切。

贊　zàn　見也。从貝，从兟。臣鉉等曰："兟音詵，進也。執贊而進，有司贊相之。"則旰切。

賮　jīn　會禮也。从貝，𦘔聲。徐刃切。

齎　jī　持遺也。从貝，齊聲。祖雞切。

貸　dài　施也。从貝，代聲。他代切。

貣　tè　从人求物也。从貝，弋聲。他得切。

賂　lù　遺也。从貝，各聲。臣鉉等曰："當從路省，乃得聲。"洛故切。

賸　shèng(剩)　物相增加也。从貝，朕聲。一曰：送也，副也。以證切。

贈　zèng　玩好相送也。从貝，曾聲。昨鄧切。

貱　bì　迻予也。从貝，皮聲。彼義切。

贛　gòng　賜也。从貝，竷省聲。臣鉉等曰："竷非聲。未詳。"古送切。　籀文贛。

賚　lài　賜也。从貝，來聲。《周書》曰："賚尒秬鬯。"洛帶切。

賞 shǎng　賜有功也。从貝，尚聲。書兩切。

賜 cì　予也。从貝，易聲。斯義切。

貤 yì　重次弟物也。从貝，也聲。从(以)豉切。

贏 yíng　有餘、賈利也。从貝，𣎆聲。臣鉉等曰："当从嬴省，乃得聲。"以成切。

賴 lài　贏也。从貝，剌聲。洛帶切。

負 fù　恃也。从人守貝，有所恃也。一曰：受貸不償。房九切。

貯 zhù　積也。从貝，宁聲。直吕切。

貳 èr　副、益也。从貝，弍聲。弍，古文二。而至切。

賓 bīn　所敬也。从貝，㝊聲。必鄰切。

𡧍 古文。

賒 shē(賖)　貰買也。从貝，余聲。式車切。

貰 shì　貸也。从貝，世聲。神夜切。

贅 zhuì　以物質錢。从敖、貝。敖者，猶放；貝，當復取之也。之芮切。

質 zhì　以物相贅。从貝，从所。闕。之日切。

貿 mào　易財也。从貝，丣聲。莫候切。

贖 shú　貿也。从貝，𧶠聲。殊六切。

費 fèi　散財用也。从貝，弗聲。房未切。

責 zé　求也。从貝，朿聲。側革切。

賈 gǔ　賈市也。从貝，襾聲。一曰：坐賣售也。公户切。

𧷸 shāng(商)　行賈也。从貝，商省聲。式陽切。

販 fàn　買賤賣貴者。从貝，反聲。方願切。

買 mǎi　市也。从网、貝。《孟子》曰："登壟斷而网市利。"莫蟹切。

賤 jiàn　賈少也。从貝，戔聲。才線切。

賦 fù　斂也。从貝，武聲。方遇切。

貪 tān　欲物也。从貝，今聲。他含切。

貶 biǎn　損也。从貝，从乏。方斂切。

貧 pín　財分少也。从貝，从分，分亦聲。符巾切。

穷 古文从宀、分。

賃 lìn　庸也。从貝，任聲。尼禁切。

賕 qiú　以財物枉法相謝也。从貝，求聲。一曰：戴質也。巨留切。

購 gòu　以財有所求也。从貝，冓聲。古候切。

䝪 shǔ　齎財卜問爲䝪。从貝，疋聲。讀若所。疏舉切。

貲 zī　小罰以財自贖也。从貝，此聲。漢律：民不繇，貲錢二十二。即夷切。

賨 cóng　南蠻賦也。从貝，宗聲。徂紅切。

𧶠 yù　衒也。从貝，𦍌聲。𦍌，古文睦。讀若育。余六切。

貴 guì　物不賤也。从貝，臾聲。臾，古文蕢。居胃切。

賏 yīng　頸飾也。从二貝。烏莖切。

文五十九　重三

貺 kuàng　賜也。从貝，兄聲。許訪切。

賵 fèng　贈死者。从貝，从冒。冒者，衣衾覆冒之意。撫鳳切。

賭 dǔ　博簺也。从貝，者聲。當古切。

貼 tiē　以物爲質也。从貝，占聲。他叶切。

貽 yí　贈遺也。从貝，台聲。經典通用詒。與之切。

賺 zhuàn(賺)　重買也，錯也。从貝，廉聲。佇陷切。

賽 sài　報也。从貝，塞省聲。先代切。

賻 fù　助也。从貝，尃聲。符遇切。

贍 shàn　給也。从貝，詹聲。時豔切。

文九 新附

邑 yì　國也。从囗；先王之制，尊卑有大小，从卪。凡邑之屬皆从邑。於汲切。

邦 bāng　國也。从邑，丰聲。博江切。

古文。

郡 jùn　周制：天子地方千里，分爲百縣，縣有四郡。故《春秋傳》曰"上大夫受郡"是也。至秦初置三十六郡，以監其縣。从邑，君聲。渠運切。

都 dū　有先君之舊宗廟曰都。从邑，者聲。周禮：距國五百里爲都。當孤切。

鄰 lín　五家爲鄰。从邑，粦聲。力珍切。

酇 zuǎn/zàn　百家爲酇。酇，聚也。从邑，贊聲。南陽有酇縣。作管切，又作旦切。

鄙 bǐ　五酇爲鄙。从邑，啚聲。兵美切。

郊 jiāo　距國百里爲郊。从邑，交聲。古肴切。

邸 dǐ　屬國舍。从邑，氐聲。都禮切。

郛 fú　郭也。从邑，孚聲。甫無切。

郵 yóu　境上行書舍。从邑、垂。垂，邊也。羽求切。

䣈 shào　國甸，大夫稍。稍，所食邑。从邑，肖聲。《周禮》曰："任䣈地。"在天子三百里之内。所教切。

鄯 shàn　鄯善，西胡國也。从邑，从善，善亦聲。時戰切。

竆 qióng　夏后時諸侯夷羿國也。从邑，窮省聲。渠弓切。

⿰契阝 jì　周封黄帝之後於⿰契阝也。从邑，契聲。讀若薊。上谷有⿰契阝縣。古詣切。

邰 tái　炎帝之後，姜姓所封，周棄外家國。从邑，台聲。右扶風斄縣是也。《詩》曰："有邰家室。"土來切。

⿰支阝 qí　周文王所封。在右扶風美陽中水鄉。从邑，支聲。巨支切。

⿰支阝或从山，支聲。因岐山以名之也。

古文⿰支阝，从枝，从山。

邠 bīn　周太王國。在右扶風美陽。从邑，分聲。補巾切。

美陽亭，即豳也。民俗以夜市。有豳山。从山，从豩。闕。

郿 méi　右扶風縣。从邑，眉聲。武悲切。

郁 yù　右扶風郁夷也。从邑，有聲。於六切。

鄠 hù　右扶風縣名。从邑，雩聲。胡古切。

扈 hù　夏后同姓所封，戰於甘者。在鄠，有扈谷、甘亭。从邑，户聲。胡古切。

古文扈，从山、马。

⿰崩阝 péi　右扶風鄠鄉。从邑，崩聲。沛城父有⿰崩阝鄉。讀若陪。薄回切。

⿰且阝 jū　右扶風鄠鄉。从邑，且聲。子余切。

郝 hǎo　右扶風鄠、盩厔鄉。从邑，赤聲。呼各切。

酆 fēng　周文王所都。在京兆杜陵西南。从邑，豐聲。敷戎切。

鄭 zhèng　京兆縣。周厲王子友所封。从邑，奠聲。宗周之滅，鄭徙潧洧之上，今新鄭是也。直正切。

郃 hé　左馮翊郃陽縣。从邑，合聲。《詩》曰："在郃之陽。"候閤切。

叩 kǒu　京兆藍田鄉。从邑，口聲。苦后切。

鄻 fán　京兆杜陵鄉。从邑，樊聲。附袁切。

鄜 fū(鄜)　左馮翊縣。从邑，鹿聲。甫無切。

郿 tú　左馮翊郿陽亭。从邑，屠聲。同都切。

邮 dí　左馮翊高陵[亭]。从邑，由聲。徒歷切。

郠 nián(邾)　左馮翊谷口鄉。从邑，季聲。讀若寧。奴顛切。

邽 guī　隴西上邽也。从邑，圭聲。古畦切。

部 pǒu(今音 bù)　天水狄部。从邑，咅聲。蒲口切。

郖 dòu　弘農縣庾(渡)地。从邑，豆聲。當侯切。

鄏 rǔ　河南縣直城門官陌地也。从邑，辱聲。《春秋傳》曰："成王定鼎于郟鄏。"而蜀切。

鄻 liǎn　周邑也。从邑，輦聲。力展切。

祭 zhài　周邑也。从邑，祭聲。側介切。

邙 máng　河南洛陽北亡山上邑。从邑，亡聲。莫郎切。

鄩 xún　周邑也。从邑，尋聲。徐林切。

郗 chī(今音 xī)　周邑也。在河内。从邑，希聲。丑脂切。

鄆 yùn　河内沁水鄉。从邑，軍聲。魯有鄆地。王問切。

邶 bèi　故商邑。自河内朝歌以北是也。从邑，北聲。補妹切。

邘 yú　周武王子所封。在河内。野王是也。从邑，于聲。又讀若區。況于切。

𨜒 lí　殷諸侯國。在上黨東北。从邑，㓞聲。㓞，古文利。《商書》："西伯戡𨜒。"郎奚切。

邵 shào　晉邑也。从邑，召聲。寔照切。

鄍 míng　晉邑也。从邑，冥聲。《春秋傳》曰："伐鄍三門。"莫經切。

鄐 chù　晉邢侯邑。从邑，畜聲。丑六切。

郈 hóu(郈)　晉之温地。从邑，侯聲。《春秋傳》曰："争郈田。"胡遘切。

邲 bì　晉邑也。从邑，必聲。《春秋傳》曰："晉楚戰于邲。"毗必切。

郤 xì　晉大夫叔虎邑也。从邑，谷聲。綺戟切。

郿 péi　河東聞喜縣(鄉)。从邑，非聲。薄回切。

䣸 qián　河東聞喜聚。从邑，虔聲。渠焉切。

邼 kuāng　河東聞喜鄉。从邑，匡聲。去王切。

鄈 kuí　河東臨汾地，即漢之所祭后土處。从邑，癸聲。揆唯切。

邢 xíng（邢）　周公子所封。地近河内懷。从邑，开（幵）聲。户經切。

鄔 wū　太原縣。从邑，烏聲。安古切。

祁 qí　太原縣。从邑，示聲。巨支切。

鄴 yè　魏郡縣。从邑，業聲。魚怯切。

郉 xíng(今音 jǐng)　鄭地郉亭。从邑，井聲。户經切。

邯 hán　趙邯鄲縣。从邑，甘聲。胡安切。

鄲 dān　邯鄲縣。从邑，單聲。都寒切。

郇 xún　周武（文）王子所封國。在晉地。从邑，旬聲。讀若泓。相倫切。

鄃 shū　清河縣。从邑，俞聲。式朱切。

鄗 hào　常山縣。世祖所即位，今爲高邑。从邑，高聲。呼各切。

鄡 qiāo　鉅鹿縣。从邑，梟聲。牽遥切。

鄚 mào　涿郡縣。从邑，莫聲。慕各切。

郅 zhì　北地郁郅縣。从邑，至聲。之日切。

鄋 sōu（鄋）　北方長狄國也。在夏爲防風氏，在殷爲汪茫氏。从邑，叜聲。《春秋傳》曰："鄋瞞侵齊。"所鳩切。

鄦 xǔ　炎帝太嶽之胤，甫矦所封，在潁川。从邑，無聲。讀若許。虚吕切。

邟 kàng　潁川縣。从邑，亢聲。苦浪切。

郾 yǎn　潁川縣。从邑，匽聲。於建切。

郟 jiá　潁川縣。从邑，夾聲。工洽切。

郪 qī　新郪，汝南縣。从邑，妻聲。七稽切。

鄎 xī　姬姓之國。在淮北。从邑，息聲。今汝南新鄎。相即切。

郋 xí　汝南邵陵里。从邑，自聲。讀若奚。胡雞切。

䣙 páng　汝南鮦陽亭。从邑，旁聲。步光切。

郹 jú　蔡邑也。从邑，狊聲。《春秋傳》曰："郹陽封人之女奔之。"古闃切。

鄧 dèng　曼姓之國。今屬南陽。从邑，登聲。徒亘切。

鄾 yōu　鄧國地也。从邑，憂聲。《春秋傳》曰："鄧南鄙鄾人攻之。"於求切。

郘 háo　南陽淯陽鄉。从邑，号聲。乎刀切。

鄛 cháo　南陽棗（棘）陽鄉。从邑，巢聲。鉏交切。

穰 ráng　今南陽穰縣是。从邑，襄聲。汝羊切。

鄭 lǚ（今音 lóu）　南陽穰鄉。从邑，婁聲。力朱切。

郹 lǐ　南陽西鄂亭。从邑，里聲。良止切。

郛 yǔ　南陽舞陰亭。从邑，羽聲。王榘切。

郢 yǐng　故楚都。在南郡江陵北十里。从邑，呈聲。以整切。郢，或省。

鄢 yān　南郡縣。孝惠三年改名宜城。从邑，焉聲。於乾切。

鄳 méng　江夏縣。从邑，黽聲。莫杏切。

鄭 gé　南陽陰鄉。从邑，葛聲。古達切。

鄂 è　江夏縣。从邑，咢聲。五各切。

郘 qǐ　南陽（郡）縣。从邑，已聲。居擬切。

郝 zhū　江夏縣。从邑，朱聲。陟輸切。

鄖 yún　漢南之國。从邑，員聲。漢中有鄖關。羽文切。

鄘 yōng　南夷國。从邑，庸聲。余封切。

郫 pí　蜀縣也。从邑，卑聲。符支切。

鄯 chóu　蜀江原地。从邑，壽聲。市流切。

耤 jí　蜀地也。从邑，耤聲。泰（秦）昔切。

鄤 wàn　蜀按：蜀字衍。廣漢鄉也。从邑，蔓聲。讀若蔓。無販切。

邡 fāng　什邡，廣漢縣。从邑，方聲。府良切。

馮 mà　存馮，犍爲縣。从邑，馬聲。莫駕切。

鄨 bì　牂牁縣。从邑，敝聲。讀若鷩雉之鷩。必袂切。

郇 bāo　地名。从邑，包聲。布交切。

邢 nuó（那）　西夷國。从邑，冄聲。安定有朝邢縣。諾何切。

鄱 pó　鄱陽，豫章縣。从邑，番聲。薄波切。

酃 líng　長沙縣。从邑，霝聲。郎丁切。

郴 chēn　桂陽縣。从邑，林聲。丑林切。

耒阝 lèi　今桂陽耒阝陽縣。从邑，耒聲。盧對切。

鄮 mào　會稽縣。从邑，貿聲。莫候切。

鄞 yín　會稽縣。从邑，堇聲。語斤切。

邟 bèi（今音 pèi）　沛郡。从邑，巿聲。博蓋切。

邴 bǐng　宋（鄭）下邑。从邑，丙聲。兵永切。

酇 cuó　沛國縣。从邑，虘聲。昨何切。

邵 shǎo　地名。从邑，少聲。書沼切。

郎 chén　地名。从邑，臣聲。植鄰切。

鄺 chán　宋地也。从邑，毚聲。讀若讒。士咸切。

郶 zī　宋魯閒地。从邑，晉聲。即移切。

郜 gào　周文王子所封國。从邑，告聲。古到切。

鄄 juàn　衛地。今濟陰鄄城。从邑，垔聲。吉掾切。

邛 qióng　邛地（成）。在按：在字衍。濟陰縣。从邑，工聲。渠容切。

鄶 kuài　祝融之後，妘姓所封。潧洧之間。鄭滅之。从邑，會聲。古外切。

邧 yuán　鄭（秦）邑也。从邑，元聲。虞遠切。

郔 yán　鄭地。从邑，延聲。以然切。

郠 gěng　琅邪莒邑。从邑，更聲。《春秋傳》曰："取郠。"古杏切。

鄅 yǔ　妘姓之國。从邑，禹聲。《春秋傳》曰："鄅人籍稻。"讀若規榘之榘。王榘切。

鄒 zōu　魯縣。古邾國，帝顓頊之後所封。从邑，芻聲。側鳩切。

郐 tú　邾下邑地。从邑，余聲。魯東有郐城。讀若塗。同都切。

邿 shī　附庸國。在東平亢父邿亭。从邑，寺聲。《春秋傳》曰："取邿。"書之切。

郰 zōu　魯下邑。孔子之鄉。从邑，取聲。側鳩切。

郕 chéng　魯孟氏邑。从邑，成聲。氏征切。

郁 yǎn　周公所誅郁國。在魯。从邑，奄聲。依檢切。

酄 huān　魯下邑。从邑，雚聲。《春秋傳》曰："齊人來歸酄。"呼官切。

郎 láng　魯亭也。从邑，良聲。魯當切。

邳 pī 奚仲之後，湯左相仲虺所封國。在魯薛縣。从邑，丕聲。敷悲切。

鄣 zhāng 紀邑也。从邑，章聲。諸良切。

邗 hán 國也。今屬臨淮。从邑，干聲。一曰：邗本屬吳。胡安切。

⿰義阝 yí 臨淮徐地。从邑，義聲。《春秋傳》曰："徐⿰義阝楚。"魚羈切。

郈 hòu 東平無鹽鄉。从邑，后聲。胡口切。

郯 tán 東海縣。帝少昊之後所封。从邑，炎聲。徒甘切。

郚 wú 東海縣。故紀侯之邑也。从邑，吾聲。五乎切。

酅 xī 東(北)海之邑。从邑，巂聲。户圭切。

鄫 zēng 姒姓國。在東海。从邑，曾聲。疾陵切。

邪 yé 琅邪郡。从邑，牙聲。以遮切。

邞 fū 琅邪縣。一名純德。从邑，夫聲。甫無切。

⿰桼阝 qī 齊地也。从邑，桼聲。親吉切。

郭 guō 齊之郭氏虚。善善，不能进；惡惡，不能退：是以亡國也。从邑，𩫏聲。古博切。

郳 ní 齊地。从邑，兒聲。《春秋傳》曰："齊高厚定郳田。"五雞切。

郣 bó 郣海地(郡)。从邑，孛聲。一曰：地之起者曰郣。臣鉉等曰："今俗作渤，非是。"蒲没切。

⿰覃阝 tán 國也。齊桓公之所滅。从邑，覃聲。臣鉉等曰："今作譚，非是。《説文》注義有譚長，疑後人傳寫之誤。"徒含切。

邭 qú 地名。从邑，句聲。其俱切。

郂 gāi 陳留鄉。从邑，亥聲。古哀切。

⿺𢦏邑 zài 故國。在陳留。从邑，𢦏聲。作代切。

酀 yān 地名。从邑，燕聲。烏前切。

邱 qiū 地名，从邑，丘聲。去鳩切。

⿰如阝 rú 地名。从邑，如聲。人諸切。

⿰丑阝 niǔ 地名。从邑，丑聲。女九切。

邔 jǐ 地名。从邑，几聲。居履切。

⿰翕阝 xì 地名。从邑，翕聲。希立切。

⿰求阝 qiú 地名。从邑，求聲。巨鳩切。

鄍 yīng　地名。从邑，嬰聲。於郢切。

鄬 dǎng　地名。从邑，尚聲。多朗切。

郱 píng　地名。从邑，并聲。薄經切。

𨟈 hǔ　地名。从邑，虖聲。呼古切。

邩 huǒ　地名。从邑，火聲。呼果切。

鄝 liǎo　地名。从邑，翏聲。盧鳥切。

鄬 guī（今音 wéi）　地名。从邑，爲聲。居爲切。

邨 cūn（村）　地名。从邑，屯聲。臣鉉等曰："今俗作村，非是。"此尊切。

郐 shē（今音 shū）　地名。从邑，舍聲。式車切。

𨟚 hé　地名。从邑，盍聲。胡蠟切。

鄿 gān　地名。从邑，乾聲。古寒切。

鄰 lǐn　地名。从邑，㐭聲。讀若淫。力荏切。

邖 shān　地名。从邑，山聲。所閒切。

鄌 táng　地名。从邑，臺聲。臺，古堂字。徒郎切。

𨜴 féng　姬姓之國。从邑，馮聲。房戎切。

郶 kuài　汝南安陽鄉。从邑，蒯（𠞉）省聲。苦怪切。

郙 fǔ　汝南上蔡亭。从邑，甫聲。方矩切。

酈 lì　南陽縣。从邑，麗聲。郎擊切。

鄿 qiān　地名。从邑，𩀟聲。七然切。

𨛜　从反邑。𨛜字从此。闕。

文一百八十四　重六

𨛜 xiàng　鄰道也。从邑，从𨛜。凡𨛜之屬皆从𨛜。闕。胡絳切。今隸變作㔾。

鄉 xiāng（鄉）　國離邑，民所封鄉也。嗇夫別治。封圻之内六鄉，六鄉治之。从𨛜，皀聲。許良切。

𨞰 xiàng　里中道。从𨛜，从共。皆在邑中所共也。胡絳切。巷 篆文，从𨛜省。

文三　重一

說文解字　卷七上

五十六部　文七百一十四　重百一十五
凡八千六百四十七字　文四十二新附

日　rì　實也。大陽之精不虧。从口、一。象形。凡日之屬皆从日。人質切。　古文,象形。

旻　mín　秋天也。从日,文聲。《虞書》曰:“仁閔覆下,則稱旻天。”武巾切。

時　shí　四時也。从日,寺聲。市之切。

　古文時,从之、日。

早　zǎo　晨也。从日在甲上。子浩切。

昒　hū　尚冥也。从日,勿聲。呼骨切。

昧　mèi　爽,旦(且)明也。从日,未聲。一曰:闇也。莫佩切。

睹　dǔ(今音 shǔ)　旦明也。从日,者聲。當古切。

晢　zhé　昭晣,明也。从日,折聲。《禮》曰:“晣明行事。”旨熱切。

昭　zhāo　日明也。从日,召聲。止遙切。

晤　wù　明也。从日,吾聲。《詩》曰:“晤辟有摽。”五故切。

的　dì　明也。从日,勺聲。《易》曰:“爲的顙。”都歷切。

晄　huǎng　明也。从日,光聲。胡廣切。

曠　kuàng　明也。从日,廣聲。苦謗切。

旭　xù　日旦出皃。从日,九聲。讀若勗。一曰:明也。臣鉉等曰:“九非聲。未詳。”許玉切。

晉　jìn(晋)　進也。日出萬物進。从日,从臸。《易》曰:“明出地上,晉。”臣鉉等案:“臸,到也。會意。”即刃切。

暘　yáng　日出也。从日,昜聲。《虞書》曰:“暘谷。”與章切。

啓　qǐ　雨而晝姓也。从日,啓省聲。康礼切。

暍　yì　日覆雲暫見也。从日,易聲。羊益切。

昫 xū/xù　日出温也。从日，句聲。北地有昫衍縣。火于切，又火句切。

晛 xiàn　日見也。从日，从見，見亦聲。《詩》曰："見晛曰消。"胡甸切。

晏 yàn　天清也。从日，安聲。烏諫切。

曣 yàn　星無雲也。从日，燕聲。於甸切。

景 jǐng(影)　光也。从日，京聲。居影切。

晧 hào　日出皃。从日，告聲。胡老切。

暤 hào　晧旰也。从日，臯聲。胡老切。

曅 yè(曄)　光也(皃)。从日，从雩。筠輒切。

暉 huī　光也。从日，軍聲。許歸切。

旰 gàn　晚也。从日，干聲。《春秋傳》曰："日旰君勞。"古案切。

暆 yí　日行暆暆也。从日，施聲。樂浪有東暆縣。讀若酏。弋支切。

晷 guǐ　日景也。从日，咎聲。居洧切。

𣅳 zè(昃)　日在西方時，側也。从日，仄聲。《易》曰："日𣅳之離。"臣鉉等曰："今俗别作昃，非是。"阻力切。

晚 wǎn　莫也。从日，免聲。無遠切。

昏 hūn　日冥也。从日，氐省。氐者，下也。一曰：民聲。呼昆切。

曫 luán　日旦(且)昏時。从日，䜌聲。讀若新城䜌(蠻)中。洛官切。

晻 ǎn(今音 àn)　不明也。从日，奄聲。烏感切。

暗 àn　日無光也。从日，音聲。烏紺切。

晦 huì　月盡也。从日，每聲。荒内切。

𣈶 nài　埃𣈶，日無光也。从日，能聲。奴代切。

曀 yì　陰而風也。从日，壹聲。《詩》曰："終風且曀。"於計切。

旱 hàn　不雨也。从日，干聲。乎旰切。

昋 yǎo　望遠合也。从日、匕。匕，合也。讀若窈窕之窈。徐鍇曰："比，相近也，故曰合也。"烏皎切。

昴 mǎo　白虎宿星。从日，卯聲。莫飽切。

曏 xiàng　不久也。从日，鄉聲。《春秋傳》曰："曏役之三月。"許兩切。

曩 nǎng　曏也。从日，襄聲。奴朗切。

昨　zuó　壘日也。从日,乍聲。在各切。

暇　xià(今音 xiá)　閑也。从日,叚聲。胡嫁切。

暫　zàn　不久也。从日,斬聲。藏濫切。

昪　biàn　喜樂皃。从日,弁聲。皮變切。

昌　chāng　美言也。从日,从曰。一曰:日光也。《詩》曰:"東方昌矣。"臣鉉等曰:"曰亦言也。"尺良切。籀文昌。

暀　wàng　光美也。从日,往聲。于故(放)切。

昄　bǎn　大也。从日,反聲。補綰切。

昱　yù　明日也。从日,立聲。余六切。

㬵　nǎn　温溼也。从日,赧省聲。讀與赧同。女版切。

暍　yē　傷暑也。从日,曷聲。於歇切。

暑　shǔ　熱也。从日,者聲。舒吕切。

𣌾　nàn　安𣌾,温也。从日,難聲。奴案切。

㬎　è(今音 xiǎn)　衆微杪也。从日中視絲。古文以爲顯字。或曰:衆口皃,讀若唫唫。或以爲繭。繭者,絮中往往有小繭也。五合切。

㬥　bào(暴)　晞也。从日,从出,从𠬞,从米。薄報切。古文㬥,从日,麃聲。

曬　shì(今音 shài)　㬥也。从日,麗聲。所智切。

暵　hàn　乾也。耕㬥田曰暵。从日,堇聲。《易》曰:"燥萬物者莫暵于離。"臣鉉等曰:"當从漢省,乃得聲。"呼旰切。

晞　xī　乾也。从日,希聲。香衣切。

昔　xī　乾肉也。从殘肉,日以晞之。與俎同意。思積切。籀文,从肉。

暱　nì　日近也。从日,匿聲。《春秋傳》曰:"私降暱燕。"尼質切。暱,或从尼。

䁤　xiè　日狎習相慢也。从日,執(埶)聲。私列切。

按:此字篆书亦當从日从埶。

香　mì　不見也。从日,否省聲。美畢切。

昆　kūn　同也。从日,从比。徐鍇曰:"日日比之,是同也。"古渾切。

晐　gāi　兼晐也。从日,亥聲。古哀切。

普　pǔ　日無色也。从日,从並。徐鍇曰:"日無光,則遠近皆同。故从並。"滂古切。

曉　xiǎo　明也。从日,堯聲。呼鳥切。

昕　xīn　旦明，日將出也。从日，斤聲。讀若希。許斤切。

文七十　重六

曈　tóng　曈曨，日欲明也。从日，童聲。徒紅切。

曨　lóng　曈曨也。从日，龍聲。盧紅切。

昈　hù　明也。从日，户聲。矦古切。

昉　fǎng　明也。从日，方聲。分兩切。

晙　jùn　明也。从日，夋聲。子峻切。

晟　shèng　明也。从日，成聲。承正切。

昶　chǎng　日長也。从日、永。會意。丑兩切。

暈　yùn　日月气也。从日，軍聲。王問切。

晬　zuì　周年也。从日、卒，卒亦聲。子内切。

映　yìng　明也，隱也。从日，央聲。於敬切。

曙　shǔ　曉也。从日，署聲。常恕切。

昳　dié　日昃也。从日，失聲。徒結切。

曇　tán　雲布也。从日、雲。會意。徒含切。

曆　lì　曆象也。从日，厤聲。《史記》通用歷。郎擊切。

昂　áng　舉也。从日，卬聲。五岡切。

昇　shēng　日上也。从日，升聲。古只用升。識蒸切。

文十六新附

旦　dàn　明也。从日見一上。一，地也。凡旦之屬皆从旦。得案切。

暨　jì　日頗見也。从旦，既聲。其異切。

文二

倝　gàn　日始出，光倝倝也。从旦，㫃聲。凡倝之屬皆从倝。古案切。

𠦝　gàn　闕。

𠦜　zhāo(朝)　旦也。从倝，舟聲。陟遥切。

文三

㫃　yǎn　旌旗之游，㫃蹇之皃。从屮，曲而下；垂㫃，相出入也。讀若偃。古人名㫃，字子游。凡㫃之屬皆从㫃。於幰切。古文㫃字，象形，及象旌旗之游。

旐　zhào　龜蛇四游，以象營室，游游而長。从㫃，兆聲。《周禮》曰："縣鄙建旐。"治小切。

旗　qí　熊旗五(六)游，以象罰星，士卒以爲期。从

㫃,其聲。《周禮》曰:"率都建旗。"渠之切。

旆 pèi 繼旐之旗也,沛然而垂。从㫃,𣎵聲。蒲蓋切。

旌 jīng 游車載旌,析羽注旄首,所以精進士卒。从㫃,生聲。子盈切。

旟 yú 錯革畫鳥其上,所以進士衆。旟旟,衆也。从㫃,與聲。《周禮》曰:"州里建旟。"以諸切。

旂 qí 旗有衆鈴,以令衆也。从㫃,斤聲。渠希切。

旞 suì 導車所以載。全羽以爲允允進也。从㫃,遂聲。徐醉切。旞,或从遺。

旝 kuài 建大木,置石其上,發以機,以追敵也。从㫃,會聲。《春秋傳》曰:"旝動而鼓。"《詩》曰:"其旝如林。"古外切。

旃 zhān 旗曲柄也。所以旃表士衆。从㫃,丹聲。《周禮》曰:"通帛爲旃。"諸延切。旃,或从亶。

㫊 yóu 旌旗之流也。从㫃,攸聲。以周切。

𣄠 yǎo 旗屬。从㫃,要聲。烏皎切。

施 shī 旗皃。从㫃,也聲。亝欒施,字子旗,知施者旗也。式支切。

旖 yǐ 旗旖施也。从㫃,奇聲。於离切。

旚 piāo 旌旗旚繇也。从㫃,㶾聲。匹招切。

𣄰 biāo 旌旗飛揚皃。从㫃,猋聲。甫遥切。

游 yóu 旌旗之流也。从㫃,汓聲。以周切。

古文游。

旇 pī 旌旗披靡也。从㫃,皮聲。敷羈切。

旋 xuán 周旋,旌旗之指麾也。从㫃,从疋。疋,足也。徐鍇曰:"人足隨旌旗以周旋也。"似沿切。

旄 máo 幢也。从㫃,从毛,毛亦聲。莫袍切。

旛 fān 幅胡也。从㫃,番聲。臣鉉等曰:"胡,幅之下垂者也。"孚袁切。

旅 lǚ 軍之五百人爲旅。从㫃,从从。从,俱也。力舉切。古文旅。古文以爲魯衛之魯。

族 zú 矢鋒也。束之族族也。从㫃,从矢。昨木切。

文二十三 重五

冥 míng　幽也。从日，从六，冖聲。日數十。十六日而月始虧，幽也。凡冥之屬皆从冥。莫經切。

鼆 méng　冥也。从冥，黽聲。讀若黽蛙之黽。武庚切。

文二

晶 jīng　精光也。从三日。凡晶之屬皆从晶。子盈切。

曐 xīng（星）　萬物之精，上爲列星。从晶，生聲。一曰：象形。从口，古口復注中，故與日同。古文曐，或省。桑經切。星。

曑 shēn（參）　商，星也。从晶，㐱聲。臣鉉等曰："㐱非聲，未詳。"曑，或省。所今切。

曟 chén（晨）　房星，爲民田時者。从晶，辰聲。植鄰切。晨，或省。

曡 dié（疊）　楊雄説，以爲古理官決罪，三日得其宜，乃行之。从晶，从宜。亡新以爲曡从三日太盛，改爲三田。徒叶切。

文五　重四

月 yuè　闕也。大陰之精。象形。凡月之屬皆从月。魚厥切。

朔 shuò　月一日始蘇也。从月，屰聲。所角切。

朏 pěi/fěi　月未盛之明。从月、出。《周書》曰："丙午朏。"普乃切，又芳尾切。

霸 pò（今音 bà）　月始生，霸然也。承大月，二日；承小月，三日。从月，䨣聲。《周書》曰："哉生霸。"普伯切。臣鉉等曰："今俗作必駕切，以爲霸王字。"古文霸。

朗 lǎng　明也。从月，良聲。盧黨切。

朓 tiǎo　晦而月見西方謂之朓。从月，兆聲。土了切。

肭 nǜ　朔而月見東方謂之縮肭。从月，内聲。女六切。

期 qī　會也。从月，其聲。渠之切。古文期，从日、丌。

文八　重二

朦 méng　月朦朧也。从月，蒙聲。莫工切。

朧 lóng　朦朧也。从月，龍聲。盧紅切。

文二新附

有 yǒu 不宜有也。《春秋傳》曰："日月有食之。"从月，又聲。凡有之屬皆从有。云九切。

䫏 yù 有文章也。从有，惑聲。於六切。

龓 lóng(今音 lǒng) 兼有也。从有，龍聲。讀若聾。盧紅切。

文三

朙 míng(明) 照也。从月，从囧。凡朙之屬皆从朙。武兵切。古文朙，从日。

𦝈 huāng 翌也。从明，亡聲。呼光切。

文二 重一

囧 jiǒng(冏) 窻牖麗廔闓明。象形。凡囧之屬皆从囧。讀若獷。賈侍中說，讀與明同。俱永切。

盟 méng(盟) 《周禮》曰："國有疑則盟。"諸侯再相與會，十二歲一盟。北面詔天之司慎、司命。盟，殺牲歃血，朱盤玉敦，以立牛耳。从囧，从血。武兵切。篆文，从朙。古文，从明。

文二 重二

夕 xī 莫也。从月半見。凡夕之屬皆从夕。祥易切。

夜 yè 舍也。天下休舍也。从夕，亦省聲。羊謝切。

夢 méng /mèng 不明也。从夕，瞢省聲。莫忠切，又亡貢切。

夗 yuàn 轉卧也。从夕，从卪。卧有卪也。於阮切。

夤 yín 敬惕也。从夕，寅聲。《易》曰："夕惕若夤。"翼真切。籀文夤。

姓 qíng(晴) 雨而夜除星見也。从夕，生聲。臣鉉等曰："今俗别作晴，非是。"疾盈切。

外 wài 遠也。卜尚平旦，今夕卜，於事外矣。五會切。古文外。

𡖟 sù(夙) 早敬也。从丮，持事，雖夕不休，早敬者也。臣鉉等曰："今俗書作夙，譌。"息逐切。古文夙，从人、㐁。亦古文夙，从人、西。宿从此。

募 mò 宋也。从夕，莫聲。莫白切。

文九　重四

多 duō　重也。从重夕。夕者，相繹也，故爲多。重夕爲多，重日爲曡。凡多之屬皆从多。得何切。 古文多。

錁 huǒ(夥)　齊謂多爲錁。从多，果聲。乎果切。

㚘 kuī(今音 guài)　大也。从多，圣聲。苦回切。

𪻐 zhā　厚脣皃。从多，从尚。徐鍇曰："多即厚也。"陟加切。

文四　重一

毌 guàn　穿物持之也。从一横貫，象寶貨之形。凡毌之屬皆从毌。讀若冠。古丸切。

貫 guàn　錢貝之貫。从毌、貝。古玩切。

虜 lǔ　獲也。从毌，从力，虍聲。郎古切。

文三

马 hàn　嘾也。艸木之華未發，圅然。象形。凡马之屬皆从马。讀若含。乎感切。

圅 hán(函)　舌也。象形。舌體马马。从马，马亦聲。胡男切。 俗圅，从肉、今。

甹 yóu　木生條也。从马，由聲。《商書》曰："若顛木之有甹、枿。"古文言"由枿"。徐鍇曰："《説文》無由字。今《尚書》只作'由枿'。盖古文省马，而後人因省之。通用为因、由等字，从马，上象枝條華圅之形。"臣鉉等案："孔安国注《尚書》，直訓'由'作'用'也。用枿之語，不通。"以州切。

甬 yǒng　艸木華甬甬然也。从马，用聲。余隴切。

㮡 xián　艸木马盛也。从二马。胡先切。

文五　重一

東 hàn　木垂華實。从木、马，马亦聲。凡東之屬皆从東。胡感切。

韡 wéi　束也。从東，韋聲。徐鍇曰："言東之象木華實之相累也。"于非切。

文二

鹵 tiáo　艸木實垂鹵鹵然。象形。凡鹵之屬皆从鹵。讀若調。 籀文，三鹵爲鹵。徒遼切。

㮚 lì(栗)　木也。从木，其實下垂，故从鹵。力

質切。

古文㮚,从西,从二鹵。徐巡説,木至西方戰㮚。

㮚　sù(粟)　嘉穀(穀)實也。从鹵,从米。孔子曰:“㮚之爲言續也。”相玉切。　籒文㮚。

文三　重三

亝　qí(齊)　禾麥吐穗上平也。象形。凡亝之屬皆从亝。徐鍇曰:“生而齊者莫若禾麥。二,地也。兩傍在低處也。”徂兮切。

䶒　qí　等也。从亝,妻聲。徂兮切。

文二

朿　cì　木芒也。象形。凡朿之屬皆从朿。讀若刺。七賜切。

棗　zǎo　羊棗也。从重朿。子皓切。

棘　jí　小棗叢生者。从並朿。己力切。

文三

片　piàn　判木也。从半木。凡片之屬皆从片。匹見切。

版　bǎn　判也。从片,反聲。布綰切。

𤗚　bì　判也。从片,畐聲。芳逼切。

牘　dú　書版也。从片,賣(𧶠)聲。徒谷切。

牒　dié　札也。从片,枼聲。徒叶切。

牑　biān　牀版也。从片,扁聲。讀若邊。方田切。

牖　yǒu　穿壁以木爲交窗也。从片、户、甫。譚長以爲甫上日也,非户也。牖,所以見日。與久切。

牏　tóu(今音 yú)　築牆短版也。从片,俞聲。讀若俞。一曰:若紐。度矦切。

文八

鼎　dǐng　三足兩耳,和五味之寶器也。昔禹收九牧之金,鑄鼎荆山之下,入山林川澤,螭魅蝄蜽,莫能逢之,以協承天休。《易》卦:巽木於下者爲鼎,象析木以炊也。籒文以鼎爲貞字。凡鼎之屬皆从鼎。都挺切。

鼒　zī　鼎之圜掩上者。从鼎,才聲。《詩》曰:“鼐鼎及鼒。”　俗鼒,从金,从茲。子之切。

鼐　nài　鼎之絶大者。从鼎,乃聲。《魯詩》説:“鼐,小鼎。”奴代切。

鼏　mì(今音 jiōng)　以木横貫鼎耳而舉之。从鼎,冂聲。《周禮》:“廟門容大鼏七

箇。"即《易》"玉鉉大吉"也。莫狄切。

文四　重一

克 kè　肩也。象屋下刻木之形。凡克之屬皆从克。徐鍇曰："肩，任也。負何之名也。與人肩膊之義通。能勝此物謂之克。"古文克。亦古文克。苦得切。

文一　重二

彔 lù(录)　刻木彔彔也。象形。凡彔之屬皆从彔。盧谷切。

文一

禾 hé　嘉穀按：孫本穀多誤作穀，下徑改。也。二月始生，八月而孰，得時之中，故謂之禾。禾，木也。木王而生，金王而死。从木，从𠂹省。𠂹象其穗。凡禾之屬皆从禾。户戈切。

秀 xiù　上諱。漢光武帝名也。徐鍇曰："禾實也。有實之象，下垂也。"息救切。

稼 jià　禾之秀實爲稼，莖節爲禾。从禾，家聲。一曰：稼，家事也。一曰：在野曰稼。古訝切。

穡 sè　穀可收曰穡。从禾，嗇聲。所力切。

穜 zhòng(種)　埶也。从禾，童聲。之用切。

稙 zhí　早穜也。从禾，直聲。《詩》曰："稙稚尗麥。"常職切。

種 chóng　先穜後孰也。从禾，重聲。直容切。

稑 lù　疾孰也。从禾，坴聲。《詩》曰："黍稷穜稑。"力竹切。稑，或从翏。

穉 zhì(稚)　幼禾也。从禾，犀聲。直利切。

稹 zhěn　穜穊也。从禾，真聲。《周禮》曰："稹理而堅。"之忍切。

稠 chóu　多也。从禾，周聲。直由切。

穊 jì　稠也。从禾，既聲。几利切。

稀 xī　疏也。从禾，希聲。徐鍇曰："當言从爻，从巾，無聲字。爻者，稀疏之義，與爽同意。巾象禾之根莖。至於莃、晞皆當从稀省。何以知之？《說文》無希字故也。"香依切。

⿰禾蔑 miè　禾也。从禾，蔑聲。莫結切。

穆 mù　禾也。从禾，㣎聲。莫卜切。

私 sī　禾也。从禾，厶聲。北道名禾主人曰私主人。息夷切。

䆏 fèi 稻紫莖不黏[者]也。从禾，糞聲。讀若靡(黂)。扶沸切。

稷 jì 齋也。五穀之長。从禾，畟聲。子力切。

古文稷省。

齋 zī 稷也。从禾，𠫯聲。即夷切。

齋，或从次。

秫 shú 稷之黏者。从禾；术，象形。食聿切。

秫或省禾。

穄 jì 穈也。从禾，祭聲。子例切。

稻 dào 稌也。从禾，舀聲。徒皓切。

稌 dù(今音 tú) 稻也。从禾，余聲。《周禮》曰："牛宜稌。"徒古切。

稬 nuàn(今音 nuò，糯) 沛國謂稻曰稬。从禾，耎聲。奴亂切。

稴 lián(今音 xián) 稻不黏者。从禾，兼聲。讀若風廉之廉。力兼切。

秔 jīng(粳) 稻屬。从禾，亢聲。古行切。

秔，或从更聲。

秏 hào 稻屬。从禾，毛聲。伊尹曰："飯之美者，玄山之禾，南海之秏。"呼到切。

穬 kuàng 芒粟也。从禾，廣聲。百(古)猛切。

秜 lí 稻今季落，來季自生，謂之秜。从禾，尼聲。里之切。

稗 bài 禾别也。从禾，卑聲。琅邪有稗縣。旁卦切。

移 yí 禾相倚移也。从禾，多聲。一曰：禾名。臣鉉等曰："多與移聲不相近，蓋古有此音。"弋支切。

穎 yǐng 禾末也。从禾，頃聲。《詩》曰："禾穎穟穟。"余頃切。

䅘 lái 齊謂麥䅘也。从禾，來聲。洛哀切。

采 suì(穗) 禾成秀也，人所以收。从爪、禾。徐醉切。

采，或从禾，惠聲。

杓 diǎo 禾危穗也。从禾，勺聲。都了切。

穟 suì 禾采之皃。从禾，遂聲。《詩》曰："禾穎穟穟。"徐醉切。

穟，或从艸。

穑 duǒ(今音 duān) 禾垂皃。从禾，耑聲。讀若

端。丁果切。

⿰禾曷 jié　禾舉出苗也。从禾，曷聲。居謁切。

秒 miǎo　禾芒也。从禾，少聲。亡沼切。

穖 jǐ　禾穖也。从禾，幾聲。居豨切。

秠 pī　二(一)稃二米。从禾，丕聲。《詩》曰："誕降嘉穀，惟秬惟秠。"天賜后稷之嘉穀也。敷悲切。

秨 zuó　禾搖皃。从禾，乍聲。讀若昨。在各切。

穮 biāo　耕禾閒也。从禾，麃聲。《春秋傳》曰："是穮是衮。"甫嬌切。

案 àn　轢禾也。从禾，安聲。烏旰切。

秄 zǐ　壅禾本。从禾，子聲。即里切。

穧 jì　穫刈也。一曰：撮也。从禾，齊聲。在詣切。

穫 huò　刈穀也。从禾，蒦聲。胡郭切。

⿰禾資 zī　積禾也。从禾，資聲。《詩》曰："⿰禾資之秩秩。"即夷切。

積 jī　聚也。从禾，責聲。則歷切。

秩 zhì　積也。从禾，失聲。《詩》曰："⿰禾資之秩秩。"直質切。

稛 kǔn　絭束也。从禾，囷聲。苦本切。

稞 huà　穀之善者。从禾，果聲。一曰：無皮穀。胡瓦切。

秳 huó　舂槀不漬(潰)也。从禾，昏聲。户括切。

⿰禾气 jì(今音 hé，⿰禾乞)　稃也。从禾，气聲。居气切。

稃 fū　⿰禾會也。从禾，孚聲。芳無切。

稃，或从米，付聲。

⿰禾會 kuài　穅也。从禾，會聲。苦會切。

穅 kāng(糠)　穀皮也。从禾，从米，庚聲。苦岡切。

穅，或省。

⿰禾羔 zhuó　禾皮也。从禾，羔聲。臣鉉等曰："羔聲不相近，未詳。"之若切。

稭 jiá(今音 jiē)　禾槀去其皮，祭天以爲席。从禾，皆聲。古黠切。

稈 gǎn　禾莖也。从禾，旱聲。《春秋傳》曰："或投一秉稈。"稈，或从干。古旱切。

槀 gǎo(稿)　稈也。从禾，高聲。古老切。

秕 bǐ　不成粟也。从禾，比聲。卑履切。

稍 juān 麥莖也。从禾，肙聲。古玄切。

𥝧 liè 黍穰也。从禾，列聲。良薛切。

穰 ráng 黍𥝧已治者。从禾，襄聲。汝羊切。

秧 yāng 禾若秧穰也。从禾，央聲。於良切。

䅊 páng 䅊䅿，穀名。从禾，旁聲。蒲庚切。

䅿 huáng 䅊䅿也。从禾，皇聲。户光切。

秊 nián(年) 穀孰也。从禾，千聲。《春秋傳》曰："大有秊。"奴顛切。

穀 gǔ 續也。百穀之總名。从禾，㱿聲。古禄切。

稔 rěn 穀孰也。从禾，念聲。《春秋傳》曰："鮮不五稔。"而甚切。

租 zū 田賦也。从禾，且聲。則吾切。

稅 shuì 租也。从禾，兑聲。輸芮切。

稻 dào 禾也。从禾，道聲。司馬相如曰："稻，一莖六穗。"徒到切。

穅 huāng(糠) 虚無食也。从禾，荒聲。呼光切。

穌 sū 把取禾若也。从禾，魚聲。素孤切。

稍 shāo 出物有漸也。从禾，肖聲。所教切。

秋 qiū 禾穀孰也。从禾，𤋯省聲。七由切。

籀文，不省。

秦 qín 伯益之後所封國。地宜禾。从禾，舂省。一曰：秦，禾名。匠鄰切。 籀文秦，从秝。

稱 chēng 銓也。从禾，爯聲。春分而禾生。日夏至，晷景可度。禾有秒，秋分而秒定。律數：十二秒而當一分，十分而寸。其以爲重：十二粟爲一分，十二分爲一銖。故諸程品皆从禾。處陵切。

科 kē 程也。从禾，从斗。斗者，量也。苦禾切。

程 chéng 品也。十髮爲程，十程爲分，十分爲寸。从禾，呈聲。直貞切。

稯 zōng 布之八十縷爲稯。从禾，㚇聲。子紅切。

籀文稯，省。

秭 zǐ 五稯爲秭。从禾，𠂔聲。一曰：數億至萬曰秭。將几切。

秅 chá 二秭爲秅。从禾，乇聲。《周禮》曰："二百四十斤爲秉。四秉曰筥，十筥曰稯，十稯曰秅，四百秉爲一秅。"

宅加切。

秙 shí　百二十斤也。稻一秙，爲粟二十升(斗)，禾黍一秙，爲粟十六升(斗)大半升(斗)。从禾，石聲。常隻切。

稘 jī　復其時也。从禾，其聲。《虞書》曰："稘三百有六旬。"居之切。

文八十七　重十三

穩 wěn　蹂穀聚也。一曰：安也。从禾，隱省。古通用安隱。烏本切。

稕 zhùn　束稈也。从禾，𦎫聲。之閏切。

文二新附

秝 lì　稀疏適也。从二禾。凡秝之屬皆从秝。讀若歷。郎擊切。

兼 jiān　并也。从又持秝。兼持二禾，秉持一禾。古甜切。

文二

黍 shǔ　禾屬而黏者也。以大暑而穜，故謂之黍。从禾，雨省聲。孔子曰："黍可爲酒，禾入水也。"凡黍之屬皆从黍。舒吕切。

䵘 méi　穄也。从黍，麻聲。靡爲切。

䵗 bǐ　黍屬。从黍，卑聲。并弭切。

黏 nián　相箸也。从黍，占聲。女廉切。

䵚 hú　黏也。从黍，古聲。户吴切。

粘 䵚(䵚)，或从米。

䵑 nì　黏也。从黍，日聲。《春秋傳》曰："不義不䵑。"尼質切。䵑，或从刃。

黎 lí　履黏也。从黍，𥝢省聲。𥝢，古文利。作履，黏以黍米。郎奚切。

䵝 bó　治黍、禾、豆下潰葉。从黍，畐聲。蒲北切。

文八　重二

香 xiāng　芳也。从黍，从甘。《春秋傳》曰："黍稷馨香。"凡香之屬皆从香。許良切。

馨 xīn　香之遠聞者。从香，殸聲。殸，籀文磬。呼形切。

文二

馥 fù　香气芬馥也。从香，复聲。房六切。

文一新附

米 mǐ　粟實也。象禾實之形。凡米之屬皆从米。

莫禮切。

粱 liáng 米名也。从米，梁省聲。吕張切。

糕 zhuō 早取穀也。从米，焦聲。一曰：小。側角切。

粲 càn 稻重一柘，爲粟二十斗、爲米十斗曰毇；爲米六斗太半斗曰粲。从米，𣦼聲。倉案切。

糲 lài(今音 lì) 粟重一柘，爲十六斗太半斗，舂爲米一斛曰糲。从米，萬聲。洛帶切。

精 jīng 擇也。从米，青聲。子盈切。

粺 bài 毇也。从米，卑聲。旁卦切。

粗 cū 疏也。从米，且聲。徂古切。

粊 bì 惡米也。从米，北聲。《周書》有《粊誓》。兵媚切。

糱 niè 牙米也。从米，辥聲。魚列切。

粒 lì 糂也。从米，立聲。力入切。

古文粒。

釋 shì 漬米也。从米，睪聲。施隻切。

糂 sǎn 以米和羹也。一曰：粒也。从米，甚聲。桑感切。

籀文糂，从朁。古文糂，从參。

檗 bò 炊，米者謂之檗。从米，辟聲。博戹切。

糜 mí 糁也。从米，麻聲。靡爲切。

䊤 dàn(今音 tán) 糜和也。从米，覃聲。讀若鄲。徒感切。

粎 mí(今音 míng) 潰米也。从米，尼聲。交阯有粎泠縣。武夷切。

𥳑 qū 酒母也。从米，𥳑省聲。驅六切。

𥳑(𥳑)，或从麥，鞠省聲。

糟 zāo 酒滓也。从米，曹聲。作曹切。

籀文，从酉。

糒 bèi 乾也。从米，葡聲。平祕切。

糗 qiǔ 熬米麥也。从米，臭聲。去九切。

𦥒 jiù 舂糗也。从臼、米。其九切。

糈 xǔ 糧也。从米，胥聲。私吕切。

糧 liáng 穀也。从米，量聲。吕張切。

粈 niǔ(糅，今音 róu) 雜飯也。从米，丑聲。女久切。

糴 tiào(今音 dí)　穀也。从米，翟聲。他弔切。

𥽮 mò　麩也。从米，蔑聲。莫撥切。

粹 cuì　不雜也。从米，卒聲。雖遂切。

氣 xì(餼)　饋客芻米也。从米，气聲。《春秋傳》曰："齊人來氣諸侯。"許既切。

氣，或从既。

餼 氣，或从食。

粠 hóng　陳臭米。从米，工聲。戶工切。

粉 fěn　傅面者也。从米，分聲。方吻切。

䊎 quǎn　粉也。从米，卷聲。去阮切。

䊝 xiè　𥽪也。从米，悉聲。私列切。

𥽪 sà　䊝𥽪，散之也。从米，殺聲。桑割切。

䊳 mò(今音 mí)　碎也。从米，靡聲。摸卧切。

竊 qiè　盜自中出曰竊。从穴，从米，禼、廿皆聲。廿，古文疾。禼，古文偰。千結切。

文三十六　重七

粻 zhāng　食米也。从米，長聲。陟良切。

粕 pò　糟粕，酒滓也。从米，白聲。匹各切。

粔 jù　粔籹，膏環也。从米，巨聲。其呂切。

籹 rǔ(今音 nǚ)　粔籹也。从米，女聲。人渚切。

糉 zòng(粽)　蘆葉裹米也。从米，㚇聲。作弄切。

糖 táng　飴也。从米，唐聲。徒郎切。

文六新附

毇 huǐ　按：小篆右當作"殳"。米一斛舂爲八斗也。从𦥺，从殳。凡毇之屬皆从毇。許委切。

糳 zuò　糲米一斛舂爲九斗曰糳。从毇，丵聲。則各切。

文二

臼 jiù　舂也。古者掘地爲臼，其後穿木石。象形。中，米也。凡臼之屬皆从臼。其九切。

舂 chōng　擣粟也。从廾持杵臨臼上。午，杵省也。古者雝父初作舂。書容切。

𦥑 pò　齊謂舂曰𦥑。从臼，屰聲。讀若膊。匹各切。

臿 chā　舂去麥皮也。从臼，干所以臿之。楚洽

切。

舀 yǎo 抒臼也。从爪、臼。《詩》曰："或簸或舀。"以沼切。 抭 舀,或从手,从穴。

䑛 舀,或从臼、穴。

臽 xiàn 小阱也。从人在臼上。户猎切。

文六 重二

凶 xiōng 惡也。象地穿交陷其中也。凡凶之屬皆从凶。許容切。

兇 xiǒng(今音 xiōng) 擾恐也。从人在凶下。《春秋傳》曰："曹人兇懼。"許拱切。

文二

説文解字　卷七下

朩 pìn　分枲莖皮也。从中，八象枲之皮莖也。凡朩之屬皆从朩。匹刃切。讀若髕。

枲 xǐ　麻也。从朩，台聲。胥里切。

籒文枲，从林，从辝。

文二　重一

林 pài　葩（葩）之緫名也。林之爲言微也，微纖爲功。象形。凡林之屬皆从林。匹卦切。

檾 qǐng　枲屬。从林，熒省。《詩》曰："衣錦檾衣。"去穎切。

𣏟 sàn　分離也。从攴，从林。林，分𣏟之意也。穌旰切。

文三

麻 má　與林同。人所治，在屋下。从广，从林。凡麻之屬皆从麻。莫遐切。

䵉 kù　未練治纑也。从麻，後聲。臣鉉等曰："後非聲。疑復字譌。當从復省，乃得聲。"空谷切。

黀 zōu　麻藍也。从麻，取聲。側鳩切。

䵎 tóu　檾屬。从麻，俞聲。度侯切。

文四

尗 shú　豆也。象尗豆生之形也。凡尗之屬皆从尗。式竹切。

枝 chǐ（豉）　配鹽幽尗也。从尗，支聲。是義切。

豉　俗枝，从豆。

文二　重一

耑 duān　物初生之題也。上象生形，下象其根也。凡耑之屬皆从耑。臣鉉等曰："中一，地也。"多官切。

文一

韭 jiǔ　菜名。一穜而久者，故謂之韭。象形。在一之上。一，地也。此與耑同意。凡韭之屬皆从韭。舉友切。

䪞 duì　齏也。从韭。隊聲。徒對切。

𩐁 jī　墜也。从韭，次、𠂔皆聲。祖雞切。

𩐆 𩐁，或从齊。

䪥 xiè　菜也。葉似韭。从韭，㱿聲。胡戒切。

韱 xiān　山韭也。从韭，𢦔聲。息廉切。

䪤 fán　小蒜也。从韭，番聲。附袁切。

文六　重一

瓜 guā　㼌（蓏）也。象形。凡瓜之屬皆从瓜。古華切。

瓝 bó　小瓜也。从瓜，交聲。臣鉉等曰："交非聲，未詳。"蒲角切。

瓞 dié　瓝也。从瓜，失聲。《詩》曰："緜緜瓜瓞。"徒結切。

𤬪 瓞，或从弗。

𤬱 xíng　小瓜也。从瓜，熒省聲。户扃切。

䌛 yáo　瓜也。从瓜，䌛省聲。余昭切。

瓣 bàn　瓜中實。从瓜，辡聲。蒲莧切。

㼌 yǔ　本不勝末，微弱也。从二瓜。讀若庾。以主切。

文七　重一

瓠 hù　匏也。从瓜，夸聲。凡瓠之屬皆从瓠。胡誤切。

瓢 piáo　蠡也。从瓠省，㶾聲。符宵切。

文二

宀 mián　交覆深屋也。象形。凡宀之屬皆从宀。武延切。

家 jiā　居也。从宀，豭省聲。古牙切。

古文家。

宅 zhái　所託也。从宀，乇聲。場伯切。

古文宅。亦古文宅。

室 shì　實也。从宀，从至。至，所止也。式質切。

宣 xuān　天子宣室也。从宀，亘聲。須緣切。

向 xiàng　北出牖也。从宀，从口。《詩》曰："塞向墐户。"徐鍇曰："牖所以通人气，故从口。"許諒切。

宧 yí　養也。室之東北隅，食所居。从宀，𦣞聲。與之切。

宦 yǎo（窔）　户樞聲也。室之東南隅。从宀，皀聲。烏皎切。

奧 ào(奥)　宛也。室之西南隅。从宀，𢍝聲。臣鉉等曰："𢍝非聲，未詳。"烏到切。

宛 wǎn　屈草自覆也。从宀，夗聲。於阮切。

宛，或从心。

宸 chén　屋宇也。从宀，辰聲。植鄰切。

宇 yǔ　屋邊也。从宀，于聲。《易》曰："上棟下宇。"王榘切。籀文宇，从禹。

寷 fēng　大屋也。从宀，豐聲。《易》曰："寷其屋。"敷戎切。

寏 huán/yuàn(院)　周垣也。从宀，奐聲。胡官切。寏，或从自。又爰眷切。

宏 hóng　屋深響也。从宀，厷聲。户萌切。

宖 hóng　屋響也。从宀，弘聲。户萌切。

寪 wěi　屋皃。从宀，爲聲。韋委切。

㝩 kāng　屋㝩㝗也。从宀，康聲。苦岡切。

㝗 liáng/láng　㝩也。从宀，良聲。音良，又力康切。

宬 chéng　屋所容受也。从宀，成聲。氏征切。

寍 níng　安也。从宀，心在皿上。人之飲食器，所以安人。奴丁切。

定 dìng　安也。从宀，从正。徒徑切。

寔 shí　止也。从宀，是聲。常隻切。

安 ān　静也。从女在宀下。烏寒切。

宓 mì　安也。从宀，必聲。美畢切。

㝣 yì　静也。从宀，契聲。於計切。

宴 yàn　安也。从宀，妟聲。於甸切。

𡧍 jì(寂)　無人聲。从宀，尗聲。前歷切。

𡧍，或从言。

察 chá　覆也。从宀、祭[聲]。臣鉉等曰："祭祀必天質明。明，察也。故从祭。"初八切。

寴 chèn(今音 qīn)　至也。从宀，親聲。初僅切。

完 wán　全也。从宀，元聲。古文以爲寬字。胡官切。

富 fù　備也。一曰：厚也。从宀，畐聲。方副切。

實 shí　富也。从宀，从貫。貫，貨貝也。神質切。

宲 bǎo(寶) 藏也。从宀，禾聲。禾，古文保。《周書》曰："陳宲赤刀。"博裒切。

容 róng 盛也。从宀、谷。臣鉉等曰："屋與谷皆所以盛受也。" 古文容，从公。余封切。

宂 rǒng(冗) 椒也。从宀，人在屋下無田事。《周書》曰："宮中之宂食。"而隴切。

寡 mián 寡寡不見也。一曰：寡寡，不見按：見字衍。省人。从宀，𥈠聲。武延切。

寶 bǎo 珍也。从宀，从王，从貝，缶聲。博皓切。 古文寶，省貝。

宭 qún 羣居也。从宀，君聲。渠云切。

宦 huàn 仕也。从宀，从臣。胡慣切。

宰 zǎi 辠人在屋下執事者。从宀，从辛。辛，辠也。作亥切。

守 shǒu 守官也。从宀，从寸。寺府之事者。从寸；寸，法度也。書九切。

寵 chǒng 尊居也。从宀，龍聲。丑壟切。

宥 yòu 寬也。从宀，有聲。于救切。

宜 yí(宜) 所安也。从宀之下，一之上，多省聲。魚羈切。 古文 亦古文宜。宜。

寫 xiě 置物也。从宀，舄聲。悉也切。

宵 xiāo 夜也。从宀，宀下冥也；肖聲。相邀切。

宿 sù 止也。从宀，佰聲。佰，古文夙。息逐切。

㝲 qǐn(寢) 臥也。从宀，㑴(侵)聲。七荏切。 籒文㝲，省。

寅 miàn 冥合也。从宀，丏聲。讀若《周書》"若藥不眄眩"。莫甸切。

寬 kuān 屋寬大也。从宀，萈(莧)聲。苦官切。

寤 wù 寤也。从宀，吾聲。五故切。

寁 zǎn 居之速也。从宀，疌聲。子感切。

寡 guǎ 少也。从宀，从頒。頒，分賦也，故爲少。古瓦切。

客 kè 寄也。从宀，各聲。苦格切。

寄 jì 託也。从宀，奇聲。居義切。

寓 yù 寄也。从宀，禺聲。牛具切。 寓，或从广。

寠 jù　無禮居也。从宀，婁聲。其榘切。

宊 jiù　貧病也。从宀，久聲。《詩》曰：“煢煢在宊。”居又切。

寒 hán　凍也。从人在宀下，以茻薦覆之，下有仌。胡安切。

害 hài　傷也。从宀，从口。宀、口，言从家起也。丯聲。胡蓋切。

𡨦 suǒ　入家搜也。从宀，索聲。所責切。

𥨪 jū　窮也。从宀，簐(簐)聲。簐與鞫同。居六切。

𥨪，或从穴。

宄 guǐ　姦也。外爲盜，内爲宄。从宀，九聲。讀若軌。居洧切。古文宄。亦古文宄。

𡫏 cuì　塞也。从宀，𣪠聲。讀若《虞書》曰“𡫏三苗”之“𡫏”。麤最切。

宕 dàng　過也。一曰：洞屋。从宀，碭省聲。汝南項有宕鄉。徒浪切。

宋 sòng　居也。从宀，从木。讀若送。臣鉉等曰：“木者所以成室以居人也。”蘇統切。

𡪹 diàn　屋傾下也。从宀，執聲。都念切。

宗 zōng　尊祖廟也。从宀，从示。作冬切。

宔 zhǔ　宗廟宔祏。从宀，主聲。之庾切。

宙 zhòu　舟輿所極，覆也。从宀，由聲。直又切。

文七十一　重十六

寘 zhì　置也。从宀，真聲。支義切。

寰 huán　王者封畿内縣也。从宀，睘聲。户關切。

寀 cǎi　同地爲寀。从宀，采聲。倉宰切。

文三新附

宫 gōng　室也。从宀，躳省聲。凡宫之屬皆从宫。居戎切。

營 yíng　市(帀)居也。从宫，熒省聲。余傾切。

文二

吕 lǚ(吕)　脊骨也。象形。昔太嶽爲禹心吕之臣，故封吕侯。凡吕之屬皆从吕。力舉切。篆文吕，从肉，从旅。

躳 gōng(躬)　身也。从身，从吕。居戎切。

躳，或从弓。

文二　重二

穴　xué　土室也。从宀，八聲。凡穴之屬皆从穴。胡決切。

窒　mǐng　北方謂地空，因以爲土穴，爲盜户。从穴，皿聲。讀若猛。武永切。

窨　yìn　地室也。从穴，音聲。於禁切。

窯　yáo（窑）　燒瓦竈也。从穴，羔聲。余招切。

寝　fù　地室也。从穴，復聲。《詩》曰："陶寝陶穴。"芳福切。

竈　zào　炊竈也。从穴，鼀省聲。則到切。

竈，或不省。

窐　wā　甑空也。从穴，圭聲。烏瓜切。

突　shēn　深也。一曰：竈突。从穴，从火，从求省。式鍼切。

穿　chuān　通也。从牙在穴中。昌緣切。

寮　liáo　穿也。从穴，尞聲。《論語》有公伯寮。洛蕭切。

窦　yuè　穿也。从穴，決省聲。於決切。

窫　yuè　深抉也。从穴，从抉。於決切。

竇　dòu　空也。从穴，瀆省聲。徒奏切。

窬　xuè　空皃。从穴，矞聲。呼決切。

窠　kē　空也。穴中曰窠，樹上曰巢。从穴，果聲。苦禾切。

窻　chuāng（窗）　通孔也。从穴，悤聲。楚江切。

窊　wā　污衺，下也。从穴，瓜聲。烏（烏）瓜切。

竅　qiào　空也。从穴，敫聲。牽料切。

空　kōng　竅也。从穴，工聲。苦紅切。

窒　qìng　空也。从穴，巠聲。《詩》曰："瓶之窒矣。"去徑切。

穵　yà　空大也。从穴，乙聲。烏黠切。

窳　yǔ　污窬也。从穴，瓜聲。朔方有窳渾縣。以主切。

窞　dàn　坎中小坎也。从穴，从臽，臽亦聲。《易》曰："入于坎窞。"一曰：旁入也。徒感切。

窌　pào（今音 jiào）　窖也。从穴，卯聲。匹皃切。

窖　jiào　地藏也。从穴，告聲。古孝切。

窬　yú　穿木户也。从穴，俞聲。一曰：空中也。

羊朱切。

窵 diào　窵窅，深也。从穴，鳥聲。多嘯切。

窺 kuī　小視也。从穴，規聲。去隓切。

竀 chēng　正視也。从穴中正見也，正亦聲。敕貞切。

窡 duó（今音 zhuó）　穴中見也。从穴，叕聲。丁滑切。

窋 duó　物在穴中皃。从穴中出。丁滑切。

窴 tián　塞也。从穴，真聲。待季切。

窒 zhì　塞也。从穴，至聲。陟栗切。

突 tū　犬从穴中暫出也。从犬在穴中。一曰：滑也。徒骨切。

竄 cuàn　墜（匿）也。从鼠在穴中。七亂切。

窣 sū　从穴中卒出。从穴，卒聲。蘇骨切。

窘 jǔn（今音 jiǒng）　迫也。从穴，君聲。渠隕切。

窕 tiǎo　深肆極也。从穴，兆聲。讀若挑。徒了切。

穹 qiōng（今音 qióng）　窮也。从穴，弓聲。去弓切。

究 jiù（今音 jiū）　窮也。从穴，九聲。居又切。

竆 qióng（窮）　極也。从穴，躳聲。渠弓切。

窅 yǎo　冥也。从穴，皀聲。烏皎切。

窔 yào　窅窔，深也。从穴，交聲。烏叫切。

邃 suì　深遠也。从穴，遂聲。雖遂切。

窈 yǎo　深遠也。从穴，幼聲。烏皎切。

篠 diào　杳篠也。从穴，條聲。徒弔切。

竁 cuì　穿地也。从穴，毳聲。一曰：小鼠[聲]。《周禮》曰："大喪，甫竁。"充芮切。

窆 biǎn　葬下棺也。从穴，乏聲。《周禮》曰："及窆執斧。"方驗切。

窀 zhūn　葬之厚夕。从穴，屯聲。《春秋傳》曰："窀穸从先君於地下。"陟倫切。

穸 xī　窀穸也。从穴，夕聲。詞亦切。

窜 yā　入衇刺（刺）穴謂之窜。从穴，甲聲。烏狎切。

文五十一　重一

㝱 mèng　寐而有覺也。从宀，从疒，夢聲。《周禮》："以日月星辰占六㝱之吉凶：一曰正㝱，二曰罗㝱，三曰思

㝱，四曰悟㝱，五曰喜㝱，六曰懼㝱。”凡㝱之屬皆从㝱。莫鳳切。

寢 qǐn（寑） 病臥也。从㝱省，㝲省聲。七荏切。

寐 mèi 臥也。从㝱省，未聲。蜜二切。

寤 wù 寐覺而有信（言）曰寤。从㝱省，吾聲。一曰：晝見而夜㝱也。五故切。 籀文寤。

寣 yù（今音 rǔ） 楚人謂寐曰寣。从㝱省，女聲。依倨切。

寐 mǐ（今音 mí） 寐而未厭。从㝱省，米聲。莫礼切。

𥧸 kuí（今音 jì） 孰寐也。从㝱省，水聲。讀若悸。求癸切。

㾕 bìng 臥驚病也。从㝱省，丙聲。皮命切。

寱 yì 瞑言也。从㝱省，臬聲。牛例切。

𡪢 huá 臥驚也。一曰：小兒號𡪢𡪢。一曰：河内相評也。从㝱省，从言。火滑切。

文十 重一

疒 nè 倚也。人有疾病，象倚箸之形。凡疒之屬皆从疒。女尼切。

疾 jí 病也。从疒，矢聲。秦悉切。

古文疾。 籀文疾。

痛 tòng 病也。从疒，甬聲。他貢切。

病 bìng 疾加也。从疒，丙聲。皮命切。

瘣 huì 病也。从疒，鬼聲。《詩》曰：“譬彼瘣木。”一曰：腫旁出也。胡罪切。

疴 ē（今音 kē） 病也。从疒，可聲。《五行傳》曰：“時即有口痾。”烏何切。

痡 pū 病也。从疒，甫聲。《詩》曰：“我僕痡矣。”普胡切。

瘽 qín 病也。从疒，堇聲。巨斤切。

瘵 zhài 病也。从疒，祭聲。側介切。

瘨 diān 病也。从疒，真聲。一曰：腹張。都秊切。

瘼 mò 病也。从疒，莫聲。慕各切。

疝 jiǎo 腹中急也。从疒，丩聲。古巧切。

瘨 yùn 病也。从疒，員聲。王問切。

癇 xián 病也。从疒，閒聲。户閒切。

疷 wù 病也。从疒，出聲。五忽切。

疵 cī 病也。从疒，此聲。疾咨切。

癈 fèi　固病也。从疒，發聲。方肺切。

瘏 tú　病也。从疒，者聲。《詩》曰："我馬瘏矣。"同都切。

瘲 zōng（今音 zòng）　病也。从疒，從聲。即容切。

⿸疒辛 shēn（今音 shěn）　寒病也。从疒，辛聲。所臻切。

⿸疒或 xù　頭痛也。从疒，或聲。讀若溝洫之洫。吁逼切。

痟 xiāo　酸痟，頭痛。从疒，肖聲。《周禮》曰："春時有痟首疾。"相邀切。

疕 bǐ　頭瘍也。从疒，匕聲。卑履切。

瘍 yáng　頭創也。从疒，昜聲。與章切。

痒 xiáng（今音 yáng）　瘍也。从疒，羊聲。似陽切。

⿸疒馬 mà　目病。一曰：恶气箸身也。一曰：蝕創。从疒，馬聲。莫駕切。

⿸疒斯 xī　散聲。从疒，斯聲。先稽切。

⿸疒爲 wěi　口咼也。从疒，爲聲。韋委切。

疦 jué　⿸疒爲也。从疒，决省聲。古穴切。

瘖 yīn　不能言也。从疒，音聲。於今切。

癭 yǐng　頸瘤也。从疒，嬰聲。於郢切。

瘻 lòu　頸腫也。从疒，婁聲。力豆切。

⿸疒又 yòu　顫也。从疒，又聲。于救切。

瘀 yù（今音 yū）　積血也。从疒，於聲。依倨切。

疝 shàn　腹痛也。从疒，山聲。所晏切。

疛 zhǒu　小腹病。从疒，肘省聲。陟柳切。

⿸疒奰 bèi（今音 pì）　滿也。从疒，奰聲。平祕切。

⿸疒付 fǔ（今音 fù）　俛病也。从疒，付聲。方榘切。

痀 qú（今音 jū）　曲脊也。从疒，句聲。其俱切。

瘚 jué　屰气也。从疒，从屰，从欠。居月切。

瘚，或省疒。

⿸疒季 jì　气不定也。从疒，季聲。其季切。

痱 bèi（今音 fèi）　風病也。从疒，非聲。蒲罪切。

瘤 liú　腫也。从疒，留聲。力求切。

痤 cuó　小腫也。从疒，坐聲。一曰：族絫。臣鉉等曰："今别作瘯蠡，非是。"昨禾切。

疽 jū　癰也。从疒，且聲。七余切。

⿸疒麗 lì 癰也。从疒,麗聲。一曰:瘦黑。讀若隸。郎計切。

癰 yōng 腫也。从疒,雝聲。於容切。

瘜 xī 寄肉也。从疒,息聲。相即切。

癬 xuǎn 乾瘍也。从疒,鮮聲。息淺切。

疥 jiè 搔也。从疒,介聲。古拜切。

痂 jiā 疥也。从疒,加聲。古牙切。

瘕 xiá(今音 jiǎ) 女病也。从疒,叚聲。乎加切。

癘 lài(今音 lì) 惡疾也。从疒,蠆省聲。洛帶切。

瘧 nüè 熱寒休作。从疒,从虐,虐亦聲。魚約切。

痁 shān 有熱瘧。从疒,占聲。《春秋傳》曰:“齊侯疥,遂痁。”失廉切。

痎 jiē 二日一發瘧。从疒,亥聲。古諧切。

痳 lín 疝病。从疒,林聲。力尋切。

痔 zhì 後病也。从疒,寺聲。直里切。

痿 ruí(今音 wěi) 痹也。从疒,委聲。儒隹切。

痹 bì 溼病也。从疒,畀聲。必至切。

⿸疒畢 bì 足气不至也。从疒,畢聲。毗至切。

瘃 zhú 中寒腫覈。从疒,豖聲。陟玉切。

⿸疒扁 piān 半枯也。从疒,扁聲。匹連切。

瘇 zhǒng 脛气足腫。从疒,童聲。《詩》曰:“既微且瘇。” 籀文,从尣。時重切。

⿸疒盍 è 跛病也。从疒,盍聲。讀若脅。又讀若掩。烏盍切。

疻 zhǐ 毆傷也。从疒,只聲。諸氏切。

痏 wěi 疻痏也。从疒,有聲。榮美切。

⿸疒雋 wěi 創裂也。一曰:疾⿸疒雋。从疒,雋聲。以水切。

⿸疒冄 chān 皮剝也。从疒,冄聲。赤占切。

籀文,从叚。

癑 nòng 痛也。从疒,農聲。奴動切。

痍 yí 傷也。从疒,夷聲。以脂切。

瘢 bān 痍也。从疒,般聲。薄官切。

痕 hén 胝瘢也。从疒,艮聲。户恩切。

痙 jìng 彊急也。从疒，巠聲。其頸切。

痋 tóng(今音 téng,疼) 動病也。从疒，蟲省聲。徒冬切。

瘦 shòu(瘦) 臞也。从疒，叜聲。所又切。

疢 chèn 熱病也。从疒，从火。臣鉉等曰："今俗别作疹，非是。"丑刃切。

癉 dàn/duò 勞病也。从疒，單聲。丁榦、丁賀二切。

疸 dàn(今音 dǎn) 黄病也。从疒，旦聲。丁榦切。

⿸疒夾 qiè 病[小]息也。从疒，夾聲。苦叶切。

痞 pǐ 痛也。从疒，否聲。符鄙切。

瘍 yì 脉瘍也。从疒，易聲。羊益切。

⿸疒术 shù 狂走也。从疒，术聲。讀若欻。食聿切。

疲 pí 勞也。从疒，皮聲。符羈切。

⿸疒𠂔 zǐ 瑕也。从疒，𠂔聲。側史切。

疷 qí 病也。从疒，氏聲。渠支切。

⿸疒及 hō(今音 jí) 病劣也。从疒，及聲。呼合切。

⿸疒殹 ài 劇聲也。从疒，殹聲。於賣切。

癃 lóng 罷病也。从疒，隆聲。力中切。

籒文癃，省。

疫 yì 民皆疾也。从疒，役省聲。營隻切。

瘛 chì 小兒瘛瘲病也。从疒，恝聲。臣鉉等曰："《説文》無恝字。疑从疒，从心，契省聲。"尺制切。

痑 duò(今音 tuō) 馬病也。从疒，多聲。《詩》曰："痑痑駱馬。"丁可切。

⿸疒兑 duó 馬脛瘍也。从疒，兑聲。一曰：將傷。徒活切。

⿸疒樂 liào(今音 liáo) 治也。从疒，樂聲。力照切。

或从尞。

⿸疒古 gù 久病也。从疒，古聲。古慕切。

瘌 là 楚人謂藥毒曰痛瘌。从疒，剌聲。盧達切。

癆 lào 朝鲜謂藥毒曰癆。从疒，勞聲。郎到切。

瘥 chài/cuó 瘉也。从疒，差聲。楚懈切，又才他切。

⿸疒衰 shuāi 減也。从疒，衰聲。一曰：耗（秏）也。楚追切。

瘉 yù 病瘳也。从疒，俞聲。臣鉉等曰："今别作愈，非是。"以主切。

瘳 chōu 疾瘉也。从疒，翏聲。敕鳩切。

癡 chī 不慧也。从疒，疑聲。丑之切。

文一百二 重七

冖 mì 覆也。从一下垂也。凡冖之屬皆从冖。臣鉉等曰："今俗作冪，同。"莫狄切。

冠 guān 絭也。所以絭髮，弁冕之緫名也。从冖，从元，元亦聲。冠有法制，从寸。徐鍇曰："取其在首，故从元。"古丸切。

冣 jù 積也。从冖，从取，取亦聲。才句切。

託 dù 奠爵酒也。从冖，託聲。《周書》曰："王三宿三祭三託。"當故切。

文四

冃 mǎo 重覆也。从冖、一。凡冃之屬皆从冃。莫保切。讀若艸苺苺。

同 tóng 合會也。从冃，从口。臣鉉等曰："同，爵名也。《周書》曰：'太保受同，嚌。'故从口。《史籀》亦从口。李陽冰云：'从口，非是。'"徒紅切。

冐 qiāng（今音 què） 幬帳之象。从冃；㞢，其飾也。苦江切。

冡 méng 覆也。从冃、豕。莫紅切。

文四

冃 mào 小兒蠻夷頭衣也。从冂；二，其飾也。凡冃之屬皆从冃。莫報切。

冕 miǎn 大夫以上冠也。邃延，垂瑬，紞纊。从冃，免聲。古者黄帝初作冕。亡辡切。絻 冕，或从糸。

胄 zhòu 兜鍪也。从冃，由聲。直又切。

䩜 《司馬法》胄从革。

冒 mào 冢而前也。从冃，从目。莫報切。

𡇒 古文冒。

最 zuì 犯而取也。从冃，从取。祖外切。

文五 重三

㒳 liǎng 再也。从冂，闕。《易》曰："参天㒳地。"凡㒳之屬皆从㒳。良奬切。

兩 liǎng 二十四銖爲一兩。从一；㒳，平分，亦聲。良奬切。

㒼 mán 平也。从廿，五行之數，二十分爲一辰。㒳，㒼平也。讀若蠻。母官切。

文三

网 wǎng　庖犧所結繩，以漁。从冂，下象网交文。凡网之屬皆从网。今經典變隸作罓。文紡切。（篆）网，或从亡。（篆）网，或从糸。（篆）古文网。（篆）籀文网。

罨 yè（今音 yǎn）　罕也。从网，奄聲。於業切。

罕 hǎn（罕）　网也。从网，干聲。呼旱切。

羂 juàn　网也。从网、繯，繯亦聲。一曰：綰也。古眩切。

䍙 méi　网也。从网，每聲。莫桮切。

⿱罒巽 xuǎn　网也。从网，巽聲。思沇切。（篆）《逸周書》曰："不卵不⿰足巽，以成鳥獸。"⿱罒巽者，繯獸足也。故或从足。

罙 mí　周行也。从网，米聲。《詩》曰："罙入其阻。"武移切。（篆）罙，或从冂。

罩 zhào　捕魚器也。从网，卓聲。都教切。

罾 zēng　魚网也。从网，曾聲。作騰切。

罪 zuì　捕魚竹网。从网、非。秦以罪爲辠字。徂賄切。

罽 jì　魚网也。从网，㓹聲。㓹，籀文銳。居例切。

罛 gū　魚罟也。从网，瓜聲。《詩》曰："施罛濊濊。"古胡切。

罟 gǔ　网也。从网，古聲。公户切。

罶 liǔ　曲梁寡婦之笱。魚所留也。从网、留，留亦聲。力九切。（篆）罶，或从婁。《春秋國語》曰："溝罛⿱罒婁。"

罜 zhǔ　罜䍡，魚罟也。从网，主聲。之庾切。

䍡 lù　罜䍡也。从网，鹿聲。盧谷切。

罧 shēn（今音 shèn）　積柴水中以聚魚也。从网，林聲。所今切。

罠 mín　釣也。从网，民聲。武巾切。

羅 luó　以絲罟鳥也。从网，从維。古者芒氏初作羅。魯何切。

罬 zhuó　捕鳥覆車也。从网，叕聲。陟劣切。（篆）罬，或从車。

罿 chōng　罬也。从网，童聲。尺容切。

⿱罒包 fú　覆車也。从网，包聲。《詩》曰："雉離于

䍖。"縛牟切。 䍖,或从孚。

罻 wèi 捕鳥网也。从网,叞聲。於位切。

罘 fú 兔罟也。从网,否聲。臣鉉等曰:"隷書作罘。"縛牟切。

罜 hù [兔]罟也。从网,互聲。胡誤切。

罝 jiē(今音 jū) 兔网也。从网,且聲。子邪切。 罝,或从糸。 籒文,从虘。

䍢 wǔ 牖中网也。从网,舞聲。文甫切。

署 shǔ 部署,有所网屬。从网,者聲。徐鍇曰:"署置之,言羅絡之若罘网也。"常恕切。

罷 bài(今音 bà) 遣有辠也。从网、能。言有賢能而入网,而貫(貰)遣之。《周禮》曰:"議能之辟。"薄蟹切。

置 zhì 赦也。从网、直。徐鍇曰:"从直,與罷同意。"陟吏切。

罯 ǎn 覆也。从网,音聲。烏感切。

詈 lì 罵也。从网,从言。网辠人。力智切。

罵 mà(駡) 詈也。从网,馬聲。莫駕切。

羈 jī(羇,覊) 馬絡頭也。从网,从馽。馽,馬絆也。居宜切。 羈,或从革。

文三十四 重十二

罭 yù 魚網也。从网、或,或聲。于逼切。

罳 sī 罘罳,屏也。从网,思聲。息兹切。

罹 lí 心憂也。从网,未詳。古多通用離。吕支切。

文三新附

襾 xià(今音 yà) 覆也。从冂,上下覆之,凡襾之屬皆从襾。呼訝切。讀若晉。

覂 fěng 反覆也。从襾,乏聲。方勇切。

覈 hé 實也。考事,襾笮邀遮,其辤得實曰覈。从襾,敫聲。 覈,或从雨。下革切。

覆 fù 覂也。一曰:蓋也。从襾,復聲。敷救切。

文四 重一

巾 jīn 佩巾也。从冂,丨象糸也。凡巾之屬皆从巾。居銀切。

帉 fēn 楚謂大巾曰帉。从巾,分聲。撫文切。

帥 shuài 佩巾也。从巾、自[聲]。所律切。

帥,或从兑。又音税。

幯 shuì(今音 zhì) 禮巾也。从巾,从執。輸芮切。

帗 bō 一幅巾也。从巾,犮聲。讀若撥。北末切。

帎 rèn 枕巾也。从巾,刃聲。而振切。

幋 pán 覆衣大巾。从巾,般聲。或以爲首鞶。薄官切。

帤 rú 巾帤也。从巾,如聲。一曰:幣巾。女余切。

幣 bì 帛也。从巾,敝聲。毗祭切。

幅 fú 布帛廣也。从巾,畐聲。方六切。

㡃 huāng 設色之工,治絲練者。从巾,巟聲。一曰:㡃隔。讀若荒。呼光切。

帶 dài 紳也。男子鞶帶,婦人帶絲。象繫佩之形。佩必有巾。从巾。當蓋切。

幘 zé 髮有巾曰幘。从巾,責聲。側革切。

㡄 xún 領耑也。从巾,旬聲。相倫切。

帔 pèi 弘農謂帬帔也。从巾,皮聲。披義切。

常 cháng 下帬也。从巾,尚聲。市羊切。

常,或从衣。

帬 qún(裙) 下裳也。从巾,君聲。渠云切。

帬,或从衣。

帴 shā(今音 sàn) 帬也。一曰:帗也。一曰:婦人脅衣。从巾,戔聲。讀若末殺之殺。所八切。

幝 kūn 幒也。从巾,軍聲。古渾切。

幝,或从衣。

幒 zhōng 幝也。从巾,忽聲。一曰:帙。職茸切。

幒,或从松。

𢅭 lán 楚謂無緣衣也。从巾,監聲。魯甘切。

幎 mì 幔也。从巾,冥聲。《周禮》有"幎人"。莫狄切。

幔 màn 幕也。从巾,曼聲。莫半切。

幬 chóu 禪帳也。从巾,𠷎聲。直由切。

㡘 lián 帷也。从巾。兼聲。力鹽切。

帷 wéi 在旁曰帷。从巾,隹聲。洧悲切。

古文帷。

帳 zhàng 張也。从巾，長聲。知諒切。

幕 mù 帷在上曰幕，覆食案亦曰幕。从巾，莫聲。慕各切。

𢁒 bǐ 㡜裂也。从巾，匕聲。卑履切。

㡜 xiè /shì 殘帛也。从巾，祭聲。先列切，又所例切。

㡏 shū 正耑裂也。从巾，俞聲。山樞切。

帖 tiè 帛書署也。从巾，占聲。他叶切。

帙 zhì 書衣也。从巾，失聲。直質切。

帙，或从衣。

㡐 jiān 幡幟也。从巾，前聲。則前切。

徽 huī 幟也。以絳徽帛，箸於背。从巾，微省聲。《春秋傳》曰："揚徽者公徒。"許歸切。

幖 biāo 幟也。从巾，㶾聲。方招切。

帵 yuān 幡也。从巾，夗聲。於袁切。

幡 fān 書兒拭觚布也。从巾，番聲。甫煩切。

𢃳 là 制也。从巾，剌聲。盧達切。

㡨 jiān 拭也。从巾，韱聲。精廉切。

幝 chǎn 車弊皃。从巾，單聲。《詩》曰："檀車幝幝。"昌善切。

幏 méng 蓋衣也。从巾，冡聲。莫紅切。

幭 miè 蓋幭也。从巾，蔑聲。一曰：禪被。莫結切。

幠 hū 覆也。从巾，無聲。荒烏切。

飾 shì 㕞也。从巾，从人，食聲。讀若式。一曰：襐飾。賞隻切。

幃 huī（今音 wéi） 囊也。从巾，韋聲。許歸切。

帣 juàn 囊也。今鹽官三斛爲一帣。从巾，𢍏聲。居倦切。

帚 zhǒu 糞也。从又持巾埽冂內。古者少康初作箕、帚、秫酒。少康，杜康也，葬長垣。支手切。

席 xí 籍也。《禮》：天子、諸侯席，有黼繡純飾。从巾，庶省。臣鉉等曰："席，以待賓客之禮，賓客非一人，故从庶。"祥易切。

古文席，从石省。

幐　téng　囊也。从巾，朕聲。徒登切。

幩　fèn　以囊盛穀，大滿而裂也。从巾，奮聲。方吻切。

帽　zhūn　載米㡀也。从巾，盾聲。讀若《易》屯卦之屯。陟倫切。

㡇　gé　蒲席㡀也。从巾，及聲。讀若蛤。古沓切。

幩　fén　馬纏鑣扇汗也。从巾，賁聲。《詩》曰："朱幩鑣鑣。"符分切。

㦽　nún(今音 néi)　墀地以巾撋之。从巾，㚢聲。讀若水温𪇆也。一曰：箸也。乃昆切。

帑　nú(今音 tǎng)　金幣所藏也。从巾，奴聲。乃都切。

布　bù　枲織也。从巾，父聲。博故切。

幏　jià　南郡蠻夷賨布。从巾，家聲。古訝切。

𢅏　xián　布。出東萊。从巾，弦聲。胡田切。

㡌　mù　髼布也。一曰：車上衡衣。从巾，敄聲。讀若項。莫卜切。

幦　mì　髼布也。从巾，辟聲。《周禮》曰："駹車大幦。"莫狄切。

㡇　zhé　領耑也。从巾，耴聲。陟葉切。

文六十二　重八

幢　chuáng　旌旗之屬。从巾，童聲。宅江切。

幟　chì(今音 zhì)　旌旗之屬。从巾，戠聲。昌志切。

帟　yì　在上曰帟。从巾，亦聲。羊益切。

幗　guì(今音 guó)　婦人首飾。从巾，國聲。古對切。

幧　qiāo　斂髮也。从巾，喿聲。七摇切。

帒　dài　囊也。从巾，代聲。或从衣。徒耐切。

帊　pà　帛三幅曰帊。从巾，巴聲。普駕切。

幞　fú　帊也。从巾。菐聲。房玉切。

幰　xiǎn　車幔也。从巾，憲聲。虚偃切。

文九新附

市　fú　韠也。上古衣蔽前而巳(已)，市以象之。天子朱市，諸侯赤市，大夫葱衡。从巾，象連帶之形。凡市之屬皆从市。分勿切。　篆文市，从韋，从犮。

臣鉉等曰："今俗作紱，非是。"

帢　jiá　士無市有帢。制如榼，缺四角。爵弁服，其色韎。賤不得與裳同。司農曰："裳，纁色。"从市，合聲。古洽

切。韐，或从韋。

文二　重二

帛　bó　繒也。从巾，白聲。凡帛之屬皆从帛。旁陌切。

錦　jǐn　襄邑織文。从帛，金聲。居飲切。

文二

白　bái　西方色也。陰用事，物色白。从入合二。二，陰數。凡白之屬皆从白。旁陌切。古文白。

皎　jiǎo　月之白也。从白，交聲。《詩》曰："月出皎兮。"古了切。

皢　xiǎo　日之白也。从白，堯聲。呼鳥切。

皙　xī　人色白也。从白，析聲。无(先)擊切。

皤　pó　老人白也。从白，番聲。《易》曰："賁如皤如。"薄波切。皤，或从頁。

皠　hú(今音 hé)　鳥之白也。从白，隺聲。胡沃切。

皚　ái　霜雪之白也。从白，豈聲。五來切。

皅　pā　艸華之白也。从白，巴聲。普巴切。

皦　jiǎo　玉石之白也。从白，敫聲。古了切。

𡭴　xì　際見之白也。从白，上下小見。起戟切。

皛　yǎo(今音 xiǎo)　顯也。从三白。讀若皎。烏皎切。

文十一　重二

㡀　bì　敗衣也。从巾，象衣敗之形。凡㡀之屬皆从㡀。毗祭切。

敝　bì　帗也。一曰：敗衣。从攴，从㡀，㡀亦聲。毗祭切。

文二

黹　zhǐ　箴縷所紩衣。从㡀，丵省。凡黹之屬皆从黹。臣鉉等曰："丵，衆多也，言箴縷之工不一也。"陟几切。

䵥　chǔ　合五采鮮色。从黹，虘聲。《詩》曰："衣裳䵥䵥。"創舉切。

黼　fǔ　白與黑相次文。从黹，甫聲。方榘切。

黻　fú　黑與青相次文。从黹，犮聲。分勿切。

⿰黹卒　zuì　會五采繒色。从黹，綷省聲。子對切。

黺　fěn　衮衣山、龍、華、蟲。黺，畫粉也。从黹，从粉省。衛宏説。方吻切。

文六

説文解字　卷八上

三十七部　六百一十一文　重六十三　凡八千五百三十九字　文三十五新附

人 rén　天地之性最貴者也。此籒文。象臂脛之形。凡人之屬皆从人。如鄰切。

僮 tóng　未冠也。从人，童聲。徒紅切。

保 bǎo　養也。从人，从采省。采，古文孚。博褎切。古文保。古文保，不省。

仁 rén　親也。从人，从二。臣鉉等曰："仁者兼愛，故从二。"如鄰切。古文仁，从千、心。古文仁，或从尸。

企 qì（今音 qǐ）　舉踵也。从人，止聲。去智切。古文企，从足。

仞 rèn　伸臂一尋，八尺。从人，刃聲。而震切。

仕 shì　學也。从人，从士。鉏里切。

佼 xiāo（今音 jiāo）　交也。从人，从交。下巧切。

僎 zhuàn　具也。从人，巽聲。士勉切。

俅 qiú　冠飾皃。从人，求聲。《詩》曰："弁服俅俅。"巨鳩切。

佩 pèi　大帶佩也。从人，从凡，从巾。佩必有巾，巾謂之飾。臣鉉等曰："今俗别作珮，非是。"蒲妹切。

儒 rú　柔也。術士之偁。从人，需聲。人朱切。

俊 jùn　材千人也。从人，夋聲。子峻切。

傑 jié　傲也。从人，桀聲。渠列切。

僤 wén（今音 hún）　人姓。从人，軍聲。吾昆切。

伋 jí　人名。从人，及聲。居立切。

伉 kàng　人名。从人，亢聲。《論語》有陳伉。苦浪切。

伯 bó　長也。从人，白聲。博陌切。

仲 zhòng　中也。从人，从中，中亦聲。直衆切。

伊 yī 殷聖人阿衡，尹治天下者。从人，从尹。於脂切。古文伊，从古文死。

偰 xiè 高辛氏之子，堯司徒，殷之先。从人，契聲。私列切。

倩 qiàn 人字。从人，青聲。東齊壻謂之倩。倉見切。

伃 yú 婦官也。从人，予聲。以諸切。

伀 zhōng 志及衆也。从人，公聲。職茸切。

儇 xuān 慧也。从人，瞏聲。許緣切。

倓 tán 安也。从人，炎聲。讀若談。徒甘切。

倓，或从剡。

侚 xùn 疾也。从人，旬聲。辭閏切。

傛 yǒng 不安也。从人，容聲。一曰：[傛]華。余隴切。

偞 yè 宋衛之間謂華偞偞。从人，枼聲。与涉切。

佳 jiā 善也。从人，圭聲。古膎切。

侅 gāi 奇侅，非常也。从人，亥聲。古哀切。

傀 guī 偉也。从人，鬼聲。《周禮》曰：“大傀異。”公回切。傀，或从玉，褱聲。

偉 wěi 奇也。从人，韋聲。于鬼切。

份 bīn 文質僃(備)也。从人，分聲。《論語》曰：“文質份份。”古文份，从彡、林。林者，从焚省聲。府巾切。

臣鉉等曰：“今俗作斌，非是。”

僚 liǎo(今音 liáo) 好皃。从人，尞聲。力小切。

佖 bì 威儀也。从人，必聲。《詩》曰：“威儀佖佖。”毗必切。

僝 zhuàn 具也。从人，孨聲。讀若汝南潺水。《虞書》曰：“旁救僝功。”士戀切。

儠 liè 長壯儠儠也。从人，巤聲。《春秋傳》曰：“長儠者相之。”良涉切。

儦 biāo 行皃。从人，麃聲。《詩》曰：“行人儦儦。”甫嬌切。

儺 nuó 行人(有)節也。从人，難聲。《詩》曰：“佩玉之儺。”諾何切。

倭 wēi 順皃。从人，委聲。《詩》曰：“周道倭遲。”於爲切。

僓 tuǐ/wèi 嫺也。从人，貴聲。一曰：長皃。吐

猥切，又魚罪切。

僑　qiáo　高也。从人，喬聲。巨嬌切。

俟　sì　大也。从人，矣聲。《詩》曰："伾伾俟俟。"牀史切。

侗　tōng　大皃。从人，同聲。《詩》曰："神罔時侗。"他紅切。

佶　jí　正也。从人，吉聲。《詩》曰："既佶且閑。"巨乙切。

俁　yǔ　大也。从人，吳聲。《詩》曰："碩人俁俁。"魚禹切。

仜　hóng　大腹也。从人，工聲。讀若紅。户工切。

僤　dàn　疾也。从人，單聲。《周禮》曰："句兵欲無僤。"徒案切。

健　jiàn　伉也。从人，建聲。渠建切。

倞　jìng　彊也。从人，京聲。渠竟切。

傲　ào　倨也。从人，敖聲。五到切。

仡　yì(仡)　勇壯也。从人，气聲。《周書》曰："仡仡勇夫。"魚訖切。

倨　jù　不遜也。从人，居聲。居御切。

儼　yǎn　昂頭也。从人，嚴聲。一曰：好皃。魚儉切。

傪　cān　好皃。从人，參聲。倉含切。

俚　lǐ　聊也。从人，里聲。良止切。

伴　bàn　大皃。从人，半聲。薄滿切。

俺　yàn　大也。从人，奄聲。於業切。

僩　xiàn　武皃。从人，閒聲。《詩》曰："瑟兮僩兮。"下簡切。

伾　pī　有力也。从人，丕聲。《詩》曰："以車伾伾。"敷悲切。

偲　cāi　彊力也。从人，思聲。《詩》曰："其人美且偲。"倉才切。

倬　zhuō　箸大也。从人，卓聲。《詩》曰："倬彼雲漢。"竹角切。

侹　tǐng　長皃。一曰：箸地。一曰：代也。从人，廷聲。他鼎切。

倗　péng　輔也，从人，朋聲。讀若陪位。步崩切。

偏　shàn　熾盛也。从人，扇聲。《詩》曰："豔妻偏方處。"式戰切。

儆　jǐng　戒也。从人，敬聲。《春秋傳》曰："儆宮。"居影切。

俶 chù 善也。从人，叔聲。《詩》曰："令終有俶。"一曰：始也。昌六切。

傭 yōng(佣) 均，直也。从人，庸聲。余封切。

僾 ài 仿佛也。从人，愛聲。《詩》曰："僾而不見。"烏代切。

仿 fǎng 相似也。从人，方聲。妃罔切。

籀文仿，从丙。

佛 fú 見不審也。从人，弗聲。敷勿切。

僁 xiè 聲也。从人，悉聲。讀若屑。私列切。

僟 jī 精謹也。从人，幾聲。《明堂月令》："數將僟終。"巨衣切。

佗 tuó 負何也。从人，它聲。臣鉉等案："《史記》：匈奴奇畜有'橐佗'。今俗譌誤謂之'駱駝'，非是。"徒何切。

何 hé 儋也。从人，可聲。臣鉉等曰："儋何，即負何也。借爲誰何之何。今俗别作檐(擔)荷，非是。"胡歌切。

儋 dān 何也。从人，詹聲。都甘切。

供 gōng 設也。从人，共聲。一曰：供給。俱容切。

偫 zhì 待也。从人，从待。直里切。

儲 chú(今音 chǔ) 偫也。从人，諸聲。直魚切。

備 bèi 慎也。从人，葡聲。平祕切。

古文備。

位 wèi 列中庭之左右謂之位。从人、立。于備切。

儐 bìn 導也。从人，賓聲。必刃切。

儐，或从手。

偓 wò 佺也。从人，屋聲。於角切。

佺 quán 偓佺，仙人也。从人，全聲。此緣切。

㒍 chè 心服也。从人，聶聲。齒涉切。

仢 dí 約也。从人，勺聲。徒歷切。

儕 chái 等輩也。从人，齊聲。《春秋傳》曰："吾儕小人。"仕皆切。

倫 lún 輩也。从人，侖聲。一曰：道也。田(力)屯切。

侔 móu 齊等也。从人，牟聲。莫浮切。

偕 xié 彊也。从人，皆聲。《詩》曰："偕偕士子。"一曰：俱也。古諧切。

俱　jū(今音 jù)　偕也。从人，具聲。舉朱切。

儹　zǎn　最(冣)也。从人，贊聲。作管切。

併　bìng(併)　並也。从人，并聲。卑正切。

傅　fù　相也。从人，尃聲。方遇切。

伿　chì　惕也。从人，式聲。《春秋國語》曰："於其心伿然。"恥力切。

俌　fǔ　輔也。从人，甫聲。讀若撫。芳武切。

倚　yǐ　依也。从人，奇聲。於綺切。

依　yī　倚也。从人，衣聲。於稀切。

仍　réng　因也。从人，乃聲。如乘切。

佽　cì　便利也。从人，次聲。《詩》曰："決拾既佽。"一曰：遞也。七四切。

佴　èr　佽也。从人，耳聲。仍吏切。

倢　jié　佽也。从人，疌聲。子葉切。

侍　shì　承也。从人，寺聲。時吏切。

傾　qīng　仄也。从人，从頃，頃亦聲。去營切。

側　cè　旁也。从人，則聲。阻力切。

侒　ān　宴也。从人，安聲。烏寒切。

侐　xù　静也。从人，血聲。《詩》曰："閟宫有侐。"況逼切。

付　fù　与也。从寸持物對人。臣鉉等曰："寸，手也。"方遇切。

俜　pīng　使也。从人，甹聲。普丁切。

俠　xiá　俜也。从人，夾聲。胡頰切。

儃　tán(今音 chán)　儃何也。从人，亶聲。徒干切。

侁　shēn　行皃。从人，先聲。所臻切。

仰　yǎng　舉也。从人，从卬。魚兩切。

侸　shù　立也。从人，豆聲。讀若樹。常句切。

儽　lěi　垂皃。从人，纍聲。一曰：嬾解。落猥切。

侳　zuò　安也。从人，坐聲。則臥切。

偁　chēng　揚也。从人，再聲。處陵切。

伍　wǔ　相参伍也。从人，从五。疑古切。

什　shí　相什保也。从人、十。是執切。

佰　bǎi　相什伯也。从人、百。博陌切。

佸　kuò(佸，今音 huó)　會也。从人，昏聲。《詩》

曰："曷其有佸。"一曰：佸佸，力皃。古活切。

佮 gé 合也。从人，合聲。古沓切。

𢼸 wéi(今音 wēi) 妙(眇)也。从人，从攴，豈省聲。臣鉉等案："豈字从𢼸省，𢼸不應从豈省，蓋傳寫之誤。疑从耑省。耑，物初生之題，尚𢼸也。"無非切。

傆 yuàn 黠也。从人，原聲。魚怨切。

作 zuò 起也。从人，从乍。則洛切。

假 jiǎ/gé 非真也。从人，叚聲。古疋切。一曰：至也。《虞書》曰："假于上下。"古頟切。

借 jì(今音 jiè) 假也。从人，昔聲。資昔切。

侵 qīn 漸進也。从人，又持帚。若埽之進。又，手也。七林切。

儥 yù 賣也。从人，賣聲。余六切。

𠋫 hòu(候) 伺望也。从人，矦聲。胡遘切。

償 cháng 還也。从人，賞聲。食章切。

僅 jǐn 材能也。从人，堇聲。渠吝切。

代 dài 更也。从人，弋聲。臣鉉等曰："弋非聲。《說文》忒字與此義訓同，疑兼有忒音。"徒耐切。

儀 yí 度也。从人，義聲。魚羈切。

傍 páng(今音 bàng) 近也。从人，旁聲。步光切。

佀 sì(似) 象也。从人，㠯聲。詳里切。

便 pián 安也。人有不便，更之。从人、更。房連切。

任 rén 符(保)也。从人，壬聲。如林切。

俔 qiàn 譬諭也。一曰：間見。从人，从見。《詩》曰："俔天之妹。"苦甸切。

優 yōu 饒也。从人，憂聲。一曰：倡也。於求切。

僖 xī 樂也。从人，喜聲。許其切。

偆 chǔn 富也。从人，春聲。尺允切。

俒 hùn 完也。《逸周書》曰："朕實不明，以俒伯父。"从人，从完。胡困切。

儉 jiǎn 約也。从人，僉聲。巨險切。

偭 miàn(今音 miǎn) 鄉也。从人，面聲。《少儀》曰："尊壺者偭其鼻。"彌箭切。

俗 sú 習也。从人，谷聲。似足切。

俾 bǐ　益也。从人，卑聲。一曰：俾，門侍人。并弭切。

倪 ní　俾也。从人，兒聲。五雞切。

億 yì　安也。从人，意聲。於力切。

使 shǐ　伶也。从人，吏聲。疏士切。

倏 jì(今音 kuí)　倏，左右兩視。从人，癸聲。其季切。

伶 líng　弄也。从人，令聲。益州有建伶縣。郎丁切。

儷 lí(今音 lì)　棽儷也。从人，麗聲。呂支切。

傳 zhuàn　遽也。从人，專聲。直戀切。

倌 guàn(今音 guān)　小臣也。从人，从官。《詩》曰："命彼倌人。"古患切。

价 jiè　善也。从人，介聲。《詩》曰："价人惟藩。"古拜切。

仔 zī　克也。从人，子聲。子之切。

倂 yìng(媵)　送也。从人，灷聲。呂不韋曰："有侁氏以伊尹倂女。"古文以爲訓字。臣鉉等曰："灷不成字，當从朕省。案：勝字从朕聲，疑古者朕或音倂。"以證切。

徐 xú　緩也。从人，余聲。似魚切。

偋 bìng　僻窶也。从人，屏聲。防正切。

伸 shēn　屈伸。从人，申聲。失人切。

伹 xú(今音 qū)　拙也。从人，且聲。似魚切。

僷 rǎn　意膬也。从人，然聲。臣鉉等曰："膬，耎易破也。"人善切。

偄 nuàn(今音 ruǎn)　弱也。从人，从耎。奴亂切。

倍 bèi　反也。从人，咅聲。薄亥切。

傿 yàn　引爲賈也。从人，焉聲。於建切。

僭 jiàn　假也。从人，朁聲。子念切。

儗 nǐ　僭也。一曰：相疑。从人，从疑。魚已切。

偏 piān　頗也。从人，扁聲。芳連切。

倀 chāng　狂也。从人，長聲。一曰：什也。楮羊切。

儚 hōng　惽也。从人，夢聲。呼肱切。

儔 chóu(今音 dào)　翳也。从人，壽聲。直由切。

侜 zhōu　有廱蔽也。从人，舟聲。《詩》曰："誰侜予美。"張流切。

僔 jiàn　淺也。从人，戔聲。慈衍切。

佃 diàn　中也。从人，田聲。《春秋傳》曰："乘中佃。"一轅車。堂練切。

㑊 xǐ（今音 cǐ）　小皃。从人，囟聲。《詩》曰："㑊㑊彼有屋。"斯氏切。

侊 gōng（今音 guāng）　小（大）皃。从人，光聲。《春秋國語》曰："侊飯不及一食。"古横切。

佻 tiāo　愉也。从人，兆聲。《詩》曰："視民不佻。"土（土）彫切。

僻 pì　避也。从人，辟聲。《詩》曰："宛如左僻。"一曰：从旁牽也。普擊切。

伭 xián　很也。从人，弦省聲。胡田切。

伎 jì　與也。从人，支聲。《詩》曰："籥人伎忒。"渠綺切。

侈 chǐ　掩脅也。从人，多聲。一曰：奢也。尺氏切。

佁 ǎi（今音 yǐ）　癡皃。从人，台聲。讀若駭。夷在切。

傮 sāo　傮，驕也。从人，蚤聲。鮮遭切。

僞 wèi（今音 wěi）　詐也。从人，爲聲。危睡切。

伿 yì　隋（惰）也。从人，只聲。以豉切。

佝 kòu　務也。从人，句聲。苦候切。

僄 piào　輕也。从人，票聲。匹妙切。

倡 chàng（今音 chāng）　樂也。从人，昌聲。尺亮切。

俳 pái　戲也。从人，非聲。步皆切。

僐 shàn　作姿也。从人，善聲。堂（常）演切。

儳 chán　儳互，不齊也。从人，毚聲。士咸切。

佚 yì　佚民也。从人，失聲。一曰：佚，忽也。夷質切。

俄 é　行頃也。从人，我聲。《詩》曰："仄弁之俄。"五何切。

傜 yáo　喜也。从人，䍃聲。自關以西，物大小不同謂之傜。余招切。

御 jué　徼御，受屈也。从人，卻聲。其虐切。

傞 suō　醉舞皃。从人，差聲。《詩》曰："屢舞傞傞。"素何切。

僛 qī　醉舞皃。从人，欺聲：《詩》曰："屢舞僛僛。"去其切。

侮 wǔ　傷也。从人，每聲。文甫切。

古文，从母。

㑵 jí　妎也。从人，疾聲。一曰：毒也。秦悉切。

㑵，或从女。

傷 yì　輕也。从人，易聲。一曰：交傷。以豉切。

俙 xié(今音 xī)　訟面相是。从人，希聲。喜皆切。

僨 pèn(今音 fèn)　僵也。从人，賁聲。匹問切。

僵 jiāng　僨也。从人，畺聲。居良切。

仆 fù(今音 pū)　頓也。从人，卜聲。芳遇切。

偃 yǎn　僵也。从人，匽聲。於幰切。

傷 shāng　創也。从人，𥏫省聲。少羊切。

侑 xiáo(今音 yáo)　刺(刺)也。从人，肴聲。一曰：痛聲。胡茅切。

侉 kuā　憊詞。从人，夸聲。苦瓜切。

催 cuī　相儔(擣)也。从人，崔聲。《詩》曰："室人交徧催我。"倉回切。

俑 tōng /yǒng　痛也。从人，甬聲。他紅切，又余隴切。

伏 fú　司也。从人，从犬。臣鉉等曰："司，今人作伺。"房六切。

促 cù　迫也。从人，足聲。七玉切。

例 lì　比也。从人，㓟聲。力制切。

係 xì　絜束也。从人，从系，系亦聲。胡計切。

伐 fá　擊也。从人持戈。一曰：敗也。房越切。

俘 fú　軍所獲也。从人，孚聲。《春秋傳》曰："以爲俘聝。"芳無切。

但 dàn　裼也。从人，旦聲。徒旱切。

傴 yǔ　僂也。从人，區聲。於武切。

僂 lǚ(今音 lóu)　尪也。从人，婁聲。周公韤僂，或言背僂。力主切。

僇 liù(今音 lù)　癡行僇僇也。从人，翏聲。讀若雡。一曰：且也。力救切。

仇 qiú　讎也。从人，九聲。巨鳩切。

儡 léi　相敗也。从人，畾聲。讀若雷。魯回切。

咎 jiù　災也。从人，从各。各者，相違也。其久切。

仳 pǐ　别也。从人，比聲。《詩》曰："有女仳離。"芳比切。

㑋 jiù　毀也。从人，咎聲。其久切。

倠 suī 仳倠，醜面。从人，隹聲。許惟切。

値 zhí 措也。从人，直聲。直吏切。

侂 tuō 寄也。从人，厇聲。厇，古文宅。他各切。

僔 zǔn 聚也。从人，尊聲。《詩》曰："僔沓背憎。"慈損切。

像 xiàng 象也。从人，从象，象亦聲。讀若養。徐兩切。

倦 juàn 罷也。从人，卷聲。渠眷切。

傮 zāo 終也。从人，曹聲。作曹切。

偶 ǒu 桐人也。从人，禺聲。五口切。

弔 diào(吊) 問終也。古之葬者，厚衣之以薪。从人持弓，會敺禽。多嘯切。

佋 sháo(今音 zhāo) 廟佋穆。父爲佋，南面。子爲穆，北面。从人，召聲。市招切。

㑗 shēn 神也。从人，身聲。失人切。

僊 xiān 長生僊去，从人，从䙴，䙴亦聲。相然切。

僰 bó 犍爲蠻夷。从人，棘(棘)聲。蒲北切。

屳 xiān(仙) 人在山上。从人，从山。呼堅切。

僥 yáo 南方有焦僥。人長三尺，短之極。从人，堯聲。五聊切。

儯 duì 市(市)也。从人，對聲。都隊切。

俇 guàng 遠行也。从人，狂聲。居況切。

件 jiàn 分也。从人，从牛。牛，大物，故可分。其輦切。

文二百四十五 重十四

侶 lǚ 徒侶也。从人，吕聲。力舉切。

侲 zhèn 僮子也。从人，辰聲。章刃切。

倅 cuì 副也。从人，卒聲。七内切。

傔 qiàn 從也。从人，兼聲。苦念切。

倜 tì 倜儻，不羈也。从人，从周，未詳。他歷切。

儻 tǎng 倜儻也。从人，黨聲。他朗切。

佾 yì 舞行列也。从人，肙聲。夷質切。

倒 dǎo 仆也。从人，到聲。當老切。

儈 kuài 合市也。从人、會，會亦聲。古外切。

低 dī 下也。从人、氐，氐亦聲。都兮切。

債 zhài 債負也。从人、責，責亦聲。側賣切。

價 jià　物直也。从人、賈，賈亦聲。古訝切。

停 tíng　止也。从人，亭聲。特丁切。

僦 jiù　賃也。从人、就，就亦聲。即就切。

伺 sì　候望也。从人，司聲。相吏切。自低已下六字，从人，皆後人所加。

僧 sēng　浮屠道人也。从人，曾聲。穌曾切。

佇 zhù（伫）　久立也。从人，从宁。直吕切。

偵 zhēn　問也。从人，貞聲。丑鄭切。

文十八新附

七 huà（化）　變也。从到人。凡七之屬皆从七。呼跨切。

𠤖 yí　未定也。从七，𠤕聲。𠤕，古文矢字。語期切。

眞 zhēn（真）　僊人變形而登天也。从七，从目，从乚。音隱。八，所乘載也。側鄰切。古文真。

化 huà　教行也。从七，从人，七亦聲。呼跨切。

文四　重一

匕 bǐ　相與比叙也。从反人。匕，亦所以用比取飯。一名柶。凡匕之屬皆从匕。卑履切。

匙 chí　匕也。从匕，是聲。是支切。

𠤏 bǎo　相次也。从匕，从十，鴇从此。博抱切。

𠤛 qì（跂）　頃也。从匕，支聲。匕，頭頃也。《詩》曰："跂彼織女。"去智切。

頃 qīng　頭不正也。从匕，从頁。臣鉉等曰："匕者，有所比附，不正也。"去營切。

𡿺 nǎo（腦）　頭髓也。从匕。匕，相匕著也。巛象髮，囟象𡿺形。奴皓切。

卬 áng　望，欲有所庶及也。从匕，从卪。《詩》曰："高山卬止。"伍岡切。

卓 zhuō　高也。早匕爲𠦝，匕卪爲卬，皆同義。竹角切。古文𠦝。

艮 gèn　很也。从匕、目。匕目，猶目相匕，不相下也。《易》曰："皀其限。"匕目爲皀，匕（七）目爲眞也。古恨切。

文九　重一

从 cóng　相聽也。从二人。凡从之屬皆从从。疾容切。

從 zòng（今音 cóng）　隨行也。从辵、从，从亦聲。慈用切。

幷　bīng(今音 bìng,并)　相從也。从从,幵聲。一曰:从持二爲幷。府盈切。

文三

比　bì(今音 bǐ)　密也。二人爲从,反从爲比。凡比之屬皆从比。古文比。毗至切。

毖　bì　慎也。从比,必聲。《周書》曰:"無毖于恤。"兵媚切。

文二　重一

北　běi　乖也。从二人相背。凡北之屬皆从北。博墨切。

冀　jì　北方州也。从北,異聲。几利切。

文二

丘　qiū　土之高也,非人所爲也。从北,从一。一,地也。人居在丠南,故从北。中邦之居,在崐崘東南。一曰:四方高,中央下爲丠。象形。凡丠之屬皆从丠。去鳩切。今隸變作丘。古文,从土。

虚　qū /xū　大丘也。崐崘丘謂之崐崘虚。古者九夫爲井,四井爲邑,四邑爲丘。丘謂之虚。从丘,虍聲。臣鉉等曰:"今俗别作墟,非是。"丘如切,又朽居切。

屔　ní　反頂受水丘。从丘,泥省聲。奴低切。

文三　重一

㐺　yín　衆立也。从三人。凡㐺之屬皆从㐺。讀若欽崟。魚音切。

眾　zhòng(衆)　多也。从㐺、目,衆意。之仲切。

聚　jù　會也。从㐺,取聲,邑落云聚。才句切。

息　jì　衆詞,與也。从㐺,自聲。《虞書》曰:"息咎繇。"其冀切。古文息。

文四　重一

𡈼　tǐng　善也。从人、士。士,事也。一曰:象物出地,挺生也。凡𡈼之屬皆从𡈼。臣鉉等曰:"人在土上,𡈼然而立也。"他鼎切。

徵　zhēng　召也。从微省,𡈼爲徵。行於微而文達者,即徵之。陟陵切。古文徵。

朢　wàng　月滿與日相朢,以朝君也。从月,从臣,从𡈼。𡈼,朝廷也。無放切。古文朢,省。

㸒 yín　近求也。从爪、壬。壬，徼幸也。余箴切。

文四　重二

重 zhòng　厚也。从壬，東聲。凡重之屬皆从重。徐鍇曰："壬者，人在土上，故爲厚也。"柱用切。

量 liáng　稱輕重也。从重省，曏省聲。吕張切。

古文量。

文二　重一

臥 wò（卧）　休也。从人、臣，取其伏也。凡臥之屬皆从臥。吾貨切。

監 jiān　臨下也。从臥，䘓省聲。古銜切。

古文監，从言。

臨 lín　監臨也。从臥，品聲。力尋切。

𦦶 nè　楚謂小兒嬾𦦶。从臥、食。尼見（戹）切。

文四　重一

身 shēn　躳也。象人之身。从人，厂聲。凡身之屬皆从身。失人切。

軀 qū　體也。从身，區聲。豈俱切。

文二

㐆 yī　歸也。从反身。凡㐆之屬皆从㐆。徐鍇曰："古人所謂反身修道，故曰歸也。"於機切

殷 yīn　作樂之盛稱殷。从㐆，从殳。《易》曰："殷薦之上帝。"於身切。

文二

衣 yī　依也。上曰衣，下曰裳。象覆二人之形。凡衣之屬皆从衣。於稀切。

裁 cái　制衣也。从衣，𢦏聲。昨哉切。

衮 gǔn　天子享先王，卷龍繡於下幅，一龍蟠阿上鄉。从衣，公聲。古本切。

襢 zhàn　丹縠衣。从衣，㠭聲。知扇切。

褕 yú　翟，羽飾衣。从衣，俞聲。一曰：直裾謂之襜褕。羊朱切。

袗 zhěn　玄服。从衣，㐱聲。之忍切。

袗，或从辰。

表 biǎo（表）　上衣也。从衣，从毛。古者衣裘，以毛爲表。古文表，从麃。陂矯切。

裏 lǐ　衣内也。从衣，里聲。良止切。

襁 qiǎng 負兒衣。从衣，强聲。居兩切。

襋 jí 衣領也。从衣，棘(棘)聲。《詩》曰："要之襋之。"已(己)力切。

襮 bó 黼領也。从衣，暴聲。《詩》曰："素衣朱襮。"蒲沃切。

衽 rèn 衣裣也。从衣，壬聲。如甚切。

褸 lǚ 衽也。从衣，婁聲。力主切。

褽 wèi 衽也。从衣，尉聲。於胃切。

⿰衤疌 qì 裣緣也。从衣，疌聲。七入切。

裣 jīn 交衽也。从衣，金聲。居音切。

褘 huī 蔽厀也。从衣，韋聲。《周禮》曰："王后之服褘衣。"謂畫袍。許歸切。

袟 fū 襲袟也。从衣，夫聲。甫無切。

襲 xí 左衽袍。从衣，龖省聲。似入切

籒文襲，不省。

袍 páo 襺也。从衣，包聲。《論語》曰："衣弊緼袍。"薄褒切。

襺 jiǎn 袍衣也。从衣，繭聲。以絮曰襺，以緼曰袍。《春秋傳》曰："盛夏重襺。"古典切。

褋 dié 南楚謂禪衣曰褋。从衣，枼(葉)聲。徒叶切。

袤 mào 衣帶以上。从衣，矛聲。一曰：南北曰袤，東西曰廣。籒文袤，從楙。莫候切。

襘 guì 帶所結也。从衣，會聲。《春秋傳》曰："衣有襘。"古外切。

褧 qǐng(今音 jiǒng) 檾也。《詩》曰："衣錦褧衣。"示反古。从衣，耿聲。去穎切。

袛 dī 袛裯，短衣。从衣，氐聲。都兮切。

裯 dāo 衣袂，袛裯。从衣，周聲。都牢切。

襤 lán 裯謂之襤褸。襤，無緣也。从衣，監聲。魯甘切。

⿰衤有 duò 無袂衣謂之⿰衤有。从衣，惰省聲。徒卧切。

裻 dú 衣躬縫。从衣，毒聲。讀若督。冬毒切。

袪 qū 衣袂也。从衣，去聲。一曰：袪，褎也。褎者，裛也。袪，尺二寸。《春秋傳》曰："披斬其袪。"去魚切。

褎 xiù(袖) 袂也。从衣，采聲。似又切。

俗褎，从由。

袂 mèi　袖也。从衣，夬聲。彌弊切。

褢 huái　袖也。一曰：藏也。从衣，鬼聲。户乖切。

褱 huái　俠(夾)也。从衣，眔聲。一曰：橐。臣鉉等曰："眔非聲，未詳。"户乖切。

袌 bào　褱也。从衣，包聲。臣鉉等曰："今俗作抱，非是。抱與捊同。"薄保切。

襜 chān　衣蔽前。从衣，詹聲。處占切。

袥 tuō　衣衸。从衣，石聲。他各切。

衸 xiè　袥也。从衣，介聲。胡介切。

襗 duó(今音 zé)　絝也。从衣，睪聲。徒各切。

袉 duò(今音 tuó)　裾也。从衣，它聲。《論語》曰："朝服，袉紳。"唐左切。

裾 jū　衣袍(袌)也。从衣，居聲。讀與居同。九魚切。

衧 yú　諸衧也。从衣，于聲。羽俱切。

褰 qiān　絝也。从衣，寒省聲。《春秋傳》曰："徵褰與襦。"去虔切。

襱 zhǒng(今音 lóng)　絝踦也。从衣，龍聲。丈冢切。襩　襱，或从賣(𧶠)。

袑 shào　絝上也。从衣，召聲。市沼切。

襑 tǎn　衣博大。从衣，尋聲。他感切。

褒 bāo　衣博裾。从衣，保省聲。保，古文保。博毛切。

禘 tì　紴也。从衣，啻聲。《詩》曰："載衣之禘。"臣鉉等曰："紴即褓紴也。今俗别作褅，非是。"他計切。

褍 duān　衣正幅。从衣，耑聲。多官切。

褌 wéi　重衣皃。从衣，圍聲。《爾雅》曰："褌褌襀襀。"臣鉉等曰："《説文》無襀字。《爾雅》亦無此語。疑後人所加。"羽非切。

複 fù　重衣皃。从衣，复聲。一曰：褚衣。方六切。

褆 tí　衣厚褆褆。从衣，是聲。杜兮切。

襛 róng(今音 nóng)　衣厚皃。从衣，農聲。《詩》曰："何彼襛矣。"汝容切。

裻 dú　新衣聲。一曰：背縫。从衣，叔聲。冬毒切。

袳 chǐ　衣張也。从衣，多聲。《春秋傳》曰："公會

齊侯于袳。”尺氏切。

裔 yì　衣裾也。从衣，冏聲。臣鉉等曰：“冏非聲，疑象衣裾之形。”余制切。　古文裔。

衯 fēn　長衣皃。从衣，分聲。撫文切。

袁 yuán　長衣皃。从衣，叀省聲。羽元切。

裯 diāo　短衣也。从衣，鳥聲。《春秋傳》曰：“有空裯。”都僚切。

褺 dié(今音 diē)　重衣也。从衣，執聲。巴郡有褺虹縣。徒叶切。

裴 péi(裴)　長衣皃。从衣，非聲。臣鉉等案：“《漢書》裴回用此。今俗作徘徊，非是。”薄回切。

襡 shǔ　短衣也。从衣，蜀聲。讀若蜀。市玉切。

斵 zhuó　衣至地也。从衣，斲聲。竹角切。

襦 rú　短衣也。从衣，需聲。一曰：鼆衣。人朱切。

褊 biǎn　衣小也。从衣，扁聲。方沔切。

袷 jiá　衣無絮。从衣，合聲。古洽切。

襌 dān　衣不重。从衣，單聲。都寒切。

襄 xiāng　漢令：解衣耕謂之襄。从衣，𤕦聲。息良切。　古文襄。

被 bèi　寑衣，長一身有半。从衣，皮聲。平義切。

衾 qīn　大被。从衣，今聲。去音切。

襐 xiàng　飾也。从衣，象聲。徐兩切。

衵 rì(今音 yì)　日日所常衣。从衣，从日，日亦聲。人質切。

褻 xiè　私服。从衣，埶聲。《詩》曰：“是褻袢也。”臣鉉等曰：“从熱省，乃得聲。”私列切。

衷 zhōng　裏褻衣。从衣，中聲。《春秋傳》曰：“皆衷其衵服。”陟弓切。

袾 shū(今音 zhū)　好、佳也。从衣，朱聲。《詩》曰：“靜女其袾。”昌朱切。

袓 jù　事好也。从衣，且聲。才与切。

裨 bì　接、益也。从衣，卑聲。府移切。

袢 bàn(今音 pàn)　無色也。从衣，半聲。一曰按：一曰，衍文。《詩》曰：“是紲袢也。”讀若普。博幔切。

雜 zá　五彩相會。从衣，集聲。徂合切。

裕　yù　衣物饒也。从衣，谷聲。《易》曰：“有孚，裕無咎。”羊孺切。

襞　bì　韏衣也。从衣，辟聲。臣鉉等曰：“韏，革中辨也。衣襞積如辨也。”必益切。

衦　gàn(今音 gǎn)　摩展衣。从衣，干聲。古案切。

裂　liè　繒餘也。从衣，列聲。良辥切。

裻　ná　弊衣。从衣，奴聲。女加切。

袒　zhàn　衣縫解也。从衣，旦聲。丈莧切。

補　bǔ　完衣也。从衣，甫聲。博古切。

褍　zhǐ　紩衣也。从衣、黹，黹亦聲。豬几切。

褫　chí(今音 chǐ)　奪衣也。从衣，虒聲。讀若池。直离切。

蠃　luǒ　袒(但)也。从衣，𣎆聲。郎果切。

　裸　蠃，或从果。

裎　chěng(今音 chéng)　袒(但)也。从衣，呈聲。丑郢切。

裼　xī　袒(但)也。从衣，易聲。先擊切。

衺　xié　㾴(衺)也。从衣，牙聲。似嗟切。

襭　xié　以衣衽扱物謂之襭。从衣，頡聲。胡結切。

　擷　襭，或从手。

袺　jié　執衽謂之袺。从衣，吉聲。格八切。

褿　cáo/cāo　帴也。从衣，曹聲。昨牢切，又七刀切。

裝　zhuāng　裹也。从衣，壯聲。側羊切。

裹　guǒ　纏也。从衣，果聲。古火切。

裛　yè　書囊也。从衣，邑聲。於業切。

齌　zī　緶也。从衣，齊聲。即夷切。

裋　shù　豎使布長襦。从衣，豆聲。常句切。

褞　yǔ /ōu　編枲衣。从衣，區聲。一曰：頭褞。一曰：次裹衣。於武切，又於侯切。

褐　hè　編枲韤。一曰：粗衣。从衣，曷聲。胡葛切。

褗　yǎn　褞領也。从衣，匽聲。於幰切。

褗　yǎn　褗謂之䘥。从衣，奄聲。依檢切。

衰　suō(蓑)　艸雨衣。秦謂之萆。从衣，象形。穌

禾切。古文衰。

卒　zú　隸人給事者衣爲卒。卒，衣有題識者。臧没切。

褚　chǔ(今音 zhě)　卒也。从衣，者聲。一曰：製衣。丑吕切。

製　zhì　裁也。从衣，从制。征例切。

䘮　bō　蠻夷衣。从衣，犮聲。一曰：蔽厀。北末切。

襚　suì　衣死人也。从衣，遂聲。《春秋傳》曰："楚使公親襚。"徐醉切。

裼　diāo　棺中縑裹。从衣、弔。讀若雕。都僚切。

裞　shuì　贈終者衣被曰裞。从衣，兑聲。輸芮切。

䙬　yīng　鬼衣。从衣，熒省聲。讀若《詩》曰："葛藟䙬之。"一曰：若"静女其袾"之袾(静)。於營切。

䙴　shān　車温也。从衣，延聲。式連切。

褭　niǎo　以組帶馬也。从衣，从馬。奴鳥切。

文一百一十六　重十一

袨　xuàn　盛服也。从衣，玄聲。黄絢切。

衫　shān　衣也。从衣，彡聲。所銜切。

襖　ǎo　裘屬。从衣，奥聲。烏皓切。

文三新附

裘　qiú　皮衣也。从衣，求聲。一曰：象形。與衰同意。凡裘之屬皆从裘。巨鳩切。古文，省衣。

鬷　kè　裘裏也。从裘，鬲聲。讀若擊。楷革切。

文二　重一

老　lǎo　考也。七十曰老。从人、毛、匕，言須髮變白也。凡老之屬皆从老。盧皓切。

耋　dié(耊)　年八十曰耋。从老省，从至。徒結切。

薹　mào　年九十曰薹。从老，从蒿省。莫報切。

耆　qí　老也。从老省，旨聲。渠脂切。

耇　gǒu　老人面凍黎(梨)若垢。从老省，句聲。古厚切。

耂　diàn(今音 diǎn)　老人面如點也。从老省，占聲。讀若耿介之耿。丁念切。

耇　shù　老人行才相逮。从老省，易省，行象。讀若樹。常句切。

壽　shòu　久也。从老省，𠷎聲。殖酉切。

考　kǎo　老也。从老省，丂聲。苦浩切。

孝　xiào　善事父母者。从老省，从子。子承老也。呼教切。

文十

毛　máo　眉髮之屬及獸毛也。象形。凡毛之屬皆从毛。莫袍切。

㲨　rǔn/rǒng　毛盛也。从毛，隼聲。《虞書》曰："鳥獸㲨髦。"而尹切，又人勇切。

𣬛　hàn　獸豪也。从毛，倝聲。侯幹切。

毨　xiǎn　仲秋，鳥獸毛盛，可選取以爲器用。从毛，先聲。讀若選。穌典切。

𣯌　mén　以毳爲𦅾，色如𧂇，故謂之𣯌。𧂇，禾之赤苗也。从毛，㒼聲。《詩》曰："毳衣如𣯌。"莫奔切。

氈　zhān　撚毛也。从毛，亶聲。諸延切。

文六

毦　ěr　羽毛飾也。从毛，耳聲。仍吏切。

氍　qú　氍毹、㲪㲒皆氈緂之屬。蓋方言也。从毛，瞿聲。其俱切。

毹　yú(今音 shū)　氍毹也。从毛，俞聲。羊朱切。

㲪　tà　㲪㲒也。从毛，㬵聲。土盍切。

㲒　dēng　㲪㲒也。从毛，登聲。都滕切。

毬　qiú　鞠丸也。从毛，求聲。巨鳩切。

氅　chǎng　析鳥羽爲旗纛之屬。从毛，敞聲。昌兩切。

文七新附

毳　cuì　獸細毛也。从三毛。凡毳之屬皆从毳。此芮切。

𣰎　fēi　毛紛紛也。从毳，非聲。甫微切。

文二

尸　shī　陳也。象臥之形。凡尸之屬皆从尸。式脂切。

屍　diàn　偫也。从尸，奠聲。堂練切。

居　jū　蹲也。从尸、古者，居从古。臣鉉等曰："居从古者，言法古也。"九魚切。𨂂俗居，从足。

眉　xiè　臥息也。从尸、自。臣鉉等曰："自，古者以爲鼻字，故从自。"許介切。

屑　xiè　動作切切也。从尸，㕕聲。私列切。

展　zhǎn　轉也。从尸，㠭省聲。知衍切。

屆　jiè(届)　行不便也。一曰：極也。从尸，甴聲。古拜切。

尻　kāo　脽也。从尸，九聲。苦刀切。

𡱂　tún(臀)　髀也。从尸。下丌居几。臣鉉等曰："丌、几皆所以凥止也。"徒魂切。

𦢊　𡱂，或从肉、隼。　𩪌　𡱂，或从骨，殿聲。

屓　qì　尻也。从尸，旨聲。詰利切。

尼　ní　從後近之。从尸，匕聲。女夷切。

𡲘　chā　從後相臿(躡)也。从尸，从臿。楚洽切。

𡰪　zhí(今音 zhé)　𡲘𡰪也。从尸，乏聲。直立切。

𡰥　rǎn(今音 niǎn)　柔皮也。从[叉]申尸之後。尸或从又。臣鉉等曰："注似闕脱，未詳。"人善切。

屒　zhěn　伏皃。从尸，辰聲。一曰：屋宇。珍忍切。

屖　xī　屖遲也。从尸，辛聲。先稽切。

屝　fèi　履也。从尸，非聲。扶沸切。

屍　shī　終主。从尸，从死。式脂切。

屠　tú　刳也。从尸，者聲。同都切。

屟　xiè　履中薦也。从尸，枼聲。穌叶切。

屋　wū　居也。从尸，尸，所主也。一曰：尸，象屋形。从至，至，所至止。室、屋皆从至。烏谷切。　籒文屋，从厂。　古文屋。

屏　bǐng　屏蔽也。从尸，并聲。必郢切。

層　céng　重屋也。从尸，曾聲。昨稜切。

文二十三　重五

屢　qǔ(今音 lǚ)　數也。案："今之婁字本是屢空字，此字後人所加。从尸，未詳。"丘羽切。

文一新附

説文解字　卷八下

尺　chǐ　十寸也。人手卻十分動脈爲寸口。十寸爲尺。尺，所以指尺規榘事也。从尸，从乙。乙，所識也。周制，寸、尺、咫、尋、常、仞諸度量，皆以人之體爲法。凡尺之屬皆从尺。昌石切。

咫　zhǐ　中婦人手長八寸，謂之咫。周尺也。从尺，只聲。諸氏切。

文二

尾　wěi　微也。从到毛在尸後。古人或飾系尾，西南夷亦然。凡尾之屬皆从尾。無斐切。今隸變作尾。

屬　zhǔ　連也。从尾，蜀聲。之欲切。

屈　qū　無尾也。从尾，出聲。九勿切。

尿　niào　人小便也。从尾，从水。奴弔切。

文四

履　lǐ(今音 lǚ)　足所依也。从尸，从彳，从夊，舟象履形。一曰：尸聲。凡履之屬皆从履。良止切。　古文履，从頁，从足。

屨　jù　履也。从履省，婁聲。一曰：鞮也。九遇切。

屧　lì　履下也。从履省，歷聲。郎擊切。

屐　xù　履屬。从履省，予聲。徐吕切。

屩　juē　屐也。从履省，喬聲。居勺切。

屐　jī　屩也。从履省，支聲。奇逆切。

文六　重一

舟　zhōu　船也。古者，共鼓、貨狄刳木爲舟，剡木爲楫，以濟不通。象形。凡舟之屬皆从舟。職流切。

俞　yú　空中木爲舟也。从亼，从舟，从巜。巜，水也。羊朱切。

船　chuán　舟也。从舟，鉛省聲。食川切。

彤　chēn　船行也。从舟，彡聲。丑林切。

舳　zhú　艫也。从舟，由聲。漢律名船方長(丈)爲舳艫。一曰：舟尾。臣鉉等曰："當从胄省，乃得聲。"直六切。

艫　lú　舳艫也。一曰：船頭。从舟，盧聲。洛乎切。

舠　wù　船行不安也。从舟，从刖省［聲］。讀若兀。五忽切。

艐　zōng　船著［沙］不行也。从舟，㚇聲。讀若莘。子紅切。

朕　zhèn　我也。闕。直禁切。

舫　fǎng　船師也。《明堂月令》曰“舫人”。習水者。从舟，方聲。甫妄切。

般　bān（今音 pán）　辟也。象舟之旋。从舟，从殳。殳，所以旋也。　古文般，从支（攴）。北潘切。

服　fú　用也。一曰：車右騑，所以舟旋。从舟，𠬝聲。房六切。　古文服，从人。

文十二　重二

舸　gě　舟也。从舟，可聲。古我切。

艇　tǐng　小舟也。从舟，廷聲。徒鼎切。

艅　yú　艅艎，舟名。从舟，余聲。經典通用餘皇。以諸切。

艎　huáng　艅艎也。从舟，皇聲。胡光切。

文四新附

方　fāng　併船也。象兩舟省、總頭形。凡方之屬皆从方。府良切。　方，或从水。

斻　háng（航）　方舟也。从方，亢聲。禮：天子造舟，諸侯維舟，大夫方舟，士特舟。臣鉉等曰：“今俗别作航，非是。”胡郎切。

文二　重一

儿　rén　仁人也。古文奇字人也。象形。孔子曰：“在人下，故詰屈。”凡儿之屬皆从儿。如鄰切。

兀　wù　高而上平也。从一在人上。讀若夐。茂陵有兀桑里。五忽切。

兒　ér　孺子也。从儿，象小兒頭囟未合。汝移切。

允　yǔn　信也。从儿，㠯聲。樂準切。

兑　duì　説也。从儿，㕣聲。臣鉉等曰：“㕣，古文兖字，非聲。當从口，从八，象气之分散。《易》曰：‘兑爲巫、爲口。’”大外切。

充　chōng　長也，高也。从儿，育省聲。昌終切。

文六

兄　xiōng　長也。从儿，从口。凡兄之屬皆从兄。

許榮切。

兢 jīng(兢)　競也。从二兄。二兄，競意。从丰聲。讀若矜。一曰：兢，敬也。居陵切。

文二

先 zēn(今音 zān)　首笄也。从人，匕象簪形。凡先之屬皆从先。側岑切。俗先，从竹，从替。

兟 jīn　替替(兟兟)，鋭意也。从二先。子林切。

文二　重一

皃 mào　頌儀也。从人，白象人面形。凡皃之屬皆从皃。莫教切。皃，或从頁，豹省聲。籀文皃，从豹省。

覍 biàn(弁)　冕也。周曰覍，殷曰吁，夏曰收。从皃，象形。皮變切。籀文覍，从廾，上象形。或覍字。

文二　重四

𠑹 gǔ　廱蔽也。从人，象左右皆蔽形。凡𠑹之屬皆从𠑹。讀若瞽。公户切。

兜 dōu　兜鍪，首鎧也。从𠑹，从皃省。皃象人頭也。當侯切。

文二

先 xiān　前進也。从几(儿)，从之。凡先之屬皆从先。臣鉉等曰："之人上，是先也。"穌前切。

兟 shēn　進也。从二先。贊从此。闕。所臻切。

文二

禿 tū　無髮也。从人，上象禾粟(秀)之形，取其聲。凡禿之屬皆从禿。王育説，蒼頡出見禿人伏禾中，因以制字。未知其審。他谷切。

穨 tuí(頹)　禿皃。从禿，貴聲。杜回切。

文二

見 jiàn　視也。从儿，从目。凡見之屬皆从見。古甸切。

視 shì　瞻也。从見、示[聲]。神至切。古文視。亦古文視。

䚕 lì　求[視]也。从見，麗聲。讀若池。郎計切。

覣 wēi　好視也。从見，委聲。於爲切。

⿰兒見 nì　笑視也。从見，兒聲。五計切。

覶 luó　好視也。从見，𤔔聲。洛戈切。

覫 lù 笑視也。从見，录聲。力玉切。

䚋 xuǎn 大視也。从見，爰聲。況晚切。

規 lián 察視也。从見，㶏聲。讀若鎌。力鹽切。

䙖 yùn 外博衆多視也。从見，員聲。讀若運。王問切。

觀 guān 諦視也。从見，雚聲。古玩切。

古文觀，从囧。

㝵 dé 取也。从見，从寸。寸，度之，亦手也。臣鉉等案："《彳部》作古文得字，此重出。"多則切。

覽 lǎn 觀也。从見、監，監亦聲。盧敢切。

覾 lài 内視也。从見，來聲。洛代切。

題 tí 顯也。从見，是聲。杜兮切。

覭 piǎo 目有察省見也。从見，票聲。方小切。

覤 cì 覤覰，闚觀也。从見，朿聲。七四切。

覰 qù 拘覰，未致密也。从見，虘聲。七句切。

覭 míng 小見也。从見，冥聲。《爾雅》曰："覭髳，弗離。"莫經切。

䁴 dān 内視也。从見，甚聲。丁含切。

覯 gòu 遇見也。从見，冓聲。古后切。

覺 kuí(今音 kuī) 注目視也。从見，歸聲。渠追切。

覘 chàn 窺也。从見，占聲。《春秋傳》曰："公使覘之，信。"救(敕)豔切。

䚕 wéi 司也。从見，微聲。無非切。

覢 shǎn 暫見也。从見，炎聲。《春秋公羊傳》曰："覢然公子陽生。"失冉切。

覩 bìn 暫見也。从見，賓聲。必刃切。

覟 fán 覩覟也。从見，樊聲。讀若幡。附袁切。

覛 mí 病人視也。从見，氐聲。讀若迷。莫兮切。

覷 yóu 下視深也。从見，卤聲。讀若攸。以周切。

覙 chēn 私出頭視也。从見，彡聲。讀若郴。丑林切。

冐 méng/mào 突前也。从見、冃。臣鉉等曰："冃，重覆也。犯冃而見，是突前也。"莫紅、亡茓二切。

覬 jì 钦幸也。从見，豈聲。几利切。

覦 yú 欲也。从見，俞聲。羊朱切。

䚒 chuāng　視不明也。一曰：直視。从見，春聲。丑龙切。

𧢈 yào　視誤也。从見，龠聲。弋笑切。

覺 jué　寤也。从見，學省聲。一曰：發也。古岳切。

𧡪 jí　目赤也。从見，䀋省聲。臣鉉等曰："䀋非聲，未詳。"才的切。

靚 jìng　召也。从見，青聲。疾正切。

親 qīn　至也。从見，亲聲。七人切。

覲 jìn　諸侯秋朝曰覲，勞王事。从見，堇聲。渠吝切。

覜 tiào　諸侯三年大相聘曰覜。覜，視也。从見，兆聲。他弔切。

覒 máo　擇也。从見，毛聲。讀若苗。莫袍切。

覕 miè　蔽不相見也。从見，必聲。莫結切。

𧠟 shī　司人也。从見，它聲。讀若馳。式支切。

𧢔 dōu　目蔽垢也。从見，𠔏聲。讀若兜。當侯切。

文四十五　重三

覿 dí　見也。从見，賣聲。徒歷切。

文一新附

覞 yào　竝視也。从二見。凡覞之屬皆从覞。弋笑切。

覵 qiān　很視也。从覞，肩聲。齊景公之勇臣有成覵者。苦閑切。

䨘 xì　見雨而比息。从覞，从雨。讀若欷。虛器切。

文三

欠 qiàn　張口气悟也。象气从人上出之形。凡欠之屬皆从欠。去劒切。

欽 qīn　欠皃。从欠，金聲。去音切。

𣤶 luán　欠皃。从欠，䜌聲。洛官切。

欯 xì　喜也。从欠，吉聲。許吉切。

吹 chuī　出气也。从欠，从口。臣鉉等案："《口部》已有吹噓，此重出。"昌垂切。

欨 xū　吹也。一曰：笑意。从欠，句聲。況于切。

歑 hū　溫吹也。从欠，虖聲。虎烏切。

𣢭 yù　吹气也。从欠，或聲。於六切。

歟 yú　安气也。从欠，與聲。以諸切。

歙 xié 翕气也。从欠，脅聲。虛業切。

歕 pēn 吹气也。从欠，賁聲。普魂切。

歇 xiē 息也。一曰：气越泄。从欠，曷聲。許謁切。

歡 huān 喜樂也。从欠，雚聲。呼官切。

欣 xīn 笑喜也。从欠，斤聲。許斤切。

弞 shěn(哂、吲) 笑不壞顔曰弞。从欠，引省聲。式忍切。

歀 kuǎn(款) 意有所欲也。从欠，𥦗省。臣鉉等曰："𥦗，塞也。意有所欲而猶塞，歀歀然也。" 歀，或从柰。苦管切。

欯 jì(饮) 㰤也。从欠，气聲。一曰：口不便言。居气切。

欲 yù 貪欲也。从欠，谷聲。余蜀切。

歌 gē 詠也。从欠，哥聲。古俄切。

謌，或从言。

歂 chuán(今音 chuǎn) 口气引也。从欠，耑聲。讀若車輇。市緣切。

歍 wū(嗚) 心有所惡，若吐也。从欠，烏聲。一曰：口相就。哀都切。

歡 cù(今音 zú) 歍歡也。从欠，䖑聲。才六切。

俗歡，从口，从就。

欶 cù(今音 zú) 怒然也。从欠，赤聲。《孟子》曰："曾西欶然。"才六切。

欱 qiān 含笑也。从欠，今聲。丘嚴切。

歋 yí 人相笑相歋瘉。从欠，虒聲。以支切。

歊 xiāo 歊歊，气出皃。从欠、高，高亦聲。許嬌切。

欻 xū 有所吹起。从欠，炎聲。讀若忽。許物切。

欪 xī 欪欪，戲笑皃。从欠，之聲。許其切。

䚻 yáo 䚻䚻，气出皃。从欠，䍃聲。余招切。

歗 xiào 吟也。从欠，肅聲。《詩》曰："其歗也謌。"臣鉉等案："《口部》此籀文嘯字。此重出。"穌弔切。

歎 tàn 吟也。从欠，鷬省聲。池(他)案切。

籒文歎，不省。

歖 xī 卒喜也。从欠，从喜(壴)。許其切。

欸 xiè/āi 訾也。从欠，矣聲。凶戒切，又烏開切。

⿰此欠　zì　歐也。从欠，此聲。前智切。

歐　ǒu(嘔)　吐也。从欠，區聲。烏后切。

歔　xū　欷也。从欠，虛聲。一曰：出气也。朽居切。

欷　xī　歔也。从欠，稀省聲。香衣切。

歜　chù　盛气怒也。从欠，蜀聲。尺玉切。

⿰卤欠　yǒu　言意也。从欠，从卤，卤亦聲。讀若酉。与久切。

⿰渴欠　kě　欲歠（歙）歠。从欠，渴聲。苦葛切。

⿰敫欠　jiào　所謌也。从欠，噭省聲。讀若叫呼之叫。古弔切。

⿰嗇欠　xì　悲意。从欠，嗇聲。火力切。

⿰⿰米焦欠　jiào　盡酒也。从欠，⿰米焦聲。子肖切。

⿱⿰咸欠糸　jiān　監（堅）持意。口閉也。从欠，緘聲。古咸切。

⿸辰欠　shèn　指而笑也。从欠，辰聲。讀若蜃。時忍切。

⿰鰥欠　kūn　昆干，不可知也。从欠，鰥聲。古渾切。

歃　shà　歠也。从欠，臿聲。《春秋傳》曰："歃而忘。"山洽切。

欶　shuò　吮也。从欠，束聲。所角切。

歁　kǎn　食不滿也。从欠，甚聲。讀若坎。苦感切。

欿　tān(今音 kǎn)　欲得也。从欠，臽聲。讀若貪。他含切。

欱　hē　歠也。从欠，合聲。呼合切。

歉　qiàn　歉食不滿。从欠，兼聲。苦簟切。

⿰骨欠　wā　咽中息不利也。从欠，骨聲。烏八切。

欭　yì　嚘也。从欠，因聲。乙冀切。

欬　kài　屰气也。从欠，亥聲。苦蓋切。

⿰毄欠　xì　且唾聲。一曰：小笑。从欠，繫（毄）聲。許壁切。

歙　xī　縮鼻也。从欠，翕聲。丹陽有歙縣。許及切。

⿰咎欠　yǒu　蹴鼻也。从欠，咎聲。讀若《爾雅》曰"麐豭短脰"。於糾切。

⿰幼欠　yōu(今音 yǒu)　愁皃。从欠，幼聲。臣鉉等案："《口部》呦字或作⿰幼欠，此重出。"於虯切。

欪　chù　咄欪，無慙。一曰：無腸意。从欠，出聲。讀若卉。丑律切。

欥 yù 詮詞也。从欠，从曰，曰亦聲。《詩》曰："欥求厥寧。"余律切。

次 cì 不前，不精也。从欠，二聲。七四切。

古文次。

歑 kāng 飢虛也。从欠，康聲。苦岡切。

欺 qī 詐欺也。从欠，其聲。去其切。

歆 xīn 神食气也。从欠，音聲。許今切。

文六十五 重五

歈 yú 歌也。从欠，俞聲。《切韻》云："巴歈歌也。"案《史記》：渝水之人善歌舞，漢高祖采其聲。後人因加此字。羊朱切。

文一新附

㱃 yǐn(飲) 歠也。从欠，酓聲。凡㱃之屬皆从㱃。於錦切。古文㱃，从今、水。古文㱃，从今、食。

歠 chuò 㱃也。从㱃省，叕聲。昌説切。

歠，或从口，从史(夬)。

文二 重三

㳄 xián 慕欲口液也。从欠，从水。凡㳄之屬皆从㳄。㳄，或从侃。籀文㳄。叙連切。

羡 xiàn(羨) 貪欲也。从㳄，从羑省。羑呼之羑，文王所拘羑里。似面切。

𣶝 yí 歠也。从㳄，厂聲。讀若移。以支切。

盜 dào 私利物也。从㳄，㳄欲皿者。徒到切。

文四 重二

旡 jì 㱃食气屰不得息曰旡。从反欠。凡旡之屬皆从旡。居未切。古文旡。今變隸作旡。

𥎨 huò 屰惡驚詞也。从旡，咼聲。讀若楚人名多夥。乎果切。

𣄴 liàng 事有不善言𣄴也。《爾雅》："𣄴，薄也。"从旡，京聲。臣鉉等曰："今俗隸書作亮。"力讓切。

文三 重一

説文解字　卷九上

四十六部　四百九十六文　重六十三　凡七千二百四十七字　文三十八新附

頁 xié　頭也。从百，从儿（儿）。古文䭫首如此。凡頁之屬皆从頁。百者，䭫首字也。胡結切。

頭 tóu　首也。从頁，豆聲。度矦切。

顔 yán　眉目之閒也。从頁，彦聲。五姦切。

籀文。

頌 róng /sòng　皃也。从頁，公聲。余封切，又似用切。籀文。

𩑋 dú(今音 duó)　顱也。从頁，乇聲。徒谷切。

顱 lú　𩑋顱，首骨也。从頁，盧聲。洛乎切。

顥 yuàn　顛頂也。从頁，䍐聲。魚怨切。

顛 diān(顚)　頂也。从頁，真聲。都秊切。

頂 dǐng　顛也。从頁，丁聲。都挺切。

或从䭫作。籀文从鼎。

顙 sǎng　頟也。从頁，桑聲。蘇朗切。

題 tí　頟也。从頁，是聲。杜兮切。

頟 é(額)　顙也。从頁，各聲。臣鉉等曰："今俗作額。"五陌切。

頞 è　鼻莖也。从頁，安聲。烏割切。

或从鼻、曷。

頯 kuí　權也。从頁，𠔉聲。渠追切。

頰 jiá　面旁也。从頁，夾聲。古叶切。

籀文頰。

𩒐 gèn　頰後也。从頁，𥃩聲。古恨切。

頜 hàn　顄也。从頁，合聲。胡感切。

顄 hán(頷)　頤也。从頁，函聲。胡男切。

頸 jǐng　頭莖也。从頁，巠聲。居郢切。

領 lǐng　項也。从頁，令聲。良郢切。

頊 xiàng　頭後也。从頁，工聲。胡講切。

煩 zhěn　項枕也。从頁，冘聲。章衽切。

顀 chuí　出頟也。从頁，隹聲。直追切。

碩 péi　曲頤也。从頁，不聲。薄回切。

顩 yǎn　𩓵皃。从頁，僉聲。魚檢切。

頵 yǔn　面目不正皃。从頁，尹聲。余準切。

頵 yūn　頭頵頵大也。从頁，君聲。於倫切。

䪻 yǔn（今音 hùn）　面色䪻䪻皃。从頁，員聲。讀若隕。于閔切。

𩓵 yán　頭頰長也。从頁，兼聲。五咸切。

碩 shí（今音 shuò）　頭大也。从頁，石聲。常隻切。

頒 bān　大頭也。从頁，分聲。一曰：鬢也。《詩》曰："有頒其首。"布還切。

顒 yóng　大頭也。从頁，禺聲。《詩》曰："其大有顒。"魚容切。

顤 qiāo　大頭也。从頁，羔聲。口幺切。

頢 kū（今音 kuī）　大頭也。从頁，骨聲。讀若魁。苦骨切。

願 yuàn　大頭也。从頁，原聲。魚怨切。

顤 yào（今音 yáo）　高長頭。从頁，堯聲。五弔切。

贅 ào　贅顤，高也。从頁，敖聲。五到切。

頢 yuè　面前岳岳也。从頁，岳聲。五角切。

顥 mèi　昧前也。从頁，㬎聲。讀若昧。莫佩切。

䴇 líng　面瘦淺䴇䴇也。从頁，霝聲。郎丁切。

顡 wài　頭蔽（蔽）顡也。从頁，豢聲。五怪切。

頑 wán　㮯頭也。从頁，元聲。五還切。

䫏 guī / guì　小頭䫏䫏也。从頁，枝聲。讀若規。又，巳（己）恚切。

顆 kě　小頭也。从頁，果聲。苦惰切。

頢 kuò / huó　短面也。从頁，𠯑聲。五活切，又下括切。

頲 tǐng　狹頭頲也。从頁，廷聲。他挺切。

頠 wěi　頭閑習也。从頁，危聲。語委切。

頷 hàn　面黃也。从頁，含聲。胡感切。

顮 yuǎn　面不正也。从頁，爰聲。于反切。

頍 qǐ（今音 kuǐ）　舉頭也。从頁，支聲。《詩》曰："有頍者弁。"丘弭切。

頞　mò　内頭水中也。从頁、𠬢,𠬢亦聲。烏没切。

顧　gù　還視也。从頁,雇聲。古慕切。

順　shùn　理也。从頁,从巛。食閏切。

⿰㐱頁　zhěn　顏色⿰㐱頁䫰,慎事也。从頁,㐱聲。之忍切。

䫰　lǐn　⿰㐱頁䫰也。从頁,粦聲。一曰:頭少髮。良忍切。

顓　zhuān　頭顓顓謹皃。从頁,耑聲。職緣切。

頊　xū　頭頊頊謹皃。从頁,玉聲。許王(玉)切。

顉　ǎn(今音 qīn)　低頭也。从頁,金聲。《春秋傳》曰:"迎于門,顉之而已。"五感切。

頓　dùn　下首也。从頁,屯聲。都困切。

頫　fǔ(俯)　低頭也。从頁,逃省。太史卜書,頫仰字如此。楊雄曰:"人面頫。"臣鉉等曰:"頫首者,逃亡之皃,故从逃省。今俗作俯,非是"。方矩切。　頫,或从人、免。

頣　shěn　舉目視人皃。从頁,臣聲。式忍切。

⿰善頁　zhǎn　倨視人也。从頁,善聲。旨善切。

頡　xié　直項也。从頁,吉聲。胡結切。

䪼　zhuō　頭頡䪼也。从頁,出聲。讀又若骨。之出切。

顥　hào　白皃。从頁,从景。《楚詞》曰:"天白顥顥。"南山四顥,白首人也。臣鉉等曰:"景,日月之光明,白也。"胡老切。

⿰樊頁　fán　大醜皃。从頁,樊聲。附袁切。

⿰爭頁　jìng　好皃。从頁,爭聲。《詩》所謂"⿰爭頁首"。疾正切。

⿰羽頁　yǔ　頭妍也。从頁,翩省聲。讀若翩。臣鉉等曰:"从翩聲,又讀若翩,則是古今異音也。"王矩切。

顗　yǐ　謹莊皃。从頁,豈聲。魚豈切。

顅　qiān　頭鬢少髮也。从頁,肩聲。《周禮》:"數目顅脰。"苦閑切。

⿰困頁　kūn　無髮也。一曰:耳門也。从頁,困聲。苦昆切。

⿰气頁　kū(⿰气页)　禿也。从頁,气聲。苦骨切。

⿰耒頁　lèi　頭不正也。从頁,从耒。耒,頭傾也。讀又若《春秋》陳夏齧之齧。盧對切。

⿰卑頁　pǐ　傾首也。从頁,卑聲。匹米切。

⿰契頁　xì(今音 qì)　司人也。一曰:恐也。从頁,契

聲。讀若禊。胡計切。

魁 kuǐ 頭不正也。从頁，鬼聲。口猥切。

頗 pō 頭偏也。从頁，皮聲。滂禾切。

疣 yòu 顫也。从頁，尤聲。于救切。

疣，或从疒。

顫 zhàn(今音 chàn) 頭不正(定)也。从頁，亶聲。之繕切。

顑 hàn(今音 kǎn) 飯不飽，面黃起行也。从頁，咸聲。讀若戇。下感、下坎二切。

顲 lǎn 面顑顲皃。从頁，㐭聲。盧感切。

煩 fán 熱頭痛也。从頁，从火。一曰：焚省聲。附袁切。

顡 wài 癡，不聰明也。从頁，豙聲。五怪切。

類 lèi 難曉也。从頁、米。一曰：鮮白皃。从粉省。臣鉉等曰："難曉，亦不聰之義。"盧對切。

顦 qiáo 顦顇也。从頁，焦聲。昨焦切。

顇 cuì 顦顇也。从頁，卒聲。秦醉切。

顐 mén 繫頭殟也。从頁，昏聲。莫奔切。

頦 hái 醜也。从頁，亥聲。户來切。

䫏 qī 醜也。从頁，其聲。今逐疫有䫏頭。去其切。

顲 yù 呼也。从頁，籥聲。讀與籥同。《商書》曰："率顲衆戚。"羊戍(戍)切。

顯 xiǎn 頭明飾也。从頁，㬎聲。臣鉉等曰："㬎，古以爲顯字，故从㬎聲。"呼典切。

顛 zhuàn 選具也。从二頁。士戀切。

文九十三　重八

預 yù 安也。案："經典通用豫。从頁，未詳。"羊洳切。

文一新附

𦣻 shǒu 頭也。象形。凡𦣻之屬皆从𦣻。書九切。

脜 róu(今音 yóu) 面和也。从𦣻，从肉。讀若柔。耳由切。

文二

面 miàn 顔前也。从𦣻，象人面形。凡面之屬皆从面。彌箭切。

靦 tiǎn 面見也。从面、見，見亦聲。《詩》曰："有靦面目。"𩈂 或从旦。他典切。

䩉 fù(今音 fǔ)　頰也。从面，甫聲。符遇切。

醮 jiāo(今音 qiáo)　面焦枯小也。从面、焦。即消切。

文四　重一

靨 yè　姿也。从面，厭聲。於叶切。

文一新附

丏 miǎn　不見也。象壅蔽之形。凡丏之屬皆从丏。彌兖切。

文一

首 shǒu　百同。古文百也。巛象髮，謂之鬊，鬊即巛也。凡䭫之屬皆从䭫。書九切。

䭫 qǐ　下首也。从䭫，旨聲。康禮切。

㫁 duān /zhuǎn(今音 tuán)　截[首]也。从䭫，从斷。大丸、旨沇二切。　或从刀，專聲。

文三　重一

県 jiāo　到首也。賈侍中説，此斷首到縣県字。凡県之屬皆从県。古堯切。

縣 xuán(懸)　繫也。从系持県。臣鉉等曰："此本是縣挂之縣，借爲州縣之縣，今俗加心，别作懸，義無所取。"胡涓切。

文二

須 xū　面毛也。从頁，从彡。凡須之屬皆从須。臣鉉等曰："此本須鬢之須。頁，首也。彡，毛飾也。借爲所須之須。俗書从水，非是。"相俞切。

頾 zī　口上須也。从須，此聲。臣鉉等曰："今俗别作髭，非是。"即移切。

髯 rán　頰須也。从須，从冄，冄亦聲。臣鉉等曰："今俗别作髯，非是。"汝鹽切。

顊 bēi　須髮半白也。从須，卑聲。府移切。

頶 pī　短須髮皃。从須，否聲。敷悲切。

文五

彡 shān　毛飾畫文也。象形。凡彡之屬皆从彡。所銜切。

形 xíng　象形也。从彡，幵聲。户經切。

㐱 zhěn　稠髮也。从彡，从人。《詩》曰："㐱髮如雲。"之忍切。　㐱，或从髟，真聲。

修 xiū　飾也。从彡，攸聲。息流切。

彰 zhāng　文彰也。从彡，从章，章亦聲。諸良切。

彫 diāo　琢文也。从彡，周聲。都僚切。

彰 jìng　清飾也。从彡，青聲。疾郢切。

㣎 mù　細文也。从彡，㝱省聲。莫卜切。

弱 ruò　橈也。上象橈曲，彡象毛氂橈弱也。弱物并，故从二弓。而勺切。

文九　重一

彩 cǎi　文章也。从彡，采聲。倉宰切。

文一新附

彣 wén　䵽也。从彡，从文。凡彣之屬皆从彣。無分切。

彥 yàn　美士有文，人所言也。从彣，厂聲。魚變切。

文二

文 wén　錯畫也。象交文。凡文之屬皆从文。無分切。

斐 fěi　分別文也。从文，非聲。《易》曰："君子豹變，其文斐也。"敷尾切。

辬 bān　駁文也。从文，辡聲。布還切。

嫠 lí　微畫也。从文，𠩺聲。里之切。

文四

髟 biāo/shān　長髮猋猋也。从長，从彡。凡髟之屬皆从髟。必凋切，又所銜切。

髮 fà　根也。从髟，犮聲。方伐切。

䯻 髮，或从首。𩑶 古文。

鬢 bìn　頰髮也。从髟，賓聲。必刃切。

鬗 mán　髮長也。从髟，㒼聲。讀若蔓。母官切。

鬑 lán　髮長也。从髟，監聲。讀若《春秋》"黑肱以濫來奔"。魯甘切。

鬌 cuǒ　髮好也。从髟，差[聲]。千可切。

鬈 quán　髮好也。从髟，卷聲。《詩》曰："其人美且鬈。"衢員切。

髦 máo　髮也。从髟，从毛。莫袍切。

鬄 mián　髮皃。从髟，𣵀聲。讀若宀。莫賢切。

鬍 chóu(今音 tiáo)　髮多也。从髟，周聲。直由切。

鬗 nǐ　髮皃。从髟，爾聲。讀若江南謂酢母爲䯽。奴礼切。

髻 póu　髮皃。从髟，音聲。步矛切。

髳 máo　髮至眉也。从髟，敄聲。《詩》曰："紞彼兩髳。"亡牢切。髳或省。漢令有髳長。

鬋 jiǎn　女鬢垂皃。从髟，前聲。作踐切。

鬑 lián　鬋也。一曰：長皃。从髟，兼聲。讀若慊。力鹽切。

䰆 jié　束髮少也。从髟，截聲。子結切。

鬄 xī/dí　髮也。从髟，易聲。先彳切，又大計切。

鬄，或从也聲。

髲 bì　鬄也。从髟，皮聲。平義切。

𩬣 cì　用梳比也。从髟，次聲。七四切。

髺 kuò(髻)　潔(絜)髮也。从髟，昏聲。古活切。

𩮜 pán　臥結也。从髟，般聲。讀若槃。薄官切。

𩬞 fù　結也。从髟，付聲。方遇切。

鬕 mà　帶結飾也。从髟，莫聲。莫駕切。

𩯭 kuì　屈髮也。从髟，貴聲。丘媿切。

𩬳 jiè　簪結也。从髟，介聲。古拜切。

鬣 liè　髮鬣鬣也。从髟，巤聲。良涉切。

鬣，或从毛。或从豕。

𩰅 lú　鬣也。从髟，盧聲。洛乎切。

髴 fú　髴，若似也。从髟，弗聲。敷勿切。

髶 róng　亂髮也。从髟，茸省聲。而容切。

鬌 chuí　髮隋(墮)也。从髟，隋省。直追切。

鬊 shùn　鬢(鬌)髮也。从髟，春聲。舒閏切。

鬝 qiān　鬢禿也。从髟，閒聲。苦閑切。

鬄 tì　鬀髮也。从髟，从刀，易聲。他歷切。

髡 kūn　鬄髮也。从髟，兀聲。苦昆切。

或从元。

鬀 tì　鬄髮也。从髟，弟聲。大人曰髡，小人(兒)曰鬀，盡及身毛曰鬄。臣鉉等曰："今俗别作剃，非是。"他計切。

𩯊 bàng　髼也。从髟，竝聲。蒲浪切。

𩮀 fèi　𩯊也。忽見也。从髟，彔(彔)聲。彔(彔)，籀文魅，亦忽見意。芳未切。

髽 zhuā　喪結。《禮》："女子髽衰，弔則不髽。"魯臧武仲與齊戰于狐鮐，魯人迎喪

者，始鬘。从髟，坐聲。莊華切。

文三十八 重六

鬐 qí 馬鬣也。从髟，耆聲。渠脂切。

髫 tiáo 小兒垂結也。从髟，召聲。徒聊切。

髻 jì 總髮也。从髟，吉聲。古通用結。古詣切。

鬟 huán 總髮也。从髟，睘聲。案："古婦人首飾琢玉爲兩環。此二字皆後人所加。"户關切。

文四新附

后 hòu 繼體君也。象人之形。施令以告四方，故厂之。从一、口。發號者，君后也。凡后之屬皆从后。胡口切。

哅 hǒu 厚怒聲。从口、后，后亦聲。呼后切。

文二

司 sī 臣司事於外者。从反后。凡司之屬皆从司。息兹切。

詞 cí 意内而言外也。从司，从言。似兹切。

文二

卮 zhī(巵) 圜器也。一名觛。所以節飲食。象人，卩在其下也。《易》曰："君子節飲食。"凡卮之屬皆从卮。章移切。

䏤 shuàn(䏤) 小卮有耳蓋者。从卮，專聲。市沇切。

䏶 zhuǎn 小卮也。从卮，耑聲。讀若捶擊之捶。旨沇切。

文三

卩 jié(卪) 瑞信也。守國者用玉卩，守都鄙者用角卩，使山邦者用虎卩，土邦者用人卩，澤邦者用龍卩，門關者用符卩，貨賄用璽卩，道路用旌卩。象相合之形。凡卩之屬皆从卩。子結切。

令 lìng 發號也。从亼、卩。徐鍇曰："號令者，集而爲之。卩，制也。"力正切。

卲 bì 輔信也。从卩，比聲。《虞書》曰："卲成五服。"毗必切。

卶 chǐ 有大度也。从卩，多聲。讀若侈。充豉切。

卹 bì 宰之也。从卩，必聲。兵媚切。

卲 shào 高也。从卩，召聲。寔照切。

厄 è 科厄，木節也。从卩，厂聲。賈侍中説以爲：厄，裹也。一曰：厄，蓋也。

臣鉉等曰："厂非聲，未詳。"五果切。

厀　xī　脛頭卪也。从卪，桼聲。臣鉉等曰："今俗作膝，非是。"息七切。

卷　juǎn　厀曲也。从卪，𢍏聲。居轉切。

卻　què(却)　節欲(卻)也。从卪，谷聲。去約切。

卸　xiè　舍車解馬也。从卪、止，午[聲]。讀若汝南人寫書之寫。臣鉉等曰："午，馬也，故从午。"司夜切。

𠨍　zhuàn　二卪也。巽从此。闕。士戀切。

卩　zòu　卪也。闕。則候切。

文十三

印　yìn　執政所持信也。从爪，从卪。凡印之屬皆从印。於刃切。

𠨘　yì(抑)　按也。从反印。於棘(棘)切。

俗从手。

文二　重一

色　sè　顏气也。从人，从卪。凡色之屬皆从色。所力切。

古文。

艴　bó　色艴如也。从色，弗聲。《論語》曰："色艴如也。"蒲没切。

艵　pīng　縹色也。从色，并聲。普丁切。

文三　重一

卯　qīng　事之制也。从卩、𠂈。凡卯之屬皆从卯。闕。去京切。

卿　qīng　章也。六卿：天官冢宰，地官司徒，春官宗伯，夏官司馬，秋官司寇，冬官司空。从卯，皀聲。去京切。

文二

辟　bì　法也。从卩，从辛，節制其辠也。从口，用法者也。凡辟之屬皆从辟。父(必)益切。

擘　bì　治也。从辟，从井。《周書》曰："我之不擘。"父(必)益切。

嬖　yì　治也。从辟，乂聲。《虞書》曰："有能俾嬖。"魚廢切。

文三

勹　bāo　裹也。象人曲形，有所包裹。凡勹之屬皆从勹。布交切。

匊　jū　曲晉也。从勹，籀省聲。巨六切。

匍 pú 手行也。从勹，甫聲。簿乎切。

匐 bó(今音 fú) 伏地也。从勹，畐聲。蒲北切。

匊 jū 在手曰匊。从勹、米。臣鉉等曰："今俗作掬，非是。"居六切。

勻 yún 少也。从勹、二。羊倫切。

勼 jiū 聚也。从勹，九聲。讀若鳩。居求切。

旬 xún 徧也。十日爲旬。从勹、日。詳遵切。

古文。

勽 bào 覆也。从勹覆人。薄皓切。

匈 xiōng(胸) 聲(膺)也。从勹，凶聲。許容切。

匈，或从肉。

匊 zhōu 帀徧也。从勹，舟聲。職流切。

匌 hé(今音 gé) 帀也。从勹，从合，合亦聲。矦閤切。

匓 jiù/ yù 飽也。从勹，𣪘聲。民祭，祝曰："厭匓。"己又切，又乙废切。

復 fù 重也。从勹，復聲。扶富切。

或省彳。

冢 zhǒng 高墳也。从勹，豖聲。知隴切。

文十五 重三

包 bāo 象人裹妊，巳在中，象子未成形也。元气起於子。子，人所生也。男左行三十，女右行二十，俱立於巳，爲夫婦。裹妊於巳，巳爲子，十月而生。男起巳至寅，女起巳至申。故男季始寅，女季始申也。凡包之屬皆从包。布交切。

胞 pāo(今音 bāo) 兒生裹也。从肉，从包。匹交切。

匏 páo 瓠也。从包，从夸聲。包，取其可包藏物也。薄交切。

文三

茍 jì 自急敕也。从羊省，从包省，从口。口猶慎言也。从羊，羊與義、善、美同意。凡茍之屬皆从茍。己力切。

古文羊不省。

敬 jìng 肅也。从攴、茍。居慶切。

文二 重一

鬼 guǐ 人所歸爲鬼。从人，象鬼頭。鬼陰气賊害，从厶。凡鬼之屬皆从鬼。居

偉切。古文,从示。

魁 shén　神也。从鬼,申聲。食鄰切。

魂 hún　陽气也。从鬼,云聲。户昆切。

魄 pò　陰神也。从鬼,白聲。普百切。

鬽 chì　厲鬼也。从鬼,失聲。丑利切。

魖 xū　耗鬼(神)也。从鬼,虚聲。朽居切。

魃 bá　旱鬼也。从鬼,犮聲。《周禮》有赤魃氏,除牆屋之物也。《詩》曰:"旱魃爲虐。"蒲撥切。

彪 mèi　老精物也。从鬼、彡。彡,鬼毛。密祕切。或从未聲。古文。籀文,从彖首,从尾省聲。按:"从彖首"句當移至"古文"下。

鬾 jì　鬼服也。一曰:小兒鬼。从鬼,支聲。《韓詩傳》曰:"鄭交甫逢二女,鬾服。"奇寄切。

魁 hū　鬼皃。从鬼,虎聲。虎烏切。

鬿 jī(今音 qí)　鬼俗也。从鬼,幾聲。《淮南傳》曰:"吴人鬼,越人鬿。"居衣切。

魗 nòu(今音 rú)　鬼彪聲,魗魗不止也。从鬼,需聲。奴豆切。

傀 huà　鬼變也。从鬼,化聲。呼駕切。

魌 nuó　見鬼驚詞。从鬼,難省聲。讀若《詩》"受福不儺"。諾何切。

魒 pín　鬼皃。从鬼,賓聲。符真切。

醜 chǒu　可惡也。从鬼,酉聲。昌九切。

魋 tuí　神獸也。从鬼,隹聲。杜回切。

文十七　重四

魑 chī　鬼屬。从鬼,从离,离亦聲。丑知切。

魔 mó　鬼也。从鬼,麻聲。莫波切。

魘 yǎn　瘮驚也。从鬼,厭聲。於琰切。

文三新附

由 fú　鬼頭也。象形。凡由之屬皆从由。敷勿切。

畏 wèi　惡也。从由,虎省。鬼頭而虎爪,可畏也。於胃切。古文省。

禺 yù　母猴屬。頭似鬼。从由,从内。牛具切。

文三　重一

厶 sī　姦衺也。韓非曰:"蒼頡作字,自營爲厶。"

凡厶之屬皆从厶。息夷切。

篡　cuàn　屰而奪取曰篡。从厶，算聲。初官切。

羑　yòu（誘）　相訹呼也。从厶，从羑。與久切。

或从言、秀。或如此。

古文。臣鉉等案：“《羊部》有羑。羑，進善也。此古文重出。”

文三　重三

嵬　wéi　高不平也。从山，鬼聲。凡嵬之屬皆从嵬。五灰切。

巍　wēi　高也。从嵬，委聲。牛威切。臣鉉等曰：“今人省山，从爲魏國之魏。”語韋切。

文二

説文解字　卷九下

山 shān　宣也。宣气散，生萬物，有石而高。象形。凡山之屬皆从山。所閒切。

嶽 yuè(岳)　東岱，南靃，西華，北恒，中泰室。王者之所以巡狩所至。从山，獄聲。五角切。古文，象高形。

岱 dài　太山也。从山，代聲。徒耐切。

㠀 dǎo(島)　海中往往有山可依止曰㠀。从山，鳥聲。讀若《詩》曰"蔦與女蘿"。都皓切。

峱 náo　山，在齊地。从山，狃聲。《詩》曰："遭我于峱之閒兮。"奴刀切。

嶧 yì　葛嶧山，在東海下邳。从山，睪聲。《夏書》曰："嶧陽孤桐。"羊益切。

嵎 yú　封嵎之山，在吴楚(越)之閒，汪芒之國。从山，禺聲。噳俱切。

嶷 yí　九嶷山，舜所葬。在零陵營道。从山，疑聲。語其切。

㞶 mín(岷)　山，在蜀湔氐西徼外。从山，敃聲。武巾切。

屼 jǐ　山也。或曰：弱水之所出。从山，几聲。居履切。

巀 cè(今音 jié)　巀嶭山。在馮翊池陽。从山，截聲。才葛切。

嶭 è(今音 niè)　巀嶭，山也。从山，辥聲。五葛切。

崋 huà　山，在弘農華陰。从山，華省聲。胡化切。

崞 guō　山，在鴈門。从山，臺聲。古博切。

崵 yáng　崵山，在遼西。从山，昜聲。一曰：嵎鐵，崵谷也。與章切。

岵 hù　山有草木也。从山，古聲。《詩》曰："陟彼岵兮。"矦古切。

屺 qǐ　山無草木也。从山，己聲。《詩》曰："陟彼屺兮。"墟里切。

嶨 xué　山多大石也。从山，學省聲。胡角切。

嶅 áo　山多小石也。从山，敖聲。五交切。

岨 qū　石戴土也。从山，且聲。《詩》曰："陟彼岨

矣。”七余切。

岡 gāng 山骨(脊)也。从山，网聲。古郎切。

岑 cén 山小而高。从山，今聲。鉏箴切。

崟 yín 山之岑崟也。从山，金聲。魚音切。

崒 zuī(今音 zú) 崒危，高也。从山，卒聲。醉綏切。

巒 luán 山小而鋭。从山，䜌聲。洛官切。

密 mì 山如堂者。从山，宓聲。美畢切。

岫 xiù 山穴也。从山，由聲。似又切。

籀文，从穴。

陖 xùn(今音 jùn 峻) 高也。从山，陖聲。私閏切。

陖，或省。

嶞 duò 山之嶞嶞者。从山，从憜省聲。讀若相推落之憜(墮)。徒果切。

嶘 zhàn 尤高也。从山，棧聲。士限切。

崛 jué 山短高也。从山，屈聲。衢勿切。

𡾊 lì 巍高也。从山，蠆聲。讀若厲。力制切。

峯 fēng(峰) 山耑也。从山，夆聲。敷容切。

巖 yán 岸也。从山，嚴聲。五緘切。

嵒 yán 山巖也。从山、品。讀若吟。臣鉉等曰：“从品，象巖厓連屬之形。”五咸切。

𡹎 lěi 𡼏也。从山，絫聲。落猥切。

𡼏 zuì 山皃。从山，辠聲。徂賄切。

峼 gào 山皃。一曰：山名。从山，告聲。古到切。

嶞 duò 山皃。从山，隓聲。徒果切。臣鉉等案：“隓與㯐同。㯐，今亦音徒果切，則是隓兼有此音。”

嵯 cuó 山皃。从山，差聲。昨何切。

峨 é 嵯峨也。从山，我聲。五何切。

崝 qīng(今音 zhēng) 嶸也。从山，青聲。臣鉉等曰：“今俗别作峥，非是。”七耕切。

嶸 héng(今音 róng) 崝嶸也。从山，榮聲。户萌切。

陘 xíng(今音 kēng) 谷也。从山，巠聲。户經切。

崩 bēng(崩) 山壞也。从山，朋聲。北縢切。

古文，从自。

岪 fú 山脅道也。从山，弗聲。敷勿切。

嵍 wù 山名。从山，敄聲。亡遇切。

嶢　jiāo(今音 yáo)　焦嶢，山高皃。从山，堯聲。古僚切。

嶈　qiáng　山陵也。从山，戕聲。慈良切。

嵏　zōng　九嵏山，在馮翊谷口。从山，㚇聲。子紅切。

岊　jié　陬隅，高山之節。从山，从卪。子結切。

崇　chóng　嵬高也。从山，宗聲。鉏弓切。

崔　cuī　大高也。从山，隹聲。胙回切。

文五十三　重四

嶙　lín　嶙峋，深崖皃。从山，粦聲。力珍切。

峋　xún　嶙峋也。从山，旬聲。相倫切。

岌　jí　山高皃。从山，及聲。魚汲切。

嶠　jiào　山鋭而高也。从山，喬聲。古通用喬。渠廟切。

嵌　qiàn　山深皃。从山，歁省聲。口銜切。

嶼　yǔ　島也。从山，與聲。徐吕切。

嶺　lǐng　山道也。从山，領聲。良郢切。

嵐　lán　山名。从山，葻省聲。盧含切。

嵩　sōng　中岳嵩高山也。从山，从高。亦从松。韋昭《國語》注云："古通用崇字。"息弓切。

崑　kūn　崑崙，山名。从山，昆聲。《漢書》、楊雄文通用"昆侖"。古畽(渾)切。

崙　lún　崑崙也。从山，侖聲。盧昆切。

嵇　jī　山名。从山，稽省聲。奚氏避難，特造此字，非古。胡雞切。

文十二新附

屾　shēn　二山也。凡屾之屬皆从屾。所臻切。

嵞　tú　會稽山。一曰：九江當嵞也。民以辛壬癸甲之日嫁娶。从屾，余聲。《虞書》曰："予娶嵞山。"同都切。

文二

屵　è　岸高也。从山、厂，厂亦聲。凡屵之屬皆从屵。五葛切。

岸　àn　水厓而高者。从屵，干聲。五旰切。

崖　yá　高邊也。从屵，圭聲。五隹(佳)切。

𡼏　duī　高也。从屵，隹聲。都回切。

嶏　pǐ　崩也。从屵，肥聲。符鄙切。

㠃 bó(今音 pèi) 崩聲。从屵,配聲。讀若費。蒲没切。

文六

广 yǎn 因广(厂)爲屋,象對刺高屋之形。凡广之屬皆从广。讀若儼然之儼。魚儉切。

府 fǔ 文書藏也。从广,付聲。臣鉉等曰:"今藏腑字俗書从肉,非是。"方矩切。

廱 yōng 天子饗飲辟廱。从广,雝聲。於容切。

庠 xiáng 禮官養老。夏曰校,殷曰庠,周曰序。从广,羊聲。似陽切。

廬 lú 寄也。秋冬去,春夏居。从广,盧聲。力居切。

庭 tíng 宫中也。从广,廷聲。特丁切。

廇 liù 中庭也。从广,留聲。力救切。

庉 dùn 樓牆也。从广,屯聲。徒損切。

庌 yǎ 廡也。从广,牙聲。《周禮》曰:"夏庌馬。"五下切。

廡 wǔ 堂下周屋。从广,無聲。文甫切。 籀文,从舞。

廣 lǔ 廡也。从广,虜聲。讀若鹵。郎古切。

庖 páo 廚也。从广,包聲。薄交切。

廚 chú 庖屋也。从广,尌聲。直株切。

庫 kù 兵車藏也。从車在广下。苦故切。

廄 jiù(厩) 馬舍也。从广,𣪘聲。《周禮》曰:"馬有二百十四匹爲廄,廄有僕夫。" 古文,从九。居又切。

序 xù 東西牆也。从广,予聲。徐吕切。

廦 bì 牆也。从广,辟聲。比激切。

廣 guǎng 殿之大屋也。从广,黄聲。古晃切。

廥 kuài 芻藁之藏。从广,會聲。古外切。

庾 yǔ 水槽倉也。从广,臾聲。一曰:倉無屋者。以主切。

屏 bǐng(今音 bìng) 蔽也。从广,并聲。必郢切。

廁 cì(今音 cè,厕) 清也。从广,則聲。初吏切。

廛 chán 一畝半,一家之居。从广、里、八、土。直連切。

废 huán 屋牝瓦下。一曰:維綱也。从广,閔省

聲。讀若環。户關切。

𢋈 cōng　屋階中會也。从广，怱聲。倉紅切。

㢋 chǐ　廣也。从广，侈聲。《春秋國語》曰：“俠溝而㢋我。”尺氏切。

廉 lián　仄也。从广，兼聲。力兼切。

𢈈 chá　開張屋也。从广，秅聲。濟陰有𢈈縣。宅加切。

龐 páng　高屋也。从广，龍聲。薄江切。

底 dǐ　山居也。一曰：下也。从广，氐聲。都礼切。

㢉 zhì　礙止也。从广，至聲。陟栗切。

廮 yǐng　安止也。从广，嬰聲。鉅鹿有廮陶縣。於郢切。

废 bá　舍也。从广，犮聲。《詩》曰：“召伯所废。”蒲(蒲)撥切。

庳 bì　中伏舍。从广，卑聲。一曰：屋庳。或讀若逋。便俾切。

庇 bì　蔭也。从广，比聲。必至切。

庶 shù　屋下衆也。从广、炗。炗，古文光字。臣鉉等曰：“光亦衆盛也。”商署切。

庤 zhì　儲置屋下也。从广，寺聲。直里切。

廙 yì　行屋也。从广，異聲。與職切。

廔 lóu　屋麗廔也。从广，婁聲。一曰：穜也。洛侯切。

㢈 duī(今音 tuí)　屋从上傾下也。从广，隹聲。都回切。

廢 fèi　屋頓也。从广，發聲。方肺切。

庮 yǒu　久屋朽木。从广，酉聲。《周禮》曰：“牛夜鳴則庮(庮)。”臭如朽木。與久切。

廑 qín(今音 jǐn)　少劣之居。从广，堇聲。巨斤切。

廟 miào　尊先祖皃也。从广，朝聲。眉召切。

古文。

㢆 jū　人相依㢆也。从广，且聲。子余切。

𢉮 yè　屋迫也。从广，曷聲。於歇切。

㡿 chì　郤(卻)屋也。从广，屰聲。昌石切。

廞 xīn　陳輿服於庭也。从广，欽聲。讀若歆。許今切。

廫 liáo　空虛也。从广，膠聲。臣鉉等曰：“今别作寥，非是。”洛蕭切。

文四十九　重三

廈　xià　屋也。从广，夏聲。胡雅切。

廊　láng　東西序也。从广，郎聲。《漢書》通用郎。魯當切。

廂　xiāng　廊也。从广，相聲。息良切。

庪　guǐ　祭山曰庪縣。从广，技聲。過委切。

庱　chěng　地名。从广，未詳。丑抍切。

廖　liào　人姓。从广，未詳。當是省廫字尔。力救切。

文六新附

厂　hǎn　山石之厓巖，人可居。象形。凡厂之屬皆从厂。呼旱切。　籀文，从干。

厓　yá　山邊也。从厂，圭聲。五佳切。

厜　zī(今音 zuī)　厜㕒，山顛也。从厂，垂聲。姉宜切。

㕒　wēi　厜㕒也。从厂，義聲。魚爲切。

厰　yín　崟也。一曰：地名。从厂，敢聲。魚音切。

厬　guǐ　仄出泉也。从厂，晷聲。讀若軌。居洧切。

厎　zhǐ(今音 dǐ,砥)　柔石也。从厂，氐聲。職雉切。

　底，或从石。

厥　jué　發石也。从厂，欮聲。俱月切。

厲　lì　旱石也。从厂，蠆省聲。力制切。

　或不省。

厱　lán　厱諸，治玉石也。从厂，僉聲。讀若藍。魯甘切。

厤　lì　治也。从厂，秝聲。郎擊切。

⿸厂異　xǐ　石利也。从厂，異聲。讀若枲。胥里切。

⿸厂古　hù　美石也。从厂，古聲。侯古切。

厗　tí　唐厗(厗)，石也。从厂，屖省聲。杜兮切。

⿸厂立　lā　石聲也。从厂，立聲。盧荅切。

⿸厂兒　yì　石地惡也。从厂，兒聲。五歷切。

⿸厂金　qín　石地也。从厂，金聲。讀若紟。巨今切。

⿸厂甫　fū　石閒見。从厂，甫聲。讀若敷。芳無切。

厝　cuò/cù　厲石也。从厂，昝聲。《詩》曰："他山之石，可以爲厝。"倉各切，又七互切。

厖　máng　石大也。从厂，龙聲。莫江切。

屵　yuè　岸上見也。从厂，从之省。讀若躍。以灼切。

厥　xiá　辟也。从厂，夾聲。胡甲切。

仄　zè　側傾也。从人在厂下。阻力切。

籀文，从夨，夨亦聲。

辟　pì　仄也。从厂，辟聲。普擊切。

厞　fèi　隱也。从厂，非聲。扶沸切。

厭　yā/yàn　笮也。从厂，猒聲。一曰：合也。於輒切，又一琰切。

产　wěi　仰也。从人在厂上。一曰：屋梠也。秦謂之桷，齊謂之产。魚毁切。

文二十七　重四

丸　huán(今音 wán)　圜，傾側而轉者。从反仄。凡丸之屬皆从丸。胡官切。

㛸　wěi　鷙鳥食巳(已)，吐其皮毛如丸。从丸，咼聲。讀若骫。於跪切。

𡛿　nuó　丸之孰也。从丸，而聲。奴禾切。

㽹　fàn　闕。芳萬切。

文四

危　wēi　在高而懼也。从产，自卪止之。凡危之屬皆从危。魚爲切。

䧝　qī　䧝䧝也。从危，支聲。去其切。

文二

石　shí　山石也。在厂之下；口象形。凡石之屬皆从石。常隻切。

磺　gǒng(今音 kuàng)　銅鐵樸石也。从石，黄聲。讀若穬。古猛切。古文磺。《周禮》有卝人。

碭　dàng　文石也。从石，昜聲。徒浪切。

碝　ruǎn　石次玉者。从石，耎聲。而沇切。

砮　nú　石，可以爲矢鏃。从石，奴聲。《夏書》曰："梁州貢砮丹。"《春秋國語》曰："肅慎氏貢楛矢石砮。"乃都切。

礜　yù　毒石也。出漢中。从石，與聲。羊茹切。

碣　jié　特立之石。東海有碣石山。从石，曷聲。渠𠛱(列)切。古文。

磏　lián　厲石也。一曰：赤色。从石，兼聲。讀若鎌。力鹽切。

碬　xiá　厲石也。从石，叚聲。《春秋傳》曰："鄭公

孫碬，字子石。”乎加切。

礫 lì 小石也。从石，樂聲。郎擊切。

碧 gǒng 水邊石。从石，巩聲。《春秋傳》曰：“闕碧之甲。”居竦切。

磧 qì 水陼有石者。从石，責聲。七迹切。

碑 bēi 豎石也。从石，卑聲。府眉切。

磙 duì（今音 zhuì 墜） 陖（隊）也。从石，豙聲。徒對切。

碩 yǔn 落也。从石，員聲。《春秋傳》曰：“碩石于宋五。”于敏切。

磙 suǒ 碎石隕聲。从石，炙聲。所責切。

硞 què 石聲。从石，告聲。苦角切。

硠 láng 石聲。从石，良聲。魯當切。

礐 xué（今音 què） 石聲。从石，學省聲。胡角切。

硈 jiá（今音 qià） 石堅也。从石，吉聲。一曰：突也。格八切。

磕 kài/kē 石聲。从石，盍聲。口太切，又若（苦）盍切。

硻 kēng 餘堅者。从石，堅省。口莖切。

磿 lì 石聲也。从石，厤聲。郎擊切。

磛 chán 礹，石也。从石，斬聲。鉏銜切。

礹 yán 石山也。从石，嚴聲。五銜切。

礊 kè 堅也。从石，毄聲。楷革切。

确 xué（今音 què） 礊石也。从石，角聲。臣鉉等曰：“今俗作確，非是。”胡角切。 确，或从殸。

磽 qiāo 礊石也。从石，堯聲。口交切。

硪 é 石巖也。从石，我聲。五何切。

礹 yán 礊（磛）喦（礹）也。从石、品。《周書》曰：“畏于民礹。”讀與巖同。臣鉉等曰：“从品，與喦同意。”五銜切。

磬 qìng 樂石也。从石、殸。象縣虡之形。殳，擊之也。古者毋句氏作磬。苦定切。 籀文省。 古文，从巠。

礙 ài 止也。从石，疑聲。五溉切。

硩 chè 上摘巖空青、珊瑚墮之。从石，折聲。《周禮》有硩蔟氏。丑列切。

硟 chàn 以石扦繒也。从石，延聲。尺戰切。

碎　suì　礦也。从石，卒聲。蘇對切。

破　pò　石碎也。从石，皮聲。普過切。

礱　lóng　礦也。从石，龍聲。天子之桷，椓而礱之。盧紅切。

研　yán　礦也。从石，开聲。五堅切。

礦　mò　石磑也。从石，靡聲。模卧切。

磑　wèi　礦也。从石，豈聲。古者公輸班作磑。五對切。

碓　duì　舂也。从石，隹聲。都隊切。

磖　tà　舂已復擣之曰磖。从石，沓聲。徒合切。

磻　bō　以石箸隿繁也。从石，番聲。博禾切。

礛　zhuó　斫也。从石，箸聲。張略切。

硯　yàn　石滑也。从石，見聲。五甸切。

砭　biān/biǎn　以石刺（刺）病也。从石，乏聲。方彨切，又方驗切。

硧　hé　石也（地）惡也。从石，鬲聲。下革切。

砢　luǒ　磊砢也。从石，可聲。來可切。

磊　lěi　衆石也。从三石。落猥切。

文四十九　重五

礪　lì　礦也。从石，厲聲。經典通用厲。力制切。

碏　què　《左氏傳》："衛大夫石碏。"《唐韻》云："敬也。"从石，未詳；昔聲。七削切。

磯　jī　大石激水也。从石，幾聲。居衣切。

碌　lù　石皃。从石，彔聲。盧谷切。

砧　zhēn　石柎也。从石，占聲。知林切。

砌　qì　階甃也。从石，切聲。千計切。

礩　zhì　柱下石也。从石，質聲。之日切。

礎　chǔ　礩也。从石，楚聲。創舉切。

硾　zhuì　擣也。从石，垂聲。直類切。

文九新附

長　cháng　久遠也。从兀，从匕。兀者，高遠意也。久則變化。亾聲。𠄍者，倒亡也。凡長之屬皆从長。臣鉉等曰："倒亡，不亡也，長久之義也。"直良切。古文長。

亦古文長。

肆　sì（肆）　極陳也。从長，隶聲。息利切。

或从髟。

镾　mí　久長也。从長，爾聲。武夷切。

镻　dié　蛇惡毒長也。从長，失聲。徒結切。

文四　重三

勿　wù　州里所建旗。象其柄，有三游。雜帛，幅半異。所以趣民，故遽，稱勿勿。凡勿之屬皆从勿。　勿，或从㫃。文弗切。　（旃）。

昜　yáng　開也。从日、一、勿。一曰：飛揚。一曰：長也。一曰：彊者衆皃。與章切。

文二　重一

冄　rǎn（冉）　毛冄冄也。象形。凡冄之屬皆从冄。而琰切。

文一

而　ér　頰毛也。象毛之形。《周禮》曰："作其鱗之而。"凡而之屬皆从而。臣鉉等曰："今俗别作髵，非是。"如之切。

耏　nài　罪不至髡也。从而，从彡。奴代切。

或从寸。諸法度字从寸。

文二　重一

豕　shǐ　彘也。竭其尾，故謂之豕。象毛（頭四）足而後有尾。讀與豨同。桉：今世字誤以豕爲彘，以彘爲豕。何以明之？爲啄琢从豕，蠡从彘。皆取其聲，以是明之。臣鉉等曰："此語未詳，或後人所加。"凡豕之屬皆从豕。　古文。按：桉通按。式視切。　"誤以豕爲彘"句，轉寫訛誤。似當作"誤以豕爲豕，以彖爲豕。何以明之？爲啄琢从豕，蠡从豕。"

豬　zhū（猪）　豕而三毛叢居者。从豕，者聲。陟魚切。

豰　bó　小豚也。从豕，殸（𣪊）聲。步角切。

豯　xī　生三月豚，腹豯豯皃也。从豕，奚聲。胡雞切。

豵　zōng　生六月豚。从豕，從聲。一曰：一歲豵，尚叢聚也。子紅切。

豝　bā　牝豕也。从豕，巴聲。一曰：一歲，能相把拏也。《詩》曰："一發五豝。"伯加切。

豜　jiān　三歲豕，肩相及者。从豕，幵聲。《詩》曰："並驅从兩豜兮。"古賢切。

豶　fén　羠豕也。从豕，賁聲。符分切。

豭　jiā　牡豕也。从豕，叚聲。古牙切。

豛　yì　上谷名豬豭（豛）。从豕，役省聲。營隻切。

⿰豕隋 wěi(今音 wéi)　豶也。从豕，隋聲。臣鉉等曰："當从隨省。"以水切。

豤 kěn　齧也。从豕，𥃩聲。康很切。

豷 xì(今音 yì)　豕息也。从豕，壹聲。《春秋傳》曰："生敖及豷。"許利切。

豧 fū　豕息也。从豕，甫聲。芳無切。

豢 huàn　以穀圈養豕也。从豕，𠈇聲。胡慣切。

豠 cú(今音 chú)　豕屬。从豕，且聲。疾余切。

豲 huán　逸(豕屬)也。从豕，原聲。《周書》曰："豲有爪而不敢以撅。"讀若桓。胡官切。

豨 xǐ(今音 xī)　豕走豨豨。从豕，希聲。古有封豨脩虵之害。虛豈切。

豖 chù　豕絆足行豖豖。从豕繫二足。丑六切。

豦 qú(今音 jù)　鬭相丮不解也。从豕、虍。豕、虍之鬭，不解也。讀若蘮蒘草之蘮。司馬相如説："豦，封豕之屬。"一曰：虎兩足舉。强魚切。

豙 yì　豕怒毛豎。一曰：殘艾也。从豕、辛。臣鉉等曰："从辛，未詳。"魚既切。

豩 bīn/huān　二豕也。豳从此。闕。伯貧切，又呼關切。

文二十二　重一

㣇 yì　脩豪獸。一曰：河内名豕也。从彑，下象毛足。凡㣇之屬皆从㣇。讀若弟。羊至切。籒文。古文。

⿱曶㣇 hū　豕屬。从㣇，曶聲。呼骨切。

⿱高㣇 háo　豕，鬣如筆管者。出南郡。从㣇，高聲。乎刀切。籒文，从豕。臣鉉等曰："今俗别作毫，非是。"

⿳彑冖㣇 huì(彙)　蟲，似豪豬者。从㣇，胃省聲。于貴切。或从虫。

⿰㣇㣇 sì　㣇屬。从二㣇。息利切。古文⿰㣇㣇。《虞書》曰："⿰㣇㣇類于上帝。"

文五　重五

彑 jì　豕之頭。象其鋭，而上見也。凡彑之屬皆从彑。讀若罽。居例切。

彘 zhì　豕也。後蹏發(廢)謂之彘。从彑，矢聲；从二匕，彘足與鹿足同。直例切。

彖 shǐ(今音 chǐ)　豕也。从彑，从豕。讀若弛。式視切。按：小篆當作彖。

叚 xiá　豕也。从彑，下象其足。讀若瑕。乎加切。

彖 tuàn　豕走也。从彑，从豕省。通貫切。按：小篆當作彖。

文五

豚 tún　小豕也。从彖省，象形。从又持肉，以給祠祀。凡豚之屬皆从豚。徒魂切。篆文，从肉、豕。

䝐 wèi　豚屬。从豚，衛聲。讀若罽。于歲切。

文二　重一

豸 zhì　獸長脊，行豸豸然，欲有所司殺形。凡豸之屬皆从豸。池爾切。司殺讀若伺候之伺。

豹 bào　似虎，圜文。从豸，勺聲。北教切。

貙 chū　貙獌，似貍者。从豸，區聲。敕俱切。

貚 tán　貙屬也。从豸，單聲。徒干切。

貔 pí　豹屬，出貉國。从豸，𣬉聲。《詩》曰："獻其貔皮。"《周書》曰："如虎如貔。"貔，猛獸。或从比。房脂切。

豺 chái　狼屬，狗聲。从豸，才聲。士皆切。

貐 yǔ　猰貐，似貙，虎爪，食人，迅走。从豸，俞聲。以主切。

貘 mò　似熊而黄黑色，出蜀中。从豸，莫聲。莫白切。

鏞 yōng　猛獸也。从豸，庸聲。余封切。

貜 yuè（今音 jué）　㹶（㲄）貜也。从豸，矍聲。王縛切。

貀 nà　獸，無前足。从豸，出聲。《漢律》："能捕豺貀，購百錢。"女滑切。

貈 hé　似狐，善睡獸。从豸，舟聲。《論語》曰："狐貈之厚以居。"臣鉉等曰："舟非聲，未詳。"下各切。

豻 àn　胡地野狗。从豸，干聲。五旰切。

豻，或从犬。《詩》曰："宜犴宜獄。"

貂 diāo　鼠屬。大而黄黑，出胡丁零國。从豸，召聲。都僚切。

貉 mò　北方豸穜。从豸，各聲。孔子曰："貉之爲言惡也。"莫白切。

貆 huán　貉之類。从豸，亘聲。胡官切。

貍　lí(狸)　伏獸，似貙。从豸，里聲。里之切。

貒　tuān　獸也。从豸，耑聲。讀若湍。他耑切。

貛　huān　野豕也。从豸，雚聲。呼官切。

貁　yòu　鼠屬。善旋。从豸，穴聲。余救切。

文二十　重二

貓　māo(猫)　貍屬。从豸，苗聲。莫交切。

文一新附

𤉡　sì(兕)　如野牛而青。象形。與禽、离頭同。凡𤉡之屬皆从𤉡。　古文，从儿。徐姊切。

文一　重一

易　yì　蜥易，蝘蜓，守宮也。象形。祕書說：日月爲易，象陰陽也。一曰：从勿。凡易之屬皆从易。羊益切。

文一

象　xiàng　長鼻牙，南越大獸，三季一乳，象耳牙四足之形。凡象之屬皆从象。徐兩切。

豫　yù　象之大者。賈侍中說：不害於物。从象，予聲。羊茹切。　古文。

文二　重一

說文解字 卷十上

四十部　八百一十文　重八十七　凡萬四字文三十一新附

馬 mǎ 怒也；武也。象馬頭髦尾四足之形。凡馬之屬皆从馬。莫下切。古文。籒文馬與影同，有髦。

騭 zhì 牡馬也。从馬，陟聲。讀若郅。之日切。

馵 huán 馬一歲也。从馬、一，絆其足。讀若弦；一曰：若環。户關切。

駒 jū 馬二歲曰駒，三歲曰駣。从馬，句聲。舉朱切。

馴 bā 馬八歲也。从馬，从八。博拔切。

騆 xián 馬一目白曰騆，二目白曰魚。从馬，閒聲。户閒切。

騏 qí 馬青驪，文如博棊也。从馬，其聲。渠之切。

驪 lí 馬深黑色。从馬，麗聲。吕支切。

駽 xuān 青驪馬。从馬，肙聲。《詩》曰："駜彼乘駽。"火玄切。

騩 guì（今音 guī） 馬淺黑色。从馬，鬼聲。俱位切。

駵 liú 赤馬黑毛（髦）尾也。从馬，留聲。力求切。

騢 xiá 馬赤白雜毛。从馬，叚聲。謂色似鰕魚也。乎加切。

騅 zhuī 馬蒼黑雜毛。从馬，隹聲。職追切。

駱 luò 馬白色黑鬣尾也。从馬，各聲。盧各切。

駰 yīn 馬陰白雜毛。黑。从馬，因聲。《詩》曰："有駰有騢。"於真切。

驄 cōng 馬青白雜毛也。从馬，悤聲。倉紅切。

驈 shù（今音 yù） 驪馬白胯也。从馬，矞聲。《詩》曰："有驈有騜。"食聿切。

駹 máng 馬面顙皆白也。从馬，尨聲。莫江切。

騧 guā 黃馬，黑喙。从馬，咼聲。古華切。

籒文騧。

驃 piào　黄馬發白色。一曰：白髦尾也。从馬，㶾聲。毗召切。

駓 pī　黄馬白毛也。从馬，丕聲。敷悲切。

驖 tiě　馬赤黑色。从馬，戴聲。《詩》曰："四驖孔阜。"他結切。

駻 àn　馬頭有發赤色者。从馬，岸聲。五旰切。

馰 dí　馬白頟也。从馬，的省聲。一曰：駿也。《易》曰："爲的顙。"都歷切。

駁 bó　馬色不純。从馬，爻聲。臣鉉等曰："爻非聲，疑象駁文。"北角切。

馵 zhù　馬後左足白也。从馬，二其足。讀若注。之戍切。

驔 diàn　驪馬黄脊。从馬，覃聲。讀若簟。徒玷切。

驠 yàn　馬白州也。从馬，燕聲。於甸切。

騽 xí　馬豪骭也。从馬，習聲。似入切。

𩣚 hàn　馬毛長也。从馬，倝聲。矦旰切。

騑 fēi　馬逸足也。从馬，从飛。《司馬法》曰："飛衛斯輿。"甫微切。

驁 ào　駿馬。以壬申日死，乘馬忌之。从馬，敖聲。五到切。

驥 jì　千里馬也，孫陽所相者。从馬，冀聲。天水有驥縣。几利切。

駿 jùn　馬之良材者。从馬，夋聲。子峻切。

驍 jiāo(今音 xiāo)　良馬也。从馬，堯聲。古堯切。

騹 zhuǐ(今音 zuī)　馬小皃。从馬，垂聲。讀若箠。之壘切。籀文，从𠂹。

驕 jiāo　馬高六尺爲驕。从馬，喬聲。《詩》曰："我馬唯驕。"一曰：野馬。舉喬切。

騋 lái　馬七尺爲騋，八尺爲龍。从馬，來聲。《詩》按：《詩》當作《爾雅》。曰："騋牝驪牡。"洛哀切。

驩 huān　馬名。从馬，雚聲。呼官切。

驗 yàn　馬名。从馬，僉聲。魚窆切。

𩢷 cǐ　馬名。从馬，此聲。雌氏切。

𩦺 xiū　馬名。从馬，休聲。許尤切。

馼 wén　馬赤鬣縞身，目若黄金，名曰媽。吉皇之乘，周文王按：文王當作成王。時，犬戎獻之。从馬，从文，文亦聲。《春秋傳》曰："媽馬百駟。"畫馬也。西伯獻紂，以全其身。無分

切。

駤 zhī　馬彊也。从馬，支聲。章移切。

駜 bì　馬飽也。从馬，必聲。《詩》云："有駜有駜。"毗必切。

駫 jiōng　馬盛肥也。从馬，光聲。《詩》曰："四牡駫駫。"古熒切。

騯 péng　馬盛也。从馬，旁聲。《詩》曰："四牡騯騯。"薄庚切。

駉 àng(今音 áng)　駉駉，馬怒皃。从馬，卬聲。吾浪切。

驤 xiāng　馬之低仰也。从馬，襄聲。息良切。

驀 mò　上馬也。从馬，莫聲。莫白切。

騎 qí　跨馬也。从馬，奇聲。渠羈切。

駕 jià　馬在軛中。从馬，加聲。古訝切。

籀文駕。

騑 fēi　驂，旁馬。从馬，非聲。甫微切。

駢 pián　駕二馬也。从馬，并聲。部田切。

驂 cān　駕三馬也。从馬，參聲。倉含切。

駟 sì　一乘也。从馬，四聲。息利切。

駙 fù　副馬也。从馬，付聲。一曰：近也。一曰：疾也。符遇切。

騇 xié　馬和也。从馬，皆聲。戶皆切。

騀 ě　馬搖頭也。从馬，我聲。五可切。

駊 pǒ　駊騀也。从馬，皮聲。普火切。

騊 tāo　馬行皃。从馬，舀聲。土刀切。

篤 dǔ　馬行頓遲。从馬，竹聲。冬毒切。

騤 kuí　馬行威儀也。从馬，癸聲。《詩》曰："四牡騤騤。"渠(渠)追切。

鷽 wò　馬行徐而疾也。从馬，學省聲。於角切。

駸 jīn(今音 qīn)　馬行疾也。从馬，侵省聲。《詩》曰："載驟駸駸。"子林切。

馺 sà　馬行相及也。从馬，从及。讀若《爾雅》"小山馺大山，峘。"蘇荅切。

馮 féng(今音 píng)　馬行疾也。从馬，冫聲。臣鉉等曰："本音皮冰切。經典通用爲依馮之馮。今別作憑，非是。"房戎切。

馽 niè　馬步疾也。从馬，耴聲。尼輒切。

騃 ái(今音 sì)　馬行仡仡也。从馬，矣聲。五駭切。

騶 zhòu　馬疾步也。从馬，聚聲。鉏又切。

駶 gé　馬疾走也。从馬，匃聲。古達切。

颿 fān(帆)　馬疾步也。从馬，風聲。臣鉉等曰："舟船之颿本用此字。今别作帆，非是。"符嚴切。

驅 qū　馬馳也。从馬，區聲。豈俱切。

古文驅，从支。

馳 chí　大驅也。从馬，也聲。直离切。

騖 wù　亂馳也。从馬，敄聲。亡遇切。

鴷 lì(今音 liè)　次弟馳也。从馬，刿聲。力制切。

騁 chěng　直馳也。从馬，甹聲。丑郢切。

駾 tuì　馬行疾來皃。从馬，兑聲。《詩》曰："昆夷駾矣。"他外切。

駃 dié(今音 yì)　馬有疾足。从馬，失聲。大結切。

駻 hàn　馬突也。从馬，旱聲。矦旰切。

駧 dòng　馳馬洞去也。从馬，同聲。徒弄切。

驚 jīng　馬駭也。从馬，敬聲。舉卿切。

駭 hài　驚也。从馬，亥聲。矦楷切。

駫 huāng　馬奔也。从馬，巟聲。呼光切。

騫 qiān　馬腹縶(熱)也。从馬，寒省聲。去虔切。

駐 zhù　馬立也。从馬，主聲。中句切。

馴 xún　馬順也。从馬，川聲。詳遵切。

駗 zhēn(今音 zhěn)　馬載重難也。从馬，㐱聲。張人切。

驙 zhān　駗驙也。从馬，亶聲。《易》曰："乘馬驙如。"張連切。

騺 zhì　馬重皃。从馬，執聲。陟利切。

驧 jú　馬曲脊也。从馬，鞠聲。巨六切。

騬 chéng　犗馬也。从馬，乘聲。食陵切。

馻 juè　系馬尾也。从馬，介聲。古拜切。

騷 sāo　擾也。一曰：摩馬。从馬，蚤聲。穌遭切。

馽 zhí　絆馬也。从馬，口其足。《春秋傳》曰："韓厥執馽前。"讀若輒。陟立切。

馽，或从糸，執聲。

駘 tái　馬銜脱也。从馬，台聲。徒哀切。

駔 zǎng　牡(壯)馬也。从馬，且聲。一曰：馬蹲駔

也。子朗切。

騶 zōu 廏御也。从馬，芻聲。側鳩切。

驛 yì 置騎也。从馬，睪聲。羊益切。

馹 rì 驛傳也。从馬，日聲。人質切。

騰 téng 傳也。从馬，朕聲。一曰：騰，犗馬也。徒登切。

騅 hé 苑名。一曰：馬白頟。从馬，隺聲。下各切。

駉 jiōng 牧馬苑也。从馬，冋聲。《詩》曰："在駉之野。"古熒切。

駪 shēn 馬衆多皃。从馬，先聲。所臻切。

駮 bó 獸，如馬，倨牙，食虎、豹。从馬，交聲。北角切。

駃 jué 駃騠，馬父贏子也。从馬，夬聲。臣鉉等曰："今俗與快同用。"古穴切。

騠 tí 駃騠也。从馬，是聲。杜兮切。

贏 luó 驢父馬母。从馬，𣎆聲。洛戈切。

或从贏。

驢 lǘ 似馬，長耳。从馬，盧聲。力居切。

騡 méng 驢子也。从馬，冡聲。莫紅切。

驒 tuó 驒騱，野馬也。从馬，單聲。一曰：青驪白鱗，文如鼉魚。代何切。

騱 xí 驒騱馬也。从馬，奚聲。胡雞切。

騊 táo 騊駼，北野之良馬。从馬，匋聲。徒刀切。

駼 tú 騊駼也。从馬，余聲。同都切。

驫 biāo 衆馬也。从三馬。甫虬切。

文一百一十五 重八

駛 shǐ 疾也。从馬，吏聲。疏吏切。

駥 róng 馬高八尺。从馬，戎聲。如融切。

騣 zōng 馬鬣也。从馬，㚇聲。子紅切。

馱 duò(今音 tuó) 負物也。从馬，大聲。此俗語也。唐佐切。

騂 xīng 馬赤色也。从馬，觲省聲。息營切。

文五新附

廌 zhì 解廌，獸也。似山牛，一角。古者決訟，令觸不直。象形，从豸省。凡廌之屬皆从廌。宅買切。

𢊁 jiào(今音 xiào)　解廌屬。从廌,孝聲。闕。古孝切。

薦 jiàn　獸之所食艸。从廌,从艸。古者神人以廌遺黄帝。帝曰:“何食?何處?”曰:“食薦。夏處水澤,冬處松柏。”作甸切。

灋 fǎ　刑也。平之如水,从水;廌,所以觸不直者;去之,从去。今文省。古文。方乏切。

文四　重二

鹿 lù　獸也。象頭角四足之形。鳥鹿足相似,从匕。凡鹿之屬皆从鹿。盧谷切。

麚 jiā　牡鹿。从鹿,叚聲。以夏至解角。古牙切。

麟 lín　大牝鹿也。从鹿,粦聲。力珍切。

䴡 nuàn　鹿麛也。从鹿,耎聲。讀若偄弱之偄。奴亂切。

䴤 sù　鹿迹也。从鹿,速聲。桑谷切。

麛 mí　鹿子也。从鹿,弭聲。莫兮切。

麉 jiān　鹿之絶有力者。从鹿,幵聲。古賢切。

麒 qí　仁獸也。麇(麇)身,牛尾,一角。从鹿,其聲。渠之切。

麐 lín　牝麒也。从鹿,吝聲。力珍切。

麋 mí　鹿屬。从鹿,米聲。麋冬至解其角。武悲切。

麎 chén　牝麋也。从鹿,辰聲。植鄰切。

䴢 jǐ　大麋(麇)也。狗足。从鹿,旨聲。居履切。或从几。

麕 jūn　麞也。从鹿,囷省聲。居筠切。籀文不省。

麞 zhāng　麇(麇)屬。从鹿,章聲。諸良切。

麔 jiù　麋牝(牡)者。从鹿,咎聲。其久切。

麠 jīng　大鹿(麃)也。牛尾,一角。从鹿,畺聲。舉卿切。或从京。

麃 páo　麠屬。从鹿,𤽄省聲。蒲交切。

麈 zhǔ　麋屬。从鹿,主聲。之庾切。

麑 ní　狻麑,獸也。从鹿,兒聲。五雞切。

麙 xián　山羊而大者,細角。从鹿,咸聲。胡毚切。

麢 líng　大羊而細角,从鹿,霝聲。郎丁切。

麈 guī 鹿屬。从鹿，圭聲。古攜切。

麝 shè 如小麋，臍有香。从鹿，䠶聲。神夜切。

麠 yù 似鹿而大也。从鹿，與聲。羊茹切。

麗 lì 旅行也。鹿之性，見食急則必旅行。从鹿，丽聲。《禮》："麗皮納聘。"蓋鹿皮也。郎計切。古文。篆文麗字。

麀 yōu 牝鹿也。从鹿，从牝省。於糾切。

或从幽聲。

文二十六 重六

麤 cū(粗) 行超遠也。从三鹿。凡麤之屬皆从麤。倉胡切。

𪋻 chén(尘) 鹿行揚土也。从麤，从土。直珍切。

籒文。

文二 重一

㲋 chuò 獸也。似兔，青色而大。象形。頭與兔同，足與鹿同。凡㲋之屬皆从㲋。丑略切。篆文。

𢊁 chán 狡兔也。兔之駿者。从㲋、兔。士咸切。

𪊔 xiè(今音 xiě) 獸名。从㲋，吾聲。讀若寫。司夜切。

𪊕 jué 獸也。似牲牲(狌狌)。从㲋，夬聲。古穴切。

文四 重一

兔 tù 獸名。象踞，後其尾形。兔頭與㲋頭同。凡兔之屬皆从兔。湯故切。

逸 yì 失也。从辵、兔。兔謾訑善逃也。夷質切。

冤 yuān 屈也。从兔，从冂。兔在冂下，不得走，益屈折也。於袁切。

娩 fàn 兔子也。娩，疾也。从女、兔。芳萬切。

𠈰 fù 疾也。从三兔。闕。芳遇切。

文五

𡕥 jùn 狡兔也。从兔，夋聲。七旬切。

文一新附

萈 huán(萈) 山羊細角者。从兔足，苜聲。凡萈之屬皆从萈。讀若丸。寬字从此。臣鉉等曰："苜，徒結切，非聲。疑象形。"胡官切。

文一

犬 quǎn 狗之有縣蹏者也。象形。孔子曰："視

犬之字如畫狗也。”凡犬之屬皆从犬。苦泫切。

狗 gǒu　孔子曰：“狗，叩也。叩气吠以守。”从犬，句聲。古厚切。

獀 sōu　南趙（越）名犬獿獀。从犬，叜聲。所鳩切。

尨 máng　犬之多毛者。从犬，从彡。《詩》曰：“無使尨也吠。”莫江切。

狡 jiǎo　少狗也。从犬，交聲。匈奴地有狡犬，巨口而黑身。古巧切。

獪 kuài　狡獪也。从犬，會聲。古外切。

獳 náo（今音 nóng）　犬惡毛也。从犬，農聲。奴刀切。

猲 xiē　短喙犬也。从犬，曷聲。《詩》曰：“載獫猲獢。”《爾雅》曰：“短喙犬謂之猲獢。”許謁切。

獢 xiāo　猲獢也。从犬，喬聲。許喬切。

獫 xiǎn　長喙犬。一曰：黑犬，黄頭。从犬，僉聲。虚檢切。

狌 zhù　黄犬，黑頭。从犬，主聲。讀若注。之戍切。

猈 bài　短脛狗。从犬，卑聲。薄蟹切。

猗 yī　犗犬也。从犬，奇聲。於离切。

狊 jú　犬視皃。从犬、目。古闃切。

猎 yān　竇中犬聲。从犬，从音，音亦聲。乙咸切。

默 mò　犬暫逐人也。从犬，黑聲。讀若墨。莫北切。

猝 cù　犬从艸暴出逐人也。从犬，卒聲。麤没切。

猩 xīng　猩猩，犬吠聲。从犬，星聲。桑經切。

獫 xiàn　犬吠不止也。从犬，兼聲。讀若檻。一曰：兩犬争也。胡黯切。

獺 hǎn　小犬吠。从犬，敢聲。南陽新亭按：亭當作野。有獺鄉。荒檻切。

猥 wěi　犬吠聲。从犬，畏聲。烏賄切。

獿 náo（今音 nǎo）　獿獶也。从犬、夒。女交切。

獶 xiāo　犬獿獿（獶）咳（豥）吠也。从犬，翏聲。火包切。

獑 shǎn　犬容頭進也。从犬，参聲。一曰：賊疾按：疾字，疑衍文。也。山檻切。

獎 jiǎng　嗾犬厲之也。从犬，將省聲。即兩切。

獑 chǎn　䨲也。从犬，毚聲。初版切。

㹕 shàn(猵)　惡健犬也。从犬，删省聲。所晏切。

狠 wán(今音 hěn)　吠鬭聲。从犬，艮聲。五還切。

獂 fán　犬鬭聲。从犬，番聲。附袁切。

狋 yí　犬怒皃。从犬，示聲。一曰：犬難得。代郡有狋氏縣。讀又若銀。語其切。

㹞 yín　犬吠聲。从犬，斤聲。語斤切。

獡 shuò　犬獡獡不附人也。从犬，舄聲。南楚謂相驚曰獡。讀若愬。式略切。

獷 guǎng　犬獷獷不可附也。从犬，廣聲。漁陽有獷平縣。古猛切。

狀 yàng(今音 zhuàng)　犬形也。从犬，爿聲。盈亮切。

奘 zàng　妄彊犬也。从犬，从壯，壯亦聲。徂朗切。

獒 áo　犬如人心可使者。从犬，敖聲。《春秋傳》曰："公嗾夫獒。"五牢切。

獳 nòu/nóu　怒犬皃。从犬，需聲。讀若槈。奴豆切，又乃侯切。

狧 tà　犬食也。从犬，从舌。讀若比目魚鰈之鰈。他合切。

狎 xiá　犬可習也。从犬，甲聲。胡甲切。

狃 niǔ　犬性驕也。从犬，丑聲。女久切。

犯 fàn　侵也。从犬，巳(㔾)聲。防險切。

猜 cāi　恨賊也。从犬，青聲。倉才切。

猛 měng　健犬也。从犬，孟聲。莫杏切。

犺 kàng　健犬也。从犬，亢聲。苦浪切。

㹤 qiè　多畏也。从犬，去聲。去劫切。

杜林說，㹤从心。

獜 lín　健也。从犬，粦聲。《詩》曰："盧獜獜。"力珍切。

獧 juàn　疾跳也。一曰：急也。从犬，睘聲。古縣切。

倏 shū　走也。从犬，攸聲。讀若叔。式竹切。

狟 huán　犬行也。从犬，亘聲。《周書》曰："尚狟狟。"胡官切。

犻 bó　過弗取也。从犬，巿聲。讀若孛。蒲没切。

猲 zhé　犬張耳皃。从犬，曷聲。陟革切。

猌 yìn　犬張齗怒也。从犬，來聲。讀又若銀。魚僅切。

犮 bá　走犬皃。从犬而丿之。曳其足，則剌（刺）犮也。蒲撥切。

戾 lì　曲也。从犬出户下。戾者，身曲戾也。郎計切。

獨 dú　犬相得而鬭也。从犬，蜀聲。羊爲羣，犬爲獨也。一曰：北嚻山有獨𤞞獸，如虎，白身，豕鬣，尾如馬。徒谷切。

𤞞 yù　獨𤞞，獸也。从犬，谷聲。余蜀切。

獮 xiǎn（獮）　秋田也。从犬，璽聲。息淺切。

獮，或从豕。宗廟之田也，故从豕、示。

獵 liè　放獵逐禽也。从犬，巤聲。良涉切。

獠 liáo　獵也。从犬，尞聲。力昭切。

狩 shòu　犬田也。从犬，守聲。《易》曰："明夷于南狩。"書究切。

臭 chòu　禽走，臭而知其迹者，犬也。从犬，从自。臣鉉等曰："自，古鼻字。犬走以鼻知臭，故从自。"尺救切。

獲 huò　獵所獲也。从犬，蒦聲。胡伯切。

獘 bì（斃）　頓仆也。从犬，敝聲。《春秋傳》曰："與犬，犬獘。"　獘，或从死。毗祭切。

獻 xiàn　宗廟犬名羹獻。犬肥者以獻之。从犬，鬳聲。許建切。

犴 yàn（犴）　獟犬也。从犬，开聲。一曰：逐虎犬也。五甸切。

獟 yào　犴犬也。从犬，堯聲。五弔切。

狾 zhì　狂犬也。从犬，折聲。《春秋傳》曰："狾犬入華臣氏之門。"征例切。

狂 kuáng　狾犬也。从犬，㞷聲。巨王切。

古文，从心。

類 lèi　種類相似，唯犬爲甚。从犬，頪聲。力遂切。

狄 dí　赤狄，本犬種。狄之爲言淫辟也。从犬，亦省聲。徒歷切。

狻 suān　狻麑，如虦貓，食虎、豹者。从犬，夋聲。見《爾雅》。素官切。

玃 jué　母猴也。从犬，矍聲。《爾雅》云："玃父善顧。"攫持人也。俱縛切。

猶　yóu　玃屬。从犬，酋聲。一曰：隴西謂犬子爲猷。以周切。

狙　qù(今音 jū)　玃屬。从犬，且聲。一曰：狙，犬也，暫齧人者。一曰：犬不齧人也。親去切。

猴　hóu　夒也。从犬，矦聲。乎溝切。

㺉　hù　犬屬。腰已上黄，腰已下黑，食母猴。从犬，㱿聲。讀若構。或曰：㺉似牂羊，出蜀北嚻山中，犬首而馬尾。火屋切。

狼　láng　似犬，鋭頭，白頰，高前，廣後。从犬，良聲。魯當切。

狛　pò　如狼，善驅羊。从犬，白聲。讀若蘗。甯嚴讀之若淺泊。匹各切。

㹮　màn　狼屬。从犬，曼聲。《爾雅》曰："貙、㹮，似貍。"舞販切。

狐　hú　祥獸也。鬼所乘之。有三德：其色中和，小前大後，死則丘首。从犬，瓜聲。户吴切。

獺　tǎ　如小狗也。水居，食魚。从犬，賴聲。他達切。

猵　biān　獺屬。从犬，扁聲。布兹(玄)切。

或从賓。

猋　biāo　犬走皃。从三犬。甫遥切。

文八十三　重五

狘　xuè　獸走皃。从犬，戉聲。許月切。

獐　huī　獸名。从犬，軍聲。許韋切。

狷　juàn　褊急也。从犬，肙聲。古縣切。

猰　yà　猰貐，獸名。从犬，契聲。烏黠切。

文四新附

㹜　yín　兩犬相齧也。从二犬。凡㹜之屬皆从㹜。語斤切。

獄　sī　司空也。从㹜，𦣞聲。復説獄司空。息兹切。

獄　yù　确也。从㹜，从言。二犬，所以守也。魚欲切。

文三

鼠　shǔ　穴蟲之總名也。象形。凡鼠之屬皆从鼠。書吕切。

鐇　fán　鼠也。从鼠，番聲。讀若樊。或曰：鼠婦。附袁切。

𪕊 hé　鼠，出胡地，皮可作裘。从鼠，各聲。下各切。

鼢 fěn（今音 fén）　地［中］行鼠，伯勞所作（化）也。一曰：偃鼠。从鼠，分聲。芳吻切。或从虫、分。

𪕑 píng　𪕑令鼠。从鼠，平聲。薄經切。

鼶 sī　鼠也。从鼠，虒聲。息移切。

𪕰 liú　竹鼠也。如犬。从鼠，畱省聲。力求切。

鼫 shí　五技鼠也。能飛，不能過屋；能緣，不能窮木；能游，不能渡谷；能穴，不能掩身；能走，不能先人。从鼠，石聲。常隻切。

鼨 zhōng　豹文鼠也。从鼠，冬聲。職戎切。

籒文省。

𪖁 è　鼠屬。从鼠，益聲。於革切。

或从豸。

鼷 xī　小鼠也。从鼠，奚聲。胡雞切。

鼩 qú　精鼩鼠也。从鼠，句聲。其俱切。

鼸 qiàn（今音 xiàn）　䶃也。从鼠，兼聲。丘檢切。

䶃 hán　鼠屬。从鼠，今聲。讀若含。胡男切。

鼬 yòu　如鼠，赤黄而大，食鼠者。从鼠，由聲。余救切。

𪕮 zhuó　胡地風鼠。从鼠，勺聲。之若切。

𪕕 rǒng　鼠屬。从鼠，宂聲。而隴切。

𪕺 zī　鼠，似雞，鼠尾。从鼠，此聲。即移切。

鼲 hún　鼠，出丁零胡，皮可作裘。从鼠，軍聲。乎昆切。

𪕷 hú　斬𪕷鼠。黑身，白腰若帶；手有長白毛，似握版之狀；類蝯蜼之屬。从鼠，胡聲。户吴切。

文二十　重三

能 néng　熊屬。足似鹿。从肉，㠯聲。能獸堅中，故稱賢能；而彊壯，稱能傑也。凡能之屬皆从能。臣鉉等曰："㠯非聲，疑皆象形。"奴登切。

文一

熊 xióng　獸。似豕，山居，冬蟄。从能，炎省聲。凡熊之屬皆从熊。羽弓切。

羆 pí　如熊，黄白文。从熊，罷省聲。彼爲切。

古文，从皮。

文二　重一

火　huǒ　燬也。南方之行，炎而上。象形。凡火之屬皆从火。呼果切。

炟　dá　上諱。臣鉉等曰："漢章帝名也。《唐韻》曰：'火起也。'从火，旦聲。"當割切。

焜　huǐ　火也。从火，尾聲。《詩》曰："王室如焜。"許偉切。

燬　huǐ　火也。从火，毀聲。《春秋傳》曰："衞矦燬。"許偉切。

燹　xiǎn　火也。从火，豩聲。穌典切。

焌　jùn/qū　然火也。从火，夋聲。《周禮》曰："遂籥其焌。"焌火在前，以焞焯龜。子寸切，又倉聿切。

尞　liào　柴祭天也。从火，从昚（昚）。昚（昚），古文慎字。祭天所以慎也。力照切。

然　rán　燒也。从火，肰聲。臣鉉等曰："今俗别作燃，蓋後人增加。"如延切。　䕼　或从艸、難。臣鉉等案："《艸部》有䕼，注云'艸也'。此重出。"

爇　ruò　燒也。从火，蓺聲。《春秋傳》曰："爇僖負羈。"臣鉉等曰："《説文》無蓺字，當从火，从艸，埶省聲。"如劣切。

燔　fán　爇也。从火，番聲。附袁切。

燒　shāo　爇也。从火，堯聲。式昭切。

烈　liè　火猛也。从火，列聲。良辥切。

炪　zhuō　火光也。从火，出聲。《商書》曰："予亦炪謀。"讀若巧拙之拙。職悦切。

熚　bì　熚䎀，火皃。从火，畢聲。卑吉切。

䎀　fú　熚䎀也。从火，𩰲聲。𩰲，籀文悖字。敷勿切。

烝　zhēng　火气上行也。从火，丞聲。煮仍切。

烰　fú　烝也。从火，孚聲。《詩》曰："烝之烰烰。"縛牟切。

煦　xù　烝也。一曰：赤皃。一曰：温潤也。从火，昫聲。香句切。

熯　rǎn（今音 hàn）　乾皃。从火，漢省聲。《詩》曰："我孔熯矣。"人善切。

炥　pō（今音 fú）　火皃。从火，弗聲。普活切。

熮　liáo　火皃。从火，翏聲。《逸周書》曰："味辛而不熮。"洛蕭切。

焛 lìn　火皃。从火，㒼省聲。讀若粦。良刃切。

㷳 yàn　火色也。从火，雁聲。讀若鴈。五晏切。

熲 jiǒng　火光也。从火，頃聲。古迥切。

爚 yuè　火飛（光）也。从火，龠聲。一曰：爇也。以灼切。

熛 biāo　火飛也。从火，㶾聲。讀若摽。甫遥切。

熇 hū（今音 hè）　火熱也。从火，高聲。《詩》曰："多將熇熇。"臣鉉等曰："高非聲，當从嗃省。"火屋切。

烄 jiǎo　交木然也。从火，交聲。古巧切。

𤆍 chán　小熱也。从火，于（干）聲。按：干声，或說當作羊声。《詩》曰："憂心𤆍𤆍。"臣鉉等曰："于非聲，未詳。"直廉切。

燋 jiāo　所以然持火也。从火，焦聲。《周禮》曰："以明火爇燋也。"即消切。

炭 tàn　燒木餘也。从火，岸省聲。他案切。

𤇶 chī（今音 zhǎ）　束炭也。从火，差省聲。讀若䖷。楚宜切。

𤎺 jiǎo　交灼木也。从火，教省聲。讀若狡。古巧切。

炦 bá　火气也。从火，犮聲。蒲撥切。

灰 huī　死火餘㶳也。从火，从又。人（又），手也，火既滅，可以執持。呼恢切。

炱 tái　灰，炱煤也。从火，台聲。徒哀切。

煨 wēi　盆中火。从火，畏聲。烏灰切。

熄 xī　畜火也。从火，息聲。亦曰滅火。相即切。

烓 jiǒng（今音 wēi）　行竈也。从火，圭聲。讀若冋。口迥切。

煁 chén　烓也。从火，甚聲。氏任切。

燀 chǎn　炊也。从火，單聲。《春秋傳》曰："燀之以薪。"充善切。

炊 chuī　爨也。从火，吹省聲。昌垂切。

烘 hōng　尞也。从火，共聲。《詩》曰："卬（印）烘于煁。"呼東切。

齌 jì　炊餔疾也。从火，齊聲。在詣切。

熹 xī　炙也。从火，喜聲。許其切。

煎 jiān　熬也。从火，前聲。子仙切。

熬 áo　乾煎也。从火，敖聲。五牢切

熬，或从麥。

炮 páo 毛炙肉也。从火，包聲。薄交切。

㶼 ēn 炮肉，以微火温肉也。从火，衣聲。烏痕切。

𤐫 zēng 置魚箅中炙也。从火，曾聲。作滕切。

煏 bì 以火乾肉。从火，稫聲。臣鉉等案：“《説文》無稫字，當从䨽省。疑傳寫之誤。”符逼切。籀文，不省。

爆 bào 灼也。从火，暴聲。蒲木切。臣鉉等曰：“今俗音豹。火裂也。”

煬 yàng 炙燥也。从火，昜聲。余亮切。

㷀 hú 灼也。从火，隺聲。胡沃切。

爤 làn（爛） 孰也。从火，蘭聲。郎旰切。

或从閒。

爢 mí 爛也。从火，靡聲。靡爲切。

尉 wèi 从上案下也。从𡰪，又持火，以尉申繒也。臣鉉等曰：“今俗别作熨，非是。”於胃切。

𪓵 jiāo 灼龜不兆也。从火，从龜。《春秋傳》曰：“龜𪓵不兆。”讀若焦。即消切。

灸 jiǔ 灼也。从火，久聲。舉友切。

灼 zhuó 炙（灸）也。从火，勺聲。之若切。

煉 liàn 鑠治金也。从火，柬聲。郎電切。

燭 zhú 庭燎，火（大）燭也。从火，蜀聲。之欲切。

熜 zǒng 然麻蒸也。从火，怱（悤）聲。作孔切。

灺 xiè 燭𤆀也。从火，也聲。徐野切。

𤆀 jìn（燼） 火餘也。从火，聿聲。一曰：薪也。臣鉉等曰：“聿非聲，疑从𦘒省。今俗别作燼，非是。”徐刃切。

焠 cuì 堅刀刃也。从火，卒聲。七内切。

煣 rǒu 屈申木也。从火、柔，柔亦聲。人久切。

燓 fán（焚，今音 fén） 燒田也。从火、棥，棥亦聲。附袁切。

熑 lián 火煣車網絶也。从火，兼聲。《周禮》曰：“煣牙，外不熑。”力鹽切。

燎 liǎo 放火也。从火，尞聲。力小切。

爂 biāo 火飛也。从火，𦥑（囟）與䙴同意。方昭切。

𤏵 zāo 焦也。从火，曹聲。作曹切。

爑　jiāo　火所傷也。从火，雥聲。即消切。

或省。

烖　zāi(灾)　天火曰烖。从火，𢦏聲。祖才切。

或从宀、火。　古文，从才。

籀文，从巛(巛)。

煙　yān　火气也。从火，垔聲。烏前切。

烟　或从因。　古文。　籀文，从宀。

焆　yuè(今音 yè)　焆焆，煙皃。从火，肙聲。因悦切。

熅　yūn(煴)　鬱煙也。从火，昷聲。於云切。

⿰火皀　dí　望火皃。从火，皀聲。讀若馰顙之馰。都歷切。

燂　hān/xián(今音 xún)　火熱也。从火，覃聲。火甘切，又徐鹽切。

焞　tūn　明也。从火，𦎫聲。《春秋傳》曰："焞燿天地。"他昆切。

炳　bǐng　明也。从火，丙聲。兵永切。

焯　zhuó　明也。从火，卓聲。《周書》曰："焯見三有俊心。"之若切。

照　zhào　明也。从火，昭聲。之少切。

煒　wěi　盛赤也。从火，韋聲。《詩》曰："彤管有煒。"于鬼切。

⿰火多　chǐ　盛火也。从火，从多。昌氏切。

熠　yì　盛光也。从火，習聲。《詩》曰："熠熠宵行。"羊入切。

煜　yù　熠也。从火，昱聲。余六切。

燿　yào　照也。从火，翟聲。弋笑切。

煇　huī　光也。从火，軍聲。況韋切。

煌　huáng　煌，煇也。从火，皇聲。胡光切。

焜　kūn　煌也。从火，昆聲。孤本切。

炯　jiǒng　光也。从火，冋聲。古迥切。

爗　yè　盛也。从火，曅聲。《詩》曰："爗爗震電。"筠輒切。

爓　yán(今音 yàn)　火門(爓)也。从火，閻聲。余廉切。

炫　xuàn　燿(爓)燿也。从火，玄聲。胡畎切。

光　guāng　明也。从火在人上，光明意也。古皇

切。古文。古文。

熱 rè 温也。从火，埶聲。如列切。

熾 chì 盛也。从火，戠聲。昌志切。

古文熾。

燠 ào(今音 yù) 熱在中也。从火，奥聲。烏到切。

煖 xuān 温也。从火，爰聲。況袁切。

煗 nuǎn(暖) 温也。从火，耎聲。乃管切。

炅 jiǒng 見也。从火、日。古迥切。

炕 kàng 乾也。从火，亢聲。苦浪切。

燥 zào 乾也。从火，喿聲。穌到切。

烕 xuè(今音 miè) 滅也。从火、戌。火死於戌，陽氣至戌而盡。《詩》曰："赫赫宗周，褒似烕之。"許劣切。

焅 kù 旱气也。从火，告聲。苦沃切。

燾 dào 溥覆照也。从火，壽聲。徒到切。

爟 guàn 取火於日官名，舉火曰爟。《周禮》曰："司爟，掌行火之政令。"从火，雚聲。古玩切。或从亘。

烽 fēng 燧，候表也。邊有警則舉火。从火，逢聲。敷容切。

爝 jiào(今音 jué) 苣火，祓也。从火，爵聲。呂不韋曰："湯得伊尹，爝以爟火，釁以犧豭。"子肖切。

熭 wèi 暴乾火按：火字衍。也。从火，彗聲。于歲切。

熙 xī 燥也。从火，巸聲。許其切。

文一百一十二 重十五

爞 chóng 旱气也。从火，蟲聲。直弓切。

煽 shàn(今音 shān) 熾盛也。从火，扇聲。式戰切。

烙 luò 灼也。从火，各聲。盧各切。

爍 shuò 灼爍，光也。从火，樂聲。書藥切。

燦 càn 燦爛，明瀞皃。从火，粲聲。倉案切。

焕 huàn 火光也。从火，奂聲。呼貫切。

文六新附

炎 yán 火光上也。从重火。凡炎之屬皆从炎。于廉切。

琰 yǎn(今音 yàn)　火行微琰琰也。从炎，臽聲。以冉切。

銛 yǎn　火光也。从炎，舌聲。臣鉉等曰："舌非聲，當从甛省。"以冉切。

㷠 lǐn　侵火也。从炎，亩聲。讀若桑葚之葚。力荏切。

煔 shàn(今音 shǎn)　火行也。从炎，占聲。舒贍切。

燅 xián　於湯中爚肉。从炎，从熱省。徐鹽切。

㷜 或从炙。

燮 xiè　大熟也。从又持炎、辛。辛者，物熟味也。蘇俠切。

粦 lìn(今音 lín)　兵死及牛馬之血爲粦。粦，鬼火也。从炎、舛。良刃切。徐鍇曰："案《博物志》：戰鬭死亡之處，有人馬血積中(年)爲粦。著地入艸木，如霜露不可見。有觸者，著人體後有光，拂拭即散無數。又有吒聲如鬻豆。舛者，人足也，言光行著人。"

文八　重一

黑 hēi　火所熏之色也。从炎上出囪。囪，古窗字。凡黑之屬皆从黑。呼北切。

黸 lú　齊謂黑爲黸。从黑，盧聲。洛乎切。

黵 wèi　沃按：沃當作渼，一說當作淺。黑色。从黑，會聲。惡外切。

黯 àn　深黑也。从黑，音聲。乙減切。

黶 yǎn　申(面)[中]黑[子]也。从黑，厭聲。於琰切。

黳 yī　小黑子。从黑，殹聲。烏雞切。

黖 dá　白而有黑也。从黑，旦聲。五原有莫黖縣。當割切。

黬 jiān　雖皙而黑也。从黑，箴聲。古人名黬字皙。古咸切。

黭 yàng　赤黑也。从黑，昜聲。讀若煬。餘亮切。

黲 cǎn　淺青黑也。从黑，參聲。七感切。

黤 yǎn　青黑也。从黑，奄聲。於檻切。

黝 yǒu　微青黑色。从黑，幼聲。《爾雅》曰："地謂之黝。"於糾切。

黗 tǔn(今音 tūn)　黃濁黑。从黑，屯聲。他衮切。

點 diǎn　小黑也。从黑，占聲。多忝切。

黚 qián　淺黃黑也。从黑，甘聲。讀若染繒中束緅

黚。巨淹切。

黅 jiān　黃黑也。从黑，金聲。古咸切。

黦 yuè　黑有文也。从黑，冤聲。讀若飴盌字。於月切。

䵵 chuā　黃黑而白也。从黑，算聲。一曰：短黑。讀若以芥爲齏，名曰芥荃也。初刮切。

䵎 juǎn　黑皴也。从黑，幵聲。古典切。

黠 xiá　堅黑也。从黑，吉聲。胡八切。

黔 qián　黎也。从黑，今聲。秦謂民爲黔百（首），謂黑色也。周謂之黎民。《易》曰：“爲黔喙。”巨淹切。

黕 dǎn　滓垢也。从黑，冘聲。都感切。

黨 dǎng　不鮮也。从黑，尚聲。多朗切。

黷 dú　握持垢也。从黑，賣（𧶠）聲。《易》曰：“再三黷。”徒谷切。

黵 dǎn　大污也。从黑，詹聲。當敢切。

黴 méi（霉）　中久雨青黑。从黑，微省聲。武悲切。

黜 chù　貶下也。从黑，出聲。丑律切。

𪓐 pán　𪓐姍。下哂（色）。从黑，般聲。薄官切。

黱 dài　畫眉［墨］也。从黑，朕聲。徒耐切。

儵 shū　青黑繒縫（發）白色也。从黑，攸聲。式竹切。

黬 yù　羔裘之縫。从黑，或聲。于逼切。

䵢 diàn　䵢謂之垽。垽，滓也。从黑，殿省聲。堂練切。

黮 tǎn（今音 dǎn）　桑葚之黑也。从黑，甚聲。他感切。

黭 yǎn　果實黭黯黑也。从黑，弇聲。烏感切。

黥 qíng　墨刑在面也。从黑，京聲。渠京切。

黥，或从刀。

䵘 yǎn　䵘者忘而息也。从黑，敢聲。於檻切。

黟 yī　黑木也。从黑，多聲。丹陽有黟縣。烏雞切。

文三十七　重一

説文解字　卷十下

囪 chuāng　在牆曰牖，在屋曰囪。象形。凡囪之屬皆从囪。或从穴。古文。楚江切。

悤 cōng　多遽悤悤也。从心、囪，囪亦聲。倉紅切。

文二　重二

焱 yàn　火華也。从三火。凡焱之屬皆从焱。以冉切。

熒 yíng　屋下鐙燭之光。从焱、冂。户扃切。

燊 shēn　盛皃。从焱在木上。讀若《詩》"莘莘征夫"。一曰：役按：役同役。也。所臻切。

文三

炙 zhì　炮肉也。从肉在火上。凡炙之屬皆从炙。之石切。籀文。

燔 fán　宗廟火孰肉。从炙，番聲。《春秋傳》曰："天子有事燔焉，以饋同姓諸侯。"附袁切。

燎 liào(今音 liǎo)　炙也。从炙，尞聲。讀若䰘燎。力照切。

文三　重一

赤 chì　南方色也。从大，从火。凡赤之屬皆从赤。昌石切。古文，从炎、土。

赨 tóng　赤色也。从赤，蟲省聲。徒冬切。

䞝 hù　日出之赤。从赤，穀省聲。火沃切。

赧 nǎn　面慙赤也。从赤，𠬪聲。周失天下於赧王。女版切。

䞓 chēng　赤色也。从赤，巠聲。《詩》曰："魴魚䞓尾。"敕貞切。

䞓，或从貞。或从丁。

浾 chēng　䞓，棠棗（棗）之汁，或从水。

浾，或从正。

赭 zhě　赤土也。从赤，者聲。之也切。

䞘 huàn(今音 gàn)　赤色也。从赤，倝聲。讀若浣。胡玩切。

赫 hè 火赤皃。从二赤。呼格切。

文八 重五

赩 xì 大赤也。从赤、色，色亦聲。許力切。

赮 xiá 赤色也。从赤，叚聲。乎加切。

文二新附

大 tà/dài(今音 dà) 天大，地大，人亦大。故大象人形。古文大他達切。也。凡大之屬皆从大。徒蓋切。

奎 kuí 兩髀之閒。从大，圭聲。苦圭切。

夾 jiā 持也。从大俠二人。古狎切。

奄 yǎn 覆也。大有餘也。又，欠也。从大，从申。申，展也。依檢切。

夸 kuā 奢也。从大，于聲。苦瓜切。

查 huán 奢查也。从大，亘聲。胡官切。

瓠 wā(今音 gū) 瓠大也。从大，瓜聲。烏瓜切。

奯 huò 空大也。从大，歲聲。讀若《詩》"施罟泧泧"。呼括切。

戴 zhì 大也。从大，𢦏聲。讀若《詩》"戴戴(秩秩)大猷"。直質切。

奅 pào 大也。从大，卯聲。匹貌切。

奃 yǔn 大也。从大，云聲。魚吻切。

奃 dī 大也。从大，氐聲。讀若氐。都兮切。

乔 jiè 大也。从大，介聲。讀若蓋。古拜切。

奊 xiè 瞋大也。从大，此聲。火戒切。

奰 bì 大也。从大，弗聲。讀若"予違，汝弼"。房密切。

奄 chún 大也。从大，屯聲。讀若鶉。常倫切。

契 qì 大約也。从大，从㓞。《易》曰："後代(世)聖人易之以書契。"苦計切。

夷 yí 平也。从大，从弓。東方之人也。以脂切。

文十八

亦 yì 人之臂亦也。从大，象兩亦之形。凡亦之屬皆从亦。臣鉉等曰："今别作腋，非是。"羊益切。

夾 shǎn 盜竊褱物也。从亦有所持。俗謂蔽人俾夾是也。弘農陝字从此。失冉切。

文二

夨 zè　傾頭也。从大，象形。凡夨之屬皆从夨。阻力切。

⿱吉夨 jié　頭傾也。从夨，吉聲。讀若孑。古屑切。

奊 xié　頭衺、骫(骩)奊態也。从夨，圭聲。胡結切。

吳 wú(吴)　姓也。亦郡也。一曰：吳，大言也。从夨、口。五乎切。徐鍇曰："大言，故夨口以出聲。《詩》曰：'不吳不揚。'今寫《詩》者，改吳作吴，又音乎化切，古文如此。其謬甚矣。"

文四　重一

夭 yǎo(今音 yāo)　屈也。从大，象形。凡夭之屬皆从夭。於兆切。

喬 qiáo　高而曲也。从夭，从高省。《詩》曰："南有喬木。"巨嬌切。

⿱夭屰 xìng(幸)　吉而免凶也。从屰，从夭。夭，死之事。故死謂之不⿱夭屰。胡耿切。

奔 bēn　走也。从夭，賁省聲。與走同意，俱从夭。博昆切。

文四

交 jiāo　交脛也。从大，象交形。凡交之屬皆从交。古爻切。

⿱交韋 wéi　衺也。从交，韋聲。羽非切。

絞 jiǎo　縊也。从交，从糸。古巧切。

文三

尣 wāng　⿺尣皮，曲脛也。从大，象偏曲之形。凡尣之屬皆从尣。古文，从㞷。烏光切。

尳 hú　厀病也。从尣，从骨，骨亦聲。户骨切。

⿺尣皮 bǒ(跛)　蹇也。从尣，皮聲。布火切。

⿺尣左 zuǒ　⿺尣左⿺尣左，行不正。从尣，左聲。則箇切。

尦 yào　行不正也。从尣，良(皀)聲。讀若燿。弋笑切。按：當作。隶作尦。

尲 gān　不正也。从尣，兼聲。古咸切。

尬 gà/jiè　尲尬也。从尣，介聲。公八切，又古拜切。

尥 liào　行脛相交也。从尣，勺聲。牛行脚相交爲尥。力弔切。

⿺尣是 dī　⿺尣皮不能行，爲人所引，曰⿺尣是⿺尣巂。从尣，从爪，是聲。都兮切。

⿺尣巂 xié　⿺尣是⿺尣巂也。从尣，从爪，巂聲。户圭切。

尪 yū 股尪也。从尣，于聲。乙于切。

尳 luǒ（今音 léi） 厀中病也。从尣，从羸。郎果切。

文十二 重一

壺 hú 昆吾，圜器也。象形。从大，象其蓋也。凡壺之屬皆从壺。户吴切。

壼 yūn 壹壼也。从凶，从壺。不得泄，凶也。《易》曰："天地壹壼。"於云切。

文二

壹 yī 專壹也。从壺，吉聲。凡壹之屬皆从壹。於悉切。

懿 yì 專久而美也。从壹，从恣省聲。乙冀切。

文二

㚔 niè（幸） 所以驚人也。从大，从羊。一曰：大聲也。凡㚔之屬皆从㚔。一曰：讀若瓠。一曰：俗語以盜不止爲㚔。㚔讀若籋。尼輒切。

睪 yì 目視也。从横目，从㚔。令吏將目捕罪人也。羊益切。

執 zhí 捕罪人也。从丮，从㚔，㚔亦聲。之入切。

圉 yǔ 囹圄，所以拘罪人。从㚔，从囗。一曰：圉，垂也。一曰：圉人，掌馬者。魚舉切。

盩 zhōu 引擊也。从㚔、攴，見血也。扶風有盩厔縣。張流切。

報 bào 當罪人也。从㚔，从𠬝。𠬝，服罪也。博号切。

簐 jū 窮理罪人也。从㚔，从人，从言，竹聲。居六切。 或省言。

文七 重一

奢 shē 張也。从大，者聲。凡奢之屬皆从奢。式車切。 籀文。臣鉉等曰："今俗作陟加切，以爲奓厚之奓，非是。"

奲 duǒ 富奲奲皃。从奢，單聲。丁可切。

文二 重一

亢 gāng 人頸也。从大省，象頸脈形。凡亢之屬皆从亢。 亢，或从頁。古郎切。

㰠 gǎng/hàng 直項莽㰠皃。从亢，从夋。夋，倨也。亢亦聲。岡朗切，又胡朗切。

文二 重一

夲 tāo 進趣也。从大，从十。大、十，猶兼十人也。

凡夲之屬皆从夲。讀若滔。土刀切。

𠦪 hū　疾也。从夲，卉聲。拜(捧)从此。呼骨切。

暴 bào　疾有所趣也。从日、出、夲，廾之。薄報切。

𡴞 yǔn　進也。从夲，从屮，允聲。《易》曰："𡴞升大吉。"余準切。

奏 zòu　奏進也。从夲，从𠬞，从屮。屮，上進之義。則候切。古文。亦古文。

皋 gāo　气皋白之進也。从夲，从白。《禮》：祝曰皋，登謌曰奏。故皋、奏皆从夲。《周禮》曰："詔來鼓皋舞。"皋，告之也。古勞切。

文六　重二

夰 gǎo　放也。从大而八分也。凡夰之屬皆从夰。古老切。

𡚁 jù　舉目驚𡚁然也。从夰，从䀠，䀠亦聲。九遇切。

奡 ào　嫚也。从百，从夰，夰亦聲。《虞書》曰："若丹朱奡。"讀若傲。《論語》："奡湯舟。"五到切。

昦 hào　春爲昦天，元气昦昦。从日、夰，夰亦聲。胡老切。

臩 guǎng　驚走也。一曰：往來也。从夰、𦣞。《周書》曰："伯臩。"古文𦣞，古文囧字。臣鉉等曰："𦣞，居況切。𦣞，猶乖也。𦣞亦聲。言古囧字，未詳。"具往切。

文五

大 tà(今音 dà)　籀文大，改古文。亦象人形。凡大之屬皆从大。他達切。

奕 yì　大也。从大，亦聲。《詩》曰："奕奕梁山。"羊益切。

奘 zàng　駔大也。从大，从壯，壯亦聲。徂朗切。

臭 gǎo　大白、澤也。从大，从白。古文以爲澤字。古老切。

奚 xī　大腹也。从大，𦃃省聲。𦃃，籀文系字。胡雞切。

耎 ruǎn　稍前大也。从大，而聲。讀若畏偄。而沇切。

𡘋 yàn　大皃。从大，䀠聲。或曰：拳勇字。一曰：讀若傿。乙獻切。

奰 bì(奰)　壯大也。从三大、三目。二目爲䀠，三目爲奰，益大也。一曰：迫也。讀若《易》虙羲氏。《詩》曰："不醉而

怒謂之𦢊。”平祕切。

文八

夫　fū　丈夫也。从大，一以象簪也。周制以八寸爲尺，十尺爲丈。人長八尺，故曰丈夫。凡夫之屬皆从夫。甫無切。

規　guī　有法度也。从夫，从見。居隨切。

㚘　bàn　竝行也。从二夫。輦字从此。讀若伴侶之伴。薄旱切。

文三

立　lì　住也。从大立一之上。臣鉉等曰：“大，人也。一，地也。會意。”凡立之屬皆从立。力入切。

竦　lì　臨也。从立，从隶。力至切。

𥩟　duǐ(今音 duì)　磊𥩟，重聚也。从立，𦎫聲。丁罪切。

端　duān　直也。从立，耑聲。多官切。

竱　zhuǎn　等也。从立，專聲。《春秋國語》曰：“竱本肇末。”旨兖切。

竦　sǒng　敬也。从立，从束。束，自申束也。息拱切。

竫　jìng　亭安也。从立，爭聲。疾郢切。

靖　jìng　立竫也。从立，青聲。一曰：細皃。疾郢切。

竢　sì　待也。从立，矣聲。牀史切。

或从巳。

竘　qǔ　健也。一曰：匠也。从立，句聲。讀若齲。《逸周書》有竘匠。丘羽切。

竵　huā(今音 wāi)　不正也。从立，𠓜聲。火鼃切。

竭　jié　負舉也。从立，曷聲。渠列切。

須　xū　待也。从立，須聲。相俞切。

或从芻聲。

𥫍　luò　痿也。从立，𦝠聲。力卧切。

竣　jùn　偓竣也。从立，夋聲。《國語》曰：“有司已事而竣。”七倫切。

𥩿　fú　見鬼魅皃。从立，从彔，彔，籒文魅字。讀若虙羲氏之虙。房六切。

竣　què　驚皃。从立，昔聲。七雀切。

𥪕　bà　短人立𥪕𥪕皃。从立，卑聲。傍下切。

竲　céng　北地高樓無屋者。从立，曾聲。七耕切。

文十九　重二

竝 bìng(並)　併也。从二立。凡竝之屬皆从竝。蒲迥切。

㬪 tì(替)　廢,一偏下也。从竝,白聲。他計切。

或从曰。　或从兟,从曰。臣鉉等曰:“今俗作替,非是。”

文二　重二

囟 xìn　頭會,𡿺蓋也。象形。凡囟之屬皆从囟。息進切。　或从肉、宰。　古文囟字。

巤 liè　毛巤也。象髮在囟上及毛髮巤巤之形。此與籒文子字同。良涉切。

𦞤 pí　人臍也。从囟,囟,取气通也;从比聲。房脂切。

文三　重二

思 sī　容也。从心,囟聲。凡思之屬皆从思。息兹切。

慮 lǜ　謀思也。从思,虍聲。良據切。

文二

心 xīn　人心,土藏,在身之中。象形。博士說,以爲火藏。凡心之屬皆从心。息林切。

息 xī　喘也。从心,从自,自亦聲。相即切。

情 qíng　人之陰气有欲者。从心,青聲。疾盈切。

性 xìng　人之陽气性善者也。从心,生聲。息正切。

志 zhì　意也。从心,之聲。職吏切。

意 yì　志也。从心,察言而知意也。从心,从音。於記切。

恉 zhǐ　意也。从心,旨聲。職雉切。

悳 dé(德)　外得於人,内得於己也。从直,从心。多則切。　古文。

應 yīng　當也。从心,雁聲。於陵切。

慎 shèn　謹也。从心,真聲。時刃切。

古文。

忠 zhōng　敬也。从心,中聲。陟弓切。

愨 què　謹也。从心,㱿聲。苦角切。

𢡱 miǎo　美也。从心,䫉聲。莫角切。

快 kuài　喜也。从心,夬聲。苦夬切。

愷　kǎi　樂也。从心，豈聲。臣鉉等曰："《豈部》已有，此重出。"苦亥切。

㥦　qiè　快心。从心，匧聲。苦叶切。

念　niàn　常思也。从心，今聲。奴店切。

怤　fū　思也。从心，付聲。甫無切。

憲　xiàn　敏也。从心，从目，害省聲。許建切。

憕　chéng　平也。从心，登聲。直陵切。

戁　nǎn　敬也。从心，難聲。女版切。

忻　xīn　闓也。从心，斤聲。《司馬法》曰："善者，忻民之善，閉民之惡。"許斤切。

㣫　zhòng　遲也。从心，重聲。直隴切。

惲　yǔn(今音 yùn)　重厚也。从心，軍聲。於粉切。

惇　dūn　厚也。从心，享聲。都昆切。

忼　kàng /kāng　慨也。从心，亢聲。一曰：《易》："忼龍有悔。"臣鉉等曰："今俗别作慷，非是。"苦浪切，又口朗切。

慨　gài(今音 kǎi)　忼慨，壯士不得志也。从心，既聲。古溉切。

悃　kǔn　愊也。从心，困聲。苦本切。

愊　bì　誠志也。从心，畐聲。芳逼切。

愿　yuàn　謹也。从心，原聲。魚怨切。

慧　huì　儇也。从心，彗聲。胡桂切。

憭　liǎo　慧也。从心，尞聲。力小切。

恔　xiáo/jiǎo　憭也。从心，交聲。下交切，又古(吉)了切。

瘱　yì　静也。从心，瘞聲。臣鉉等曰："瘞非聲，未詳。"於計切。

悊　zhé　敬也。从心，折聲。陟列切。

悰　cóng　樂也。从心，宗聲。藏宗切。

恬　tián　安也。从心，甛省聲。徒兼切。

恢　huī　大也。从心，灰聲。苦回切。

恭　gōng　肅也。从心，共聲。俱容切。

憼　jǐng　敬也。从心，从敬，敬亦聲。居影切。

恕　shù　仁也。从心，如聲。商署切。

古文省。

怡　yí　和也。从心，台聲。與之切。

慈　cí　愛也。从心，兹聲。疾之切。

怟 qí　愛也。从心，氏聲。巨支切。

惿 yǐ　怟惿，不憂事也。从心，虒聲。讀若移。移尔切。

恮 quān　謹也。从心，全聲。此緣切。

恩 ēn　惠也。从心，因聲。烏痕切。

㥏 dì　高也。一曰：極也。一曰：困劣也。从心，帶聲。特計切。

憖 yìn　問也。謹敬也。从心，猌聲。一曰：説也。一曰：甘也。《春秋傳》曰："昊天不憖。"又曰："兩君之士皆未憖。"魚覲切。

懬 kuàng　闊也。一曰：廣也，大也。一曰：寬也。从心，从廣，廣亦聲。苦謗切。

悈 jiè　飾也。从心，戒聲。《司馬法》曰："有虞氏悈於中國。"古拜切。

㥯 yǐn　謹也。从心，㸒聲。於靳切。

慶 qìng　行賀人也。从心，从夊。吉禮以鹿皮爲贄，故从鹿省。丘竟切。

愃 xuǎn　寬嫺心腹皃。从心，宣聲。《詩》曰："赫兮愃兮。"况晚切。

愻 xùn　順也。从心，孫聲。《唐書》曰："五品不愻。"蘇困切。

䆅 sè　實也。从心，塞省聲。《虞書》曰："剛而䆅。"先則切。

恂 xún　信心也。从心，旬聲。相倫切。

忱 chén　誠也。从心，冘聲。《詩》曰："天命匪忱。"氏任切。

惟 wéi　凡思也。从心，隹聲。以追切。

懷 huái　念思也。从心，褱聲。户乖切。

惀 lún　欲知之皃。从心，侖聲。盧昆切。

想 xiǎng　冀思也。从心，相聲。息兩切。

㒸 suì　深也。从心，㒸聲。徐醉切。

慉 xù　起也。从心，畜聲。《詩》曰："能不我慉。"許六切。

意 yì　滿也。从心，啻聲。一曰：十萬曰意。於力切。籀文省。

悹 guàn　憂也。从心，官聲。古玩切。

憀 liáo　憀然也。从心，翏聲。洛蕭切。

㤩 kè　敬也。从心，客聲。《春秋傳》曰："以陳備三㤩。"臣鉉等曰："今俗作恪。"苦各

切。

慫 sǒng 懼也。从心，雙省聲。《春秋傳》曰："駟氏慫。"息拱切。

懼 jù 恐也。从心，瞿聲。其遇切。

古文。

怙 hù 恃也。从心，古聲。侯古切。

恃 shì 賴也。从心，寺聲。時止切。

慒 cóng 慮也。从心，曹聲。藏宗切。

悟 wù 覺也。从心，吾聲。五故切。

古文悟。

憮 wú 愛也。韓鄭曰憮。一曰：不動。从心，無聲。文甫切。

㤅 ài 惠也。从心，旡聲。烏代切。

古文。

㥠 xǔ(今音 xū) 知也。从心，胥聲。私吕切。

慰 wèi 安也。从心，尉聲。一曰：恚怒也。於胃切。

𢡕 cuì 謹也。从心，𣪠聲。讀若毳。此芮切。

𢡓 chóu 𢡓箸也。从心，籌聲。直由切。

怞 zhòu(今音 chóu) 朗也。从心，由聲。《詩》曰："憂心且怞。"直又切。

煤 wǔ 煤按：煤字衍。撫也。从心，某聲。讀若侮。亡甫切。

忞 mín 彊也。从心，文聲。《周書》曰："在受德忞。"讀若旻。武巾切。

慔 mù 勉也。从心，莫聲。莫故切。

愐 miǎn 勉也。从心，面聲。弥殄切。

𢘤 yì 習也。从心，曳聲。余制切。

懋 mào 勉也。从心，楙聲。《虞書》曰："時惟懋哉。"莫候切。 或省。

慕 mù(慕) 習也。从心，莫聲。莫故切。

悛 quān 止也。从心，夋聲。此緣切。

𢙢 tū(今音 tuì) 肆也。从心，隶聲。他骨切。

懙 yǔ 趣步懙懙也。从心，與聲。余吕切。

慆 tāo 説也。从心，舀聲。土刀切。

懕 yān 安也。从心，厭聲。《詩》曰："懕懕夜飲。"於鹽切。

憺　dàn　安也。从心，詹聲。徒敢切。

怕　bò/pà　無爲也。从心，白聲。匹白切，又葩亞切。

恤　xù　憂也，收也。从心，血聲。辛聿切。

忓　gān　極也。从心，干聲。古寒切。

懽　guàn　喜款(歀)也。从心，雚聲。《爾雅》曰："懽懽、愮愮，憂無告也。"古玩切。

惆　yú　懽也。琅邪朱虛有惆亭。从心，禺聲。噳俱切。

惄　nì　飢餓也。一曰：憂也。从心，叔聲。《詩》曰："惄如朝飢。"奴歷切。

㤿　què(今音 jì)　勞也。从心，卻聲。其虐切。

憸　xiān　憸詖也。憸利於上，佞人也。从心，僉聲。息廉切。

愒　qì　息也。从心，曷聲。臣鉉等曰："今别作憩，非是。"去例切。

㥏　cuǎn(今音 hū)　精戇也。从心，毳聲。千短切。

悘　xiān　疾利口也。从心，从册。《詩》曰："相時悘民。"徐鍇曰："册言衆也。"息廉切。

急　jí　褊也。从心，及聲。居立切。

辡　biǎn　憂也。从心，辡聲。一曰：急也。方沔切。

極　jí　疾也。从心，亟聲。一曰：謹重皃。己力切。

懁　juàn　急也。从心，睘聲。讀若絹。古縣切。

悻　xìng　恨也。从心，巠聲。胡頂切。

慈　xián　急也。从心，从弦，弦亦聲。河南密縣有慈亭。胡田切。

慓　piǎo(今音 piào)　疾也。从心，票聲。敷沼切。

懦　rú(今音 nuò)　駑弱者也。从心，需聲。人朱切。

恁　rèn　下齎也。从心，任聲。如甚切。

忒　tè　失常也。从心，代聲。他得切。

怚　jù　驕也。从心，且聲。子去切。

悒　yì　不安也。从心，邑聲。於汲切。

悆　yù　忘也；嘾也。从心，余聲。《周書》曰："有疾不悆。"悆，喜也。羊茹切。

忒　tè　更也。从心，弋聲。他得切。

憪 xián 愉也。从心，閒聲。户閒切。

愉 yú 薄也。从心，俞聲。《論語》曰：“私覿，愉愉如也。”羊朱切。

懱 miè 輕易也。从心，蔑聲。《商書》曰：“以相陵懱。”莫結切。

愚 yú 戇也。从心，从禺。禺，猴屬，獸之愚者。麌俱切。

戇 zhuàng 愚也。从心，贛聲。陟絳切。

悷 cǎi 姦也。从心，采聲。倉宰切。

惷 chōng 愚也。从心，舂聲。丑江切。

懝 ài 騃也。从心，从疑，疑亦聲。一曰：惶也。五溉切。

忮 zhì 很也。从心，支聲。之義切。

悍 hàn 勇也。从心，旱聲。侯旰切。

態 tài 意也。从心，从能。徐鍇曰：“心能其事，然後有態度也。”他代切。 或从人。

怪 guài 異也。从心，圣聲。古壞切。

像 dàng 放也。从心，象聲。徒朗切。

慢 màn 惰也。从心，曼聲。一曰：慢，不畏也。謀晏切。

怠 dài 慢也。从心，台聲。徒亥切。

懈 jiè(今音 xiè) 怠也。从心，解聲。古隘切。

憜 duò 不敬也。从心，𡐦省。《春秋傳》曰：“執玉憜。”徒果切。 憜或省𠂤。 古文。

慫 sǒng 驚也。从心，從聲。讀若悚。息拱切。

怫 fú 鬱也。从心，弗聲。符弗切。

忦 xiè 忽也。从心，介聲。《孟子》曰：“孝子之心不若是忦。”呼介切。

忽 hū 忘也。从心，勿聲。呼骨切。

忘 wáng(今音 wàng) 不識也。从心，从亡，亡亦聲。武方切。

懣 mán 忘也；懣兜也。从心，㒼聲。母官切。

恣 zì 縱也。从心，次聲。資四切。

愓 dàng 放也。从心，昜聲。一曰：平也。徒朗切。

憧 chōng 意不定也。从心，童聲。尺容切。

悝　kuī　啁也。从心，里聲。《春秋傳》有孔悝。一曰：病也。苦回切。

憰　jué　權詐也。从心，矞聲。古穴切。

㤮　guàng　誤也。从心，狂聲。居況切。

怳　kuǎng　狂之皃。从心，況省聲。許往切。

恑　guǐ　變也。从心，危聲。過委切。

懏　xié　有二心也。从心，巂聲。户圭切。

悸　jì　心動也。从心，季聲。其季切。

憿　jiāo　幸也。从心，敫聲。古堯切。

懖　kuò　善自用之意也。从心，銛聲。《商書》曰："今汝懖懖。"　古文，从耳。古活切。

忨　wàn（今音 wán）　貪也。从心，元聲。《春秋傳》曰："忨歲而漱日。"五换切。

惏　lán　河内之北謂貪曰惏。从心，林聲。盧含切。

懜　mèng　不明也。从心，夢聲。武亘切。

愆　qiān　過也。从心，衍聲。去虔切。

　或从寒省。　籀文。

慊　xián　疑也。从心，兼聲。户兼切。

惑　huò　亂也。从心，或聲。胡國切。

怋　hūn（今音 mín）　怓也。从心，民聲。呼昆切。

怓　náo　亂也。从心，奴聲。《詩》曰："以謹惽怓。"女交切。

惷　chǔn　亂也。从心，春聲。《春秋傳》曰："王室日惷惷焉。"一曰：厚也。尺允切。

惽　hūn　不憭也。从心，昬（昏）聲。呼昆切。

忥　xì　癡皃。从心，气聲。許既切。

𢡱　wèi　寱言不慧也。从心，衛聲。于歲切。

憒　huì（今音 kuì）　亂也。从心，貴聲。胡對切。

忌　jì　憎惡也。从心，己聲。渠記切。

忿　fèn　悁也。从心，分聲。敷粉切。

悁　yuān　忿也。从心，肙聲。一曰：憂也。於緣切。　籀文。

𢡆　lí　恨也。从心，黎聲。一曰：怠也。郎尸切。

恚　huì　恨也。从心，圭聲。於避切。

怨 yuàn　恚也。从心，夗聲。於願切。

古文。

怒 nù　恚也。从心，奴聲。乃故切。

憝 duì　怨也。从心，敦聲。《周書》曰："凡民罔不憝。"徒對切。

慍 yùn(愠)　怒也。从心，昷聲。於問切。

惡 è　過也。从心，亞聲。烏各切。

憎 zēng　惡也。从心，曾聲。作滕切。

怖 bèi(今音 pèi)　恨怒也。从心，市聲。《詩》曰："視我怖怖。"蒲昧切。

忍 yì　怒也。从心，刀聲。讀若顡。李陽冰曰："刀非聲，當从刈省。"魚既切。

㥟 xié　怨恨也。从心，彖聲。讀若膎。臣鉉等曰："彖非聲，未詳。"户佳切。

恨 hèn　怨也。从心，艮聲。胡艮切。

懟 duì　怨也。从心，對聲。丈淚切。

悔 huǐ　悔恨也。从心，每聲。荒内切。

㥏 chì　小怒也。从心，壴聲。充世切。

怏 yàng　不服，懟也。从心，央聲。於亮切。

懣 mèn　煩也。从心，从滿。莫困切。

憤 fèn　懣也。从心，賁聲。房吻切。

悶 mèn　懣也。从心，門聲。莫困切。

惆 chōu(今音 chóu)　失意也。从心，周聲。敕鳩切。

悵 chàng　望恨也。从心，長聲。丑亮切。

愾 xì　大息也。从心，从氣，氣亦聲。《詩》曰："愾我寤歎。"許既切。

懆 cǎo　愁不安也。从心，喿聲。《詩》曰："念子懆懆。"七早切。

愴 chuàng　傷也。从心，倉聲。初亮切。

怛 dàn/dá　憯也。从心，旦聲。得案切，又當割切。

或从心在旦下。《詩》曰："信誓悬悬。"

憯 cǎn　痛也。从心，朁聲。七感切。

惨 cǎn　毒也。从心，参聲。七感切。

悽 qī　痛也。从心，妻聲。七稽切。

恫 tōng　痛也。一曰：呻吟也。从心，同聲。他

紅切。

悲 bēi　痛也。从心，非聲。府眉切。

惻 cè　痛也。从心，則聲。初力切。

惜 xī　痛也。从心，昔聲。思積切。

愍 mǐn　痛也。从心，敃聲。眉殞切。

慇 yīn　痛也。从心，殷聲。於巾切。

㤧 yǐ（今音 yī）　痛聲也。从心，依聲。《孝經》曰："哭不㤧。"於豈切。

𥳑 jiǎn　𥳑，存也。从心，簡省聲。讀若簡。古限切。

慅 sāo　動也。从心，蚤聲。一曰：起也。穌遭切。

感 gǎn　動人心也。从心，咸聲。古禫切。

忧 yòu　不（心）動也。从心，尤聲。讀若祐。于救切。

慦 jiù（今音 qiú）　怨仇也。从心，咎聲。其久切。

愪 yún　憂皃。从心，員聲。王分切。

怮 yōu　憂皃。从心，幼聲。於虯切。

忦 ài（今音 jiá）　憂也。从心，介聲。五介切。

恙 yàng　憂也。从心，羊聲。余亮切。

惴 zhuì　憂懼也。从心，耑聲。《詩》曰："惴惴其慄。"之瑞切。

憌 chún（今音 qióng）　憂也。从心，鈞聲。常倫切。

怲 bǐng　憂也。从心，丙聲。《詩》曰："憂心怲怲。"兵永切。

惔 tán　憂也。从心，炎聲。《詩》曰："憂心如惔。"徒甘切。

惙 chuò　憂也。从心，叕聲。《詩》曰："憂心惙惙。"一曰：意不定也。陟劣切。

慯 shàng（今音 shāng）　憂也。从心，殤省聲。式亮切。

愁 chóu　憂也，从心，秋聲。士尤切。

愵 nì　憂皃。从心，弱聲。讀與惄同。奴歷切。

惂 kǎn　憂困也。从心，臽聲。苦感切。

悠 yōu　憂也。从心，攸聲。以周切。

悴 cuì　憂也。从心，卒聲。讀與《易》萃卦同。秦醉切。

慁 hùn　憂也。从心，圂聲。一曰：擾也。胡困

切。

𢡱　lì(今音 lí)　楚潁之閒謂憂曰𢡱。从心，𠩺聲。力至切。

忬　xù　憂也。从心，于聲。讀若吁。況于切。

忡　chōng　憂也。从心，中聲。《詩》曰："憂心忡忡。"敕中切。

悄　qiǎo　憂也。从心，肖聲。《詩》曰："憂心悄悄。"親小切。

慽　qī(慼)　憂也。从心，戚聲。倉歷切。

憂　yōu　愁也。从心，从頁。徐鍇曰："憂形於顔面，故从頁。"於求切。

患　huàn　憂也。从心，上貫吅，吅亦聲。胡丱切。

古文，从關省。　亦古文患。

恇　kuāng　怯也。从心、匡，匡亦聲。去王切。

悏　qiè　思皃。从心，夾聲。苦叶切。

懾　zhé(今音 shè)　失气也。从心，聶聲。一曰：服也。之涉切。

憚　dàn　忌難也。从心，單聲。一曰：難也。徒案切。

悼　dào　懼也。陳楚謂懼曰悼。从心，卓聲。臣鉉等曰："卓非聲，當从罩省。"徒到切。

恐　kǒng　懼也。从心，巩聲。丘隴切。

古文。

慴　zhé(今音 shè)　懼也。从心，習聲。讀若疊。之涉切。

怵　chù　恐也。从心，术聲。丑律切。

惕　tì　敬也。从心，易聲。他歷切。

或从狄。

恭　hóng/gǒng　戰慄也。从心，共聲。户工切，又工恐切。

㤥　hài　苦也。从心，亥聲。胡槩切。

惶　huáng　恐也。从心，皇聲。胡光切。

悑　bù(怖)　惶也。从心，甫聲。普故切。

或从布聲。

慹　zhí　悑也。从心，執聲。之入切。

𢡆　qì　悑也。从心，毄聲。苦計切。

㦒　bèi(憊)　𢡆也。从心，𤰈聲。蒲拜切。

或从疒。

惎 jì　毒也。从心，其聲。《周書》曰："來就惎惎。"渠記切。

恥 chǐ(耻)　辱也。从心，耳聲。敕里切。

㥏 tiǎn　青徐謂慙曰㥏。从心，典聲。他典切。

忝 tiǎn(忝)　辱也。从心，天聲。他點切。

慙 cán(慚)　媿也。从心，斬聲。昨甘切。

恧 nǜ　慙也。从心，而聲。女六切。

怍 zuò　慙也。从心，作省聲。在各切。

憐 lián　哀也。从心，粦聲。落賢切。

㦁 lián　泣下也。从心，連聲。《易》曰："泣涕㦁如。"力延切。

忍 rěn　能也。从心，刃聲。而軫切。

㥸 miǎn(今音 mǐ)　厲也。一曰：止也。从心，弭聲。讀若沔。弥兖切。

㣻 yì　懲也。从心，乂聲。魚肺切。

懲 chéng　㣻也。从心，徵聲。直陵切。

憬 jǐng　覺寤也。从心，景聲。《詩》曰："憬彼淮夷。"俱永切。

文二百六十三　重二十二

慵 yōng　嬾也。从心，庸聲。蜀容切。

悱 fěi　口悱悱也。从心，非聲。敷尾切。

怩 ní　忸怩，慙也。从心，尼聲。女夷切。

惉 zhān　惉懘，煩聲也。从心，沾聲。尺詹切。

懘 chì　惉懘也。从心，滯聲。尺制切。

懇 kèn(今音 kěn，懇)　悃也。从心，豤聲。康恨切。

忖 cǔn　度也。从心，寸聲。倉本切。

怊 chāo　悲也。从心，召聲。敕宵切。

慟 tòng　大哭也。从心，動聲。徒弄切。

惹 rě　亂也。从心，若聲。人者切。

恰 qià　用心也。从心，合聲。苦狹切。

悌 tì　善兄弟也。从心，弟聲。經典通用弟。特計切。

懌 yì　説也。从心，睪聲。經典通用釋。羊益切。

文十三新附

惢 cuī/cuǐ　心疑也。从三心。凡惢之屬皆从

惢。讀若《易》“旅瑣瑣”。又，才規、才累二切。

繠 ruǐ 垂也。从惢，系（糸）聲。如壘切。

文二

説文解字　卷十一上

二十一部　六百八十五文　重六十二　凡九千七百六十九字　文三十一新附

水 shuǐ　準也。北方之行。象衆水並流，中有微陽之气也。凡水之屬皆从水。式軌切。

汃 bīn　西極之水也。从水，八聲。《爾雅》曰："西至汃國，謂四極。"府巾切。

河 hé　水。出焞(敦)煌塞外昆侖山，發原注海。从水，可聲。乎哥切。

泑 yōu　澤。在昆侖下。从水，幼聲。讀與娰同。於糾切。

涷 dōng　水。出發鳩山，入於河。从水，東聲。德紅切。

涪 fú　水。出廣漢剛邑(氐)道徼外，南入漢。从水，音聲。縛牟切。

潼 tóng　水。出廣漢梓潼北界，南入墊江。从水，童聲。徒紅切。

江 jiāng　水。出蜀湔氐徼外崏山，入海。从水，工聲。古雙切。

沱 tuó　江別流也。出崏山，東，別爲沱。从水，它聲。臣鉉等曰："沱沼之沱，通用此字。今别作池，非是。"徒何切。

浙 zhè　江水東至會稽山陰爲浙江。从水，折聲。旨熱切。

涐 é　水。出蜀汶江徼外，東南入江。从水，我聲。五何切。

湔 jiān　水。出蜀郡緜虒玉壘山，東南入江。从水，前聲。一曰：手瀚之。子仙切。

沬 mò　水。出蜀西徼外，東南入江。从水，末聲。莫割切。

溫 wēn(温)　水。出犍爲涪(符)，南入黚水。从水，昷聲。烏魂切。

灊 qián　水。出巴郡宕渠，西南入江。从水，鬵聲。昨鹽切。

沮 jū　水。出漢中房陵，東入江。从水，且聲。子

余切。

滇 diān(滇) 益州池名。从水，眞聲。都年切。

涂 tú 水。益州牧靡南山，西北入澠(繩)。从水，余聲。同都切。

沅 yuán 水。出牂牁故且蘭，東北入江。从水，元聲。愚袁切。

淹 yān 水。出越嶲徼外，東入若水。从水，奄聲。英廉切。

溺 ruò 水。自張掖刪丹西，至酒泉合黎，餘波入于流沙。从水，弱聲。桑欽所說。而灼切。

洮 táo 水。出隴西臨洮，東北入河。从水，兆聲。土刀切。

涇 jīng 水。出安定涇陽开(幵)頭山，東南入渭。雝州之川也。从水，巠聲。古靈切。

渭 wèi 水。出隴西首陽渭首亭南谷，東入河。从水，胃聲。杜林說。《夏書》以爲出鳥鼠山。雝州浸也。云貴切。

漾 yàng 水。出隴西相(氐)道，東至武都爲漢。从水，羕聲。古文，从養。余亮切。

漢 hàn 漾也。東爲滄浪水。从水，難省聲。臣鉉等曰：“从難省，當作堇，而前作相承去土、从大，疑兼从古文省。”呼旰切。古文。

浪 làng 滄浪水也。南入江。从水，良聲。來宕切。

沔 miǎn 水。出武都沮縣東狼谷，東南入江。或曰：入夏水。从水，丏聲。彌兖切。

湟 huáng 水。出金城臨羌塞外，東入河。从水，皇聲。乎光切。

汧 qiān(汧) 水。出扶風汧縣西北，入渭。从水，开(幵)聲。苦堅切。

澇 láo 水。出扶風鄠，北入渭。从水，勞聲。魯刀切。

漆 qī 水。出右扶風杜陵(陽)岐山，東入渭。一曰：入洛。从水，桼聲。親吉切。

滻 chǎn 水。出京兆藍田谷，入霸。从水，產聲。所簡切。

洛 luò 水。出左馮翊歸(褱)德北夷界中，東南入渭。从水，各聲。盧各切。

淯 yù 水。出弘農盧氏山，東南入海(沔)。从

水，育聲。或曰：出鄘山西。余六切。

汝 rǔ　水。出弘農盧氏還歸山，東入淮。从水，女聲。人渚切。

潩 yì　水。出河南密縣大隗山，南入潁。从水，異聲。与職切。

汾 fén　水。出太原晉陽山，西南入河。从水，分聲。或曰：出汾陽北山，冀州浸。符分切。

澮 kuài　水。出靃山，西南入汾。从水，會聲。古外切。

沁 qìn　水。出上黨羊頭山，東南入河。从水，心聲。七鴆切。

沾 tiān　水。出壺關，東入淇。一曰：沾，益也。从水，占聲。臣鉉等曰："今别作添，非是。"他兼切。

潞 lù　冀州浸也。上黨有潞縣。从水，路聲。洛故切。

漳 zhāng　濁漳，出上黨長子鹿谷山，東入清漳；清漳，出沾山大要谷，北入河。南漳，出南郡臨沮。从水，章聲。諸良切。

淇 qí　水。出河内共北山，東入河。或曰：出隆慮西山。从水，其聲。渠之切。

蕩 dàng（今音 tāng）　水。出河内蕩陰，東入黄澤。从水，⿱艹昜聲。徒朗切。

沇 yǎn　水。出河東東垣王屋山，東爲泲。从水，允聲。以轉切。　古文沇。臣鉉等曰："《口部》已有，此重出。"

泲 jǐ　沇也。東入于海。从水，𠂔聲。子礼切。

洈 guǐ　水。出南郡高城洈山，東入繇。从水，危聲。過委切。

溠 zhà（今音 zhā）　水。在漢南。从水，差聲。荆州浸也。《春秋傳》曰："脩涂梁溠。"側駕切。

洭 kuāng　水。出桂陽縣盧聚，山（出）洭浦關爲桂水。从水，匡聲。去王切。

潓 xì（今音 huì）　水。出廬江，入淮。从水，惠聲。胡計切。

灌 guàn　水。出廬江雩婁，北入淮。从水，雚聲。古玩切。

漸 jiàn　水。出丹陽黟南蠻中，東入海。从水，斬聲。慈冉切。

泠 líng　水。出丹陽宛陵，西北入江。从水，令聲。郎丁切。

⿰氵箄 pài　水。在丹陽。从水，箄聲。匹卦切。

溧 lì　水。出丹陽溧陽縣。从水，栗聲。力質切。

湘 xiāng　水。出零陵陽海山，北入江。从水，相聲。息良切。

汨 mì　長沙汨羅淵，屈原所沈之水。从水，冥省聲。莫狄切。

溱 zhēn　水。出桂陽臨武，入匯。从水，秦聲。側詵切。

深 shēn　水。出桂陽南平，西入營道。从水，罙聲。式針切。

潭 tán　水。出武陵鐔成玉山，東入鬱林。按：林字衍。从水，覃聲。徒含切。

油 yóu　水。出武陵孱陵西，東南（北）入江。从水，由聲。以周切。

潩 mǎi（今音 mì）　水。出豫章艾縣，西入湘。从水，買聲。莫蟹切。

湞 zhēn　水。出南海龍川，西入溱。从水，貞聲。陟盈切。

溜 liù（溜）　水。出鬱林郡。从水，留聲。力救切。

瀷 yì　水。出河南密縣，東入潁。从水，翼聲。与職切。

潕 wǔ　水。出南陽舞陽（陰），東入潁。从水，無聲。文甫切。

滶 áo　水。出南陽魯陽，入城父。从水，敖聲。五勞切。

瀙 qìn　水。出南陽舞陽（陰）中陽山，入潁（汝）。从水，親聲。七吝切。

淮 huái　水。出南陽平氏桐柏大復山，東南入海。从水，隹聲。户乖切。

滍 zhì　水。出南陽魯陽堯山，東北入汝。从水，蚩聲。直几切。

澧 lǐ　水。出南陽雉衡山，東入汝。从水，豊聲。盧啓切。

溳 yún　水。出南陽蔡陽，東入夏水。从水，員聲。王分切。

淠 pèi/pì　水。出汝南弋陽垂山，東入淮。从水，畀聲。匹備切，又匹制切。

㵝 yì　水。出汝南上蔡黑閭澗，入汝。从水，意聲。於力切。

洶 xì　水。出汝南新郪，入潁。从水，囟聲。穌計切。

灈 qú　水。出汝南吴房，入瀙。从水，瞿聲。其俱切。

潁 yǐng 水。出潁川陽城乾山，東入淮。从水，頃聲。豫州浸。余頃切。

洧 wěi 水。出潁川陽城山，東南入潁。从水，有聲。榮美切。

濦 yǐn（今音 yīn） 水。出潁川陽城少室山，東入潁。从水，㥯聲。於謹切。

渦 guō 水。受淮陽扶溝浪湯渠，東入淮。从水，過聲。古禾切。

泄 yì 水。受九江博安洵波，北入氐。从水，世聲。余制切。

汳 biàn 水。受陳留浚儀陰溝，至蒙爲雝水，東入于泗。从水，反聲。臣鉉等曰："今作汴，非是。"皮變切。

潧 zhēn 水。出鄭國。从水，曾聲。《詩》曰："潧與洧，方涣涣兮。"側詵切。

淩 líng 水。在臨淮。从水，夌聲。力膺切。

濮 pú 水。出東郡濮陽，南入鉅野。从水，僕聲。博木切。

濼 lù（今音 luò） 齊魯閒水也。从水，樂聲。《春秋傳》曰："公會齊侯于濼。"盧谷切。

漷 kuò 水。在魯。从水，郭聲。苦郭切。

淨 zhēng /jìng（净） 魯北城門池也。从水，爭聲。士耕切，又才性切。

濕 tà 水。出東郡東武陽，入海。从水，㬎聲。桑欽云："出平原高唐。"他合切。

泡 pāo 水。出山陽平樂，東北入泗。从水，包聲。匹交切。

菏 gē 菏澤，水。在山陽胡陵。《禹貢》："浮于淮泗，達于菏。"从水，苛聲。古俄切。

泗 sì 受泲水，東入淮。从水，四聲。息利切。

洹 yuán（今音 huán） 水。在齊（晉）魯（衞）閒。从水，亘聲。羽元切。

灉 yōng 河灉水。在宋。从水，雝聲。於容切。

澶 chán 澶淵水。在宋。从水，亶聲。市連切。

洙 shū 水。出泰山蓋臨樂山，北入泗。从水，朱聲。市朱切。

沭 shù 水。出青州浸。从水，术聲。食聿切。

沂 yí 水。出東海費東，西入泗。从水，斤聲。一曰：沂水出泰山蓋，青州浸。魚衣切。

洋 xiáng 水。出齊臨朐高山，東北入鉅定。从水，

羊聲。似羊切。

濁 zhuó 水。出齊郡厲(廣)嬀(爲)山，東北入鉅定。从水，蜀聲。直角切。

溉 gài 水。出東(北)海桑瀆(犢)覆甑山，東北入海。一曰：灌，注也。从水，既聲。古代切。

濰 wéi 水。出琅邪箕屋山，東入海。徐(兖)州浸。《夏書》曰："濰淄其道。"从水，維聲。以追切。

浯 wú 水。出琅邪靈門壺山，東北入濰。从水，吾聲。五乎切。

汶 wèn 水。出琅邪朱虛東泰山，東入濰。从水，文聲。桑欽説："汶水出泰山萊蕪，西南入泲。"亡運切。

治 chí 水。出東萊曲城(成)陽丘山，南入海。从水，台聲。直之切。

浸 jìn 水。出魏郡武安，東北入呼沱水。从水，𡨋聲。𡨋，籒文寑字。子鴆切。

湡 yú 水。出趙國襄國之西山，東北入寖。从水，禺聲。噳俱切。

㴲 sī 水。出趙國襄國，東入湡。从水，虒聲。息移切。

渚 zhǔ 水。在常山中丘逢山，東入湡。从水，者聲。《爾雅》曰："小洲曰渚。"章与切。

洨 xiáo 水。出常山石邑井陘，東南入于泜。从水，交聲。𨛜國有洨縣。下交切。

濟 jǐ 水。出常山房子贊皇山，東入泜。从水，齊聲。子礼切。

泜 chí 水。在常山。从水，氐聲。直尼切。

濡 rú 水。出涿郡故安，東入漆涑。按：漆涑，當作淶。从水，需聲。人朱切。

灅 lěi 水。出右北平浚靡，東南入庚。从水，壘聲。力軌切。

沽 gū 水。出漁陽塞外，東入海。从水，古聲。古胡切。

沛 pèi 水。出遼東番汗塞外，西南入海。从水，巿聲。普蓋切。

浿 pài(今音 pèi) 水。出樂浪鏤方，東入海。从水，貝聲。一曰：出浿水縣。普拜切。

瀤 huái 北方水也。从水，褱聲。户乖切。

㶟 lěi 水。出鴈門陰館累頭山，東入海。或曰治水也。从水，纍聲。力追切。

瀘 zhā(今音 jū)　水。出北地直路西，東入洛。从水，虘聲。側加切。

泒 gū　水。起鴈門葰人戍夫山，東北入海。从水，瓜聲。古胡切。

滱 kòu　水。起北地靈丘，東入河。从水，寇聲。滱水即漚夷水，并州川也。苦候切。

涞 lái　水。起北地廣昌，東入河。从水，來聲。并州浸。洛哀切。

泥 ní　水。出北地郁郅北蠻中。从水，尼聲。奴低切。

湳 nǎn　西河美稷保東北水。从水，南聲。乃感切。

漹 yān　水。出西河中陽北沙，南入河。从水，焉聲。乙乾切。

涶 tuō　河津也。在西河西。从水，垂聲。土禾切。

旟 yú　水也。从水，旟聲。以諸切。

洵 xún　過（過）水中也。从水，旬聲。相倫切。

涻 shè　水。出北䣝山，入邙澤。从水，舍聲。始夜切。

汈 niàn　水也。从水，刃聲。乃見切。

淔 chì　水也。从水，直聲。恥力切。

淁 qiè　水也。从水，妾聲。七接切。

涺 jū　水也。从水，居聲。九魚切。

澩 jì　水也。从水，臮聲。其冀切。

沋 yóu　水也。从水，尤聲。羽求切。

洇 yīn　水也，从水，因聲。於真切。

淉 guǒ　水也。从水，果聲。古火切。

溑 suǒ　水也。从水，肖聲。讀若瑣。穌果切。

浝 máng　水也。从水，尨聲。莫江切。

涩 nǒu　水也。从水，乳聲。乃后切。

泈 zhōng　水也。从水，夂聲。夂，古文終。職戎切。

洦 pò　淺水也（皃）。从水，百聲。匹白切。

汘 qiān　水也。从水，千聲。倉先切。

洍 sì　水也。从水，𦣞聲。《詩》曰："江有洍。"詳里切。

澥 xiè 郣澥，海之别也。从水，解聲。一説，澥即澥谷也。胡買切。

漠 mò 北方流沙也。一曰：清也。从水，莫聲。慕各切。

海 hǎi 天池也。以納百川者。从水，每聲。呼改切。

溥 pǔ 大也。从水，尃聲。滂古切。

⿰氵闇 ǎn 水大至也。从水，闇聲。乙感切。

洪 hóng 洚水也。从水，共聲。户工切。

洚 hóng/jiàng 水不遵道。一曰：下也。从水，夅聲。户工切，又下江切。

衍 yǎn 水朝宗于海也。从水，从行。以淺切。

⿰氵𠦝 cháo(潮) 水朝宗于海。从水，朝省。臣鉉等曰："隸書不省。"直遥切。

濥 yìn(今音 yǐn) 水脉行地中濥濥也。从水，夤聲。弋刃切。

滔 tāo 水漫漫大皃。从水，舀聲。土刀切。

涓 juān 小流也。从水，肙聲。《爾雅》曰："汝爲涓。"古玄切。

混 hùn 豐流也。从水，昆聲。胡本切。

潒 dàng 水潒瀁也。从水，象聲。讀若蕩。徒朗切。

漦 chí 順流也。一曰：水名。从水，𠩺聲。俟甾切。

汭 ruì 水相入也。从水，从内，内亦聲。而鋭切。

潚 cù(今音 sù) 深清也。从水，肅聲。子叔切。

演 yǎn 長流也。一曰：水名。从水，寅聲。以淺切。

涣 huàn 流散也。从水，奐聲。呼貫切。

泌 bì 俠流也。从水，必聲。兵媚切。

活 guō 水流聲。从水，昏聲。古活切。

湉，或从聒。

湝 jiē 水流湝湝也。从水，皆聲。一曰：湝湝，寒也。《詩》曰："風雨湝湝。"古諧切。

泫 xuàn 湝流也。从水，玄聲。上黨有泫氏縣。胡畎切。

滮 biāo 水流皃。从水，彪省聲。《詩》曰："滮沱北流。"皮彪切。

淢 yù 疾流也。从水，或聲。子(于)逼切。

瀏 liǔ(今音 liú)　流清皃。从水，劉聲。《詩》曰："瀏其清矣。"力久切。

濊 huò　礙流也。从水，薉聲。《詩》云："施罟濊濊。"呼括切。

滂 pāng　沛也。从水，旁聲。臣鉉等曰："今俗别作雱霈，非是。"普郎切。

汪 wāng　深廣也。从水，㞷聲。一曰：汪，池也。烏光切。

漻 liáo　清深也。从水，翏聲。洛蕭切。

泚 cǐ　清也。从水，此聲。千礼切。

況 kuàng(况)　寒水也。从水，兄聲。許訪切。

沖 chōng　涌搖也。从水、中。讀若動。直弓切。

汎 fàn　浮皃。从水，凡聲。孚梵切。

沄 yún　轉流也。从水，云聲。讀若混。王分切。

浩 hào　澆也。从水，告聲。《虞書》曰："洪水浩浩。"胡老切。

沆 hàng　莽沆，大水也。从水，亢聲。一曰：大澤皃。胡朗切。

泬 xuè(今音 jué)　水从孔穴疾出也。从水，从穴，穴亦聲。呼穴切。

濞 pì　水暴至聲。从水，鼻聲。匹備切。

灂 zhuó　水小聲。从水，爵聲。士角切。

潝 xī　水疾聲。从水，翕聲。許及切。

滕 téng　水超涌也。从水，朕聲。徒登切。

潏 jué　涌出也。一曰：水中坻，人所爲，爲潏。一曰：潏，水名，在京兆杜陵。从水，矞聲。古穴切。

洸 guāng　水涌光也。从水，从光，光亦聲。《詩》曰："有洸有潰。"古黄切。

波 bō　水涌流也。从水，皮聲。博禾切。

澐 yún　江水大波謂之澐。从水，雲聲。王分切。

瀾 lán　大波爲瀾。从水，闌聲。洛干切。

瀾，或从連。臣鉉等曰："今俗音力延切。"

淪 lún　小波爲淪。从水，侖聲。《詩》曰："河水清且淪漪。"一曰：没也。力迍切。

漂 piāo/ piào　浮也。从水，票聲。匹消切，又匹妙切。

浮 fú　氾也。从水，孚聲。縛牟切。

濫 làn　氾也。从水，監聲。一曰：濡上及下也。

《詩》曰:“觱沸濫泉。”一曰:清也。盧瞰切。

氾 fàn 濫也。从水,巳聲。孚梵切。

泓 hóng 下深皃。从水,弘聲。烏宏切。

湋 wéi 回也。从水,韋聲。羽非切。

測 cè 深所至也。从水,則聲。初側切。

湍 tuān 疾瀨也。从水,耑聲。他耑切。

淙 cóng 水聲。从水,宗聲。藏宗切。

激 jī 水礙衺疾波也。从水,敫聲。一曰:半遮也。古歷切。

洞 dòng 疾流也。从水,同聲。徒弄切。

潘 fān 大波也。从水,旛聲。孚袁切。

洶 xiǒng(今音 xiōng,汹) 涌也。从水,匈聲。許拱切。

涌 yǒng 滕也。从水,甬聲。一曰:涌水,在楚國。余隴切。

湁 chì 湁湒,鬻也。从水,拾聲。丑入切。

涳 qiāng /kōng 直流也。从水,空聲。苦江切,又哭工切。

汋 zhuó 激水聲也。从水,勺聲。井一有水一無水,謂之瀱汋。市若切。

瀱 jì 井一有水一無水,謂之瀱汋。从水,罽聲。居例切。

渾 hún 混流聲也。从水,軍聲。一曰:洿下皃。户昆切。

洌 liè 水清也。从水,列聲。《易》曰:“井洌,寒泉,食。”良辥切。

淑 shū 清湛也。从水,叔聲。殊六切。

溶 yǒng /róng 水盛也。从水,容聲。余隴切,又音容。

澂 chéng 清也。从水,徵省聲。臣鉉等曰:“今俗作澄,非是。”直陵切。

清 qīng 朖也。澂水之皃。从水,青聲。七情切。

湜 shí 水清底見也。从水,是聲。《詩》曰:“湜湜其止。”常職切。

潣 mǐn 水流浼浼皃。从水,閔聲。眉殞切。

滲 shèn 下漉也。从水,參聲。所禁切。

潿 wéi 不流濁也。从水,圍聲。羽非切。

溷 hùn 亂也。一曰:水濁皃。从水,圂聲。胡困

切。

淈　gǔ　濁也。从水，屈聲。一曰：滒泥。一曰：水出皃。古忽切。

淀　xuán　回泉也。从水，旋省聲。似沿切。

漼　cuǐ　深也。从水，崔聲。《詩》曰："有漼者淵。"七罪切。

淵　yuān　回水也。从水，象形。左右，岸也。中象水皃。烏玄切。　淵，或省水。　古文从口、水。

濔　nǐ(今音 mǐ)　滿也。从水，爾聲。奴礼切。

澹　dàn　水摇也。从水，詹聲。徒濫切。

潯　xún　旁深也。从水，尋聲。徐林切。

泙　píng　谷也。从水，平聲。符兵切。

汖　zhú/kù　水皃。从水，出聲。讀若窋。竹律切，又口兀切。

瀳　jiàn　水至也。从水，薦聲。讀若尊。又在甸切。

澍　zhí(今音 dí)　土得水沮也。从水，臸聲。讀若麷。竹隻切。

滿　mǎn　盈溢也。从水，㒼聲。莫旱切。

滑　huá　利也。从水，骨聲。户八切。

濇　sè(澀)　不滑也。从水，嗇聲。色立切。

澤　zé　光潤也。从水，睪聲。丈伯切。

淫　yín　侵淫隨理也。从水，𡈼聲。一曰：久雨爲淫。余箴切。

瀸　jiān　漬也。从水，韱聲。《爾雅》曰："泉一見一否爲瀸。"子廉切。

泆　yì　水所蕩泆也。从水，失聲。夷質切。

潰　huì(今音 kuì)　漏也。从水，貴聲。胡對切。

沴　lì　水不利也。从水，㐱聲。《五行傳》曰："若其(六)沴作。"郎計切。

淺　qiǎn　不深也。从水，戔聲。七衍切。

洔　zhì(今音 zhǐ)　水暫益且止，未減也。从水，寺聲。直里切。

渻　shěng　少減也。一曰：水門。又，水出丘前謂之渻丘。从水，省聲。息并切。

淖　nào　泥也。从水，卓聲。奴教切。

濢　zuǐ　小溼也。从水，翠聲。遵誄切。

溽　rù　溼暑也。从水，辱聲。而蜀切。

涅　niè　黑土在水中[者]也。从水，从土，日聲。

奴結切。

滋 zī　益也。从水，兹聲。一曰：滋水，出牛飲山白陘谷，東入呼沱。子之切。

淴 hū　青黑色。从水，曶聲。呼骨切。

浥 yì　溼也。从水，邑聲。於及切。

沙 shā　水散石也。从水，从少。水少沙見。楚東有沙水。（沙）譚長説，沙或从尐。尐，子結切。所加切。

瀨 lài　水流沙上也。从水，賴聲。洛帶切。

濆 fén　水厓也。从水，賁聲。《詩》曰："敦彼淮濆。"符分切。

涘 sì　水厓也。从水，矣聲。《周書》曰："王出涘。"牀史切。

汻 hǔ　水厓也。从水，午聲。臣鉉等曰："今作滸，非是。"呼古切。

氿 guǐ　水厓枯土也。从水，九聲。《爾雅》曰："水醮曰氿。"居洧切。

漘 chún　水厓也。从水，脣聲。《詩》曰："寘河之漘。"常倫切。

浦 pǔ　瀕也。从水，甫聲。滂古切。

沚 zhǐ　小渚曰沚。从水，止聲。《詩》曰："于沼于沚。"諸市切。

沸 fú/fèi　滭沸，濫泉。从水，弗聲。分勿切，又方未切。

潨 cóng　小水入大水曰潨。从水，从眾。《詩》曰："鳧鷖在潨。"徂紅切。

派 pài　別水也。从水，从𠂢，𠂢亦聲。匹賣切。

汜 sì　水别復入水也。一曰：汜，窮瀆也。从水，巳聲。《詩》曰："江有汜。"詳里切。臣鉉等案："前洍字音義同，蓋或體也。"

湀 guǐ　湀辟，深水處也。从水，癸聲。求癸切。

濘 nìng（今音 níng）　滎濘也。从水，寧聲。乃定切。

滎 xíng　絶小水也。从水，熒省聲。户扃切。

洼 yā/wā　深池也。从水，圭聲。一佳切，又於瓜切。

漥 yǐng/wā　清水也。一曰：窊也。从水，窐聲。一穎切，又屋瓜切。

潢 huáng　積水池。从水，黄聲。乎光切。

沼 zhǎo　池水。从水，召聲。之少切。

湖 hú　大陂也。从水，胡聲。揚州浸，有五湖。

浸，川澤所仰以灌溉也。户吴切。

汥 zhī　水都也。从水，支聲。章移切。

洫 xù　十里爲成。成閒廣八尺、深八尺謂之洫。从水，血聲。《論語》曰："盡力于溝洫。"況逼切。

溝 gōu　水瀆。廣四尺、深四尺。从水，冓聲。古矦切。

瀆 dú　溝也。从水，賣(𧶠)聲。一曰：邑中溝。徒谷切。

渠 qú　水所居。从水，榘省聲。彊魚切。

瀶 lín　谷也。从水，臨聲。讀若林。一曰：寒也。力尋切。

湄 méi　水艸交爲湄。从水，眉聲。武悲切。

洐 xíng　溝水行也。从水，从行。户庚切。

澗 jiàn　山夾水也。从水，閒聲。一曰：澗水，出弘農新安，東南入洛。古莧切。

澳 yù　隈，厓也。其内曰澳，其外曰隈。从水，奥聲。於六切。

澩 xué　夏有水，冬無水，曰澩。从水，學省聲。讀若學。澩，或不省。胡角切。

灘 hàn/tān　水濡而乾也。从水，鷬聲。《詩》曰："灘其乾矣。"呼旰切，又他干切。俗灘，从隹。

汕 shàn　魚游水皃。从水，山聲。《詩》曰："蒸然汕汕。"所晏切。

決 jué(决)　行流也。从水，从夬。盧(廬)江有決水，出於大别山。古穴切。

灓 luán　漏流也。从水，䜌聲。洛官切。

滴 dī　水注也。从水，啻聲。都歷切。

注 zhù　灌也。从水，主聲。之戍切。

渓 wò(沃)　溉灌也。从水，芺聲。烏鵠切。

𣸣 sé　所以攤水也。从水，昔聲。《漢律》曰："及其門首洒𣸣。"所責切。

澨 shì　埤增水邊土，人所止者。从水，筮聲。《夏書》曰："過三澨。"時制切。

津 jīn　水渡也。从水，𦘔聲。將鄰切。

古文津，从舟，从淮。

淜 píng　無舟渡河也。从水，朋聲。皮冰切。

潢 héng　小津也。从水，横聲。一曰：以船渡也。户孟切。

泭 fū(今音 fú) 編木以渡也。从水，付聲。芳無切。

渡 dù 濟也。从水，度聲。徒故切。

沿 yán 緣水而下也。从水，㕣聲。《春秋傳》曰："王沿夏。"与專切。

泝 sù(溯) 逆流而上曰㴑洄。㴑，向也。水欲下違之而上也。从水，㡿聲。桑故切。 㴑，或从朔。

洄 huí 㴑洄也。从水，从回。户灰切。

泳 yǒng 潛行水中也。从水，永聲。爲命切。

潛 qián 涉水也。一曰：藏也。一曰：漢水爲潛。从水，朁聲。昨鹽切。

淦 gàn 水入船中也。一曰：泥也。从水，金聲。古暗切。 淦，或从今。

泛 fàn 浮也。从水，乏聲。孚梵切。

汓 qiú 浮行水上也。从水，从子。古或以汓爲没。似由切。 汓，或从囚聲。

砅 lì 履石渡水也。从水，从石。《詩》曰："深則砅。"力制切。 砅，或从厲。

湊 còu 水上人所會也。从水，奏聲。倉奏切。

湛 zhàn 没也。从水，甚聲。一曰：湛水，豫章(州)浸。宅減切。 古文。

湮 yīn 没也。从水，垔聲。於真切。

休 nì 没也。从水，从人。奴歷切。

没 mò 沈也。从水，从𠬢。莫勃切。

渨 wēi 没也。从水，畏聲。烏恢切。

滃 wěng 雲气起也。从水，翁聲。烏孔切。

泱 yāng 滃也。从水，央聲。於良切。

淒 qī 雲雨起也。从水，妻聲。《詩》曰："有渰淒淒。"七稽切。

渰 yǎn 雲雨皃。从水，弇聲。衣檢切。

溟 míng 小雨溟溟也。从水，冥聲。莫經切。

涑 sè 小雨零皃。从水，束聲。所責切。

瀑 bào 疾雨也。一曰：沫也。一曰：瀑，資(賨)也。从水，暴聲。《詩》曰："終風且瀑。"平到切。

澍　shù　時雨，澍生萬物。从水，尌聲。常句切。

湒　jí　雨下也。从水，咠聲。一曰：沸涌皃。姊入切。

澬　cí/zī　久雨涔資也。一曰：水名。从水，資聲。水(才)私切，又即夷切。

潦　lǎo　雨水大皃。从水，尞聲。盧皓切。

濩　huò　雨流霤下[皃]。从水，蒦聲。胡郭切。

涿　zhuó　流下滴也。从水，豖聲。上谷有涿縣。竹角切。　奇字涿，从日、乙。

瀧　lóng　雨瀧瀧皃。从水，龍聲。力公切。

渿　nài　沛之按：沛之當作渿沛。也。从水，柰聲。奴帶切。

滈　hào　久雨也。从水，高聲。乎老切。

漊　lǚ　雨漊漊也。从水，婁聲。一曰：汝南謂飲酒習之不醉爲漊。力主切。

溦　wēi　小雨也。从水，微省聲。無非切。

濛　méng　微雨也。从水，蒙聲。莫紅切。

沈　chén/shěn(沉)　陵上滈水也。从水，冘聲。一曰：濁黕也。臣鉉等曰："今俗别作沉，冗不成字，非是。"直深切，又尸甚切。

溨　zài　雷震溨溨也。从水，再聲。作代切。

淊　hàn　泥水淊淊也。一曰：繅絲湯也。从水，臽聲。胡感切。

涵　hán(涵)　水澤多也。从水，圅聲。《詩》曰："僭始既涵。"胡男切。

洳　rù　漸溼也。从水，挐聲。人庶切。

瀀　yōu　澤多也。从水，憂聲。《詩》曰："既瀀既渥。"於求切。

涔　cén　潰(漬)也。一曰：涔陽渚，在郢中。从水，岑聲。鉏箴切。

漬　zì　漚也。从水，責聲。前智切。

漚　òu　久漬也。从水，區聲。烏候切。

浞　zhuó　濡也。从水，足聲。士角切。

渥　wò　霑也。从水，屋聲。於角切。

潅　què/guō　灌也。从水，隺聲。口角切，又公沃切。

洽　qià　霑也。从水，合聲。侯夾切。

濃　nóng　露多也。从水，農聲。《詩》曰："零露濃

濃。"女容切。

瀌 biāo 雨雪瀌瀌。从水，麃聲。甫嬌切。

濂 lián 薄水也。一曰：中絶小水。从水，兼聲。力鹽切。

泐 lè 水石之理也。从水，从防。《周禮》曰："石有時而泐。"徐鍇曰："言石因其脈理而解裂也。"盧則切。

滯 zhì 凝也。从水，帶聲。直例切。

汦 chí(今音 zhǐ) 著止也。从水，氏聲。直尼切。

滮 guó 水裂去也。从水，虢聲。古伯切。

澌 sī 水索也。从水，斯聲。息移切。

汽 qì 水涸也。或曰：泣下。从水，气聲。《詩》曰："汽可小康。"許訖切。

涸 hé 渴也。从水，固聲。讀若狐貈之貈。下各切。

涸，亦从水、鹵、舟。

消 xiāo 盡也。从水，肖聲。相幺切。

潐 jiào 盡也。从水，焦聲。子肖切。

渴 kě 盡也。从水，曷聲。苦葛切。

漮 kāng 水虚也。从水，康聲。苦岡切。

溼 shī 幽溼也。从水；一，所以覆也，覆而有土，故溼也；㬎省聲。失入切。

湆 qì 幽溼也。从水，音聲。去急切。

洿 wū 濁水不流也。一曰：窳下也。从水，夸聲。哀都切。

浼 měi 汙也。从水，免聲。《詩》曰："河水浼浼。"《孟子》曰："汝安能浼我？"武辠切。

汙 wù(今音 wū，污) 薉也。一曰：小池爲汙。一曰：涂也。从水，于聲。烏故切。

湫 jiǎo/jiū 隘。下也。一曰：有湫水，在周地。《春秋傳》曰："晏子之宅秋隘。"安定朝那有湫泉。从水，秋聲。子了切，又卽由切。

潤 rùn 水曰潤下。从水，閏聲。如順切。

準 zhǔn 平也。从水，隼聲。之允切。

汀 tīng 平也。从水，丁聲。他丁切。

汀，或从平。

沑 rǒu(今音 nǜ) 水吏(文)也。又，温(濕)也。从水，丑聲。人九切。

瀵 fèn 水浸也。从水，糞聲。《爾雅》曰："瀵，大

出尾下。”方問切。

淬　cuǐ　新也。从水，辠聲。七辠切。

瀞　jìng(净)　無垢薉也。从水，静聲。疾正切。

瀎　mà(今音 mò)　拭滅皃。从水，蔑聲。莫達切。

泧　huó　瀎泧也。从水，戉聲。讀若椒椴之椴。又，火活切。

洎　jì　灌釜也。从水，自聲。其冀切。

湯　tāng　熱水也。从水，昜聲。土郎切。

渜　nuǎn　湯也。从水，耎聲。乃管切。

洝　àn　渜水也。从水，安聲。烏旰切。

洏　ér　洝也。一曰：煑孰也。从水，而聲。如之切。

涚　shuì　財温水也。从水，兑聲。《周禮》曰：“以涚漚其絲。”輸芮切。

涫　guān(今音 guàn)　灊也。从水，官聲。酒泉有樂涫縣。古丸切。

涾　dá(今音 tà)　涫溢也。今河朔方言謂沸溢爲涾。从水，沓聲。徒合切。

汏　dà/tài　淅灡(瀾)也。从水，大聲。代何切，又徒蓋切。

瀾　jiǎn　浙(淅)也。从水，簡声。古限切。

淅　xī　汏米也。从水，析聲。先擊切。

滰　jiàng　浚乾漬米也。从水，竟聲。《孟子》曰：“夫子去齊，滰淅而行。”其兩切。

溲　sǒu(溲)　浸沃也。从水，叜聲。疏有切。

浚　jùn　杼(抒)也。从水，夋聲。私閏切。

瀝　lì　浚也。从水，歷聲。一曰：水下滴瀝。郎擊切。

漉　lù(渌)　浚也。从水，鹿聲。盧谷切。

渌　漉，或从录。

潘　pān　淅米汁也。一曰：水名，在河南滎陽。从水，番聲。普官切。

灡　lán　潘也。从水，蘭聲。洛干切。

泔　gān　周謂潘曰泔。从水，甘聲。古三切。

滫　xiū/xiǔ　久泔也。从水，脩聲。息流切，又思酒切。

澱　diàn　滓滋(垽)也。从水，殿聲。堂練切。

淤　yù(今音 yū)　澱滓，濁泥。从水，於聲。依據切。

滓 zǐ　澱也。从水，宰聲。阻史切。

淰 niǎn　濁也。从水，念聲。乃忝切。

瀹 yuè　漬也。从水，龠聲。以灼切。

濶 jiǎo　釃酒也。一曰：浚也。从网，从水，焦聲。讀若《夏書》"天用勦絶"。臣鉉等曰："以縑帛漉酒，故从网。"子小切。

漀 qǐng　側出泉也。从水，殸聲。殸，籒文磬字。去挺切。

湑 xǔ　莤酒也。一曰：浚也。一曰：露皃。从水，胥聲。《詩》曰："有酒湑我。"又曰："零露湑兮。"私吕切。

湎 miǎn　沈於酒也。从水，面聲。《周書》曰："罔敢湎于酒。"彌兖切。

滌 jiāng(漿)　酢滌也。从水，將省聲。即良切。

古文滌，省。

涼 liáng　薄也。从水，京聲。吕張切。

淡 dàn　薄味也。从水，炎聲。徒敢切。

涒 tūn　食已而復吐之。从水，君聲。《爾雅》曰："太歲在申曰涒灘。"他昆切。

澆 jiāo　渋也。从水，堯聲。古堯切。

液 yì(今音 yè)　盡也。从水，夜聲。羊益切。

汁 zhī　液也。从水，十聲。之入切。

滒 gē　多汁也。从水，哥聲。讀若哥。古俄切。

灝 hào　豆汁也。从水，顥聲。乎老切。

溢 yì　器滿也。从水，益聲。夷質切。

洒 xǐ　滌也。从水，西聲。古文[以]爲灑埽字。先禮切。

滌 dí　洒也。从水，條聲。徒(徒)歷切。

濈 jí　和也。从水，戢聲。阻立切。

瀋 shěn　汁也。从水，審聲。《春秋傳》曰："猶拾瀋。"昌枕切。

渳 mǐ　飲也。从水，弭聲。緜婢切。

潠 shà/suō　飲歃也。一曰：吮也。从水，算聲。衫洽切，又先活切。

漱 shù　盪口也。从水，敕聲。所右切。

泂 jiǒng　滄也。从水，同聲。户褧切。

滄 cāng　寒也。从水，倉聲。七岡切。

瀞 qìng　冷寒也。从水，靚聲。七定切。

淬 cuì　滅火器也。从水，卒聲。七内切。

沐 mù　濯髮也。从水，木聲。莫卜切。

沬 huì　洒面也。从水，未聲。荒内切。

古文沬，从頁。

浴 yù　洒身也。从水，谷聲。余蜀切。

澡 zǎo　洒手也。从水，喿聲。子皓切。

洗 xiǎn　洒足也。从水，先聲。穌典切。

汲 jí　引水於井也。从水，从及，及亦聲。居立切。

淳 chún　渌也。从水，享聲。常倫切。

淋 lín　以水渎也。从水，林聲。一曰：淋淋，山下水皃。力尋切。

渫 xiè　除去也。从水，枼聲。私列切。

瀚 huàn（浣）　濯衣垢也。从水，榦聲。胡玩切。

瀚，或从完。

濯 zhuó　瀚也。从水，翟聲。直角切。

涑 sōu　瀚也。从水，束聲。河東有涑水。速侯切。

潎 pì　於水中擊絮也。从水，敝聲。匹蔽切。

瀧 lǒng / máng　涂也。从水，从土，尨聲。讀若隴。又亡江切。

灑 xǐ（今音 sǎ）　汛也。从水，麗聲。山豉切。

汛 xùn　灑也。从水，卂聲。息晉切。

染 rǎn　以繒染爲色。从水，杂聲。徐鍇曰：“《説文》無杂字。裴光遠云：‘从木，木者，所以染，梔茜之屬也。从九，九者，染之數也。’未知其審。”而琰切。

泰 tài　滑也。从廾，从水，大聲。他蓋切。臣鉉等曰：“本音他達切，今《左氏傳》作汏輈，非是。”　古文泰。

潤 yán　海岱之間謂相汙曰潤。从水，閻聲。余廉切。

濽 zàn　汙灑也。一曰：水中人。从水，贊聲。則旰切。

湫 chóu　腹中有水气也。从水，从愁，愁亦聲。士尤切。

湩 dòng　乳汁也。从水，重聲。多貢切。

洟 tì　鼻液也。从水，夷聲。他計切。

潸 shān 涕流皃。从水，散省聲。《詩》曰：“潸焉出涕。”所姦切。

汗 hàn 人液也。从水，干聲。矦旰切。

泣 qì 無聲出涕曰泣。从水，立聲。去急切。

涕 tì 泣也。从水，弟聲。他礼切。

湅 liàn 瀾也。从水，柬聲。郎甸切。

𤅊 niè(讞) 議辠也。从水、獻。與法同意。魚列切。

渝 yū 變汙也。从水，俞聲。一曰：渝水，在遼西臨俞，東出塞。羊朱切。

減 jiǎn 損也。从水，咸聲。古斬切。

滅 miè 盡也。从水，威聲。亡列切。

漕 cáo 水轉轂（穀）也。一曰：人之所乘及船也。从水，曹聲。在到切。

泮 pàn 諸矦鄉射之宮，西南爲水，東北爲牆。从水，从半，半亦聲。普半切。

漏 lòu 以銅受水，刻節，晝夜百刻。从水，屚聲。盧后切。

澒 hǒng(今音 hòng) 丹沙所化，爲水銀也。从水，項聲。呼孔切。

萍 píng 苹也。水艸也。从水、苹，苹亦聲。薄經切。

濊 huì 水多皃。从水，歲聲。呼會切。

汩 yù(今音 gǔ) 治水也。从水，曰聲。于筆切。

文四百六十八 重二十二

瀼 ráng 露濃皃。从水，襄聲。汝羊切。

漙 tuán 露皃。从水，專聲。度官切。

汍 wán 泣淚皃。从水，丸聲。胡官切。

泯 mǐn 滅也。从水，民聲。武盡切。

瀣 xiè 沆瀣，气也。从水，𩞁省聲。胡介切。

瀘 lú 水名。从水，盧聲。洛乎切。

瀟 xiāo 水名。从水，蕭聲。相邀切。

瀛 yíng 水名。从水，嬴聲。以成切。

滁 chú 水名。从水，除聲。直魚切。

洺 míng 水名。从水，名聲。武并切。

潺 chán 水聲。从水，孱聲。昨閑切。

湲 yuán 潺湲，水聲。从水，爰聲。王權切。

濤 tāo 大波也。从水，壽聲。徒刀切。

漵 xù　水浦也。从水，敘聲。徐吕切。

港 gǎng　水派也。从水，巷聲。古項切。

潴 zhū　水所亭也。从水，豬聲。陟魚切。

瀰 mí(今音 mǐ)　大水也。从水，彌聲。武移切。

淼 miǎo　大水也。从三水。或作渺。亡沼切。

潔 jié　瀞也。从水，絜聲。古屑切。

浹 jiā　洽也；从也。从水，夾聲。子協切。

溘 kè　奄忽也。从水，盍聲。口荅切。

潠 sùn　含水噴也。从水，巽聲。穌困切。

涯 yí(今音 yá)　水邊也。从水，从厓，厓亦聲。魚羈切。

文二十三新附

說文解字　卷十一下

沝　zhuǐ　二水也。闕。凡沝之屬皆从沝。之壘切。

⿲氵㐬氵　liú（流）　水行也。从沝、㐬。㐬，突忽也。力求切。　篆文，从水。

⿲氵步氵　shè（涉）　徒行厲水也。从沝，从步。時攝切。　篆文，从水。

文三　重二

瀕　pín（今音 bīn）　水厓。人所賓附，頻蹙不前而止。从頁，从涉。凡頻（瀕）之屬皆从頻（瀕）。臣鉉等曰："今俗别作水、濵，非是。"符真切。

顰　pín　涉水顰蹙。从頻（瀕），卑聲。符真切。

文二

𡿨　quǎn　水小流也。《周禮》："匠人爲溝洫，相廣五寸，二相爲耦；一耦之伐，廣尺，深尺，謂之𡿨。"倍𡿨謂之遂，倍遂曰溝，倍溝曰洫，倍洫曰巜。凡𡿨之屬皆从𡿨。姑泫切。　古文𡿨，从田，从川。

甽　篆文𡿨，从田，犬聲。六甽爲一畝。

文一　重二

巜　kuài　水流澮澮也。方百里爲巜，廣二尋，深二仞。凡巜之屬皆从巜。古外切。

粼　lín　水生厓石間粼粼也。从巜，粦聲。力珍切。

文二

川　chuān　貫穿通流水也。《虞書》曰："濬𡿨巜距川。"言深𡿨巜之水會爲川也。凡川之屬皆从川。昌緣切。

巠　jīng　水脈也。从川在一下；一，地也。壬（壬）省聲。一曰：水冥巠也。古靈切。　古文巠，不省。

巟　huāng　水廣也。从川，亡聲。《易》曰："包巟用馮河。"呼光切。

⿱或川　yù（今音 huò）　水流也。从川，或聲。于逼切。

⿱曰川　yù　水流也。从川，曰聲。于筆切。

⿱歺川　liè　水流⿱歺川⿱歺川也。从川，列（歺）省聲。臣鉉等

曰："列字从歺，此疑誤。當从歺省。"良辥切。

邕　yōng　四方有水，自邕城（成）池者。从川，从邑。於容切。籀文邕。

巛　zāi（灾）　害也。从一雝川。《春秋傳》曰："川雝爲澤，凶。"祖才切。

侃　kǎn　剛直也。从㐰，㐰，古文信；从川，取其不舍晝夜。《論語》曰："子路侃侃如也。"空旱切。

州　zhōu　水中可居曰州。周遶其旁，从重川。昔堯遭洪水，民居水中高土，或曰九州。《詩》曰："在河之州。"一曰：州，疇也。各疇其土而生之。臣鉉等曰："今别作洲，非是。"職流切。古文州。

文十　重三

泉　quán　水原也。象水流出成川形。凡泉之屬皆从泉。疾緣切。

⿱緐泉　fàn　泉水也。从泉，緐聲。讀若飯。符萬切。

文二

灥　xún　三泉也。闕。凡灥之屬皆从灥。詳遵切。

厵　yuán（源、原）　水泉本也。从灥出厂下。愚袁切。篆文，从泉。臣鉉等曰："今别作源，非是。"

文二　重一

永　yǒng　長也。象水巠理之長。《詩》曰："江之永矣。"凡永之屬皆从永。于憬切。

羕　yàng　水長也。从永，羊聲。《詩》曰："江之羕矣。"余亮切。

文二

𠂢　pài　水之衺流，别也。从反永。凡𠂢之屬皆从𠂢。讀若稗縣。徐鍇曰："永，長流也。反即分𠂢也。"匹卦切。

衇　mài　血理分衺行體者。从𠂢，从血。莫獲切。脈，或从肉。籀文。

覛　mì　衺視也。从𠂢，从見。莫狄切。籀文。

文三　重三

谷　gǔ　泉出通川爲谷。从水半見，出於口。凡谷之屬皆从谷。古禄切。

谿　qī（今音 xī）　山瀆无所通者。从谷，奚聲。苦

兮切。

豁　huò（豁）　通谷也。从谷，害聲。呼括切。

谬　liáo　空谷也。从谷，翏聲。洛蕭切。

豅　lóng　大長谷也。从谷，龍聲。讀若聾。盧紅切。

谹　hóng　谷中響也。从谷，厷聲。户萌切。

睿　jùn　深通川也。从谷，从𣦵。𣦵，殘地（也）。[谷，]阬坎意也。《虞書》曰："睿畎澮距川。"私閏切。

睿，或从水。古文睿。

䜪　qiàn（今音 qiān）　望山谷䜪䜪青也。从谷，千聲。倉絢切。

文八　重二

仌　bīng　凍也。象水凝之形。凡仌之屬皆从仌。筆陵切。

冰　níng（今音 bīng）　水堅也。从仌，从水。魚陵切。臣鉉等曰："今作筆陵切，以爲冰凍之冰。"俗冰，从疑。

凛　lǐn（凜）　寒也。从仌，㐭聲。力稔切。

凊　qìng　寒也。从仌，青聲。七正切。

凍　dòng　仌也。从仌，東聲。多貢切。

媵　líng（凌）　仌出也。从仌，朕聲。《詩》曰："納于媵陰。"力膺切。媵或从夌。

凘　sī　流仌也。从仌，斯聲。息移切。

凋　diāo　半傷也。从仌，周聲。都僚切。

冬　dōng　四時盡也。从仌，从夂。夂，古文終字。都宗切。古文冬，从日。

冶　yě　銷也。从仌，台聲。羊者切。

滄　chuàng（今音 cāng）　寒也。从仌，倉聲。初亮切。

冷　lěng　寒也。从仌，令聲。魯打切。

涵　hán（涵）　寒也。从仌，函聲。胡男切。

滭　bì　風寒也。从仌，畢聲。卑吉切。

泼　fú　一之日滭泼。从仌，犮聲。分勿切。

溧　lì　寒也。从仌，栗聲。力質切。

瀨　lài　寒也。从仌，賴聲。洛帶切。

文十七　重三

雨　yǔ　水从雲下也。一象天，冂象雲，水霝其間

也。凡雨之屬皆从雨。古文。王矩切。

靁　léi(雷)　陰陽薄動靁雨，生物者也。从雨，畾象回轉形。古文靁。古文靁。魯回切。

籒文，靁閒有回；回，靁聲也。

霣　yǔn　雨也。齊人謂靁爲霣。从雨，員聲。一曰：雲轉起也。古文霣。于敏切。

霆　tíng　雷餘聲也鈴鈴，所以挺出萬物。从雨，廷聲。特丁切。

霅　zhá　霅霅，震電皃。一曰：衆言也。从雨，嚞省聲。丈甲切。

電　diàn　陰陽激燿也。从雨，从申。堂練切。

古文電。

震　zhèn　劈歷，振物者。从雨，辰聲。《春秋傳》曰："震夷伯之廟。"臣鉉等曰："今俗别作霹靂，非是。"章刃切。籒文震。

雪　xuě(雪)　凝雨，説物者。从雨，彗聲。相絶切。

霄　xiāo　雨覓爲霄。从雨，肖聲。齊語也。相邀切。

霰　xiàn(霰)　稷雪也。从雨，散聲。穌甸切。

霰，或从見。

雹　bó(今音 báo)　雨冰也。从雨，包聲。蒲角切。

古文雹。

霝　líng　雨零也。从雨，㗊象零形。《詩》曰："霝雨其濛。"郎丁切。

零　luò　雨零也。从雨，各聲。盧各切。

零　líng　餘雨也。从雨，令聲。郎丁切。

霹　sī　小雨財零也。从雨，鮮聲，讀若斯。息移切。

霢　mài　霢霂，小雨也。从雨，脈聲。莫獲切。

霂　mù　霢霂也。从雨，沐聲。莫卜切。

霰　suān　小雨也。从雨，酸聲。素官切。

霙　jiān　微雨也。从雨，㦰聲。又讀若芟。子廉切。

霥　zhōng　小雨也。从雨，衆聲。《明堂月令》曰："霥雨。"職戎切。

霃　chén　久陰也。从雨，沈聲。直深切。

霝　lián　久雨也。从雨，兼聲。力鹽切。

霐　hán　久雨也。从雨，圅聲。胡男切。

霖 lín 雨三日已(已)往。从雨,林聲。力尋切。

䨸 yín 霖雨也。南陽謂霖䨸。从雨,乑聲。銀箴切。

𩂣 zī 雨聲。从雨,真聲。讀若資。即夷切。

䨞 yǔ 雨皃。方語也。从雨,禹聲。讀若禹。王矩切。

䨘 jiān 小雨也。从雨,僉聲。子廉切。

霑 zhān 雨䨲也。从雨,沾聲。張廉切。

䨲 rǎn 濡也。从雨,染聲。而琰切。

霤 liù 屋水流也。从雨,留聲。力救切。

屚 lòu 屋穿水下也。从雨在尸下。尸者,屋也。盧后切。

䨣 pò(今音 gé) 雨濡革也。从雨,从革。讀若膊。匹各切。

霽 jì 雨止也。从雨,齊聲。子計切。

霋 qī 霽謂之霋。从雨,妻聲。七稽切。

霩 kuò 雨止雲罷皃。从雨,郭聲。臣鉉等曰:"今别作廓,非是。"苦郭切。

露 lù 潤澤也。从雨,路聲。洛故切。

霜 shuāng 喪也。成物者。从雨,相聲。所莊切。

霚 wù(霧) 地气發,天不應。从雨,敄聲。臣鉉等曰:"今俗从務。" 籀文省。亡遇切。

霾 mái 風雨土也。从雨,貍聲。《詩》曰:"終風且霾。"莫皆切。

霿 mèng(今音 méng) 天气下、地不應曰霿。霿,晦也。从雨,瞀聲。莫弄切。

霓 ní 屈虹,青赤,或白色,陰气也。从雨,兒聲。五雞切。

䨮 diàn 寒也。从雨,執聲。或曰:早霜。讀若《春秋傳》"墊阨"。都念切。

雩 yú 夏祭,樂于赤帝,以祈甘雨也。从雨,于聲。羽俱切。 或从羽。雩,羽舞也。

需 xū 𩓚也。遇雨不進,止𩓚也。从雨,而聲。《易》曰:"雲上於天,需。"臣鉉等案:"李陽冰據《易》'雲上於天'云當从天,然諸本及前作所書皆从而,無有从天者。"相俞切。

䨏 yǔ(今音 yù) 水音也。从雨,羽聲。王矩切。

文四十七 重十一

霞 xiá　赤雲气也。从雨，段聲。胡加切。

霏 fēi　雨雲皃。从雨，非聲。芳非切。

霎 shà　小雨也。从雨，妾聲。山洽切。

䨴 duì　䨴䨴，雲黑皃。从雨，對聲。徒對切。

靄 ǎi　雲皃。从雨，藹省聲。於蓋切。

文五新附

雲 yún　山川气也。从雨，云象雲回轉形。凡雲之屬皆从雲。古文，省雨。王分切。

亦古文雲。

霒 yīn(陰)　雲覆日也。从雲，今聲。於今切。

古文，或省。亦古文霒。

文二　重四

魚 yú　水蟲也。象形。魚尾與燕尾相似。凡魚之屬皆从魚。語居切。

鰖 duò　魚子巳(已)生者。从魚，憜省聲。徒果切。

籀文。

鮞 ér　魚子也。一曰：魚之美者，東海之鮞。从魚，而聲。讀若而。如之切。

魼 qū　魚也。从魚，去聲。去魚切。

魶 nà　魚。似鼈，無甲，有尾，無足，口在腹下。从魚，納聲。奴荅切。

鰨 tà　虛鰨也。从魚，𦐇聲。土盍切。

鱒 zùn(今音 zūn)　赤目魚。从魚，尊聲。慈損切。

𩺰 lín　魚也。从魚，𤞞聲。力珍切。

鰫 yóng　魚也。从魚，容聲。余封切。

䱬 xū　魚也。从魚，胥聲。相居切。

鮪 wěi　鮥也。《周禮》："春獻王鮪。"从魚，有聲。榮美切。

䲋 gēng(今音 gèng)　鯍也。《周禮》謂之䲋。从魚，恒聲。古恒切。

鯍 méng　䲋鯍也。从魚，㐬聲。武登切。

鮥 luò　叔鮪也。从魚，各聲。盧各切。

鯀 gǔn　魚也。从魚，系聲。臣鉉等曰："系非聲，疑从孫省。"古本切。

鰥 guān　魚也。从魚，眔聲。李陽冰曰："當从罤省。"古頑切。

鯉 lǐ 鱣也。从魚，里聲。良止切。

鱣 zhān 鯉也。从魚，亶聲。張連切。

籀文鱣。

鱄 zhuǎn（今音 zhuān） 魚也。从魚，專聲。旨兖切。

鮦 zhòng（今音 tóng） 魚名。从魚，同（同）聲。一曰：⿰魚蠡也。讀若絝襱。直隴切。

⿰魚蠡 lǐ 鮦也。从魚，蠡聲。盧啓切。

⿰魚婁 lóu 魚名。一名鯉，一名鰜。从魚，婁聲。洛侯切。

鰜 jiān（今音 qiàn） 魚名。从魚，兼聲。古甛切。

鯈 chóu（今音 tiáo） 魚名，从魚，攸聲。直由切。

⿰魚豆 tǒu 魚名。从魚，豆聲。天口切。

鯾 biān（鯿） 魚名。从魚，便聲。房連切。

鯾，又从扁。

魴 fáng 赤尾魚。从魚，方聲。符方切。

魴，或从旁。

鱮 xù 魚名。从魚，與聲。徐吕切。

鰱 lián 魚名。从魚，連聲。力延切。

鮍 pī 魚名。从魚，皮聲。敷羈切。

⿰魚幼 yǒu 魚名。从魚，幼聲。讀若幽。於糾切。

鮒 fù 魚名。从魚，付聲。符遇切。

⿰魚巠 qíng 魚名。从魚，巠聲。仇成切。

鰿 jì 魚名。从魚，脊聲。資昔切。

鱺 lí 魚名。从魚，麗聲。郎兮切。

鰻 mán 魚名。从魚，曼聲。母官切。

鱯 huà 魚名。从魚，蒦聲。胡化切。

魾 pī 大鱯也。其小者名鮡。从魚，丕聲。敷悲切。

鱧 lǐ 鱯也。从魚，豊聲。盧啓切。

⿰魚果 huà 鱧也。从魚，果聲。胡瓦切。

鱨 cháng 揚也。从魚，嘗聲。市羊切。

鱏 yín（今音 xún） 魚名。从魚，覃聲。傳曰：“伯牙鼓琴，鱏魚出聽。”余箴切。

鯢 ní　刺魚也。从魚，兒聲。五雞切。

鰼 xí　鰌也。从魚，習聲。似入切。

鰌 qiū（鰍）　鰼也。从魚，酋聲。七由切。

鯇 huàn　魚名。从魚，完聲。户版切。

魠 tuō　哆口魚也。从魚，乇聲。他各切。

鮆 jì　飲而不食，刀魚也。九江有之。从魚，此聲。徂礼切。

鮀 tuó　鮎也。从魚，它聲。徒何切。

鮎 nián　鰋也。从魚，占聲。奴兼切。

鰋 yǎn　鮀也。从魚，晏聲。於幰切。

鰋，或从匽。

鮷 tí　大鮎也。从魚，弟聲。杜兮切。

鯻 lài　魚名。从魚，賴聲。洛帶切。

䲋 cén　魚名。从魚，朁聲。鉏箴切。

䱵 wēng　魚名。从魚，翁聲。烏紅切。

䲗 xiàn　魚名。从魚，臽聲。尸（户）賺切。

鱖 guì　魚名。从魚，厥聲。居衛切。

鯫 zhòu（今音 zōu）　白魚也。从魚，取聲。士垢切。

鱓 shàn　魚名。皮可爲鼓。从魚，單聲。常演切。

鮸 miǎn　魚名。出薉邪頭國。从魚，免聲。亡辨切。

魵 fén　魚名。出薉邪頭國。从魚，分聲。符分切。

䲐 lǔ　魚名。出樂浪潘國。从魚，虜聲。郎古切。

鰸 qū　魚名。狀似蝦，無足，長寸，大如义（叉）股。出遼東。从魚，區聲。豈俱切。

鯜 qiè　魚名。出樂浪潘國。从魚，妾聲。七接切。

魳 bèi　魚名。出樂浪潘國。从魚，市聲。博蓋切。

䱡 jú　魚名。出樂浪潘國。从魚，匊聲。一曰：䱡魚，出江東，有兩乳。居六切。

魦 shā（鯊）　魚名。出樂浪潘國。从魚，沙省聲。所加切。

鱳 lù（今音 lì）　魚名。出樂浪潘國。从魚，樂聲。盧谷切。

鮮　xiān　魚名。出貉國。从魚，羴省聲。相然切。

鰅　yóng（今音 yú）　魚名。皮有文，出樂浪東暆。神爵四年，初捕收輸考工。周成王時，揚州獻鰅。从魚，禺聲。魚容切。

鱅　yóng（今音 yōng）　魚名。从魚，庸聲。蜀容切。

鰂　zéi　烏鰂，魚名。从魚，則聲。昨則切。

鰂，或从即。

鮐　tái　海魚名。从魚，台聲。徒哀切。

鮊　bó（今音 bà）　海魚名。从魚，白聲。旁陌切。

鰒　fù　海魚名。从魚，复聲。蒲角切。

鮫　jiāo　海魚，皮可飾刀。从魚，交聲。古肴切。

鱷　qíng（今音 jīng）　海大魚也。从魚，畺聲。《春秋傳》曰："取其鱷鯢。"渠京切。

鱷，或从京。

鯁　gěng　魚骨也。从魚，更聲。古杏切。

鱗　lín　魚甲也。从魚，粦聲。力珍切。

鮏　xīng　魚臭也。从魚，生聲。臣鉉等曰："今俗作鯹。"桑經切。

鱢　sāo　鮏臭也。从魚，喿聲。《周禮》曰："膳膏鱢。"穌遭切。

鮨　zhī（今音 qí）　魚䏿醬也。出蜀中。从魚，旨聲。一曰：鮪魚名。旨夷切。

鮺　zhǎ　藏魚也。南方謂之魿，北方謂之鮺。从魚，差省聲。側下切。

魿　cǎn（今音 qín）　鮺也。一曰：大魚爲鮺，小魚爲魿。从魚，今聲。徂慘切。

鮑　bào　饐魚也。从魚，包聲。薄巧切。

魿　líng　蟲連行紆行者。从魚，令聲。郎丁切。

鰕　xiá（今音 xiā）　魵也。从魚，叚聲。乎加切。

鰝　hào　大鰕也。从魚，高聲。胡到切。

鮥　jiù　當互也。从魚，咎聲。其久切。

魧　gāng（今音 háng）　大貝也。一曰：魚膏。从魚，亢聲。讀若岡。古郎切。

鮩　bǐng　蚌也。从魚，丙聲。兵永切。

鮚　jí　蚌也。从魚，吉聲。漢律：會稽郡獻鮚醬。巨乙切。

鮅　bì　魚名。从魚，必聲。毗必切。

鱹　jù(今音 qú)　魚名。从魚，瞿聲。九遇切。

鯸　hóu　魚名。从魚，侯聲。乎鉤切。

鯛　diāo　[魚。]骨耑脃也。从魚，周聲。都僚切。

䱣　diào　烝然䱣䱣。从魚，卓聲。都教切。

鮁　bō　鱣鮪鮁鮁。从魚，犮聲。北末切。

鈇　fū　鮍魚。出東萊。从魚，夫聲。甫無切。

鯕　qí　魚名。从魚，其聲。渠之切。

鮡　zhào　魚名。从魚，兆聲。治小切。

魤　huà　魚名。从魚，匕聲。呼跨切。

鱻　xiān　新魚精也。从三魚。不變魚。徐鍇曰："三，衆也。衆而不變，是鱻也。"相然切。

文一百三　重七

鰈　tà(今音 dié)　比目魚也。从魚，枼聲。土盍切。

魮　pí　文魮，魚名。从魚，比聲。房脂(脂)切。

鰩　yáo　文鰩，魚名。从魚，䍃聲。余招切。

文三新附

鱻　yú　二魚也。凡鱻之屬皆从鱻。語居切。

瀀　yú(漁)　捕魚也。从鱻，从水。語居切。

篆文瀀，从魚。

文二　重一

燕　yàn　玄鳥也。籋口，布翄，枝尾。象形。凡燕之屬皆从燕。於甸切。

文一

龍　lóng　鱗蟲之長。能幽，能明，能細，能巨，能短，能長。春分而登天，秋分而潛淵。从肉，飛之形，童省聲。臣鉉等曰："象宛轉飛動之皃。"凡龍之屬皆从龍。力鍾切。

龗　líng　龍也。从龍，霝聲。郎丁切。

龕　kān　龍皃。从龍，合聲。口含切。

䶬　jiān　龍耆脊上䶬䶬。从龍，幵聲。古賢切。

龖　dá　飛龍也。从二龍。讀若沓。徒合切。

文五

飛　fēi　鳥翥也。象形。凡飛之屬皆从飛。甫微切。

𩙣　yì(翼)　翄也。从飛，異聲。与職切。

篆文䶊，从羽。

文二 重一

非 fēi 違也。从飛下翄，取其相背。凡非之屬皆从非。甫微切。

巼 fěi 別也。从非，已聲。非尾切。

靡 mǐ 披靡也。从非，麻聲。文彼切。

靠 kào 相違也。从非，告聲。苦到切。

陛 bī 牢也。所以拘非也。从非，陛省聲。邊兮切。

文五

卂 xùn 疾飛也。从飛而羽不見。凡卂之屬皆从卂。息晉切。

煢 qióng 回疾也。从卂，營省聲。渠營切。

文二

説文解字　卷十二上

三十六部　七百七十九文　重八十四　凡九千二百三字　文三十新附

乙 yà　玄鳥也。齊魯謂之乙，取其鳴自呼。象形。凡乙之屬皆从乙。徐鍇曰："此與甲乙之乙相類。其形舉首下曲，與甲乙字少異。"乙，或从鳥。烏轄切。

孔 kǒng　通也。从乙，从子。乙，請子之候鳥也。乙至而得子，嘉美之也。古人名嘉字子孔。康董切。

乳 rǔ　人及鳥生子曰乳，獸曰産。从孚，从乙。乙者，玄鳥也。《明堂月令》："玄鳥至之日，祠于高禖，以請子。"故乳从乙。請子必以乙至之日者，乙，春分來，秋分去，開生之候鳥，帝少昊司分之官也。而主切。

文三　重一

不 fǒu(今音 bù)　鳥飛上翔不下來也。从一，一猶天也。象形。凡不之屬皆从不。方久切。

否 fǒu　不也。从口，从不，不亦聲。徐鍇曰："不可之意見於言，故从口。"方久切。

文二

至 zhì　鳥飛从高下至地也。从一，一猶地也。象形。不，上去；而至，下來也。凡至之屬皆从至。古文至。脂利切。

到 dào　至也。从至，刀聲。都悼切。

臻 zhēn　至也。从至，秦聲。側詵切。

臸 chì　忿戾也。从至，至而復遜(孫)。遜(孫)，遁也。《周書》曰："有夏氏之民叨臸。"臸，讀若摯。丑利切。

臺 tái　觀。四方而高者。从至，从之，从高省。與室、屋同意。徒哀切。

臸 rì　到也。从二至。人質切。

文六　重一

西 xī　鳥在巢上。象形。日在西方而鳥棲，故因

以爲東西之西。凡西之屬皆从西。先稽切。西,或从木、妻。古文西。籀文西。

垔　xī　姓也。从西,圭聲。户圭切。

文二　重三

鹵　lǔ　西方鹹地也。从西省,象鹽形。安定有鹵縣。東方謂之㡿,西方謂之鹵。凡鹵之屬皆从鹵。郎古切。

䴚　cuó　鹹也。从鹵,差省聲。河内謂之䴚,沛人言若虘。昨河切。

鹹　xián　銜也。北方味也。从鹵,咸聲。胡毚切。

文三

鹽　yán　鹹也。从鹵,监聲。古者,宿沙初作煑海鹽。凡鹽之屬皆从鹽。余廉切。

盬　gǔ　河東鹽池。袤五十一里,廣七里,周百十六里。从鹽省,古聲。公户切。

鹼　yàn(今音 jiǎn)　鹵也。从鹽省,僉聲。魚欠切。

文三

户　hù　護也。半門曰户。象形。凡户之屬皆从户。矦古切。古文户,从木。

扉　fēi　户扇也。从户,非聲。甫微切。

扇　shàn　扉也。从户,从翄聲(省)。式戰切。

房　fáng　室在旁也。从户,方聲。符方切。

戾　dà(今音 tì)　輜車旁推户也。从户,大聲。讀與釱同。徒蓋切。

戹　è　隘也。从户,乙聲。於革切。

肁　zhào　始開也。从户,从聿。臣鉉等曰:"聿者,始也。"治矯切。

扆　yǐ　户牖之閒謂之扆。从户,衣聲。於豈切。

房　kē(今音 qù)　閉也。从户,劫省聲。口盍切。

扃　jiōng　外閉之關也。从户,冋聲。古熒切。

文十　重一

門　mén　聞也。从二户。象形。凡門之屬皆从門。莫奔切。

閶　chāng　天門也。从門,昌聲。楚人名門曰閶闔。尺量切。

闈　wéi　宫中之門也。从門,韋聲。羽非切。

闦 yán 闦謂之樀。樀，廟門也。从門，詹聲。余廉切。

閎 hóng 巷門也。从門，厷聲。户萌切。

閨 guī 特立之户。上圜下方，有似圭。从門，圭聲。古攜切。

閤 gé 門旁户也。从門，合聲。古沓切。

闒 tà 樓上户也。从門，𦐖聲。徒盍切。

閈 hàn 門（閭）也。从門，干聲。汝南平輿里門曰閈。侯旰切。

閭 lǘ 里門也。从門，吕聲。《周禮》："五家爲比，五比爲閭。"閭，侶也，二十五家相群侶也。力居切。

閻 yán 里中門也。从門，臽聲。余廉切。

閻，或从土。

闠 huì 市外門也。从門，貴聲。胡對切。

闉 yīn 城内（曲）重門也。从門，垔聲。《詩》曰："出其闉闍。"於真切。

闍 dū 闉闍也。从門，者聲。當孤切。

闕 què 門觀也。从門，欮聲。去月切。

閞 biàn 門薄（欂）櫨也。从門，弁聲。皮變切。

𨳿 xiè 門扇也。从門，介聲。胡介切。

闔 hé 門扇也。一曰：閉也。从門，盍聲。胡臘切。

闑 niè 門梱也。从門，臬聲。魚列切。

閾 yù 門榍也。从門，或聲。《論語》曰："行不履閾。"于逼切。

古文閾，从洫。

閬 làng 門高也。从門，良聲。巴郡有閬中縣。來宕切。

闢 pì 開也。从門，辟聲。房益切。

《虞書》曰："闢四門。"从門，从𠬞。

𨷂 wěi 闢門也。从門，爲聲。《國語》曰："𨷂門而與之言。"韋委切。

闡 chǎn 開也。从門，單聲。《易》曰："闡幽。"昌善切。

開 kāi 張也。从門，从开（幵）。苦哀切。

古文。

闓 kǎi 開也。从門，豈聲。苦亥切。

閜 xiǎ 大開也。从門，可聲。大杯亦爲閜。火下切。

閘 yā（今音 zhá） 開閉門也。从門，甲聲。烏甲切。

閟 bì 閉門也。从門，必聲。《春秋傳》曰："閟門而與之言。"兵媚切。

閣 gé 所以止扉也。从門，各聲。古洛切。

閒 jiān 隟也。从門，从月。徐鍇曰："夫門夜閉，閉而見月光，是有閒隟也。"古閑切。 古文閒。

[門阿] ě 門傾也。从門，阿聲。烏可切。

閼 è 遮攡也。从門，於聲。烏割切。

[門繇] zhuǎn 開閉門利也。从門，繇聲。一曰：縷十紘也。臣鉉等曰："繇非聲，未詳。"旨沇切。

[門曷] yà 門聲也。从門，曷聲。乙鎋切。

闀 xiàng 門響也。从門，鄉聲。許亮切。

闌 lán 門遮也。从門，柬聲。洛干切。

閑 xián 闌也。从門中有木。户閒切。

閉 bì 闔門也。从門；才，所以歫門也。博計切。

閡 ài（今音 hé） 外閉也。从門，亥聲。五溉切。

闇 àn 閉門也。从門，音聲。烏紺切。

關 guān 以木横持門户也。从門，𢍜聲。古還切。

[門龠] yuè 關下牡也。从門，龠聲。以灼切。

闐 tián 盛皃。从門，真聲。待季切。

闛 táng 闛闛，盛皃。从門，堂聲。徒郎切。

閹 yān 豎也。宫中奄，閽閉門者。从門，奄聲。英廉切。

閽 hūn 常以昏閉門隸也。从門，从昏，昏亦聲。呼昆切。

闚 kuī 閃也。从門，規聲。去隓切。

䦨 lán 妄入宫掖也。从門，䜌聲。讀若闌。洛干切。

[門二] zhèn 登也。从門、二。二，古文下字。讀若軍敶之敶。臣鉉等曰："下，言自下而登上也，故从下。《商書》曰：'若升高，必自下。'"直刃切。

閃 shǎn 闚頭門中也。从人在門中。失冉切。

閱 yuè 具數於門中也。从門，説省聲。弋雪切。

闋 què　事巳（已），閉門也。从門，癸聲。傾雪切。

闞 kàn　望也。从門，敢聲。苦濫切。

闊 kuò　䟽也。从門，活聲。苦括切。

閔 mǐn　弔者在門也。从門，文聲。臣鉉等曰："今别作憫，非是。"　古文閔。眉殞切。

闖 chèn（今音 chuǎng）　馬出門皃。从馬在門中。讀若郴。丑禁切。

文五十七　重六

闤 huán　市垣也。从門，睘聲。户關切。

闥 tà　門也。从門，達聲。他達切。

閌 kàng　閌閬，高門也。从門，亢聲。苦浪切。

閥 fá　閥閲，自序也。从門，伐聲。義當通用伐。房越切。

闃 qù　静也。从門，狊聲。臣鉉等案："《易》：'窺其户，闃其無人。'窺，小視也。狊，大張目也。言始小視之，雖大張目，亦不見人也。義當只用狊字。"苦狊切。

文五新附

耳 ěr　主聽也。象形。凡耳之屬皆从耳。而止切。

耴 zhé　耳垂也。从耳下垂。象形。《春秋傳》曰"秦公子輒"者，其耳下垂，故以爲名。陟葉切。

貼 diān　小垂耳也。从耳，占聲。丁兼切。

耽 dān　耳犬（大）垂也。从耳，冘聲。《詩》曰："士之耽兮。"丁含切。

聃 dān　耳曼也。从耳，冉聲。他甘切。

　聃，或从甘。

聸 dān　垂耳也。从耳，詹聲。南方聸耳之國。都甘切。

耿 gěng　耳箸頰也。从耳，烓省聲。杜林説："耿，光也。从光，聖省。"凡字皆左形右聲。杜林非也。徐鍇曰："凡字多右形左聲。此説或後人所加，或傳寫之誤。"古杏切。

聯 lián　連也。从耳，耳連於頰也；从絲，絲連不絶也。力延切。

聊 liáo　耳鳴也。从耳，卯聲。洛蕭切。

聖 shèng　通也。从耳，呈聲。式正切。

聰 cōng　察也。从耳，悤聲。倉紅切。

聽　tìng(今音 tīng)　聆也。从耳、悳,壬(𡈼)聲。他定切。

聆　líng　聽也。从耳,令聲。郎丁切。

職　zhí　記微也。从耳,戠聲。之弋切。

聒　guō(聒)　驩語也。从耳,昏聲。古活切。

聥　yǔ(今音 jǔ)　張耳有所聞也。从耳,禹聲。王矩切。

聲　shēng　音也。从耳,殸聲。殸,籒文磬。書盈切。

聞　wén　知聞(聲)也。从耳,門聲。無分切。

古文,从昏。

聘　pìn　訪也。从耳,甹聲。匹正切。

聾　lóng　無聞也。从耳,龍聲。虚紅切。

聳　sǒng　生而聾曰聳(聳)。从耳,從省聲。息拱切。

聹　zǎi　益梁之州謂[半]聾爲聹,秦晉聽而不聞(聰)、聞而不達謂之聹。从耳,宰聲。作亥切。

聵　kuì　[生]聾也。从耳,貴聲。五怪切。

聵,或从叡。臣鉉等曰:"當从蔽省,義見蔽字注。"

聉　wà　無知意也。从耳,出聲。讀若孽。五滑切。

聗　wà　吴楚之外,凡無耳者謂之聗。言若斷耳爲盟。从耳,闋聲。五滑切。

聅　chè　軍法:以矢貫耳也。从耳,从矢。《司馬法》曰:"小罪聅,中罪刖,大罪剄。"恥列切。

聝　guó　軍戰斷耳也。《春秋傳》曰:"以爲俘聝。"从耳,或聲。

聝,或从首。古獲切。

朋　yuè(今音 wà)　墒耳也。从耳,月聲。魚厥切。

䃺　mǐ　乘輿金馬耳也。从耳,麻聲。讀若涃水;一曰:若《月令》"靡草"之靡。亡彼切。

聆　qín　《國語》曰:"回禄信於聆遂。"闕。巨今切。

耵　dié(今音 tiē)　安也。从二耳。丁帖切。

聶　niè　附耳私小語也。从三耳。尼輒切。

文三十二　重四

聱　áo　不聽也。从耳,敖聲。五交切。

文一新附

𦣝　yí　頤也。象形。凡𦣝之屬皆从𦣝。與之切。

頣 篆文𦣞。(seal) 籀文,从首。

巸 yí　廣𦣞也。从𦣞,巳聲。與之切。

(seal) 古文巸,从户。臣鉉等曰:"今俗作牀史切,以爲階戺之戺。"

文二　重三

手 shǒu　拳也。象形。凡手之屬皆从手。書九切。

(seal) 古文手。

掌 zhǎng　手中也。从手,尚聲。諸兩切。

拇 mǔ　將指也。从手,母聲。莫厚切。

指 zhǐ　手指也。从手,旨聲。職雉切。

拳 quán　手也。从手,𢍏聲。巨員切。

掔 wàn　手掔也。楊雄曰:"掔,握也。"从手,臤聲。烏貫切。

攕 xiān　好手皃。《詩》曰:"攕攕女手。"从手,韱聲。所咸切。

揱 shuò　人臂皃。从手,削聲。《周禮》曰:"輻欲其揱。"徐鍇曰:"人臂梢長纖好也。"所角切。

摳 kōu　繑也。一曰:摳衣升堂。从手,區聲。口矦切。

攐 qiān　摳衣也。从手,褰聲。去虔切。

撎 yì　舉手下手也。从手,壹聲。於計切。

揖 yī　攘也。从手,咠聲。一曰:手箸胷曰揖。伊入切。

攘 ráng(今音 rǎng)　推也。从手,襄聲。汝羊切。

拱 gǒng　斂手也。从手,共聲。居竦切。

撿 liǎn　拱也。从手,僉聲。良冉切。

𢷎 bài(拜)　首至地也。从手、𠦪。𠦪音忽。徐鍇曰:"𠦪,進趣之疾也,故拜从之。"博怪切。(seal) 楊雄説,拜从兩手下。(seal) 古文拜。

捾 wò　搯捾也。从手,官聲。一曰:援也。烏括切。

搯 tāo　捾也。从手,舀聲。《周書》曰:"師乃搯。"搯者,拔兵刃以習擊刺。《詩》曰:"左旋右搯。"土刀切。

𢪏 gǒng　𢹈也。从手,巩聲。居竦切。臣鉉等案:"《𠃨部》有𢪏,與巩同。此重出。"

推 tuī　排也。从手,隹聲。他回切。

捘 zùn　推也。从手,夋聲。《春秋傳》曰:"捘衛侯之手。"子寸切。

排 pái 擠也。从手，非聲。步皆切。

擠 jǐ 排也。从手，齊聲。子計切。

抵 dǐ 擠也。从手，氐聲。丁礼切。

摧 cuī 擠也。从手，崔聲。一曰：挏也。一曰：折也。昨回切。

拉 lā 摧也。从手，立聲。盧合切。

挫 cuò 摧也。从手，坐聲。則臥切。

扶 fú 左也。从手，夫聲。防無切。

古文扶。

𢪊 qiāng(今音 jiāng) 扶也。从手，爿聲。七良切。

持 chí 握也。从手，寺聲。直之切。

挈 qiè 縣持也。从手，㓞聲。苦結切。

拑 qián 脅持也。从手，甘聲。巨淹切。

揲 shé 閱持也。从手，枼聲。今(食)折切。

摯 zhì 握持也。从手，从執。脂利切。

操 cāo 把持也。从手，喿聲。七刀切。

攫 jú 爪持也。从手，瞿聲。臣鉉等曰："今俗别作掬，非是。"居玉切。

捦 qín 急持衣裣也。从手，金聲。巨今切。

捦，或从禁。

搏 bó 索持也。一曰：至也。从手，尃聲。補各切。

據 jù 杖持也。从手，豦聲。居御切。

攝 shè 引持也。从手，聶聲。書涉切。

抩 tān(今音 nán) 并持也。从手，冄聲。他含切。

抪 pū(今音 bù) 捫持也。从手，布聲。普胡切。

挾 xié 俾持也。从手，夾聲。胡頰切。

捫 mén 撫持也。从手，門聲。《詩》曰："莫捫朕舌。"莫奔切。

擥 lǎn 撮持也。从手，監聲。盧敢切。

擸 liè 理持也。从手，巤聲。良涉切。

握 wò 搤持也。从手，屋聲。於角切。

古文握。

撣 dàn 提持也。从手，單聲。讀若行遟驒驒。徒

旱切。

把　bǎ　握也。从手，巴聲。搏下切。

搹　è(扼)　把也。从手，鬲聲。於革切。

搹，或从戹。

拏　ná　牽引也。从手，奴聲。女加切。

攜　xié　提也。从手，巂聲。户圭切。

提　tí　挈也。从手，是聲。杜兮切。

⿰扌耴　dié(今音 zhé)　拈也。从手，耴聲。丁愜切。

拈　niān　⿰扌耴也。从手，占聲。奴兼切。

摛　chī　舒也。从手，离聲。丑知切。

捨　shě　釋也，从手，舍聲。書冶切。

擪　yè　一指按也。从手，厭聲。於協切。

按　àn　下也。从手，安聲。烏旰切。

控　kòng　引也。从手，空聲。《詩》曰："控于大邦。"匈奴名引弓控弦。苦貢切。

揗　shǔn(今音 xún)　摩也。从手，盾聲。食尹切。

掾　yuàn　緣也。从手，彖聲。以絹切。

⿰扌百　pāi　拊也。从手，百聲。普百切。

拊　fǔ　揗也。从手，付聲。芳武切。

掊　póu　把也。今鹽官入水取鹽爲掊。从手，音聲。父溝切。

捋　luō　取易也。从手，寽聲。郎括切。

撩　liáo　理也。从手，尞聲。洛蕭切。

措　cuò　置也。从手，昔聲。倉故切。

插　chā　刺(刺)肉(内)也。从手，从臿。楚洽切。

掄　lún　擇也。从手，侖聲。盧昆切。

擇　zé　柬選也。从手，睪聲。丈伯切。

捉　zhuō　搤也。从手，足聲。一曰：握也。側角切。

搤　è　捉也。从手，益聲。於革切。

挻　shān　長也。从手，从延，延亦聲。式連切。

揃　jiǎn　搣也。从手，前聲。即淺切。

搣　miè　⿰扌此也。从手，威聲。亡列切。

⿰扌此　zǐ　捽也。从手，此聲。側氏切。

揤　jí　捽也。从手，即聲。魏郡有揤裴，侯國。子力切。

捽　zuó　持頭髮也。从手，卒聲。昨没切。

撮　cuō　四圭也。一曰：兩指撮也。从手，最聲。倉括切。

𢸀　jú（今音 jū，掬）　撮也。从手，𥷚省聲。居六切。

揥　dì　撮取也。从手，帶聲。讀若《詩》曰，“螮蝀在東”。　揥，或从折，从示，兩手急持人也。都計切。

捊　póu　引取也。从手，孚聲。步矦切。

　抱，或从包。臣鉉等曰：“今作薄報切，以爲褱裒字，非是。”

揜　yǎn　自關以東謂取曰揜。一曰：覆也。从手，弇聲。衣檢切。

授　shòu　予也。从手，从受，受亦聲。殖酉切。

承　chéng　奉也，受也。从手，从卪，从収。臣鉉等曰：“謹節其事，承奉之義也。故从卪。”署陵切。

拒　zhèn　給也。从手，臣聲。一曰：約也。章刃切。

㨷　jìn　拭也。从手，堇聲。居焮切。

攩　dǎng　朋群也。从手，黨聲。多朗切。

接　jiē　交也。从手，妾聲。子葉切。

抪　pō　㨷也。从手，市聲。普活切。

挏　dòng　攤引也。漢有挏馬官，作馬酒。从手，同聲。徒総（總）切。

招　zhāo　手呼也。从手、召。止搖切。

撫　fǔ　安也。从手，無聲。一曰：循（揗）也。芳武切。　古文，从辵、亡。

捪　mín　撫也。从手，昏聲。一曰：摹也。武巾切。

揣　chuǎi　量也。从手，耑聲。度高曰揣。一曰：捶之。徐鍇曰：“此字與耑聲不相近，如喘遄之類，皆當从瑞省。”初委切。

抧　zhǐ　開也。从手，只聲。讀若抵（抵）掌之抵（抵）。諸氏切。

摜　guàn　習也。从手，貫聲。《春秋傳》曰：“摜瀆鬼神。”古患切。

投　tóu　擿也。从手，从殳。度矦切。

擿　zhì　搔也。从手，適聲。一曰：投也。直隻切。

搔　sāo　括也。从手，蚤聲。穌遭切。

扴　jiá　刮也。从手，介聲。古黠切。

摽　biào　擊也。从手，票聲。一曰：挈門（鬬）壯（牡）也。符少切。

挑　tiāo　撓也。从手，兆聲。一曰：摷也。《國語》曰："卻至挑天。"土凋切。

抉　jué　挑也。从手，夬（夬）聲。於説切。

撓　náo　擾也。从手，堯聲。一曰：捄也。奴巧切。

擾　rǎo（擾）　煩也。从手，夒聲。而沼切。

挶　jū　戟持也。从手，局聲。居玉切。

据　jū　戟挶也。从手，居聲。九魚切。

擖　qiā　刮也。从手，葛聲。一曰：撻也。口八切。

摘　tì/zhāi　拓果樹實也。从手，啻聲。一曰：指近之也。臣鉉等曰："當从適省，乃得聲。"他歷切，又竹戹切。

搳　xiá　擖也。从手，害聲。胡秸切。

摲　cán　暫（斬取）也。从手，斬聲。昨甘切。

拹　xié　摺也。从手，劦聲。一曰：拉也。虚業切。

摺　zhé　敗也。从手，習聲。之涉切。

揫　jiū　束也。从手，秋聲。《詩》曰："百祿是揫。"即由切。

摟　lōu　曳、聚也。从手，婁聲。洛侯切。

抎　yǔn　有所失也。《春秋傳》曰："抎子，辱矣。"从手，云聲。于敏切。

披　pī　从旁持曰披。从手，皮聲。敷羈切。

㩻　chì　引縱曰㩻。从手，瘛省聲。尺制切。

掌　zì　積也。《詩》曰："助我舉掌。"［一曰：］搣頰旁也。从手，此聲。前智切。

掉　diào　搖也。从手，卓聲。《春秋傳》曰："尾大不掉。"徒弔切。

搖　yáo　動也。从手，䍃聲。余招切。

搈　yǒng（今音 róng）　動搈也。从手，容聲。余隴切。

摠　zhì　當也。从手，貳聲。直異切。

揂　jiū　聚也。从手，酋聲。即由切。

掔　qiān　固也。从手，臤聲。讀若《詩》"赤舄掔掔"。臣鉉等曰："今別作慳，非是。"苦閑切。

拲　fēng（今音 féng）　奉也。从手，夆聲。敷容切。

擧　yú　對舉也。从手，輿聲。以諸切。

揚 yáng 飛舉也。从手，昜聲。與章切。

古文。

舉 jǔ 對舉也。从手，與聲。居許切。

掀 xiān 舉出也。从手，欣聲。《春秋傳》曰："掀公出於淖。"虚言切。

揭 qì/ jiē 高舉也。从手，曷聲。去例切，又基竭切。

抍 zhěng 上舉也。从手，升聲。《易》曰："抍馬，壯，吉。" 抍，或从登。臣鉉等曰："今俗别作拯，非是。"蒸上聲。

振 zhèn 舉救也。从手，辰聲。一曰：奮也。章刃切。

扛 gāng 横關對舉也。从手，工聲。古雙切。

扮 fěn 握也。从手，分聲。讀若粉。房吻切。

撟 jiǎo 舉手也。从手，喬聲。一曰：撟，擅也。居少切。

捎 shāo 自關巳（已）西，凡取物之上者爲撟捎。从手，肖聲。所交切。

擁 yǒng(擁，今音 yōng) 抱也。从手，雝聲。於隴切。

擩 rǔ 染也。从手，需聲。《周禮》："六曰擩祭。"而主切。

揄 yú 引也。从手，俞聲。羊朱切。

擊 pán 擊擭，不正也。从手，般聲。薄官切。

擭 wò 擊擭也。一曰：布擭也。一曰：握也。从手，蒦聲。一虢切。

拚 biàn 拊手也。从手，弁聲。皮變切。

擅 shàn 專也。从手，亶聲。時戰切。

揆 kuí 葵也。从手，癸聲。求癸切。

擬 nǐ 度也。从手，疑聲。魚已切。

損 sǔn 減也。从手，員聲。穌本切。

失 shī 縱也。从手，乙聲。式質切。

捝 tuō 解捝也。从手，兑聲。他括切。

撥 bō 治也。从手，發聲。北末切。

挹 yì 抒也。从手，邑聲。於汲切。

抒 shū 挹也。从手，予聲。神與切。

担 zhā 挹也。从手，且聲。讀若樝棃之樝。側加切。

攫 jué　扟也。从手，矍聲。居縛切。

扟 shēn　从上挹也。从手，卂聲。讀若莘。所臻切。

拓 zhí　拾也。陳、宋語。从手，石聲。之石切。

拓，或从庶。

攈 jùn　拾也。从手，麇聲。居運切。

拾 shí　掇也。从手，合聲。是執切。

掇 duó　拾取也。从手，叕聲。都括切。

擐 huàn　貫也。从手，睘聲。《春秋傳》曰："擐甲執兵。"胡慣切。

揯 gēng　引、急也。从手，恒聲。古恒切。

摍 suō　蹴引也。从手，宿聲。所六切。

摣 qián　相援也。从手，虔聲。巨言切。

援 yuán　引也。从手，爰聲。雨元切

擂 chōu(抽)　引也。从手，留聲。敕鳩切。

抽 擂，或从由。　擂，或从秀。

擢 zhuó　引也。从手，翟聲。直角切。

拔 bá　擢也。从手，犮聲。蒲八切。

揠 yà　拔也。从手，匽聲。烏黠切。

擣 dǎo(搗)　手推(椎)也。一曰：築也。从手，𠷎聲。都皓切。

攣 luán　係也。从手，䜌聲。吕員切。

挺 tǐng　拔也。从手，廷聲。徒鼎切。

搴 jiǎn(今音 qiān)　拔取也。南楚語。从手，寒聲。《楚詞》曰："朝搴批之木蘭。"九輦切。

探 tān(今音 tàn)　遠取之也。从手，罙聲。他含切。

撢 tàn　探也。从手，覃聲。他紺切。

捼 ruó　推也。从手，委聲。一曰：兩手相切摩也。臣鉉等曰："今俗作挼，非是。"奴禾切。

撆 piē　別也。一曰：擊也。从手，敝聲。芳滅切。

撼 hàn(撼)　摇也。从手，咸聲。臣鉉等曰："今别作撼，非是。"胡感切。

搦 nuò　按也。从手，弱聲。尼革切。

掎 jǐ　偏引也。从手，奇聲。居綺切。

揮 huī 奮也。从手，軍聲。許歸切。

摩 mó 研也。从手，麻聲。莫婆切。

揓 pī 反手擊也。从手，𣬈聲。匹齊切。

攪 jiǎo 亂也。从手，覺聲。《詩》曰：“祇攪我心。”古巧切。

搑 rǒng 推擣也。从手，茸聲。而隴切。

撞 chuáng(今音 zhuàng) 丮擣也。从手，童聲。宅江切。

捆 yīn 就也。从手，因聲。於真切。

扔 rēng 因也。从手，乃聲。如乘切。

括 kuò(括) 絜也。从手，昏聲。古活切。

抲 hē 抲，撝也。从手，可聲。《周書》曰：“盡執，抲。”虎何切。

擘 bò 撝也。从手，辟聲。博戹切。

撝 huī 裂也。从手，爲聲。一曰：手指也。許歸切。

捇 huò 裂也。从手，赤聲。呼麥切。

扐 lè 《易》筮，再扐而後卦。从手，力聲。盧則切。

技 jì 巧也。从手，支聲。渠綺切。

摹 mó 規也。从手，莫聲。莫胡切。

拙 zhuō 不巧也。从手，出聲。職説切。

搨 tà 縫指搨也。一曰：韜也。从手，沓聲。讀若眔。徒合切。

摶 tuán 圜也。从手，專聲。度官切。

捆 hú 手推之也。从手，圂聲。户骨切。

捄 jū 盛土於梩中也。一曰：擾也。《詩》曰：“捄之陾陾。”从手，求聲。舉朱切。

拮 jié 手口共有所作也。从手，吉聲。《詩》曰：“予手拮据。”古屑切。

搰 hú 掘也。从手，骨聲。户骨切。

掘 jué 搰也。从手，屈聲。衢勿切。

掩 yǎn 斂也。小上曰掩。从手，奄聲。衣檢切。

摡 gài 滌也。从手，既聲。《詩》曰：“摡之釜鬵。”古代切。

揟 xū 取水沮也。从手，胥聲。武威有揟次縣。相居切。

播 bō 穜也。一曰：布也。从手，番聲。補過切。

古文播。

挃 zhì　穫禾聲也。从手，至聲。《詩》曰："穫之挃挃。"陟栗切。

擳 zhì　刺（刺）也。从手，致聲。一曰：刺（刺）之財至也。陟利切。

扤 wù　動也。从手，兀聲。五忽切。

抈 yuè　折也。从手，月聲。魚厥切。

摎 jiū　縛殺也。从手，翏聲。居求切。

撻 tà　鄉飲酒，罰不敬，撻其背。从手，達聲。他達切。古文撻。《周書》曰："遽以記之。"

掕 lèng（今音 líng）　止馬也。从手，夌聲。里甑切。

抨 pēng　撣（彈）也。从手，平聲。普耕切。

捲 quán（今音 juǎn）　气勢也。从手，卷聲。《國語》曰："有捲勇。"一曰：捲，收也。臣鉉等曰："今俗作居轉切，以爲捲舒之捲。"巨員切。

扱 chā（今音 xī）　收也。从手，及聲。楚洽切。

摷 jiǎo　拘擊也。从手，巢聲。子小切。

挨 āi　擊背也。从手，矣聲。於駭切。

撲 pū　挨也。从手，菐聲。蒲角切。

擊 qiào　㫄擊也。从手，敫聲。苦弔切。

扚 diǎo　疾擊也。从手，勺聲。都了切。

抶 chì　笞擊也。从手，失聲。敕栗切。

抵 zhǐ　側擊也。从手，氏聲。諸氏切。

抰 yǎng　以車鞅擊也。从手，央聲。於兩切。

捊 fǒu　衣上擊也。从手，保聲。方苟切。

捭 bǎi　兩手擊也。从手，卑聲。北買切。

捶 chuí　以杖擊也。从手，垂聲。之壘切。

搉 què　敲擊也。从手，隺聲。苦角切。

摬 yìng（今音 yǐng）　中擊也。从手，竟聲。一敬切。

拂 fú　過擊也。从手，弗聲。徐鍇曰："擊而過之也。"敷物切。

擊 kōng　擣頭也。从手，堅聲。讀若"鏗尔舍瑟而作"。口莖切。

抌 zhèn（今音 dǎn）　深擊也。从手，冘聲。讀若告言不正曰抌。竹甚切。

㩓 huǐ 傷擊也。从手、毁，毁亦聲。許委切。

擊 jī 支也。从手，毄聲。古歷切。

扞 hàn 忮也。从手，干聲。矦旰切。

抗 kàng 扞也。从手，亢聲。苦浪切。

杭 抗，或从木。臣鉉等曰：“今俗作胡郎切。”

捕 bǔ 取也。从手，甫聲。薄故切。

簎 cè 刺（刺）也。从手，籍省聲。《周禮》曰：“簎魚鼈。”士革切。

撚 niǎn 執也。从手，然聲。一曰：蹂也。乃殄切。

挂 guà 畫也。从手，圭聲。古賣切。

拕 tuō 曳也。从手，它聲。託何切。

捈 tú 卧引也。从手，余聲。同都切。

抴 yì（今音 yè） 捈也。从手，世聲。余制切。

揙 biàn 撫也。从手，扁聲。婢沔切。

撅 juē 从（以）手有所把也。从手，厥聲。居月切。

攎 lú 拏持也。从手，盧聲。洛乎切。

拏 ná 持也。从手，如聲。女加切。

搵 wèn（揾） 没也。从手，𥁕聲。烏困切。

搒 bèng（今音 péng） 掩也，从手，旁聲。北孟切。

挌 gé 擊也。从手，各聲。古覈切。

拲 gǒng 兩手同械也。从手，从共，共亦聲。《周禮》：“上辠，梏拲而桎。”居竦切。

㭝 拲，或从木。

掫 zōu 夜戒守，有所擊。从手，取聲。《春秋傳》曰：“賓將掫。”子矦切。

捐 juān 棄也。从手，肙聲。與專切。

掤 bīng 所以覆矢也。从手，朋聲。《詩》曰：“抑釋掤忌。”筆陵切。

扜 yū 指麾也。从手，亏聲。億俱切。

攠 huī 旌旗，所以指麾也。从手，靡聲。許爲切。

捷 jié 獵也。軍獲得也。从手，疌聲。《春秋傳》曰：“齊人來獻戎捷。”疾葉切。

扣 kòu 牽馬也。从手，口聲。丘后切。

掍 gǔn（今音 hùn） 同也。从手，昆聲。古本切。

搜 sōu（搜） 衆意也。一曰：求也。从手，叜聲。

《詩》曰："束矢其捘。"所鳩切。

换 huàn　易也。从手，奐聲。胡玩切。

掖 yè　以手持人臂投地按：投地二字，衍。也。从手，夜聲。一曰：臂下也。羊益切。

文二百六十五　重十九

摦 huà　横大也。从手，瓠聲。胡化切。

攙 chān　刺（刺）也，从手，毚聲。楚銜切。

搢 jìn　插也。从手，晉聲。搢紳，前史皆作薦紳。即刃切。

掠 lüè　奪取也。从手，京聲。本音亮。《唐韻》或作擽。離灼切。

掐 qiā　爪刺（刺）也。从手，臽聲。苦洽切。

捻 niē　指捻也。从手，念聲。奴協切。

拗 ǎo　手拉也。从手，幼聲。於絞切。

摵 shè　捎也。从手，戚聲。沙劃切。

捌 bā　《方言》云："無齒杷。"从手，别聲。百轄切。

攤 tān　開也。从手，難聲。他干切。

抛 pāo　棄也。从手，从尢，从力。或从手，尥聲。案：《左氏傳》通用"摽"。《詩》："摽有梅。"摽，落也。義亦同。匹交切。

摴 chū　舒也。又：摴蒱，戲也。从手，雩聲。丑居切。

打 dǐng(今音 dǎ)　擊也。从手，丁聲。都挺切。

文十三新附

𠦬 guāi　背吕也。象脅肋也。凡𠦬之屬皆从𠦬。古懷切。

脊 jǐ　背吕也。从𠦬，从肉。資昔切。

文二

說文解字 卷十二下

女 nǚ 婦人也。象形。王育説。凡女之屬皆从女。尼吕切。

姓 xìng 人所生也。古之神聖母,感天而生子,故稱天子。从女,从生,生亦聲。《春秋傳》曰:"天子因生以賜姓。"息正切。

姜 jiāng 神農居姜水,以爲姓。从女,羊聲。居良切。

姬 jī 黄帝居姬水,以爲姓。从女,𦣞聲。居之切。

姞 jí 黄帝之後百鯈姓,后稷妃家也。从女,吉聲。巨乙切。

嬴 yíng 少昊氏之姓。从女,嬴省聲。以成切。

姚 yáo 虞舜居姚虚,因以爲姓。从女,兆聲。或爲:姚,嬈也。《史篇》以爲:姚,易也。余招切。

嬀 guī 虞舜居嬀汭,因以爲氏,从女,爲聲。居爲切。

妘 yún 祝融之後姓也。从女,云聲。王分切。

籒文妘,从員。

姺 shēn 殷諸侯爲亂,疑姓也。从女,先聲。《春秋傳》曰:"商有姺邳。"所臻切。

嬿 niàn 人姓也。从女,然聲。奴見切。

妞 hào 人姓也。从女,丑聲。《商書》曰:"無有作妞。"呼到切。

娸 qī 人姓也。从女,其聲。杜林説:娸,醜也。去其切。

奼 chà 少女也。从女,乇聲。坼下切。

媒 méi 謀也。謀合二姓。从女,某聲。莫桮切。

妁 shuò 酌也。斟酌二姓也。从女,勺聲。市勺切。

嫁 jià 女適人也。从女,家聲。古訝切。

娶 qǔ 取婦也。从女,从取,取亦聲。七句切。

婚 hūn 婦家也。禮:娶婦以昏時,婦人陰也,故曰婚。从女,从昏,昏亦聲。呼昆切。

籒文婚。

姻 yīn　壻家也。女之所因，故曰姻。从女，从因，因亦聲。籀文姻，从𣶒。於真切。

妻 qī　婦，與夫齊者也。从女，从屮，从又。又，持事，要(妻)職也。臣鉉等曰："屮者，進也，齊之義也，故从屮。"七稽切。

古文妻，从肖、女。肖，古文貴字。

婦 fù　服也。从女持帚，灑掃也。房九切。

妃 fēi　匹也。从女，已聲。芳非切。

媲 pì　妃也。从女，㿝聲。匹計切。

妊 rèn　孕也。从女，从壬，壬亦聲。如甚切。

娠 shēn　女妊身動也。从女，辰聲。《春秋傳》曰："后緡方娠。"一曰：宫婢女隸謂之娠。失人切。

㛔 zōu(今音 chú)　婦人妊身也。从女，芻聲。《周書》曰："至于㛔婦。"側鳩切。

嬔 fàn　生子齊均也。从女，从生，免聲。芳萬切。

嫛 yī　婗也。从女，殹聲。烏雞切。

婗 ní　嫛婗也。从女，兒聲。一曰：婦人惡皃。五雞切。

母 mǔ　牧也。从女，象褱子形。一曰：象乳子也。莫后切。

嫗 yù　母也。从女，區聲。衣遇切。

媼 ǎo(媪)　女老偁也。从女，𥁕聲。讀若奧。烏皓切。

姁 xǔ　嫗也。从女，句聲。況羽切。

姐 jiě　蜀謂母曰姐，淮南謂之社。从女，且聲。兹也切。

姑 gū　夫母也。从女，古聲。古胡切。

威 wēi　姑也。从女，从戌。漢律曰："婦告威姑。"徐鍇曰："土盛於戌。土，陰之主也，故从戌。"於非切。

妣 bǐ　殁母也。从女，比聲。卑履切。

籀文妣，省。

姊 zǐ　女兄也。从女，𠂔聲。將几切。

妹 mèi　女弟也。从女，未聲。莫佩切。

娣 dì　女弟也。从女，从弟，弟亦聲。徒礼切。

媦 wèi　楚人謂女弟曰媦。从女，胃聲。《公羊傳》曰："楚王之妻媦。"云貴切。

㛮 sǎo(嫂)　兄妻也。从女，叜聲。穌老切。

姪 dié(今音 zhí)　兄之女也。从女，至聲。徒結切。

姨 yí　妻之女弟同出爲姨。从女，夷聲。以脂切。

妿 ē　女師也。从女，加聲。杜林説：加教於女也。讀若阿。烏何切。

娒 mǔ　女師也。从女，每聲。讀若母。莫后切。

媾 gòu　重婚也。从女，冓聲。《易》曰：“匪寇，婚媾。”古候切。

姼 chǐ　美女也。从女，多聲。尺氏切。

㛵 姼，或从氏。

妭 bá　婦人美也。从女，犮聲。蒲撥切。

嫨 xī　女隸也。从女，奚聲。胡雞切。

婢 bì　女之卑者也。从女，从卑，卑亦聲。便俾切。

奴 nú　奴、婢，皆古之辠人也。《周禮》曰：“其奴，男子入于辠隸，女子入于舂藁。”从女，从又。臣鉉等曰：“又，手也，持事者也。”**㚢** 古文奴，从人。乃都切。

妏 yì　婦官也。从女，弋聲。與職切。

媊 qián　甘氏《星經》曰：“太白上公，妻曰女媊。女媊居南斗，食厲，天下祭之。曰明星。”从女，前聲。昨先切。

媧 guā(今音 wā)　古之神聖女，化萬物者也。从女，咼聲。**𡞸** 籒文媧，从㒼。古蛙切。

娀 sōng　帝高辛之妃，偰母號也。从女，戎聲。《詩》曰：“有娀方將。”息弓切。

娥 é　帝堯之女，舜妻娥皇字也。秦晉謂好曰娙娥。从女，我聲。五何切。

嫄 yuán　台(邰)國之女，周棄母字也。从女，原聲。愚袁切。

嬿 yàn　女字也。从女，燕聲。於甸切。

婀 ē　女字也。从女，可聲。讀若阿。烏何切。

嬃 xū　女字也。《楚詞》曰：“女嬃之嬋媛。”賈侍中説：楚人謂姊爲嬃。从女，須聲。相俞切。

婕 jié　女字也。从女，疌聲。子葉切。

嬩 yú　女字也。从女，與聲。讀若余。以諸切。

孁 líng　女字也。从女，霝聲。郎丁切。

嫽 liáo　女字也。从女，尞聲。洛蕭切。

娥　yī　女字也。从女，衣聲。讀若衣。於稀切。

嬌　zhōu　女字也。从女，周聲。職流切。

姶　è　女字也。从女，合聲。《春秋傳》曰："嬖人婤姶。"一曰：無聲。烏合切。

改　jǐ　女字也。从女，己聲。居擬切。

娃　tǒu　女字也。从女，主聲。天口切。

妑　jiǔ　女字也。从女，久聲。舉友切。

姰　èr　女號也。从女，耳聲。仍吏切。

始　shǐ　女之初也。从女，台聲。詩止切。

媚　mèi　説也。从女，眉聲。美祕切。

嫵　wǔ　媚也。从女，無聲。文甫切。

媄　měi　色好也。从女，从美，美亦聲。無鄙切。

嫧　chù（今音 xù）　媚也。从女，畜聲。丑六切。

嫷　duò（嫷）　南楚之外謂好曰嫷。从女，隋聲。臣鉉等曰："今俗省作娲。《唐韻》作妥，非是。"徒果切。

姝　shū　好也。从女，朱聲。昌朱切。

好　hǎo　美也。从女、子。徐鍇曰："子者，男子之美

偁。會意。"呼皓切。

嬹　xìng　説也。从女，興聲。許應切。

嬮　yān　好也。从女，厭聲。於鹽切。

妹　shū　好也。从女，殳聲。《詩》曰："静女其妹。"昌朱切。

姣　xiáo（今音 jiǎo）　好也。从女，交聲。胡茅切。

嬽　yuān　好也。从女，夐聲。讀若蜀郡布名。委員切。

娧　duì（今音 tuì）　好也。从女，兌聲。杜外切。

媌　miáo　目裏好也。从女，苗聲。莫交切。

嫿　huà　静好也。从女，畫聲。呼麥切。

婠　wān　體德好也。从女，官聲。讀若楚郤宛。一完切。

娙　yīng（今音 xíng）　長好也。从女，巠聲。五莖切。

嫸　zàn　白好也。从女，贊聲。則旰切。

孌　luǎn　順也。从女，䜌聲。《詩》曰："婉兮孌兮。"力沇切。籀文孌。

婉　wǎn　婉也。从女，夗聲。於阮切。

婉　wǎn　順也。从女，宛聲。《春秋傳》曰：“太子痤婉。”於阮切。

姛　tǒng(今音 dòng)　直項皃。从女，同聲。他孔切。

嫣　yàn(今音 yān)　長皃。从女，焉聲。於建切。

姌　rǎn　弱長皃。从女，冄聲。而琰切。

嫋　niǎo　姌也。从女，从弱。奴鳥切。

孅　xiān　鋭細也。从女，韱聲。息廉切。

嫇　míng　嬰嫇也。从女，冥聲。一曰：嫇嫇，小人皃。莫經切。

媱　yáo　曲肩行皃。从女，䍃聲。余招切。

嬛　xuān　材緊也。从女，睘聲。《春秋傳》曰：“嬛嬛在疚。”許緣切。

姽　guǐ　閑體，行姽姽也。从女，危聲。過委切。

委　wěi　委隨也。从女，从禾。臣鉉等曰：“委，曲也。取其禾榖(穀)垂穗委曲之皃，故从禾。”於詭切。

婐　wǒ　㛂也。一曰：女侍曰婐。讀若騧，或若委。从女，果聲。孟軻曰：“舜爲天子，二女婐。”烏果切。

㛂　wǒ(今音 nuǒ)　婐㛂也。一曰：弱也。从女，厄聲。五果切。

㚲　chè(今音 chān)　小弱也。一曰：女輕薄善走也。一曰：多技藝也。从女，占聲。或讀若占。齒懾切。

婝　chān　妗也。从女，沾聲。丑廉切。

妗　xiān　婝好(妗)也。一曰：善笑皃。从女，今聲。火占切。

㜁　jiǎo　竦身也。从女，簋聲。讀若《詩》“糾糾葛屨”。居夭切。

婧　qìng(今音 jìng)　竦立也。从女，青聲。一曰：有才也。讀若韭菁。七正切。

妌　jìng　静也。从女，井聲。疾正切。

姂　fá　婦人皃。从女，乏聲。房法切。

嫙　xuán　好也。从女，旋聲。似沿切。

𪗋　jī(今音 qí)　材也。从女，齊聲。祖雞切。

婚　guó(今音 huó，姡)　面醜也。从女，昏聲。古活切。

嬥　tiǎo　直好皃。一曰：嬈也。从女，翟聲。徒了切。

嫢　guī　媞也。从女，規聲。讀若癸。秦晉謂細爲嫢。居隨切。

媞　shì　諦也。一曰：妍黠也。一曰：江淮之閒謂母曰媞。从女，是聲。承旨切。

婺　wù　不繇也。从女，敄聲。亡遇切。

嫺　xián　雅也。从女，閒聲。户閒切。

㜯　xī（今音 yí）　説樂也。从女，𦣞聲。許其切。

娶　qiān　美也。从女，臤聲。苦閑切。

娛　yú　樂也。从女，吴聲。噳俱切。

娭　ǎi（今音 xī）　戲也。从女，矣聲。一曰：卑賤名也。遏在切。

媅　dān　樂也。从女，甚聲。丁含切。

娓　wěi　順也。从女，尾聲。讀若媚。無匪切。

嫡　dí　孎也。从女，啻聲。都歷切。

孎　zhú　謹也。从女，屬聲。讀若人不孫爲孎。之欲切。

婉　yuàn　宴婉也。从女，冤聲。於願切。

媕　yǎn　女有心媕媕也。从女，弇聲。衣檢切。

媣　rǎn　諟也。从女，染聲。而琰切。

嫥　zhuān　壹也。从女，專聲。一曰：嫥嫥。職緣切。

如　rú　从隨也。从女，从口。徐鍇曰："女子从父之教，从夫之命，故从口。會意。"人諸切。

嫧　zé　齊也。从女，責聲。側革切。

娕　chuò　謹也。从女，束聲。讀若謹敕數數。測角切。

嬐　xiān　敏疾也。一曰：莊敬皃。从女，僉聲。息廉切。

嬪　pín　服也。从女，賓聲。符真切。

嫯　zhì　至也。从女，執聲。《周（商）書》曰："大命不嫯。"讀若摯，同。一曰：《虞書》雉嫯。脂利切。

婚　tà　俛伏也。从女，沓聲。一曰：伏意。他合切。

晏　yàn　安也。从女、日。《詩》曰："以晏父母。"烏諫切。

嬗　shàn　緩也。从女，亶聲。一曰：傳也。時戰切。

嫴　gū　保任也。从女，辜聲。古胡切。

媻 pó（今音 pán）　奢也。从女，般聲。臣鉉等曰："今俗作婆，非是。"薄波切。

娑 suō　舞也。从女，沙聲。《詩》曰："市也媻娑。"素何切。

姷 yòu　耦也。从女，有聲。讀若祐。于救切。

　姷，或从人。

姰 jūn　鈞適也。男女併也。从女，旬聲。居匀切。

婁 zī　婦人小物也。从女，此聲。《詩》曰："屢舞婁婁。"即移切。

妓 jì　婦人小物也。从女，支聲。讀若跂行。渠綺切。

嬰 yīng　頸飾也。从女、賏。賏，其（貝）連也。於盈切。

㛪 càn　三女爲㛪。㛪，美也。从女，奴省聲。倉案切。

媛 yuàn（今音 yuán）　美女也。人所援也。从女，从爰。爰，引也。《詩》曰："邦之媛兮。"玉眷切。

娉 pìn　問也。从女，甹聲。匹正切。

娽 lù　隨從也。从女，录聲。力玉切。

妝 zhuāng　飾也。从女，牀省聲。側羊切。

孌 luǎn（今音 liàn）　慕也。从女，䜌聲。力沇切。

媟 xiè　嬻也。从女，枼聲。私列切。

嬻 dú　媟嬻也。从女，賣（𧶠）聲。徒谷切。

嫰 duó（今音 zhuó）　短面也。从女，竅聲。丁滑切。

嬖 bì　便嬖，愛也。从女，辟聲。博計切。

嫛 kài（今音 qì）　難也。从女，毄聲。苦賣切。

妎 hài　妒也。从女，介聲。胡蓋切。

妒 dù　婦妒夫也。从女，户聲。當故切。

娼 mào　夫妒婦也。从女，冒聲。一曰：相視也。莫報切。

媄 yāo　巧也。一曰：女子笑皃。《詩》曰："桃之媄媄。"从女，芺聲。於喬切。

佞 nìng　巧讇高材也。从女，信省。臣鉉等曰："女子之信，近於佞也。"乃定切。

嫈 yīng　小心態也。从女，熒省聲。烏莖切。

嫪 lào　婟也。从女，翏聲。郎到切。

婟 hù　嫪也。从女，固聲。胡誤切。

姿 zī　態也。从女，次聲。即夷切。

㜘 jù　嬌(驕)也。从女，虘聲。將預切。

妨 fáng　害也。从女，方聲。敷方切。

妄 wàng　亂也。从女，亡聲。巫放切。

媮 tōu　巧黠也。从女，俞聲。託侯切。

⿱污女 hù　⿱污女鹵，貪也。从女，污聲。胡古切。

娋 xuē(今音 shào)　小小侵也。从女，肖聲。息約切。

⿰女朵 duǒ(今音 duò)　量也。从女，朵聲。丁果切。

妯 dí(今音 chōu)　動也。从女，由聲。徐鍇曰："當从胄省。"徒歷切。

嫌 xián　不平於心也。一曰：疑也。从女，兼聲。户兼切。

媘 shěng　減也，从女，省聲。所景切。

婼 chuò　不順也。从女，若聲。《春秋傳》曰："叔孫婼。"丑略切。

婞 xìng　很也。从女，幸聲。《楚詞》曰："鯀婞直。"胡頂切。

嫳 piè　易使怒也。从女，敝聲。讀若擊撆。匹滅切。

嫸 zhǎn　好枝格人語也。一曰：靳也。从女，善聲。旨善切。

娺 duó(今音 zhuó)　疾悍也。从女，叕聲。讀若唾。丁滑切。

㜝 ǎn　含怒也。一曰：難知也。从女，酓聲。《詩》曰："碩大且㜝。"五感切。

娿 ē　媕娿也。从女，阿聲。烏何切。

姸 yán　技也。一曰：不省録事。一曰：難侵也。一曰：惠也。一曰：安也。从女，开(幵)聲。讀若研。五堅切。

娃 wā　圜深目皃。或曰：吴楚之閒謂好曰娃。从女，圭聲。於佳切。

⿱陝女 shǎn　不媚，前却⿱陝女⿱陝女也。从女，陜聲。失冉切。

妜 yuè　鼻目閒皃。讀若煙火炔炔。从女，决省聲。於説切。

孈 shuī(今音 huì)　愚戇多態也。从女，巂聲。讀若隓。式吹切。

⿰女恚 huì　不説也。从女，恚聲。於避切。

嫼 hēi（今音 mò）　怒皃。从女，黑聲。呼北切。

娍 yuè　輕也。从女，戉聲。王伐切。

嫖 piāo（今音 piào）　輕也。从女，𤐫聲。匹招切。

娷 cuó（今音 qiē）　訬疾也。从女，坐聲。昨禾切。

姎 àng（今音 āng）　女人自偁，我也。从女，央聲。烏浪切。

媁 wéi　不說皃。从女，韋聲。羽非切。

婎 huī　姿婎，姿也。从女，隹聲。一曰：醜也。許惟切。

婱 xián　有守也。从女，弦聲。胡田切。

媥 piān　輕皃。从女，扁聲。芳連切。

嫚 màn　侮易也。从女，曼聲。謀患切。

㛇 chè（今音 chā）　疾言失次也。从女，臿聲。讀若懾。丑聶切。

嬬 xū（今音 rú）　弱也。一曰：下妻也。从女，需聲。相俞切。

娝 pāi（今音 pōu）　不肖也。从女，否聲。讀若竹皮箁。匹才切。

嬯 tái　遲鈍也。从女，臺聲。闒嬯亦如之。徒哀切。

嫸 niǎn　下志貪頑也。从女，覃聲。讀若深。乃忝切。

嬠 cǎn　婪也，从女，參聲。七感切。

婪 lán　貪也。从女，林聲。杜林說：卜者黨相詐驗爲婪。讀若潭。盧含切。

嬾 lǎn（懶）　懈也，怠也。一曰卧（餐）也。从女，賴聲。洛旱切。

婁 lóu　空也。从毌、中、女，空之意也。一曰：婁務也。洛侯切。［古文字形］古文。

娎 xiè　娎婡也。从女，折聲。許列切。

婡 xiè　得志婡婡。一曰：婡，息也。一曰：少气也。从女，夾聲。呼帖切。

嬈 niǎo　苛也。一曰：擾、戲弄也。一曰：嫐也。从女，堯聲。奴鳥切。

嫛 huǐ　惡也。一曰：人皃。从女，毀聲。許委切。

姍 shàn（今音 shān）　誹也。一曰：翼便也。从女，刪省聲。所晏切。

敿 cù　醜也。一曰：老嫗也。从女，酋聲。讀若蹴。七宿切。

嫫 mó(嫫)　嫫母，都醜也。从女，莫聲。莫胡切。

婓 fēi　往來婓婓也。一曰：醜皃。从女，非聲。芳非切。

孃 niáng(今音 ráng)　煩擾也。一曰：肥大也。从女，襄聲。女良切。

嬒 kuài(今音 huì)　女黑色也。从女，會聲。《詩》曰："嬒兮蔚兮。"古外切。

媆 ruǎn　好皃。从女，耎聲。而沇切。臣鉉等案："《切韻》又音奴困切。今俗作嫩，非是。"

媕 yàn　誣挐也。从女，奄聲。依劒切。

嬾 làn　過差也。从女，監聲。《論語》曰："小人窮斯嬾矣。"盧瞰切。

嫯 ào　侮易也。从女，敖聲。五到切。

婬 yín　私逸也。从女，㸒聲。余箴切。

姘 pēng(今音 pīn)　除也。漢律："齊人予妻婢姦曰姘。"从女，并聲。普耕切。

奸 gān(今音 jiān)　犯婬也。从女，从干，干亦聲。古寒切。

姅 bàn　婦人污也。从女，半聲。漢律曰："見姅變，不得侍祠。"博幔切。

娗 tǐng　女出病也。从女，廷聲。徒鼎切。

婥 nào　女病也。从女，卓聲。奴教切。

娷 zhuì　諉也。从女，垂聲。竹恚切。

嫋 nǎo　有所恨也。从女，㐫聲。今汝南人有所恨曰嫋。臣鉉等曰："㐫，古囟字，非聲。當从𡿺省。"奴皓切。

媿 kuì(愧)　慙也。从女，鬼聲。俱位切。

媿，或从恥省。

奻 nuán　訟也。从二女。女還切。

姦 jiān　私也。从三女。古顏切。

古文姦，从心，旱聲。

文二百三十八　重十三

嬙 qiáng　婦官也。从女，牆省聲。才良切。

妲 dá　女字。妲己，紂妃。从女，旦聲。當割切。

嬌 jiāo　姿也。从女，喬聲。舉喬切。

嬋 chán　嬋娟，態也。从女，單聲。市連切。

娟 juān　嬋娟也。从女，肙聲。於緣切。

嫠 lí　無夫也。从女，𠩺聲。里之切。

姤 gòu 偶也。从女，后聲。古候切。

文七新附

毋 wú 止之也。从女，有奸之者。凡毋之屬皆从毋。武扶切。

毐 ǎi 人無行也。从士，从毋。賈侍中說：秦始皇母與嫪毐淫，坐誅，故世罵淫曰嫪毐。读若娭。遏在切。

文二

民 mín 众萌也。从古文之象。凡民之屬皆从民。彌鄰切。古文民。

氓 méng 民也。从民，亡聲。讀若盲。武庚切。

文二 重一

丿 piě 右戾也。象左引之形。凡丿之屬皆从丿。徐鍇曰："其爲文舉首而申體也。"房密切。

乂 yì 芟艸也。从丿、从乀相交。魚廢切。

乂，或从刀。

弗 fú 撟也。从丿，从乀，从韋省。分勿切。臣鉉等曰："韋所以束枉戾也。"

乀 fú 左戾也。从反丿。讀與弗同。分勿切。

文四 重一

厂 yì 抴也，明也。象抴引之形。凡厂之屬皆从厂。虒字从此。徐鍇曰："象厂而不舉首。"余制切。

弋 yì 橜也。象折木衺鋭著形。从厂，象物挂之也。與職切。

文二

乁 yí 流也。从反厂。讀若移。凡乁之屬皆从乁。弋支切。

也 yě 女陰也。象形。羊者切。

秦刻石也字。

文二 重一

氏 shì 巴蜀山名按：山名，當作名山。岸脅之旁箸欲落墯者曰氏，氏崩，聞數百里。象形，乁聲。凡氏之屬皆从氏。楊雄賦：響若氏隤。承旨切。

氒 jué 木本。从氏。大於末。讀若厥。居月切。

文二

氐 dǐ 至也。从氏下箸一。一，地也。凡氐之屬皆从氐。丁礼切。

⿰垔氏 yìn　臥也。从氏，垔聲。於進切。

⿰失氏 dié　觸也。从氏，失聲。徒結切。

⿱𦥑氏 hào/xiào　闕。臣鉉等案："今《篇》、《韻》音皓，又音效，注云：誤也。"

文四

戈 gē　平頭戟也。从弋，一横之。象形。凡戈之屬皆从戈。古禾切。

肈 zhào　上諱。臣鉉等曰："後漢和帝名也。案李舟《切韻》云：擊也。从戈，肁聲。"直小切。

戎 róng(戎)　兵也。从戈，从甲。如融切。

戣 kuí　《周禮》：侍臣執戣，立于東垂。兵也。从戈，癸聲。渠追切。

⿰旱戈 hàn(今音 gān)　盾也。从戈，旱聲。矦旰切。

㦸 jǐ(戟)　有枝兵也。从戈、倝。《周禮》："㦸長丈六尺。"讀若棘(棘)。臣鉉等曰："倝非聲。義當从榦省。榦。枝也。"紀逆切。

戛 jiá　戟也。从戈，从百。讀若棘(棘)。古黠切。

賊 zéi　敗也。从戈，則聲。昨則切。

戍 shù　守邊也。从人持戈。傷遇切。

戰 zhàn　鬬(鬭)也。从戈，單聲。之扇切。

戲 xì　三軍之偏也。一曰：兵也。从戈，䖒聲。香義切。

戜 dié　利也。一曰：剔也。从戈，呈聲。徒結切。

或 yù　邦也。从口，从戈，以守一。一，地也。于逼切。臣鉉等曰："今俗作胡國切，以爲疑或不定之意。"

域 或，又从土。臣鉉等曰："今無復或音。"

截 jié　斷也。从戈，雀聲。昨結切。

⿹戈今 kān(勘)　殺也。从戈，今聲。《商書》曰："西伯既⿹戈今黎。"口含切。

戕 qiāng　搶(槍)也。他國臣來弑君曰戕。从戈，爿聲。士良切。

戮 lù　殺也。从戈，翏聲。力六切。

戡 zhěn/kān　刺(刺)也。从戈，甚聲。竹甚、口含二切。

⿹戈寅 yìn/yǎn　長搶(槍)也。从戈，寅聲。《春秋傳》有擣⿹戈寅。弋刃、以淺二切。

𢦏 zāi　傷也。从戈，才聲。祖才切。

戩 jiǎn(戬)　滅也。从戈，晉聲。《詩》曰："實始戩商。"即淺切。

𢦔 jiān 絶也。一曰：田器。从从持戈。古文讀若咸。讀若《詩》云"攕攕女手"。臣鉉等曰："𢦔，銳意也，故从从。"子廉切。

武 wǔ 楚莊王曰："夫武，定功戢兵。故止戈爲武。"文甫切。

戢 jí 藏兵也。从戈，咠聲。《詩》曰："載戢干戈。"阻立切。

戠 zhī 闕。从戈，从音。之弋切。

戔 cán 賊也。从二戈。《周書》曰："戔戔巧言。"徐鍇曰："兵多則殘也，故从二戈。"昨千(干)切。

文二十六 重一

戉 yuè 斧也。从戈，𠄌聲。《司馬法》曰："夏執玄戉，殷執白戚，周左杖黃戉，右秉白髦。"凡戉之屬皆从戉。臣鉉等曰："今俗別作鉞，非是。"王伐切。

戚 qī 戉也。从戉，尗聲。倉歷切。

文二

我 wǒ 施身自謂也。或說：我，頃頓也。从戈，从𠂹。𠂹，或說古垂字。一曰：古殺字。凡我之屬皆从我。徐鍇曰："从戈者，取戈自持也。"五可切。古文我。

義 yì 己(已)之威儀也。从我、羊。臣鉉等曰："此與善同意，故从羊。"宜寄切。墨翟書義从弗。魏郡有羛陽鄉，讀若錡。今屬鄴，本內黃北二十里。

文二 重二

亅 jué 鉤逆者謂之亅。象形。凡亅之屬皆从亅。讀若橜。衢月切。

𠄌 jué 鉤識也。从反亅。讀若捕鳥罬。居月切。

文二

珡 qín(琴) 禁也。神農所作。洞越，練朱五弦，周加二弦。象形。凡珡之屬皆从珡。巨今切。古文珡，从金。

瑟 sè 庖犧所作弦樂也。从珡，必聲。所櫛切。古文瑟。

文二 重二

琵 pí 琵琶，樂器。从珡，比聲。房脂切。

琶 pá 琵琶也。从珡，巴聲。義當用枇杷。蒲巴

切。

文二新附

乚　yǐn　匿也。象迟曲隱蔽形。凡乚之屬皆从乚。讀若隱。於謹切。

直　zhí　正見也。从乚,从十,从目。徐鍇曰:"乚,隱也。今十目所見,是直也。"除力切。古文直。

文二　重一

亾　wáng(亡)　逃也。从入,从乚。凡亡之屬皆从亡。武方切。

乍　zhà　止也。一曰:亡也。从亡,从一。徐鍇曰:"出亡,得一則止,暫止也。"鉏駕切。

望　wàng　出亡在外,望其還也。从亡,朢省聲。巫放切。

無　wú　亡也。从亡,無聲。武扶切。

奇字无,通於元者。王育說:天屈西北爲无。

匃　gài(丐)　气也。逯安說:亡人爲匃。古代切。

文五　重一

匸　xì　衺徯,有所俠藏也。从乚,上有一覆之。凡匸之屬皆从匸。讀與傒同。胡礼切。

區　qū　踦區,藏匿也。从品在匸中;品,衆也。豈俱切。

匿　nì　亡也。从匸,若聲。讀如羊騶箠。女力切。

㔷　lòu　側逃也。从匸,丙聲。一曰:箕屬。臣鉉等曰:"丙非聲,義當从内,會意。疑傳寫之誤。"盧候切。

匽　yǎn　匿也。从匸,妟聲。於蹇切。

医　yì　盛弓弩矢器也。从匸,从矢。《國語》曰:"兵不解医。"於計切。

匹　pǐ　四丈也。从八、匸。八揲一匹,八亦聲。普吉切。

文七

匚　fāng　受物之器。象形。凡匚之屬皆从匚。讀若方。府良切。籀文匚。

匠　jiàng　木工也。从匚,从斤。斤,所以作器也。疾亮切。

匧　qiè　[械]藏也。从匚,夾聲。苦叶切。

匧,或从竹。

匡　kuāng(筐)　飲(飯)器，筥也。从匚，㞷聲。去王切。　匡，或从竹。

匜　yǐ(今音 yí)　似羹魁，柄中有道，可以注水。从匚，也聲。移尔切。

匴　suǎn　渌米籔也。从匚，算(算)聲。穌管切。

匱　gòng　小桮也。从匚，贛聲。古送切。

　匱，或从木。

匪　fěi　器。似竹筐。从匚，非聲。《逸周書》曰："實玄黄于匪。"非尾切。

𠤪　cāng　古器也。从匚，倉聲。七岡切。

㔯　tiáo　田器也。从匚，攸聲。徒聊切。

𠥋　yì　田器也。从匚，異聲。與職切。

𠥂　hū　古器也。从匚。曶聲。呼骨切。

匬　tóu(今音 yǔ)　甌，器也。从匚，俞聲。度矦切。

匱　guì　匣也。从匚，貴聲。求位切。

匵　dú　匱也。从匚，賣(𧶠)聲。徒谷切。

匣　xiá　匱也。从匚，甲聲。胡甲切。

匯　huì　器也。从匚，淮聲。胡罪切。

柩　jiù　棺也。从匚，从木，久聲。曰(巨)救切。

　籀文柩。

匰　dān　宗廟盛主器也。《周禮》曰："祭祀共匰主。"从匚，單聲。都寒切。

文十九　重五

曲　qū　象器曲受物之形。或説，曲，蠶薄也。凡曲之屬皆从曲。　古文曲。丘玉切。

𠁣　qū　㪿曲也。从曲，玉聲。丘玉切。

𥁕　tāo　古器也。从曲，舀聲。土刀切。

文三　重一

甾　zī　東楚名缶曰甾。象形。凡甾之屬皆从甾。側詞切。　古文。

𤱶　chā　斛也。古田器也。从甾，疌聲。楚洽切。

畚　běn(畚)　𤮰屬，蒲器也，所以盛種。从甾，弁聲。布忖切。

𤮰　píng　㼽也。从甾，并聲。杜林以爲竹筥。楊雄以爲蒲器。讀若軿。薄經切。

盧 lú　䍐也。从甾，虍聲。讀若盧，同。洛乎切。

篆文盧。籀文盧。

文五　重三

瓦 wǎ　土器已燒之總名。象形。凡瓦之屬皆从瓦。五寡切。

瓬 fǎng　周家(禮)搏埴之工也。从瓦，方聲。讀若抵破之抵。臣鉉等曰："抵音瓦，非聲。未詳。"分兩切。

甄 jiān(今音 zhēn)　匋也。从瓦，垔聲。居延切。

甍 méng　屋棟也。从瓦，夢省聲。徐鍇曰："所以承瓦，故从瓦。"莫耕切。

甑 zèng　甗也。从瓦，曾聲。子孕切。

籀文甑，从䰞。

甗 yǎn　甑也。一曰：穿也。从瓦，鬳聲。讀若言。魚蹇切。

瓵 yí　甌瓿謂之瓵。从瓦，台聲。與之切。

瓽 dàng　大盆也。从瓦，尚聲。丁浪切。

甌 ōu　小盆也。从瓦，區聲。烏侯切。

瓮 wèng　罌也。从瓦，公聲。烏貢切。

瓨 gāng(今音 xiáng)　似罌，長頸。受十升。讀若洪。从瓦，工聲。古雙切。

㼝 wǎn　小盂也。从瓦，夗聲。臣鉉等曰："今俗別作椀，非是。"烏管切。

瓴 líng　瓮，似瓶也。从瓦，令聲。郎丁切。

㼰 pí　罌謂之㼰。从瓦，卑聲。部迷切。

㼪 piān(今音 biān)　似小瓿。大口而卑。用食。从瓦，扁聲。芳連切。

瓿 pǒu(今音 bù)　㼪也。从瓦，音聲。蒲口切。

㼸 róng　器也。从瓦，容聲。上(與)封切。

甓 pì　瓴甓也。从瓦，辟聲。《詩》曰："中唐有甓。"扶歷切。

甃 zhòu　井壁也。从瓦，秋聲。側救切。

甈 niè(今音 qì)　康瓠，破罌。从瓦，臬聲。魚例切。甈，或从埶。

𤮊 chuǎng　瑳垢瓦石。从瓦，爽聲。初兩切。

㼯 liè　蹈瓦聲。从瓦，㓹聲。零帖切。

㼨 hán　治(冶)橐榦也。从瓦，今聲。胡男切。

瓲 suì 破也。从瓦，卒聲。穌對切。

㼝 bǎn 敗也。从瓦，反聲。布綰切。

文二十五 重二

瓷 cí 瓦器。从瓦，次聲。疾資切。

㼨 chī 酒器。从瓦，稀省聲。丑脂切。

文二新附

弓 gōng 以近窮遠。象形。古者揮作弓。《周禮》六弓：王弓、弧弓以射甲革甚質；夾弓、庾弓以射干矦鳥獸；唐弓、大弓以授學射者。凡弓之屬皆从弓。居戎切。

弴 dūn 畫弓也。从弓，享聲。都昆切。

弭 mǐ 弓無緣。可以解轡紛者。从弓，耳聲。緜婢切。 弭，或从兒。

弲 yuān（今音 xuān） 角弓也。洛陽名弩曰弲。从弓，肙聲。烏玄切。

弧 hú 木弓也。从弓，瓜聲。一曰：往體寡、來體多曰弧。户吴切。

弨 chāo 弓反也。从弓，召聲。《詩》曰："彤弓弨兮。"尺招切。

弮 juàn（今音 quán） 弓曲也。从弓，雚聲。九院切。

彄 kōu 弓弩耑弦所居也。从弓，區聲。恪矦切。

䌛 yáo 弓便利也。从弓，繇聲。讀若燒。火招切。

張 zhāng 施弓弦也。从弓，長聲。陟良切。

彏 xuè 弓急張也。从弓，矍聲。許縛切。

弸 péng 弓彊皃。从弓，朋聲。父耕切。

彊 qiáng 弓有力也。从弓，畺聲。巨良切。

彎 wān 持弓關矢也。从弓，䜌聲。烏關切。

引 yǐn 開弓也。从弓、丨。臣鉉等曰："象引弓之形。"余忍切。

弙 wū 滿弓有所鄉也。从弓，于聲。哀都切。

弘 hóng 弓聲也。从弓，厶聲。厶，古文肱字。胡肱切。

彌 xǐ（今音 mí） 弛弓也。从弓，璽聲。斯氏切。

弛 shǐ（今音 chí） 弓解也。从弓，从也。施氏切。 弛，或从虒。

弢 tāo 弓衣也。从弓，从夂。夂，垂飾，與鼓同意。土刀切。

弩 nǔ　弓有臂者。《周禮》四弩：夾弩、庾弩、唐弩、大弩。从弓，奴聲。奴古切。

彀 gòu　張弩也。从弓，㱿聲。古候切。

彍 kuò（今音 guō）　弩滿也。从弓，黄聲。讀若郭。苦郭切。

彃 bì　䠶也。从弓，畢聲。《楚詞》曰："芎焉彃日。"卑吉切。

彈 dàn　行丸也。从弓，單聲。徒案切。

彈，或从弓持丸。

發 fā　䠶發也。从弓，癹聲。方伐切。

芎 yì　帝嚳䠶官，夏少康滅之。从弓，幵聲。《論語》曰："芎善䠶。"五計切。

文二十七　重三

弜 jiàng　彊也。从二弓。凡弜之屬皆从弜。其兩切。

弼 bì　輔也，重也。从弜，西聲。徐鍇曰："西，舌也，非聲。舌柔而弜剛，以柔从剛，輔弼之意。"房密切。

弼，或如此。

並古文弼。

文二　重三

弦 xián　弓弦也。从弓，象絲軫之形。凡弦之屬皆从弦。臣鉉等曰："今别作絃，非是。"胡田切。

盭 lì　弻戾也。从弦省，从盩。讀若戾。臣鉉等曰："盩者，擊皐人見血也，弻戾之意。"郎計切。

玅 yāo　急戾也。从弦省。少聲。於霄切。

竭 yì　不成，遂急戾也。从弦省，曷聲。讀若瘞葬。於罽切。

文四

系 xì　繫也。从糸，丿聲。凡系之屬皆从系。胡計切。

系，或从毄、處。

籀文系，从爪、絲。

孫 sūn　子之子曰孫。从子，从系。系，續也。思魂切。

緜 mián　聯微也。从系，从帛。武延切。

繇 yáo　隨從也。从系，䍃聲。臣鉉等曰："今俗从䍃。"余招切。

文四　重二

說文解字　卷十三上

二十三部　文六百九十九　重一百二十三
凡八千三百九十八字　文三十七新附

糸　mì　細絲也。象束絲之形。凡糸之屬皆从糸。讀若䚃。徐鍇曰："一蠶所吐爲忽，十忽爲絲。糸，五忽也。"莫狄切。

古文糸。

繭　jiǎn　蠶衣也。从糸，从虫，黹省。古典切。

古文繭，从糸、見。

繅　sāo　繹繭爲絲也。从糸，巢聲。穌遭切。

繹　yì　抽絲也。从糸，睪聲。羊益切。

緒　xù　絲耑也。从糸，者聲。徐吕切。

緬　miǎn　微絲也。从糸，面聲。弭沇切。

純　chún　絲也。从糸，屯聲。《論語》曰："今也純，儉。"常倫切。

綃　xiāo　生絲也。从糸，肖聲。相幺切。

緒　kāi　大絲也。从糸，皆聲。口皆切。

絖　huāng　絲曼延也。从糸，巟聲。呼光切。

紇　hé(紇)　絲下也。从糸，气聲。《春秋傳》有臧孫紇。下没切。

紙　dī　絲滓也。从糸，氏(氐)聲。都兮切。

絓　huà(今音 kuā)　繭滓絓頭也。一曰：以囊絮練也。从糸，圭聲。胡卦切。

纅　yào　絲色也。从糸，樂聲。以灼切。

維　suì　著絲於筟車也。从糸，崔聲。穌對切。

經　jīng　織也。从糸，巠聲。九丁切。

織　zhī　作布帛之總名也。从糸，戠聲。之弋切。

紅　zhì　樂浪挈令織。从糸，从式。臣鉉等曰："挈令，蓋律令之書也。"

紝　rèn　機縷也。从糸，壬聲。如甚切。

紝,或从任。

綜 zòng　機縷也,从糸,宗聲。子宋切。

綹 liǔ　緯十縷爲綹。从糸,咎聲。讀若柳。力久切。

緯 wěi　織横絲也。从糸,韋聲。云貴切。

緷 yùn　緯也。从糸,軍聲。王問切。

繢 huì　織餘也。从糸,貴聲。胡對切。

統 tǒng　紀也。从糸,充聲。他綜切。

紀 jì　絲别也。从糸,己聲。居擬切。

繦 qiǎng　觕纇也。从糸,强聲。居兩切。

纇 lèi　絲節也。从糸,頪聲。盧對切。

紿 dài　絲勞即紿。从糸,台聲。徒亥切。

納 nà　絲溼納納也。从糸,内聲。奴荅切。

紡 fǎng　網絲也。从糸,方聲。妃兩切。

絶 jué　斷絲也。从糸,从刀,从卪。情雪切。

古文絶,象不連體,絶二絲。

繼 jì　續也。从糸、㡭。一曰:反㡭爲繼。古詣切。

續 xù(賡)　連也。从糸,賣(𧶠)聲。似足切。

古文續,从庚、貝。臣鉉等曰:"今俗作古行切。"

纘 zuǎn　繼也。从糸,贊聲。作管切。

紹 shào　繼也。从糸,召聲。一曰:紹,緊糾也。市沼切。古文紹,从邵。

䌥 chǎn　偏緩也。从糸,羨聲。昌善切。

⿰糸盈 tīng　緩也。从糸,盈聲。讀與聽同。他丁切。

⿰糸盈,或从呈。

縱 zòng　緩也。一曰:舍也。从糸,從聲。足用切。

紓 shū　緩也。从糸,予聲。傷魚切。

繎 rán　絲勞也。从糸,然聲。如延切。

紆 yū　詘也。从糸,于聲。一曰:縈也。億俱切。

緈 xìng　直也。从糸,幸聲。讀若陘。胡頂切。

纖 xiān　細也。从糸,韱聲。息廉切。

細 xì　微也。从糸,囟聲。穌計切。

緢 miáo　旄絲也。从糸,苗聲。《周書》曰:"惟緢

有稽。"武儦切。

縒 cī 參縒也。从糸，差聲。楚宜切。

繙 fán 冕(冤)也。从糸，番聲。附袁切。

縮 sù(今音 suō) 亂也。从糸，宿聲。一曰：蹴也。所六切。

紊 wèn(今音 wěn) 亂也。从糸，文聲。《商書》曰："有條而不紊。"亡運切。

級 jí 絲次弟也。从糸，及聲。居立切。

總 zǒng 聚束也。从糸，悤聲。臣鉉等曰："今俗作揔，非是。"作孔切。

䋑 jú 約也。从糸，具聲。居玉切。

約 yuē 纏束也。从糸，勺聲。於略切。

繚 liǎo 纏也。从糸，尞聲。盧鳥切。

纏 chán 繞也。从糸，廛聲。直連切。

繞 rǎo(今音 rào) 纏也。从糸，堯聲。而沼切。

紾 zhěn 轉也。从糸，㐱聲。之忍切。

繯 xuàn(今音 huán) 落也。从糸，睘聲。胡畎切。

辮 biàn 交也。从糸，辡聲。頻犬切。

結 jié 締也。从糸，吉聲。古屑切。

縎 gǔ 結也。从糸，骨聲。古忽切。

締 dì 結不解也。从糸，帝聲。特計切。

縛 fù 束也。从糸，尃聲。符钁切。

繃 bēng 束也。从糸，崩聲。《墨子》曰："禹葬會稽，桐棺三寸，葛以繃之。"補盲切。

絿 qiú 急也。从糸，求聲。《詩》曰："不競不絿。"巨鳩切。

絅 jiōng 急引也。从糸，冋聲。古熒切。

𥿻 pài 散絲也。从糸，𠂢聲。匹卦切。

𦄻 luò 不均也。从糸，羸聲。力臥切。

給 jǐ 相足也。从糸，合聲。居立切。

綝 chēn 止也。从糸，林聲。讀若郴。丑林切。

縪 bì 止也。从糸，畢聲。卑吉切。

紈 wán 素也。从糸，丸聲。胡官切。

終 zhōng 絿絲也。从糸，冬聲。職戎切。

𠔇 古文終。

緁 jí(今音 jié)　合也。从糸,从集。讀若捷。姊入切。

繒 zēng　帛也。从糸,曾聲。疾陵切。

籀文繒,从宰省。楊雄以爲漢律祠宗廟丹書告。

緭 wèi　繒也。从糸,胃聲。云貴切。

絩 zhào(今音 tiào)　綺絲之數也。《漢律》曰:“綺絲數謂之絩,布謂之總,綬組謂之首。”从糸,兆聲。治小切。

綺 qǐ　文繒也。从糸,奇聲。袪彼切。

縠 hú　細縛也。从糸,𣪊聲。胡谷切。

縳 zhuàn(今音 juàn)　白鮮色(卮)也。从糸,專聲。持沇切。

縑 jiān　并絲繒也。从糸,兼聲。古甛切。

綈 tí　厚繒也。从糸,弟聲。杜兮切。

練 liàn　湅繒也。从糸,柬聲。郎甸切。

縞 gǎo　鮮色(卮)也。从糸,高聲。古老切。

纚 shī　粗緒也。从糸,璽聲。臣鉉等曰:“今俗别作絁,非是。”式支切。

紬 chóu　大絲繒也。从糸,由聲。直由切。

綮 qǐ　𢻃(致)繒也。一曰:微幟,信也,有齒。从糸,殸聲。康礼切。

綾 líng　東齊謂布帛之細曰綾。从糸,夌聲。力膺切。

縵 màn　繒無文也。从糸,曼聲。《漢律》曰:“賜衣者縵表白裏。”莫半切。

繡 xiù　五采備也。从糸,肅聲。息救切。

絢 xuàn　《詩》云:“素以爲絢兮。”从糸,旬聲。臣鉉等案:“《論語》注:絢,文貌。”許掾切。

繪 huì　會五采繡也。《虞書》曰:“山龍華蟲作繪。”《論語》曰:“繪事後素。”从糸,會聲。黄外切。

緀 qī　白(帛)文皃。《詩》曰:“緀兮斐兮,成是貝錦。”从糸,妻聲。七稽切。

[糸米] mǐ　繡文如聚細米也。从糸,从米,米亦聲。莫礼切。

絹 juàn　繒如麥䅌。从糸,肙聲。吉掾切。

綠 lǜ(绿)　帛青黄色也。从糸,录聲。力玉切。

縹 piǎo　帛青白色也。从糸,票聲。敷沼切。

[糸育] yù　帛青經縹緯。一曰:育陽染也。从糸,育

聲。余六切。

絑 zhū　純赤也。《虞書》"丹朱"如此。从糸，朱聲。章俱切。

纁 xūn　淺絳也。从糸，熏聲。許云切。

絀 chù　絳也。从糸，出聲。丑律切。

絳 jiàng　大赤也。从糸，夅聲。古巷切。

綰 wǎn　惡也（色）絳也。从糸，官聲。一曰：綃也。讀若雞卵。烏版切。

縉 jìn　帛赤［白］色也。《春秋傳》"縉雲氏"，《禮》有"縉緣"。从糸，晉聲。即刃切。

綪 qiàn　赤繒也。从茜染，故謂之綪。从糸，青聲。倉絢切。

緹 tǐ(今音 tí)　帛丹黃色。从糸，是聲。他礼切。

緹，或从氏。

縓 quàn(今音 quán)　帛赤黃色。一染謂之縓，再染謂之經，三染謂之纁。从糸，原聲。七絹切。

紫 zǐ　帛青赤色。从糸，此聲。將此切。

紅 hóng　帛赤白色。从糸，工聲。户公切。

繱 cōng　帛青色。从糸，蔥聲。倉紅切。

紺 gàn　帛深青揚赤色。从糸，甘聲。古暗切。

綥 qí　帛蒼艾色。从糸，畀聲。《詩》："縞衣綥巾。"未嫁女所服。一曰：不借綥。渠之切。

綦 綥，或从其。

繰 qiǎo(今音 zǎo)　帛如紺色。或曰：深繒(紺)。从糸，喿聲。讀若喿。親小切。

緇 zī　帛黑色也。从糸，甾聲。側持切。

纔 qiān(今音 shān)　帛雀頭色。一曰：微黑色，如紺。纔，淺也。讀若讒。从糸，毚聲。七咸切。

⿰糸剡 tǎn　帛騅色也。从糸，剡聲。《詩》曰："毳衣如⿰糸剡。"臣鉉等曰："今俗别作毯，非是。"土敢切。

綟 lì　帛戾（莀）艸染色。从糸，戾聲。郎計切。

紑 fóu　白鮮衣皃。从糸，不聲。《詩》曰："素衣其紑。"匹丘切。

緂 chān(今音 tián)　白鮮衣皃。从糸，炎聲。謂衣采色鮮也。充三切。

繻 xū　繒采色。从糸，需聲。讀若《易》"繻有

衣”。臣鉉等曰：“《漢書》：傳符帛也。”相俞切。

縟　rù　繁采色也。从糸，辱聲。而蜀切。

纚　xǐ　冠織也。从糸，麗聲。所綺切。

紘　hóng　冠卷也。从糸，厷聲。户萌切。

紭　紘，或从弘。

紞　dǎn　冕冠塞耳者。从糸，冘聲。臣鉉等曰：“今俗别作髧，非是。”都感切。

纓　yīng　冠系也。从糸，嬰聲。於盈切。

紻　yǎng　纓卷也。从糸，央聲。於兩切。

緌　ruí　系冠纓也。从糸，委聲。儒隹切。

緄　gǔn　織帶也。从糸，昆聲。古本切。

紳　shēn　大帶也。从糸，申聲。失人切。

繟　chǎn　帶緩也。从糸，單聲。昌善切。

綬　shòu　韍維也。从糸，受聲。植酉切。

組　zǔ　綬屬。其小者以爲冕纓。从糸，且聲。則古切。

緺　guā　綬紫青也。从糸，咼聲。古蛙切。

縌　nì　綬維也。从糸，逆聲。宜戟切。

纂　zuǎn　似組而赤。从糸，算聲。作管切。

紐　niǔ　系也。一曰：結而可解。从糸，丑聲。女久切。

綸　guān(今音 lún)　青絲綬也。从糸，侖聲。古還切。

綎　tīng　系綬也。从糸，廷聲。他丁切。

絙　huán　緩也。从糸，亘聲。胡官切。

繐　suì　細疏布也。从糸，惠聲。私鋭切。

纅　bó　頸（領）連也。从糸，暴省聲。補各切。

紟　jīn　衣系也。从糸，今聲。居音切。

䋊　籒文从金。

緣　yuán　衣純也。从糸，彖聲。以絹切。

纀　bú　裳削幅謂之纀。从糸，僕聲。博木切。

絝　kù（褲）　脛衣也。从糸，夸聲。苦故切。

繑　qiāo　絝紐也。从糸，喬聲。牽摇切。

緥　bǎo　小兒衣也。从糸，保聲。臣鉉等曰：“今俗作褓，非是。”博抱切。

繜 zūn 薉貉中，女子無絝，以帛爲脛空，用絮補核，名曰繜衣，狀如襜褕。从糸，尊聲。子昆切。

紴 bō 絛屬。从糸，皮聲。讀若被，或讀若水波之波。博禾切。

絛 tāo 扁緒也。从糸，攸聲。土刀切。

絨 yuè 采彰也。一曰：車馬飾。从糸，戉聲。王伐切。

縱 zōng 絨屬。从糸，从從省聲。足容切。

紃 xún 圜采也。从糸，川聲。詳遵切。

緟 chóng 增益也。从糸，重聲。直容切。

纕 ráng(今音 rǎng) 援臂也。从糸，襄聲。汝羊切。

纗 xié(今音 zuī) 維綱，中繩。从糸，巂聲。讀若畫，或讀若維。户圭切。

綱 gāng 維紘繩也。从糸，岡聲。古郎切。

古文綱。

縜 yún 持綱紐也。从糸，員聲。《周禮》曰："縜寸。"臣鉉等曰："縜長寸也。"爲贇切。

綅 jīn(今音 qīn) 絳綫也。按：絳字衍。一説，絳當作縫。从糸，侵省聲。《詩》曰："貝胄朱綅。"子林切。

縷 lǚ 綫也。从糸，婁聲。力主切。

綫 xiàn 縷也。从糸，戔聲。私箭切。

古文綫。

絘 xué 縷一枚也。从糸，穴聲。乎決切。

縫 féng 以鍼紩衣也。从糸，逢聲。符容切。

緁 qiè 緶衣也。从糸，疌聲。七接切。

緁，或从習。

紩 zhì 縫也。从糸，失聲。直質切。

緛 ruǎn 衣戚也。从糸，耎聲。而沇切。

組 zhàn 補縫也。从糸，旦聲。丈莧切。

繕 shàn 補也。从糸，善聲。時戰切。

紲 xiè 《論語》曰："紲衣長，短右袂。"从糸，舌聲。私列切。

纍 léi 綴得理也。一曰：大索也。从糸，畾聲。力追切。

縭 lí　以絲介履也。从糸，离聲。力知切。

緱 gōu(缑)　刀劍緱也。从糸，侯聲。古侯切。

繄 yī　戟衣也。从糸，殹聲。一曰：赤黑色繒。烏雞切。

縿 shān　旌旗之游也。从糸，参聲。所銜切。

徽 huī　衺幅也。一曰：三糾繩也。从糸，微省聲。許歸切。

𥿃 biē　扁緒也。一曰：弩罥鉤帶。从糸，折聲。并列切。

紉 rèn　繟繩也。从糸，刃聲。女鄰切。

繩 shéng　索也。从糸，蠅省聲。食陵切。

縥 zhēng　紆未縈繩。一曰：急弦之聲。从糸，爭聲。讀若旌。側莖切。

縈 yíng　收韏也。从糸，熒省聲。於營切。

絇 qú　纑繩絇也。从糸，句聲。讀若鳩。其俱切。

縋 zhuì　以繩有所縣也。《春秋傳》曰："夜縋納師。"从糸，追聲。持僞切。

絭 juàn　攘臂繩也。从糸，类(𢍏)聲。居願切。

緘 jiān　束篋也。从糸，咸聲。古咸切。

縢 téng　緘也。从糸，朕聲。徒登切。

編 biān　次簡也。从糸，扁聲。布玄切。

維 wéi　車蓋維也。从糸，隹聲。以追切。

絥 bèi(今音 fú)　車絥也。从糸，伏聲。平祕切。

絥，或从艸。　絥，或从革，葡聲。

䋊 zhēng　乘輿馬飾也。从糸，正聲。諸盈切。

綊 xié　䋊綊也。从糸，夾聲。胡頰切。

緐 fán(繁)　馬髦飾也。从糸，每聲。《春秋傳》曰："可以稱旌緐乎？"附袁切。　緐，或从𢍰。𢍰，籀文弁。

繮 jiāng　馬紲也。从糸，畺聲。居良切。

紛 fēn　馬尾韜也。从糸，分聲。撫文切。

紂 zhòu　馬緧也。从糸，肘省聲。除柳切。

緧 qiū　馬紂也。从糸，酋聲。七由切。

絆 bàn　馬縶也。从糸，半聲。博幔切。

顈 xǔ　絆前兩足也。从糸，須聲。漢令：蠻夷卒有顈。相主切。

紖 zhèn　牛系也。从糸，引聲。讀若矤。直引切。

縼 xuàn 以長繩繫牛也。从糸，旋聲。辝戀切。

縻 mí 牛轡也。从糸，麻聲。靡爲切。

縻，或从多。

紲 xiè 系也。从糸，世聲。《春秋傳》曰：“臣負羈紲。”私列切。紲，或从枼。

纆 mò 索也。从糸，黑聲。莫北切。

緪 gēng 大索也。一曰：急也。从糸，恒聲。古恒切。

繘 yù 綆也。从糸，矞聲。余聿切。

古文从絲。籀文繘。

綆 gěng 汲井綆也。从糸，更聲。古杏切。

絠 ǎi/gǎi 彈彄也。从糸，有聲。弋宰切，又古亥切。

繳 zhuó 生絲縷也。从糸，敫聲。之若切。

繴 bò（今音 bì） 繴謂之罿，罿謂之罬，罬謂之罦。捕鳥覆車也。从糸，辟聲。博厄切。

緍 mín 釣魚繳也。从糸，昏聲。吴人解衣相被謂之緍。武巾切。

絮 xù 敝緜也。从糸，如聲。息據切。

絡 luò 絮也。一曰：麻未漚也。从糸，各聲。盧各切。

纊 kuàng 絮也。从糸，廣聲。《春秋傳》曰：“皆如挾纊。”纊，或从光。苦謗切。

紙 zhǐ 絮一苫（箈）也。从糸，氏聲。諸氏切。

䋨 fǔ 治敝絮也。从糸，音聲。芳武切。

絮 rú 絜緼也。一曰：敝絮。从糸，奴聲。《易》曰：“需有衣絮。”女余切。

繫 jì 繫褫也。一曰：惡絮。从糸，毄聲。古詣切。

褫 lí 繫褫也。一曰：維（絓）也。从糸，虒聲。郎兮切。

緝 qì（今音 jī） 績也。从糸，咠聲。七入切。

絘 cì 績所緝也。从糸，次聲。七四切。

績 jī 緝也。从糸，責聲。則歷切。

纑 lú 布縷也。从糸，盧聲。洛乎切。

紨 fú（今音 fū） 布也。一曰：粗紬。从糸，付聲。防無切。

繕 huì(今音 suì)　蜀細布也。从糸，彗聲。祥歲切。

絺 chī　細葛也。从糸，希聲。丑脂切。

綌 xì　粗葛也。从糸，谷聲。綺戟切。

綌，或从巾。

縐 zhòu　絺之細也。《詩》曰：“蒙彼縐絺。”一曰：蹴也。从糸，芻聲。側救切。

絟 quán　細布也。从糸，全聲。此緣切。

紵 zhù　檾屬。細者爲絟，粗者爲紵。从糸，宁聲。直吕切。紵，或从緒省。

緦 sī　十五升布也。一曰：兩麻一絲布也。从糸，思聲。息兹切。古文緦，从糸省。

緆 xī　細布也。从糸，易聲。先擊切。

緆，或从麻。

緰 tóu　緰貲，布也。从糸，俞聲。度侯切。

縗 cuī　[喪]服衣。長六寸，博四寸，直心。从糸，衰聲。倉回切。

絰 dié　喪首戴也。从糸，至聲。臣鉉等曰：“當从姪省，乃得聲。”徒結切。

緶 pián(一音 biàn)　交枲也。一曰：緁衣也。从糸，便聲。房連切。

⿸户糸 mò(今音 huà)　履也。一曰：青絲頭履也。讀若阡陌之陌。从糸，户聲。亡百切。

⿰糸封 běng　枲履也。从糸，封聲。博蠓切。

緉 liàng(今音 liǎng)　履兩枚也。一曰：絞也。从糸，从兩，兩亦聲。力讓切。

絜 jié　麻一耑也。从糸，㓞聲。古屑切。

繆 móu　枲之十絜也。一曰：綢繆。从糸，翏聲。武彪切。

綢 chóu　繆也。从糸，周聲。直由切。

縕 yūn(緼)　紼也。从糸，昷聲。於云切。

紼 fú　亂系也。从糸，弗聲。分勿切。

絣 bēng　氐人殊縷布也。从糸，并聲。北萌切。

紕 bǐ　氐人⿰糸罽也。讀若《禹貢》“玭珠”。从糸，比聲。卑履切。

⿰糸罽 jì　西胡毳布也。从糸，罽聲。居例切。

縊 yì　經也。从糸，益聲。《春秋傳》曰：“夷姜縊。”

於賜切。

綏　suī　車中把也。从糸，从妥。徐鍇曰："礼：升車必正立執綏，所以安也。當从爪，从安省。《說文》無妥字。"息遺切。

彝　yí　宗廟常器也。从糸，糸，綦也。廾持米，器中寶也。彑聲。此與爵相似。《周禮》："六彝：雞彝、鳥彝、黃彝、虎彝、蟲彝、斝彝。以待祼將之禮。"以脂切。、皆古文彝。

緻　zhì　密也。从糸，致聲。直利切。

文二百四十八　重三十一

緗　xiāng　帛淺黃色也。从糸，相聲。息良切。

緋　fēi　帛赤色也。从糸，非聲。甫微切。

緅　zōu　帛青赤色也。从糸，取聲。子侯切。

繖　sǎn（傘）　蓋也。从糸，散聲。穌旱切。

練　shū　布屬。从糸，束聲。所菹切。

縡　zài　事也。从糸，宰聲。子代切。

繾　qiǎn　繾綣，不相離也。从糸，遣聲。去演切。

綣　quǎn　繾綣也。从糸，卷聲。去阮切。

文九新附

素　sù　白緻繒也。从糸，𠂹，取其澤也。凡素之屬皆从素。桑故切。

𦃃　jú（𢍰）　素屬。从素，奴（収）聲。居玉切。

䋐　yuè　白約（䋐），縞也。从素，勺聲。以灼切。

䌳　shuài（今音 lǜ）　素屬。从素，率聲。所律切。

𦃇　chuò　𦃇也。从素，卓聲。昌約切。

綽，或省。

𦅫　huǎn　𦃇也。从素，爰聲。胡玩切。

緩，或省。

文六　重二

絲　sī　蠶所吐也。从二糸。凡絲之屬皆从絲。息兹切。

轡　pèi　馬轡也。从絲，从害。與連同意。《詩》曰："六轡如絲。"兵媚切。

𢆶　guān　織絹从（以）糸貫杼也。从絲省，丱聲。古還切。臣鉉等曰："丱，古磺字。"

文三

率　shuài　捕鳥畢也。象絲罔，上下其竿柄也。凡率之屬皆从率。所律切。

文一

虫　huǐ　一名蝮，博三寸，首大如擘指。象其臥形。物之微細，或行，[或飛]，或毛，或蠃，或介，或鱗，以虫爲象。凡虫之屬皆从虫。許偉切。

蝮　fù　虫也。从虫，复聲。芳目切。

螣　téng　神蛇也。从虫，朕聲。徒登切。

蚦　rán　大蛇。可食。从虫，井(冄)聲。人占切。

螼　qǐn　螾也。从虫，堇聲。弃忍切。

螾　yǐn　側行者。从虫，寅聲。余忍切。

螾，或从引。

蝓　wēng　蟲，在牛馬皮者。从虫，翁聲。烏紅切。

蠑　zōng　蝓蠑也。从虫，從聲。子紅切。

蠁　xiǎng　知聲蟲也。从虫，鄉聲。許兩切。

司馬相如：蠁从向。

蛁　diāo　蟲也。从虫，召聲。都僚切。

蠶　zuì（今音 cuì）　蟲也。从虫，馭聲。祖外切。

蛹　yǒng　繭蟲也。从虫，甬聲。余隴切。

螝　huì（今音 guī）　蛹也。从虫，鬼聲。讀若潰。胡罪切。

蛕　huí（蛔）　腹中長蟲也。从虫，有聲。户恢切。

蟯　náo　腹中短蟲也。从虫，堯聲。如招切。

雖　suī　似蜥蜴而大。从虫，唯聲。息遺切。

虺　huǐ　虺以注鳴。《詩》曰："胡爲虺蜥。"从虫，兀聲。臣鉉等曰："兀非聲，未詳。"許偉切。

蜥　xī　蜥易也。从虫，析聲。先擊切。

蝘　yǎn　在壁曰蝘蜓，在艸曰蜥易。从虫，匽聲。於殄切。

蝘，或从蚰。

蜓　diàn（今音 tíng）　蝘蜓也。从虫，廷聲。一曰螾蜓。徒典切。

蚖　yuán　榮蚖，蛇醫，以注鳴者。从虫，元聲。愚袁切。

蠸　quán　蟲也。一曰：大螯也。讀若蜀都布名。从虫，雚聲。巨員切。

螟　míng　蟲，食穀(穀)葉(心)者。吏冥冥犯法即生螟。从虫，从冥，冥亦聲。莫經切。

蟘 tè 蟲，食苗葉者。吏乞貸則生蟘。从虫，从貸，貸亦聲。《詩》曰："去其螟蟘。"臣鉉等曰："今俗作甙，非是。"徒得切。

蟣 jǐ 蝨子也。一曰：齊謂蛭曰蟣。从虫，幾聲。居狶切。

蛭 zhì 蟣也。从虫，至聲。之日切。

蝚 róu 蛭蝚，至掌也。从虫，柔聲。耳由切。

蛣 qì（今音 jié） 蛣蚰，蝎也。从虫，吉聲。去吉切。

蚰 qū 蛣蚰也。从虫，出聲。區勿切。

蟫 yín 白魚也。从虫，覃聲。余箴切。

蛵 xíng（今音 xīng） 丁蛵，負勞也。从虫，巠聲。户經切。

蜭 hàn 毛蠹也。从虫，臽聲。乎感切。

蟜 jiǎo 蟲也。从虫，喬聲。居夭切。

蛓 cì 毛蟲也。从虫，𢦏聲。千志切。

蛙 wā（一音 kuí） 蠆也。从虫，圭聲。烏蝸切。

蚔 qí 畫也。从虫，氏聲。巨支切。

蠆 chài（蠆） 毒蟲也。象形。丑芥切。

蠆，或从䖵。

蝤 qiú 蝤蠐也。从虫，酋聲。字秋切。

蠐 qí（蛴） 蠐螬也。从虫，齊聲。徂兮切。

蝎 hé 蝤蠐也。从虫，曷聲。胡葛切。

強 qiáng（强） 蚚也。从虫，弘聲。徐鍇曰："弘與強聲不相近。秦刻石文从口，疑从籀文省。"巨良切。 籀文強，从䖵，从彊。

蚚 qí 強也。从虫，斤聲。巨衣切。

蜀 shǔ 葵中蠶也。从虫，上目象蜀頭形，中象其身蜎蜎。《詩》曰："蜎蜎者蜀。"市玉切。

蠲 juān 馬蠲也。从虫、目，益聲。了，象形。《明堂月令》曰："腐艸爲蠲。"古玄切。

螕 bī 齧牛蟲也。从虫，𣬈聲。邊兮切。

蠖 huò 尺蠖，屈申蟲。从虫，蒦聲。烏郭切。

蝝 yuán 復陶也。劉歆説：蝝，蚍蜉子。董仲舒説：蝗子也。从虫，彖聲。與專切。

螻 lóu　螻蛄也。从虫，婁聲。一曰：螌(蝥)、天螻。洛侯切。

蛄 gū　螻蛄也。从虫，古聲。古乎切。

蠪 lóng　丁螘也。从虫，龍聲。盧紅切。

蛾 é(一音 yǐ)　羅也。从虫，我聲。臣鉉等案："《爾雅》：'蛾，羅。'蠶蛾也。《蚰部》已有䖸，或作蛾。此重出。"五何切。

螘 yǐ(蟻)　蚍蜉也。从虫，豈聲。魚綺切。

蚳 chí　螘子也。从虫，氐聲。《周禮》有蚳醢。讀若祁。直尼切。　籀文蚳，从蚰。

古文蚳，从辰、土。

蠜 fán　自蠜也。从虫，樊聲。附袁切。

䘒 shuài　悉䘒也。从虫，帥聲。臣鉉等曰："今俗作蟀，非是。"所律切。

蝒 mián　馬蜩也。从虫，面聲。武延切。

蟷 dāng　蟷蠰，不過也。从虫，當聲。都郎切。

蠰 ráng(今音 náng)　蟷蠰也。从虫，襄聲。汝羊切。

蜋 láng　堂蜋也。从虫，良聲。一名蚚父。魯當切。

蛸 xiāo　蟲蛸，堂蜋子。从虫，肖聲。相邀切。

蛢 píng　蟜蟥，以翼鳴者。从虫，并聲。薄經切。

蟜 yù　蟜蟥也。从虫，矞聲。余律切。

蟥 huáng　蟜蟥也。从虫，黃聲。乎光切。

䗐 shī　蛄䗐，强芈(羊)也，从虫，施聲。式支切。

蛅 zhān　蛅斯，墨也。从虫，占聲。職廉切。

蜆 xiàn　縊女也。从虫，見聲。胡典切。

蜰 féi　盧蜰也。从虫，肥聲。符非切。

蜐 jué　渠蜐。一曰：天社。从虫，却聲。其虐切。

蜽 guǒ　蜽蠃，蒲盧，細要土蠭也。天地之性，細要，純雄，無子。《詩》曰："螟蠕有子，蜽蠃負之。"从虫，㒳聲。古火切。　蜽，或从果。

蠃 luǒ　蜾蠃也。从虫，𣎆聲。一曰：虒蝓。郎果切。

蠕 líng　螟蠕，桑蟲也。从虫，霝聲。郎丁切。

蛺 jiá　蛺蜨也。从虫，夾聲。兼叶切。

蜨 dié　蛺蜨也。从虫，疌聲。臣鉉等曰："今俗作蝶，非是。"徒叶切。

蚩 chī　蟲也。从虫，之聲。赤之切。

螌 bān　螌蝥，毒蟲也。从虫，般聲。布還切。

蝥 máo　螌蝥也。从虫，敄聲。臣鉉等曰："今俗作蟊，非是。蟊即蠿蟊，蜘蛛之別名也。"莫交切。

蟠 fán　鼠婦也。从虫，番聲。附袁切。

蛜 yī　蛜威，委黍。委黍，鼠婦也。从虫，伊省聲。於脂切。

蜙 sōng　蜙蝑，以股鳴者。从虫，松聲。息恭切。

蚣，或省。臣鉉等曰："今俗作古紅切，以爲蜈蚣，蟲名。"

蝑 xū　蜙蝑也。从虫，胥聲。相居切。

蟅 zhè　蟲也。从虫，庶聲。之夜切。

蝗 huáng　螽也。从虫，皇聲。乎光切。

蜩 tiáo　蟬也。从虫，周聲。《詩》曰："五月鳴蜩。"徒聊切。䑳(蜩)，或从舟。

蟬 chán　以旁鳴者。从虫，單聲。市連切。

蜺 ní　寒蜩也。从虫，兒聲。五雞切。

螇 xī　螇鹿，蛁蟟也。从虫，奚聲。胡雞切。

蚗 yuè(今音 jué)　蛜蚗，蛁蟟也。从虫，夬聲。於悦切。

蝒 mián　蛜蚗，蟬屬。讀若周天子赧。从虫，丏聲。武延切。

蛚 liè　蜻蛚也。从虫，列聲。良薛切。

蜻 jīng　蜻蛚也。从虫，青聲。子盈切。

蛉 líng　蜻蛉也。从虫，令聲。一名桑根。郎丁切。

蠓 měng　蠛蠓也。从虫，蒙聲。莫孔切。

蟟 lüè　蟲蟟也。一曰蜉游。朝生莫死者。从虫，京聲。离灼切。

蜹 ruì　秦晉謂之蜹，楚謂之蚊。从虫，芮聲。而鋭切。

蟰 xiāo　蟰蛸，長股者。从虫，肅聲。穌彫切。

蛸 xìng(今音 shěng)　蟲也。从虫，省聲。息正切。

蛶 liè　商何也。从虫，寽聲。力輟切。

蜡 zhà(今音 qù)　蠅胆也。《周禮》："蜡氏掌除骴。"

从虫，昔聲。鉏駕切。

蝡 ruǎn　動也。从虫，耎聲。而沇切。

蚑 qí　行也。从虫，支聲。巨支切。

蠉 xuǎn(今音 xuān)　蟲行也。从虫，瞏聲。香沇切。

蚩 chǎn　蟲曳行也。从虫，屮聲。讀若騁。丑善切。

螸 yù(今音 yú)　螽醜螸，垂腴也。从虫，欲聲。余足切。

蝙 shàn　蠅醜蝙，搖翼也。从虫，扇聲。式戰切。

蜕 shuì(今音 tuì)　蛇蟬所解皮也。从虫，挩省。輸芮切。

蠚 hē　螫也。从虫，若省聲。呼各切。

螫 shì　蟲行毒也。从虫，赦聲。施隻切。

蝁 è　蛈也。从虫，亞聲。烏各切。

蛘 yǎng(癢)　搔蛘也。从虫，羊聲。余兩切。

蝕 shí(蝕)　敗創也。从虫、人、食，食亦聲。乘力切。

蛟 jiāo　龍之屬也。池魚滿三千六百，蛟來爲之長，能率魚飛。置笱水中，即蛟去。从虫，交聲。古肴切。

螭 chī　若龍而黃，北方謂之地螻。从虫，离聲。或云：無角曰螭。丑知切。

虯 qiú(虬)　龍子有角者。从虫，丩聲。渠幽切。

蜦 lún　蛇屬。黑色，潛于神淵，能興風雨。从虫，侖聲。讀若戾艸。蜦，或从戾。力屯切。

蠊 lián　海蟲也。長寸而白，可食。从虫，兼聲。讀若嗛。力鹽切。

蜃 shèn　雉入海，化爲蜃。从虫，辰聲。時忍切。

盒 gé(蛤)　蜃屬。有三，皆生於海。千歲化爲盒，秦謂之牡厲。又云，百歲燕所化。魁盒，一名復累，老服翼所化。从虫，合聲。古沓切。

螷 bèng(今音 pí)　階(陛)也。脩爲螷，圜爲蠇。从虫，庳[聲]。臣鉉等曰："今俗作蜌，或作蠯，非是。"蒲猛切。

蝸 guā(今音 wō)　蝸嬴也。从虫，咼聲。亡(古)華切。

蚌 bàng　蜃屬。从虫，丰聲。步項切。

蠇 lì　蚌屬。似蠊，微大，出海中，今民食之。从虫，萬聲。讀若賴。力制切。

蝓 yú　虒蝓也。从虫，俞聲。羊朱切。

蜎 juàn(今音 yuān) 蜎也。从虫，肙聲。在(狂)沇切。

蟺 shàn 夗蟺也。从虫，亶聲。常演切。

⿰虫幽 yōu ⿰虫幽蟉也。从虫，幽聲。於虯切。

蟉 liú ⿰虫幽蟉也。从虫，翏聲。力幽切。

蟄 zhé 藏也。从虫，執聲。直立切。

蚨 fú 青蚨，水蟲，可還錢。从虫，夫聲。房無切。

⿰虫匊 jú ⿰虫匊鼀(鼀)，詹諸，以脰鳴者。从虫，匊聲。居六切。

蝦 há 蝦蟆也。从虫，叚聲。乎加切。

蟆 má 蝦蟆也。从虫，莫聲。莫遐切。

蠵 xī 大龜也。以胃鳴者。从虫，巂聲。户圭切。 司馬相如説，蠵从敻。

螹 jiàn 螹離也。从虫，漸省聲。慈染切。

蠏 xiè(蟹) 有二敖八足，旁行，非蛇鮮之穴無所庇。从虫，解聲。 蟹，或从魚。胡買切。

蛫 guǐ 蟹也。从虫，危聲。過委切。

蜮 yù 短狐也。似鼈，三足，以气䠶害人。从虫，或聲。于逼切。 蜮，又从國。臣鉉等曰："今俗作古獲切，以爲蝦蟆之别名。"

⿰虫屰 è 似蜥易，長一丈，水潛，吞人即浮，出日南。从虫，屰聲。吾各切。

蛧 wǎng 蛧蜽，山川之精物也。淮南王説，蛧蜽，狀如三歲小兒，赤黑色，赤目，長耳，美髮。从虫，网聲。《國語》曰："木石之怪夔蛧蜽。"文兩切。

蜽 liǎng 蛧蜽也。从虫，兩聲。臣鉉等曰："今俗别作魍魎，非是。"良獎切。

蝯 yuán 善援，禺屬。从虫，爰聲。臣鉉等曰："今俗别作猨，非是。"雨(雨)元切。

蠗 zhuó 禺屬。从虫，翟聲。直角切。

蜼 yì(今音 wèi) 如母猴，卬鼻，長尾。从虫，隹聲。余季切。

蚼 gǒu 北方肓(有)蚼犬，食人。从虫，句聲。古厚切。

蛩 qióng 蛩蛩，獸也。一曰：秦謂蟬蛻曰蛩。从虫，巩聲。渠容切。

蟨 jué 鼠也。一曰：西方有獸，前足短，與蛩蛩、巨虛比，其名謂之蟨。从虫，厥

聲。居月切。

蝙 biān　蝙蝠也。从虫，扁聲。布玄切。

蝠 fú　蝙蝠，服翼也。从虫，畐聲。方六切。

蠻 mán　南蠻，蛇穜。从虫，䜌聲。莫還切。

閩 mín(今音 mǐn)　東南越，蛇穜。从虫，門聲。武巾切。

虹 hóng　螮蝀也。狀似蟲。从虫，工聲。《明堂月令》曰："虹始見。"户工切。　籒文虹，从申。申，電也。

螮 dì　螮蝀，虹也。从虫，帶聲。都計切。

蝀 dòng　螮蝀也。从虫，東聲。多貢切。

蠥 niè　衣服、歌謠、艸木之怪，謂之祥。禽獸、蟲蝗之怪，謂之蠥。从虫，辥聲。魚列切。

文一百五十三　重十五

蜑 dàn　南方夷也。从虫，延聲。徒旱切。

蟪 yù(今音 huì)　蟪蛄，蟬也。从虫，惠聲。曰棫切。

蠛 miè　蠛蠓，細蟲也。从虫，蔑聲。亡結切。

虴 zhé　虴蜢，艸上蟲也。从虫，乇聲。陟格切。

蜢 měng　虴蜢也。从虫，孟聲。莫杏切。

蟋 xī　蟋蟀也。从虫，悉聲。息七切。

螳 táng　螳蜋也。从虫，堂聲。徒郎切。

文七新附

說文解字 卷十三下

蚰 kūn 蟲之緫名也。从二虫。凡蚰之屬皆从蚰。讀若昆。古魂切。

蠶 cán 任絲也。从蚰，朁聲。昨含切。

𧖧 é 蠶化飛蟲。从蚰，我聲。五何切。

或从虫。

𧖴 zǎo(蚤) 齧人跳蟲。从蚰，叉聲。叉，古爪字。子皓切。 𧖴，或从虫。

蝨 shī 齧人蟲。从蚰，卂聲。所櫛切。

螽 zhōng(螽) 蝗也。从蚰，夂聲。夂，古文終字。職戎切。

螽，或从虫，衆聲。

𧓍 zhǎn 蟲也。从蚰，展省聲。知衍切。

𧖇 jié 小蟬蜩也。从蚰，截聲。子列切。

𧕊 zhá(今音 zhuō) 𧕊蟊，作罔蛛蟊也。从蚰，𢇍聲。𢇍，古絶字。側八切。

蟊 máo 𧕊蟊也。从蚰，矛聲。莫交切。

𧓉 níng 蟲也。从蚰，寍聲。奴丁切。

蠤 cáo 𧍢蠤也。从蚰，曹聲。財牢切。

𧖅 hé(今音 xiá) 螻蛄也。从蚰，舝聲。胡葛切。

𧓈 piāo(今音 pí) 蟲蛸也。从蚰，卑聲。匹標切。

𧓈，或从虫。

蠭 fēng(蜂) 飛蟲螫人者。从蚰，逢聲。敷容切。

古文省。

蠠 mì(蜜) 蠭甘飴也。一曰：螟子。从蚰，鼏聲。彌必切。 蠠，或从宓。

𧒉 qú 𧒉𧌒也。从蚰，巨聲。强魚切。

蟁 wén(蚊) 齧人飛蟲。从蚰，民聲。無分切。

蟁，或从昬，以昬時出也。 俗蟁，从虫，从文。

蝱 méng(虻) 齧人飛蟲。从蚰，亡聲。武庚切。

蠹 dù　木中蟲。从䖵，橐聲。當故切。

蠹，或从木，象蟲在木中形。譚長説。

蠡 lǐ　蟲齧木中也。从䖵，彖聲。盧啓切。

古文。按：段注校改爲"从䖵，彖聲"，注："彖見彑部，讀若弛。非通貫切之彖也。"

蠤 qiú　多足蟲也。从䖵，求聲。巨鳩切。

蠤，或从虫。

蠹 fú(蜉)　蚍蠹也。从䖵，橐聲。縛牟切。

蠹，或从虫，从孚。

𧔧 juǎn　蟲食也。从䖵，雋聲。子兖切。

蠢 chǔn　蟲動也。从䖵，春聲。尺尹切。

古文蠢，从𢦏。《周書》曰："我有𢧢于西。"

文二十五　重十三

蟲 chóng　有足謂之蟲，無足謂之豸。从三虫。凡蟲之屬皆从蟲。直弓切。

蟊 móu　蟲，食艸根者。从蟲，象其形。吏抵冒取民財則生。徐鍇曰："唯此一字象蟲形，不从矛，書者多誤。"莫浮切。　蟊，或从敄。臣鉉等按："《虫部》已有，莫交切，作螌蝥蟲。此重出。"　古文蟊，从虫，从牟。

蠯 pí(蚍)　蚍蜉，大螘也。从蟲，𣬉聲。房脂切。

蠯，或从虫，比聲。

蠠 mín(今音 lìn)　蟁也。从蟲，𠕓聲。武巾切。

𧕿 fěi(蜚)　臭蟲，負蠜也。从蟲，非聲。房未切。

𧕿，或从虫。

蠱 gǔ　腹中蟲也。《春秋傳》曰："皿蟲爲蠱。""晦淫之所生也。"梟桀死之鬼亦爲蠱。从蟲，从皿。皿，物之用也。公户切。

文六　重四

風 fēng　八風也。東方曰明庶風，東南曰清明風，南方曰景風，西南曰涼風，西方曰閶闔風，西北曰不周風，北方曰廣莫風，東北曰融風。風動蟲生。故蟲八日而化。从虫，凡聲。凡風之屬皆从風。方戎切。　古文風。

䬘 liáng　北風謂之䬘。从風，涼省聲。吕張切。

颰 xù(今音 xuè)　小風也。从風，术聲。翾聿切。

飆 biāo　扶摇風也。从風，猋聲。甫遥切。

飆,或从包。

飄 piāo 回風也。从風,票聲。撫招切。

颯 sà 翔風也。从風,立聲。穌合切。

飂 liú(今音 liù) 高風也。从風,翏聲。力求切。

颮 hū 疾風也。从風,从忽,忽亦聲。呼骨切。

颵 yù(今音 wèi) 大風也。从風,胃聲。王勿切。

颶 yù 大風也。从風,日聲。于筆切。

颺 yáng 風所飛揚也。从風,昜聲。與章切。

颲 lì 風雨暴疾也。从風,利聲。讀若栗。力質切。

颲 liè 烈風也。从風,列聲。讀若列。良薛切。

文十三 重二

颸 sī 涼風也。从風,思聲。息兹切。

颼 sōu(颼) 颼飂也。从風,叟聲。所鳩切。

颭 zhǎn 風吹浪動也。从風,占聲。隻冉切。

文三新附

它 tuō(今音 tā) 虫也。从虫而長,象冤曲垂尾形。上古艸居患它,故相問無它乎。凡它之屬皆从它。託何切。

蛇 它,或从虫。臣鉉等曰:"今俗作食遮切。"

文一 重一

龜 guī 舊也。外骨内肉者也。从它,龜頭與它頭同。天地之性,廣肩無雄。龜鼈之類,以它爲雄。象足甲尾之形。凡龜之屬皆从龜。居追切。

古文龜。

䶱 tóng 龜名。从龜,夂聲。夂(夂),古文終字。徒冬切。

䶲 rán 龜甲邊也。从龜,冄聲。天子巨䶲,尺有二寸,諸侯尺,大夫八寸,士六寸。汝(汝)閻切。

文三 重一

黽 měng 鼃黽也。从它,象形。黽頭與它頭同。臣鉉等曰:"色(黾),其腹也。"凡黽之屬皆从黽。莫杏切。

籀文黽。

鼈 biē 甲蟲也。从黽,敝聲。并列切。

黿 yuán 大鼈也。从黽,元聲。愚袁切。

鼃 wā 蝦蟇也。从黽,圭聲。烏媧切。

鼀 cù 先鼀,詹諸也。其鳴詹諸,其皮鼀鼀,其行

先先。从黽,从先,先亦聲。七宿切。鼀,或从酋。

䵹　shī　䵷䵹,詹諸也。《詩》曰:"得此䵷䵹。"言其行䵹䵹。从黽,爾聲。式支切。

鼉　tuó　水蟲。似蜥易,長大。从黽,單聲。徒何切。

⿰奚黽　xí　水蟲也。薉貉之民食之。从黽,奚聲。胡雞切。

⿰句黽　qú　⿰奚黽屬。頭有兩角,出遼東。从黽,句聲。其俱切。

蠅　yíng　營營青蠅。蟲之大腹者。从黽,从虫。余陵切。

鼅　zhī(蜘)　鼅鼄,鼄也。从黽,智省聲。陟离切。或从虫。

鼄　zhū(蛛)　鼅鼄也。从黽,朱聲。陟輸切。鼄,或从虫。

鼂　cháo　匽鼂也。讀若朝。楊雄說:匽鼂,蟲名。杜林以爲朝旦,非是。从黽,从旦。臣鉉等曰:"今俗作晁。"直遥切。篆(古)文从皀。

文十三　重五

鼇　áo　海大鼇也。从黽,敖聲。五牢切。

文一新附

卵　luǎn　凡物無乳者卵生。象形。凡卵之屬皆从卵。盧管切。

毈　duàn　卵不孚也。从卵,段聲。徒玩切。

文二

二　èr　地之數也。从偶一。凡二之屬皆从二。而至切。古文。

亟　jí/ qì　敏疾也。从人,从口,从又,从二。二,天地也。徐鍇曰:"承天之時,因地之利,口謀之,手執之,時不可失,疾也。"紀力切,又去吏切。

恒　héng　常也。从心,从舟,在二之閒上下。心以舟施,恒也。古文恒,从月。《詩》曰:"如月之恒。"胡登切。

亘　xuān　求亘也。从二,从㔺。㔺,古文回,象亘回形。上下,所求物也。徐鍇曰:"回,風回轉,所以宣陰陽也。"須緣切。

竺　dǔ　厚也。从二,竹聲。冬毒切。

凡　fán　最括也。从二，二，偶也。从乃，乃，古文及。浮芝切。

文六　重二

土　tǔ　地之吐生物者也。二象地之下、地之中，物出形也。凡土之屬皆从土。它魯切。

地　dì　元气初分，輕清陽爲天，重濁陰爲地。萬物所陳列也。从土，也聲。徒内(四)切。　籀文地，从隊。

坤　kūn　地也。《易》之卦也。从土，从申。土位在申。苦昆切。

垓　gāi　兼垓八極地也。《國語》曰："天子居九垓之田。"从土，亥聲。古哀切。

墺　yù(今音 ào)　四方土可居也。从土，奥聲。於六切。　古文墺。

堣　yú　堣夷，在冀州陽谷。立春日，日值之而出。从土，禺聲。《尚書》曰："宅堣夷。"噳俱切。

坶　mù　朝歌南七十里地。《周書》："武王與紂戰于坶野。"从土，母聲。莫六切。

坡　pō　阪也。从土，皮聲。滂禾切。

坪　bìng(今音 píng)　地平也。从土，从平，平亦聲。皮命切。

均　jūn　平、徧也。从土，从匀，匀亦聲。居匀切。

壤　rǎng　柔土也。从土，襄聲。如兩切。

塙　què　堅不可拔也。从土，高聲。苦角切。

墽　qiāo　磽也。从土，敫聲。口交切。

壚　lú　剛土也。从土，盧聲。洛乎切。

垟　xīng　赤剛土也。从土，觲省聲。息營切。

埴　zhí　黏土也。从土，直聲。常職切。

坴　lù　土塊坴坴也。从土，先聲。讀若逐。一曰：坴梁。力竹切。

𡑞　hún　土也。洛陽有大𡑞里。从土，軍聲。户昆切。

墣　pú　塊也。从土，菐聲。匹角切。

　墣，或从卜。

凷　kuài(塊)　墣也。从土，一屈象形。苦對切。

　凷，或从鬼。

堛　pì(今音 bì)　凷也。从土，畐聲。芳逼切。

堫 zōng　穜也。一曰：内其中也。从土，㚇聲。子紅切。

塍 chéng　稻中畦也。从土，朕聲。食陵切。

坺 bá　治也。一曰：臿土謂之坺。《詩》曰："武王載坺。"一曰：塵皃。从土，犮聲。蒲撥切。

坄 yì　陶竈窻也。从土，役省聲。營隻切。

基 jī　牆始也。从土，其聲。居之切。

垣 yuán　牆也。从土，亘聲。雨元切。

籀文垣，从𩫖。

圪 yì(圪)　牆高也。《詩》曰："崇墉圪圪。"从土，气聲。魚迄(迄)切。

堵 dǔ　垣也。五版爲一堵。从土，者聲。當古切。

籀文，从𩫖。

壁 bì　垣也。从土，辟聲。比激切。

𡑆 liǎo(今音 liáo)　周垣也。从土，尞聲。力沼切。

堨 yè　壁閒隙也。从土，曷聲。讀若謁。魚列切。

埒 liè　卑垣也。从土，寽聲。力輟切。

堪 kān　地突也。从土，甚聲。口含切。

堀 kū　突也。《詩》曰："蜉蝣堀閱。"从土，屈省按：省字疑衍。聲。苦骨切。

堂 táng　殿也。从土，尚聲。徒郎切。

古文堂。籀文堂，从高省。

垜 duǒ(垛)　堂塾也。从土，朶聲。丁果切。

坫 diàn　屏也。从土，占聲。都念切。

壟 lǒng　涂也。从土，浝聲。臣鉉等案："《水部》已有，此重出。"力堹切。

垷 xiàn　涂也。从土，見聲。胡典切。

墐 jìn　涂也。从土，堇聲。渠吝切。

墍 jì(今音 xì，塈)　仰涂也。从土，既聲。其冀切。

堊 è　白涂也。从土，亞聲。烏各切。

墀 chí　涂地也。从土，犀聲。禮："天子赤墀。"直泥切。

墼 jī　瓴適也。一曰：未燒也。从土，毄聲。古歷切。

坌 fèn(糞)　埽除也。从土，弁聲。讀若糞。方問切。

埽 sǎo(掃)　棄也。从土，从帚。穌老切。

在 zài　存也。从土，才聲。昨代切。

㘴 zuò(坐)　止也。从土，从畱省。土，所止也。此與畱同意。　古文坐。但卧切。

坁 zhǐ　箸也。从土，氏聲。諸氏切。

填 zhēn /tián　塞也。从土，真聲。陟鄰切，今待季切。

坦 tǎn　安也。从土，旦聲。他但切。

坒 bì　地相次比也。衛大夫貞子名坒。从土，比聲。毗至切。

堤 dǐ　滯也。从土，是聲。丁礼切。

壎 xūn(塤)　樂器也。以土爲之，六孔。从土，熏聲。况袁切。

封 fēng　爵諸侯之土也。从之，从土，从寸，守其制度也。公侯百里，伯七十里，子男五十里。徐鍇曰："各之其土也。會意。"府容切。　古文封省。　籀文从丰。

壐 xǐ　王者印也。所以主土。从土，爾聲。斯氏切。　籀文从玉。

墨 mò　書墨也。从土，从黑，黑亦聲。莫北切。

垸 huán　以桼和灰而鬃也。从土，完聲。一曰：補垸(垣)。胡玩切。

型 xíng　鑄器之法也。从土，刑聲。户經切。

埻 zhǔn　射臬也。从土，𦎫聲。讀若準。之允切。

塒 shí　雞棲垣爲塒。从土，時聲。市之切。

城 chéng　以盛民也。从土，从成，成亦聲。氏征切。　籀文城，从𩫏。

墉 yōng　城垣也。从土，庸聲。余封切。　古文墉。

堞 dié(堞)　城上女垣也。从土，枼聲。徒叶切。

坎 kǎn　陷也。从土，欠聲。苦感切。

墊 diàn　下也。《春秋傳》曰："墊隘。"从土，執聲。都念切。

坻 chí　小渚也。《詩》曰："宛在水中坻。"从土，氏聲。直尼切。　坻，或从水，从夂。　坻，或从水，从者。

㙷 zhí　下入也。从土，㬎聲。敕立切。

垎　hè　水乾也。一曰：堅也。从土，各聲。胡格切。

垐　cí　以土增大道上。从土，次聲。疾資切。

古文垐，从土、即。《虞書》曰：“龍，朕堲讒説殄行。”堲，疾惡也。

增　zēng　益也。从土，曾聲。作滕切。

埤　pí　增也。从土，卑聲。符支切。

坿　fù　益也。从土，付聲。符遇切。

塞　sài　隔也。从土，从寒。先代切。

圣　kū　汝潁之閒謂致力於地曰圣。从土，从又。讀若兔窟。苦骨切。

垍　jì　堅土也。从土，自聲。讀若泉。其冀切。

埱　chù　气出土也。一曰：始也。从土，叔聲。昌六切。

埵　duǒ　堅土也。从土，垂聲。讀若朶。丁果切。

埐　jīn　地也。从土，㑴聲。子林切。

埾　jù　土積也。从土，从聚省。才句切。

壔　dǎo　保也。高土也。从土，𠷎聲。讀若毒。都皓切。

培　péi　培敦。土田山川也。从土，咅聲。薄回切。

埩　jìng（今音 zhēng）　治也。从土，爭聲。疾郢切。

墇　zhàng　擁也。从土，章聲。之亮切。

堋　cè　遏遮也。从土，則聲。初力切。

垠　yín　地垠也。一曰：岸也。从土，艮聲。語斤切。

垠，或从斤。

墠　shàn　野土也。从土，單聲。常衍切。

垑　chǐ　恃也。从土，多聲。尺氏切。

壘　lěi　軍壁也。从土，畾聲。力委切。

垝　guǐ　毁垣也。从土，危聲。《詩》曰：“乘彼垝垣。”過委切。

垝，或从自。

圮　pǐ　毁也。《虞書》曰：“方命圮族。”从土，己聲。符鄙切。

圮，或从手，从非，配省聲。

垔　yīn　塞也。《尚書》曰：“鯀垔洪水。”从土，西聲。於真切。

古文垔。

塹　qiàn　阬也。一曰：大也。从土，斬聲。七豔切。

埂　gěng　秦謂阬爲埂。从土，更聲。讀若井汲綆。古杏切。

壙　kuàng　塹穴也。一曰：大也。从土，廣聲。苦謗切。

塏　kǎi　高燥也。从土，豈聲。苦亥切。

毁　huǐ　缺也。从土，毇省聲。許委切。

古文毁，从壬。

壓　yā　壞也。一曰：塞補。从土，厭聲。烏狎切。

壞　huài　敗也。从土，褱聲。下怪切。

古文壞，省。　籒文壞。臣鉉等按：“《攴部》有敷，此重出。”

坷　kě　坎坷也。梁國寧陵有坷亭。从土，可聲。康我切。

㙤　xià　坼也。从土，虖聲。呼訝切。

㙤，或从自。

坼　chè（拆）　裂也。《詩》曰：“不㙤不疈。”从土，𢇍聲。丑格切。

坱　yàng（今音 yǎng）　塵埃也。从土，央聲。於亮切。

𡑟　mǒ（今音 méi）　塵也。从土，麻聲。亡果切。

塿　lóu（今音 lǒu）　𡑟土也。从土，婁聲。洛侯切。

坋　fèn　塵也。从土，分聲。一曰：大防也。房吻切。

𡊄　fèi　塵也。从土，非聲。房未切。

埃　āi　塵也。从土，矣聲。烏開切。

堅　yī　塵埃也。从土，殹聲。烏雞切。

垽　yìn　澱也。从土，沂聲。魚僅切。

垢　gòu　濁也。从土，后聲。古厚切。

壇　yì　天陰塵也。《詩》曰：“壇壇其陰。”从土，壹聲。於計切。

坏　pī　丘再成者也。一曰：瓦未燒。从土，不聲。芳桮切。

垤　dié　螘封也。《詩》曰：“鸛鳴于垤。”从土，至聲。徒結切。

坥　qū　益州部謂螾場曰坥。从土，且聲。七余切。

埍　juǎn　徒隸所居也。一曰：女牢。一曰：亭部。

从土，肙聲。古泫切。

壡 xiá(今音 kū)　囚突出也。从土，叡聲。胡八切。

瘞 yì　幽、薶也。从土，㾜聲。於罽切。

堋 bèng　喪葬下土也。从土，朋聲。《春秋傳》曰："朝而堋。"《禮》謂之封，《周官》謂之窆。《虞書》曰："堋淫于家。"方鄧切。

垗 zhào　畔也。爲四畤界，祭其中。《周禮》曰："垗五帝於四郊。"从土，兆聲。治小切。

塋 yíng　墓也。从土，熒省聲。余傾切。

墓 mù　丘也。从土，莫聲。莫故切。

墳 fén　墓也。从土，賁聲。符分切。

壟 lǒng　丘壠也。从土，龍聲。力歱切。

壇 tán　祭場也。从土，亶聲。徒干切。

場 cháng　祭神道也。一曰：田不耕。一曰：治榖(穀)田也。从土，昜聲。直良切。

圭 guī　瑞玉也。上圜下方。公執桓圭，九寸；矦執信圭，伯執躬圭，皆七寸；子執榖(穀)璧，男執蒲璧，皆五寸。以封諸矦。从重土。楚爵有執圭。古畦切。珪 古文圭，从玉。

圯 yí　東楚謂橋爲圯。从土，巳聲。與之切。

垂 chuí　遠邊也。从土，𠂹聲。是爲切。

堀 kū　兔堀也。从土，屈聲。苦骨切。

文一百三十一　重二十六

塗 tú　泥也。从土，涂聲。同都切。

塓 mì　塗也。从土，冥聲。莫狄切。

埏 yán　八方之地也。从土，延聲。以然切。

埸 yì　疆也。从土，易聲。羊益切。

境 jìng　疆也。从土，竟聲。經典通用竟。居領切。

塾 shú　門側堂也。从土，孰聲。殊六切。

墾 kěn(墾)　耕也。从土，豤聲。康很切。

塘 táng　隄也。从土，唐聲。徒郎切。

坳 āo　地不平也。从土，幼聲。於交切。

壒 ài　塵也。从土，蓋聲。於蓋切。

墜 zhuì　陊也。从土，隊聲。古通用礈。直類切。

塔　tǎ　西域浮屠也。从土，荅聲。土盍切。

坊　fāng　邑里之名。从土，方聲。古通用堃。府良切。

文十三新附

垚　yáo　土高也。从三土。凡垚之屬皆从垚。吾聊切。

堯　yáo　高也。从垚在兀土（上）。高遠也。吾聊切。

古文堯。

文二　重一

堇　qín　黏土也。从土，从黄省。凡堇之屬皆从堇。巨斤切。　皆古文堇。

艱　jiān　土難治也。从堇，良（艮）聲。古閑切。

籀文艱，从喜。

文二　重三

里　lǐ　居也。从田，从土。凡里之屬皆从里。良止切。

釐　lí（今音 xī）　家福也。从里，𠩺聲。里之切。

野　yě　郊外也。从里，予聲。羊者切。

古文野，从里省，从林。

文三　重一

田　tián　陳也。樹穀曰田。象四囗；十，阡陌之制也。凡田之屬皆从田。待秊切。

町　tǐng（今音 tīng）　田踐處曰町。从田，丁聲。他頂切。

畮　ruán　城下田也。一曰：畮，郤也（地）。从田，耎聲。而緣切。

疇　chóu　耕治之田也。从田，象耕屈之形。直由切。

𠷎，或省。

𤰬　liú　燒穜也。《漢律》曰："𤰬田茠艸。"从田，翏聲。力求切。

畬　yú　三歲治田也。《易》曰："不菑，畬田。"从田，余聲。以諸切。

畭　róu　和田也。从田，柔聲。耳由切。

畸　jī　殘田也。从田，奇聲。居宜切。

𤰾　cuó　殘田也。《詩》曰："天方薦𤰾。"从田，差聲。昨何切。

畮　mǔ　六尺爲步，步百爲畮。从田，每聲。莫厚切。

晦或从田、十、久。臣鉉等曰："十,四方也。久聲。"

甸 diàn　天子五百里地。从田,包省。堂練切。

畿 jī　天子千里地。以遠近言之,則言畿也。从田,幾省聲。巨衣切。

畦 xī(今音 qí)　田五十畝曰畦。从田,圭聲。户圭切。

畹 wǎn　田三十畝也。从田,宛聲。於阮切。

畔 pàn　田界也。从田,半聲。薄半切。

畍 jiè(界)　境也。从田,介聲。古拜切。

畖 gāng(今音 gǎng)　境也。一曰:陌也。趙魏謂陌爲畖。从田,亢聲。古郎切。

畷 chuò(今音 zhuì)　兩陌閒道也,廣六尺。从田,叕聲。陟劣切。

畛 zhěn　井田閒陌也。从田,㐱聲。之忍切。

畤 zhì　天地五帝所基址,祭地。从田,寺聲。右扶風有五畤。好畤、鄜畤,皆黄帝時祭。或曰:秦文公立也。周市切。

略 lüè　經略土地也。从田,各聲。烏約切。

當 dāng　田相值也。从田,尚聲。都郎切。

畯 jùn　農夫也。从田,夋聲。子峻切。

甿 méng　田民也。从田,亡聲。武庚切。

疄 lìn　轢田也。从田,粦聲。良刃切。

畱 liú(留)　止也。从田,丣聲。力求切。

畜 chù　田畜也。《淮南子》曰:"玄田爲畜。"丑六切。

《魯郊禮》畜,从田,从兹。兹,益也。

畽 tuǎn　禽獸所踐處也。《詩》曰:"町畽鹿場。"从田,童聲。土短切。

畼 chàng(暢)　不生也。从田,昜聲。臣鉉等曰:"借爲通畼之畼。今俗别作暢,非是。"丑亮切。

文二十九　重三

畕 jiāng　比田也。从二田。凡畕之屬皆从畕。居良切。

畺 jiāng(疆)　界也。从畕,三,其界畫也。居良切。

畺,或从彊、土。

文二　重一

黄　huáng　地之色也。从田，从炗，炗亦聲。炗，古文光。凡黄之屬皆从黄。乎光切。　古文黄。

䵤　xiān　赤黄也。一曰：輕易人䵤姁也。从黄，夾聲。許兼切。

黇　tuān　黄黑色也。从黄，耑聲。他耑切。

䵋　huǐ(今音 wěi)　青黄色也。从黄，有聲。呼辠切。

黇　tiān　白黄色也。从黄，占聲。他兼切。

䵷　xié(今音 huà)　鮮明黄也。从黄，圭聲。户圭切。

文六　重一

男　nán　丈夫也。从田，从力。言男用力於田也。凡男之屬皆从男。那含切。

舅　jiù(舅)　母之兄弟爲舅，妻之父爲外舅。从男，臼聲。其久切。

甥　shēng　謂我舅者，吾謂之甥也。从男，生聲。所更切。

文三

力　lì　筋也。象人筋之形。治功曰力，能圉大災。凡力之屬皆从力。林直切。

勳　xūn　能成王功也。从力，熏聲。許云切。　古文勳，从員。

功　gōng　以勞定國也。从力，从工，工亦聲。古紅切。

助　zhù　左也。从力，且聲。牀倨切。

勴　lǜ　助也。从力，从非，慮聲。良倨切。

勑　lài　勞也。从力，來聲。洛代切。

劼　jié　慎也。从力，吉聲。《周書》曰："汝劼毖殷獻臣。"巨乙切。

務　wù　趣也。从力，敄聲。亡遇切。

勥　qiáng(今音 qiǎng)　迫也。从力，强聲。巨良切。　古文，从彊。

勱　mài　勉力也。《周書》曰："用勱相我邦家。"讀若萬。从力，萬聲。莫話切。

勪　jué　勥也。从力，厥聲。瞿月切。

勍　qíng　彊也。《春秋傳》曰："勍敵之人。"从力，京聲。渠京切。

勁　jìng　彊也。从力，巠聲。吉正切。

勉　miǎn　彊也。从力，免聲。亡辨切。

劭　shào　勉也。从力，召聲。讀若舜樂《韶》。寔照切。

勖　xù　勉也。《周書》曰："勖哉，夫子！"从力，冒聲。許玉切。

勸　quàn　勉也。从力，雚聲。去願切。

勝　shēng（今音 shèng）　任也。从力，朕聲。識蒸切。

徹　chè　發也。从力，从徹，徹亦聲。臣鉉等曰："今俗作撤，非是。"丑列切。

勠　lù　并力也。从力，翏聲。力竹切。

勨　yǎng　繇緩也。从力，象聲。余兩切。

動　dòng　作也。从力，重聲。徒總切。

古文動，从辵。

勵　lèi　推也。从力，畾聲。盧對切。

劣　liè　弱也。从力，少聲。注：聲字，为陈昌治本誤衍。力輟切。

勞　láo　劇也。从力，熒省。熒，火燒冂，用力者勞。魯刀切。　古文勞，从悉。

勮　jù　務也。从力，豦聲。其據切。

剋　kè　尤極也。从力，克聲。苦得切。

勩　yì　勞也。《詩》曰："莫知我勩。"从力，貰聲。余制切。

勦　jiǎo / cháo　勞也。《春秋傳》曰："安用勦民？"从力，巢聲。子小切，又楚交切。

券　juàn　勞也。从力，卷省聲。臣鉉等曰："今俗作倦，義同。"渠卷切。

勤　qín　勞也。从力，堇聲。巨巾切。

加　jiā　語相增（譄）加也。从力，从口。古牙切。

勢　áo（今音 háo）　健也。从力，敖聲。讀若豪。五牢切。

勇　yǒng　气也。从力，甬聲。余隴切。

勇或从戈、用。　古文勇，从心。

勃　bó　排也。从力，孛聲。蒲没切。

勡　piào　劫也。从力，票聲。匹眇切。

劫　jié　人欲去，以力脅止曰劫。或曰：以力止去曰劫。居怯切。

飭　chì　致堅也。从人，从力，食聲。讀若敕。恥

力切。

劾 hài（今音 hé） 法有辠也。从力，亥聲。胡槩切。

募 mù 廣求也。从力，莫聲。莫故切。

文四十 重六

劬 qú 勞也。从力，句聲。其俱切。

勢 shì 盛力權也。从力，埶聲。經典通用埶。舒制切。

勘 kān 校也。从力，甚聲。苦紺切。

辦 bàn 致力也。从力，辡聲。蒲莧切。

文四新附

劦 xié 同力也。从三力。《山海經》曰："惟號之山，其風若劦。"凡劦之屬皆从劦。胡頰切。

恊 xié 同心之和。从劦，从心。胡頰切。

勰 xié 同思之和。从劦，从思。胡頰切。

協 xié 衆之同和也。从劦，从十。臣鉉等曰："十，衆也。"胡頰切。 古文協，从曰、十。

叶 或从口。

文一（四） 重五（二）

説文解字　卷十四上

五十一部　　六百三十文　　重七十四　　凡八千七百一十七字　　文十八新附

金　jīn　五色金也。黃爲之長。久薶不生衣，百鍊不輕，从革不違。西方之行。生於土，从土；左右注，象金在土中形；今聲。凡金之屬皆从金。居音切。古文金。

銀　yín　白金也。从金，艮聲。語巾切。

鐐　liáo　白金也。从金，尞聲。洛蕭切。

鋈　wù　白金也。从金，沃省聲。烏酷切。

鉛　qiān　青金也。从金，㕣聲。與專切。

錫　xī　銀鉛之閒也。从金，易聲。先擊切。

鈏　yǐn　錫也。从金，引聲。羊晉切。

銅　tóng　赤金也。从金，同聲。徒紅切。

鏈　lián　銅屬。从金，連聲。力延(延)切。

鐵　tiě　黑金也。从金，𢧜聲。天結切。

鐵，或省。古文鐵，从夷。

鍇　kǎi　九江謂鐵曰鍇。从金，皆聲。苦駭切。

鋚　yóu(今音 tiáo)　鐵也。一曰：轡首銅。从金，攸聲。以周切。

鏤　lòu　剛鐵，可以刻鏤。从金，婁聲。《夏書》曰："梁州貢鏤。"一曰：鏤，釜也。盧候切。

鐼　xùn(今音 fén)　鐵屬。从金，賁聲。讀若熏。火運切。

銑　xiǎn　金之澤者。一曰：小鑿。一曰：鐘兩角謂之銑。从金，先聲。穌典切。

鋻　jiàn　剛也。从金，臤聲。古甸切。

鏫　lí　金屬。一曰：剥也。从金，黎聲。郎兮切。

録　lù　金色也。从金，录聲。力玉切。

鑄　zhù　銷金也。从金，壽聲。之戍切。

銷 xiāo 鑠金也。从金，肖聲。相邀切。

鑠 shuò 銷金也。从金，樂聲。書藥切。

鍊 liàn 冶金也。从金，柬聲。郎甸切。

釘 dīng 鍊鉼黄金。从金，丁聲。當經切。

錮 gù 鑄塞也。从金，固聲。古慕切。

鑲 ráng 作型中腸（腸）也。从金，襄聲。汝羊切。

鎔 róng 冶器法也。从金，容聲。金（余）封切。

鋏 jiá 可以持冶器鑄鎔者。从金，夾聲。讀若漁人莢魚之莢。一曰：若挾持。古叶切。

鍛 duàn 小冶也。从金，段聲。丁貫切。

鋌 dìng 銅鐵樸也。从金，廷聲。徒鼎切。

鐃 xiǎo 鐵文也。从金，曉聲。呼鳥切。

鏡 jìng 景也。从金，竟聲。居慶切。

鉹 chǐ 曲鉹也。从金，多聲。一曰：鬵，鼎。讀若擿。一曰：《詩》云"侈兮哆兮"。尺氏切。

鈃 xíng 似鍾而頸長。从金，开聲。户經切。

鍾 zhōng 酒器也。从金，重聲。職容切。

鑑 jiàn 大盆也。一曰：監（鑑），諸［也］，可以取明水於月。从金，監聲。革懺切。

鐈 qiáo 似鼎而長足。从金，喬聲。巨嬌切。

鐆 suì 陽鐆也。从金，隊聲。徐醉切。

鋞 xíng 温器也。圜直上。从金，巠聲。户經切。

鑴 xié（今音 xī） 瓽也。从金，巂聲。户圭切。

鑊 huò 鑴也。从金，蒦聲。胡郭切。

鍑 fù 釜大口者。从金，复聲。方副切。

鍪 móu 鍑屬。从金，敄聲。莫浮切。

錪 tiǎn 朝鲜謂釜曰錪。从金，典聲。他典切。

銼 cuó（今音 cuò） 鍑也。从金，坐聲。昨禾切。

鏀 luó 銼鏀也。从金，羸聲。魯戈切。

鉶 xíng（鉶） 器也。从金，荆（荆）聲。户經切。

鎬 hào 温器也。从金，高聲。武王所都，在長安西上林苑中，字亦如此。乎老切。

鏖 āo 温器也。一曰：金器。从金，鹿聲。於刀

切。

銚 yáo　温器也。一曰：田器。从金，兆聲。以招切。

鋀 dòu　酒器也。从金，𧯠象器形。大口切。

𧯠(鋀)，或省金。

鐎 jiāo　鐎斗也。从金，焦聲。即消切。

鋗 xuān　小盆也。从金，肙聲。火玄切。

鏏 wèi　鼎也。从金，彗聲。讀若彗。于歲切。

鍵 jiàn　鉉也。一曰：車轄。从金，建聲。渠偃切。

鉉 xuàn　舉鼎也。《易》謂之鉉，《禮》謂之鼏。从金，玄聲。胡犬切。

鋊 yù　可以句鼎耳及鑪炭。从金，谷聲。一曰：銅屑。讀若浴。余足切。

鎣 yìng(今音 yíng)　器也。从金，熒省聲。讀若銑。烏定切。

鑯 jiān　鐵器也。一曰：鑴(鐫)也。从金，韱聲。臣鉉等曰："今俗作尖，非是。"子廉切。

錠 dìng　鐙也。从金，定聲。丁定切。

鐙 dēng(今音 dèng，燈)　錠也。从金，登聲。臣鉉等曰："錠中置燭，故謂之鐙。今俗别作燈，非是。"都滕切。

鏶 jí　鍱也。从金，集聲。奏(秦)入切。

鍓 鏶，或从咠。

鍱 yè　鏶也。从金，枼(葉)聲。齊謂之鍱。與涉切。

鏟 chǎn　鏶也。一曰：平鐵。从金，産聲。初限切。

鑪 lú　方鑪也。从金，盧聲。臣鉉等曰："今俗别作爐，非是。"洛胡切。

鏇 xuàn　圜鑪也。从金，旋聲。辝戀切。

鏔 tí　器也。从金，虒聲。杜兮切。

鑢 lǔ　煎膠器也。从金，虜聲。郎古切。

釦 kòu　金飾器口。从金，从口，口亦聲。苦厚切。

錯 cuò　金涂也。从金，昔聲。倉各切。

鋤 yǔ　鉏鋤也。从金，御聲。魚舉切。

鋙 鋤，或从吾。

錡 yǐ　鉏鋤也。从金，奇聲。江淮之閒謂釜曰

錡。魚綺切。

鍤 chā 郭衣鍼也。从金，臿聲。楚洽切。

鉥 shù 綦鍼也。从金，术聲。食聿切。

鍼 zhēn（針） 所以縫也。从金，咸聲。臣鉉等曰："今俗作針，非是。"職深切。

鈹 pī 大鍼也。一曰：劒如刀裝者。从金，皮聲。敷羈切。

鎩 shà（今音 shā） 鈹有鐸（鐔）也。从金，殺聲。所拜切。

鈕 niǔ 印鼻也。从金，丑聲。女久切。

古文鈕，从玉。

銎 qiōng 斤釜穿也。从金，巩聲。曲恭切。

鈭 zī 鈭錍，斧也。从金，此聲。即移切。

錍 bēi 鈭錍也。从金，卑聲。府移切。

鏨 zàn 小鑿也。从金，从斬，斬亦聲。藏濫切。

鐫 juān 穿木鐫也。从金，雋聲。一曰：琢石也。讀若瀸。子全切。

鑿 zuò（今音 záo） 穿木也。从金，糳省聲。在各切。

銛 xiān 鍤屬。从金，舌聲。讀若棪。桑欽讀若鐮。息廉切。

鈂 chén 臿屬。从金，冘聲。直深切。

⿰金危 guǐ 臿屬。从金，危聲。一曰：瑩鐵也。讀若跛行。過委切。

鐅 piě 河内謂臿頭金也。从金，敝聲。芳滅切。

錢 jiǎn/qián 銚也。古田器。从金，戔聲。《詩》曰："庤乃錢鎛。"即淺切，又昨先切。

钁 jué 大鉏也。从金，矍聲。居縛切。

鈐 qián 鈐鏅，大犂也。一曰：類相。从金，今聲。巨淹切。

鏅 duò 鈐鏅也。从金，隋聲。徒果切。

鏺 pō 兩刃，木柄，可以刈艸。从金，發聲。讀若撥。普活切。

鉵 tóng 相屬。从金，蟲省聲。讀若同。徒冬切。

鉏 chú 立薅所用也。从金，且聲。士魚切。

䥯 bēi 相屬。从金，罷聲。讀若嫣。彼爲切。

鎌 lián 鍥也。从金，兼聲。力鹽切。

鍥 qiè　鎌也。从金，契聲。苦結切。

鉊 zhāo　大鐵(鎌)也。从金，召聲。鎌謂之鉊，張徹説。止搖切。

銍 zhì　穫禾短鎌也。从金，至聲。陟栗切。

鎮 zhèn　博壓也。从金，真聲。陟刃切。

鉆 chān　鐵銸也。从金，占聲。一曰：膏車鐵鉆。敕淹切。

銸 zhé　鉆也。从金，耴聲。陟葉切。

鉗 qián　以鐵有所劫束也。从金，甘聲。巨淹切。

釱 dì　鐵鉗也。从金，大聲。特計切。

鋸 jù　槍唐也。从金，居聲。居御切。

鐕 zān　可以綴著物者。从金，朁聲。則參切。

錐 zhuī　鋭也。从金，隹聲。藏追切。

鑱 chán　鋭也。从金，毚聲。士銜切。

鋭 ruì　芒也。从金，兑聲。以芮切。

籒文鋭，从厂、剡。

鏝 mán(今音 màn)　鐵杇也。从金，曼聲。母官切

鏝，或从木。臣鉉等案："《木部》已有，此重出。"

鑽 zuān　所以穿也。从金，贊聲。借官切。

鑢 lǜ　錯銅鐵也。从金，慮聲。良據切。

銓 quán　衡也。从金，全聲。此緣切。

銖 zhū　權十分黍之重也。从金，朱聲。市朱切。

鋝 lüè　十[一]銖二十五分[銖]之十三也。从金，寽聲。《周禮》曰："重三鋝。"北方以二十兩爲[三]鋝。力輟切。

鍰 huán　鋝也。从金，爰聲。《罰書》曰："列百鍰。"户關切。

錙 zī(錙)　六銖也。从金，甾聲。側持切。

錘 chuí　八銖也。从金，垂聲。直垂切。

鈞 jūn　三十斤也。从金，匀聲。居匀切。

古文鈞，从旬。

鈀 bā　兵車也。一曰：鐵也。《司馬法》："晨夜内鈀車。"从金，巴聲。伯加切。

鐲 zhuó　鉦也。从金，蜀聲。軍法：司馬執鐲。直角切。

鈴 líng　令丁也。从金，从令，令亦聲。郎丁切。

鉦 zhēng　鐃也。似鈴，柄中，上下通。从金，正聲。諸盈切。

鐃 náo　小鉦也。軍法：卒長執鐃。从金，堯聲。女交切。

鐸 duó　大鈴也。軍法：五人爲伍，五伍爲兩，兩司馬執鐸。从金，睪聲。徒洛切。

鑮 pò（今音 bó）　大鐘，淳于之屬，所以應鐘磬也。堵以二，金樂則鼓鎛（鑮）應之。从金，薄聲。匹各切。

鏞 yōng　大鐘謂之鏞。从金，庸聲。余封切。

鐘 zhōng　樂鐘也。秋分之音，物穜成。从金，童聲。古者垂作　鐘，或从甬。
鐘。職茸切。

鈁 fāng　方鐘也。从金，方聲。府良切。

鎛 bó　鎛鱗也。鐘上橫木上金華也。一曰：田器。从金，尃聲。《詩》曰："庤乃錢鎛。"補各切。

鍠 huáng　鐘聲也。从金，皇聲。《詩》曰："鐘鼓鍠鍠。"乎光切。

鎗 chēng　鐘聲也。从金，倉聲。楚庚切。

鏓 cōng（今音 zǒng）　鎗鏓也。一曰：大鑿，平木者。从金，悤聲。倉紅切。

錚 zhēng　金聲也。从金，爭聲。側莖切。

鏜 tāng　鐘鼓之聲。从金，堂聲。《詩》曰："擊鼓其鏜。"上（土）郎切。

鑋 qìng　金聲也。从金，輕聲。讀若《春秋傳》曰"躄而乘它車"。苦定切。

鐔 xín　劍鼻也。从金，覃聲。徐鍇曰："劍鼻，人握處之下也。"徐林切

鏌 mò　鏌釾也。从金，莫聲。慕各切。

釾 yé　鏌釾也。从金，牙聲。以遮切。

鏢 piāo（今音 biāo）　刀削末銅也。从金，票聲。撫招切。

鈒 sà　鋋也。从金，及聲。穌合切。

鋋 chán　小矛也。从金，延聲。市連切。

鈗 yǔn　侍臣所執兵也。从金，允聲。《周書》曰："一人冕，執鈗。"讀若允。余準切。

鉈 shé（今音 shī）　短矛也。从金，它聲。食遮切。

鏦 cōng　矛也。从金，從聲。七恭切。臣鉉等曰："今音楚江切。"　鏦，或从彖。

錟 tán　長矛也。从金，炎聲。讀若老聃。徒甘切。

鏠 fēng　兵耑也。从金，逢聲。敷容切。

錞 duì　矛戟柲下銅鐏也。从金，享聲。《詩》曰："厹矛沃錞。"徒對切。

鐏 zùn(今音 zūn)　柲下銅也。从金，尊聲。徂寸切。

鏐 liú　弩眉也。一曰：黄金之美者。从金，翏聲。力幽切。

鍭 hóu　矢。金鏃翦羽謂之鏃（鍭）。从金，矦聲。乎鉤切。

鏑 dí　矢鏠也。从金，啻聲。都歷切。

鎧 kǎi　甲也。从金，豈聲。苦亥切。

釬 hàn　臂鎧也。从金，干聲。侯旰切。

錏 yā　錏鍜，頸鎧也。从金，亞聲。烏牙切。

鍜 xiá　錏鍜也。从金，叚聲。乎加切。

鐗 jiàn　車軸鐵也。从金，閒聲。古莧切。

釭 gāng　車轂中鐵也。从金，工聲。古雙切。

銴 shì　車樘結也。一曰：銅生五色也。从金，折聲。讀若誓。時制切。

鈘 xì(釳)　乘輿馬頭上防鈘。插以翟尾、鐵翮，象角。所以防網羅鈘去之。从金，气聲。許訖切。

鑾 luán　人君乘車，四馬鑣，八鑾鈴，象鸞鳥聲，和則敬也。从金，从鸞省。洛官切。

鉞 huì　車鑾聲也。从金，戉聲。《詩》曰："鑾聲鉞鉞。"臣鉉等曰："今俗作鐬，以鉞作斧戉之戉。非是。"呼會切。

鍚 yáng　馬頭飾也。从金，陽聲。《詩》曰："鉤膺鏤鍚。"一曰：鍱，車輪鐵。臣鉉等曰："今經典作錫。"與章切。

銜 xián　馬勒口中。从金，从行。銜，行馬者也。户監切。

鑣 biāo　馬銜也。从金，麃聲。補嬌切。

鑣，或从角。

鉣 jié　組帶鐵也。从金，劫省聲。讀若劫。居怯切。

鈇 fū　莝斫刀也。从金，夫聲。甫無切。

釣 diào　鉤魚也。从金，勺聲。多嘯切。

⿱埶金 zhì　羊箠耑有鐵。从金，埶聲。讀若至。脂利切。

鋃 láng　鋃鐺，瑣也。从金，良聲。魯當切。

鐺 dāng　鋃鐺也。从金，當聲。都郎切。

鋂 méi　大瑣也。一環貫二者。从金，每聲。《詩》曰："盧重鋂。"莫桮切。

鍡 wěi　鍡鑸，不平也。从金，畏聲。烏賄切。

鑸 lěi　鍡鑸也。从金，壘聲。洛猥切。

鎎 xì（今音 kài）　怒戰也。从金，氣聲。《春秋傳》曰："諸矦敵王所鎎。"許既切。

鋪 pū　箸門鋪首也。从金，甫聲。普胡切。

鐉 quān　所以鉤門户樞也。一曰：治門户器也。从金，巽聲。此緣切。

鈔 chāo　叉取也。从金，少聲。臣鉉等曰："今俗别作抄。"楚交切。

錔 tà　以金有所冒也。从金，沓聲。他荅切。

銽 guā　斷也。从金，昏聲。古活切。

鉻 luò　鬄也。从金，各聲。盧各切。

⿰金亶 zhǎn　伐擊也。从金，亶聲。旨善切。

鏃 zú　利也。从金，族聲。作木切。

鈌 yuè　刺（刺）也。从金，夬聲。於決切。

鏉 shòu　利也。从金，欶聲。所右切。

鐂 liú（劉）　殺也。徐鍇曰："《説文》無劉字，偏旁有之。此字又史傳所不見。疑此即劉字也。从金，从丣，刀字屈曲，傳寫誤作田尔。"力求切。

錉 mín　業也。賈人占錉。从金，昏聲。武巾切。

鉅 jù　大剛也。从金，巨聲。其吕切。

鎕 táng　鎕銻，火齊。从金，唐聲。徒郎切。

銻 tí　鎕銻也。从金，弟聲。杜兮切。

鈋 é　吪圜也。从金，化聲。五禾切。

鐜 duī　下垂也。一曰：千斤椎。从金，敦聲。都回切。

鍒 róu　鐵之耎也。从金，从柔，柔亦聲。耳由切。

錭 táo　鈍也。从金，周聲。徒刀切。

鈍 dùn　錭也。从金，屯聲。徒困切。

⿰金朿 qí　利也。从金，朿聲。讀若齊。徂奚切。

錗 nèi　側意。从金，委聲。女恚切。

文一百九十七　重十三

鑺 qú　兵器也。从金，瞿聲。其俱切。

銘 míng　記也。从金，名聲。莫經切。

鎖 suǒ　鐵鎖，門鍵也。从金，貟聲。穌果切。

鈿 tián　金華也。从金，田聲。待季切。

釧 chuàn　臂環也。从金，川聲。尺絹切。

釵 chāi　笄屬。从金，叉聲。本只作叉。此字後人所加。楚佳切。

釽 pī　裂也。从金、爪。普擊切。

文七新附

幵 jiān　平也。象二干對構，上平也。凡幵之屬皆从幵。徐鉉曰："幵但象物平，無音義也。"古賢切。

文一

勺 zhuó　挹取也。象形。中有實，與包同意。凡勺之屬皆从勺。之若切。

与 yǔ　賜予也。一勺爲与。此与與同。余吕切。

文二

几 jǐ(今音 jī)　踞几也。象形。《周禮》五几：玉几、雕几、彤几、髹几、素几。凡几之屬皆从几。居履切。

凭 píng　依几也。从几，从任。《周書》："凭玉几。"讀若馮。臣鉉等曰："人之依馮，几所勝載，故从任。"皮冰切。

凥 jū　處也。从尸得几而止。《孝經》曰："仲尼凥。"凥，謂閒居如此。九魚切。

処 chǔ(处)　止也。得几而止。从几，从夊。昌與切。處，或从虍聲。

文四　重二

且 jū/qiě　薦也。从几，足有二横，一，其下地也。凡且之屬皆从且。子余切，又千也切。

俎 zǔ　禮俎也。从半肉在且上。側吕切。

䣜 zù　且往也。从且，豦聲。昨誤切。

文三

斤 jīn　斫木[斧]也。象形。凡斤之屬皆从斤。舉欣切。

斧 fǔ　斫也。从斤，父聲。方矩切。

斨 qiāng　方銎斧也。从斤，爿聲。《詩》曰："又缺我斨。"七羊切。

斫　zhuó　擊也。从斤，石聲。之若切。

斪　qú　斫也。从斤，句聲。其俱切。

斸　zhú　斫也。从斤，屬聲。陟玉切。

斲　zhuó　斫也。从斤、𠁁。臣鉉等曰："𠁁，器也。斤以斲之。"　斲，或从畫，从丮。竹角切。

釿　yǐn　劑斷也。从斤、金。宜引切。

所　suǒ　伐木聲也。从斤，户聲。《詩》曰："伐木所所。"疏舉切。

斯　sī　析也。从斤，其聲。《詩》曰："斧以斯之。"息移切。

斮　zhuó　斬也。从斤，昔聲。側略切。

斷　duàn(斷)　截也。从斤，从𢇍。𢇍，古文絶。徒玩切。

古文斷，从皀。皀，古文叀字。《周書》曰："㔻㔻猗無他技。"　亦古文。

⿰良斤　luǒ　柯擊也。从斤，良聲。來可切。

新　xīn　取木也。从斤，新(亲)聲。息鄰切。

斦　yín　二斤也。从二斤。語斤切。

文十五　重三

斗　dǒu　十升也。象形。有柄。凡斗之屬皆从斗。當口切。

斛　hú　十斗也。从斗，角聲。胡谷切。

斝　jiǎ　玉爵也。夏曰琖，殷曰斝，周曰爵。从吅，从斗，冂象形。與爵同意。或説，斝受六升。古雅切。

料　liáo(今音 liào)　量也。从斗，米在其中。讀若遼。洛蕭切。

斞　yǔ　量也。从斗，臾聲。《周禮》曰："桼三斞。"以主切。

斡　wò　蠡柄也。从斗，倝聲。楊雄、杜林説，皆以爲軺車輪斡。烏括切。

魁　kuí　羹斗也。从斗，鬼聲。苦回切。

斠　jué(今音 jiào)　平斗斛也。从斗，冓聲。古岳切。

斟　zhēn　勺也。从斗，甚聲。職深切。

斜　xié　杼(抒)也。从斗，余聲。讀若荼。似嗟切。

⿰㬰斗　jū　挹也。从斗，㬰聲。舉朱切。

⿰半斗　bàn　量物分半也。从斗，从半，半亦聲。博幔

切。

⿰㫄斗　pāng　量溢也。从斗，㫄聲。普郎切。

⿱䜌斗　juàn　杼(抒)滿(㿻)也。从斗，䜌聲。俱願切。

斣　chù(今音 dòu)　相易物，俱等爲𣄴。从斗，蜀聲。易(昌)六切。

⿰庣斗　tiāo　斛旁有⿰庣斗。从斗，庣聲。一曰：突也。一曰：利也。《尒疋》曰："⿰庣斗謂之疀。"古田器也。臣鉉等曰："《説文》無庣字，疑厂象形，兆聲。今俗别作𨪐，非是。"土雕切。

升　shēng　十龠也。从斗，亦象形。識蒸切。

文十七

矛　máo　酋矛也。建於兵車，長二丈。象形。凡矛之屬皆从矛。莫浮切。古文矛，从戈。

⿰矛良　láng　矛屬。从矛，良聲。魯當切。

⿰矛害　kài　矛屬。从矛，害聲。苦蓋切。

矠　zé　矛屬。从矛，昔聲。讀若笮。士革切。

矜　jīn /qín　矛柄也。从矛，今聲。居陵切，又巨巾切。

⿰矛丑　niǔ　剌(刺)也。从矛，丑聲。女久切。

文六　重一

車　chē　輿輪之總名。夏后時奚仲所造。象形。凡車之屬皆从車。籒文車。尺遮切。

軒　xuān　曲輈藩車。从車，干聲。虛言切。

輜　zī　軿車前、衣車後也。从車，甾聲。側持切。

軿　píng　輜車也。从車，并聲。薄丁切。

輼　wēn　卧車也。从車，昷聲。烏魂切。

輬　liáng　卧車也。从車，京聲。吕張切。

軺　yáo　小車也。从車，召聲。以招切。

輕　qīng　輕車也。从車，巠聲。去盈切。

輶　yóu　輕車也。从車，酋聲。《詩》曰："輶車鑾鑣。"以周切。

輣　péng　兵車也。从車，朋聲。薄庚切。

軘　tún　兵車也。从車，屯聲。徒魂切。

⿰車童　chōng　陷敶車也。从車，童聲。尺容切。

轈　cháo　兵高車加巢以望敵也。从車，巢聲。《春秋傳》曰："楚子登轈車。"鉏交切。

輿 yú　車輿也。从車，舁聲。以諸切。

輯 jí　車和輯也。从車，咠聲。秦入切。

䡬 màn　衣車蓋也。从車，曼聲。莫半切。

軓 fàn　車軾前也。从車，凡聲。《周禮》曰："立當前軓。"音範。

軾 shì　車前也。从車，式聲。賞職切。

輅 lù　車軨前横木也。从車，各聲。臣鉉等曰："各非聲，當从路省。"洛故切。

較 jué　車騎（輢）上曲銅也。从車，爻聲。古岳切。

⿰車反 fǎn　車耳反出也。从車，从反，反亦聲。府遠切。

轛 zhuì　車横軨也。从車，對聲。《周禮》曰："參分軹圍，去一以爲轛圍。"追萃切。

輢 yǐ　車旁也。从車，奇聲。於綺切。

輒 zhé　車兩輢也。从車，耴聲。陟葉切。

⿰車川 chūn　車約⿰車川也。从車，川聲。《周禮》曰："孤乘夏⿰車川。"一曰：下棺車曰⿰車川。敕倫切。

轖 sè　車籍交錯也。从車，嗇聲。所力切。

軨 líng　車轖間横木。从車，令聲。郎丁切。

䡼 軨，或从霝，司馬相如說。

輑 yǐn　軺車前横木也。从車，君聲。讀若帬，又讀若褌。牛尹切。

軫 zhěn　車後横木也。从車，㐱聲。之忍切。

轐 bú　車伏兔也。从車，菐聲。《周禮》曰："加軫與轐焉。"博木切。

⿰車䪱 mǐn　車伏兔下革也。从車，䪱聲。䪱，古昏字。讀若閔。眉殞切。

軸 zhóu　持輪也。从車，由聲。徐鍇曰："當从胄省。"直六切。

輹 fù　車軸縛也。从車，复聲。《易》曰："輿脱輹。"芳六切。

軔 rèn　礙車也。从車，刃聲。而振切。

輮 rǒu（今音 róu）　車軔（輞）也。从車，柔聲。人九切。

⿱𤇾車 qióng　車輮規也。一曰：一輪車。从車，熒省聲。讀若煢。張（渠）營切。

轂 gǔ　輻所湊（凑）也。从車，𣪊聲。古禄切。

輥 gǔn　轂齊等皃。从車，昆聲。《周禮》曰："望其

轂，欲其輥。"古本切。

軝 qí　長轂之軝也，以朱約之。从車，氏聲。《詩》曰："約軝錯衡。"渠支切。

軝，或从革。

軹 zhǐ　車輪小穿也。从車，只聲。諸氏切。

軎 wèi　車軸耑也。从車，象形。杜林説。徐鍇曰："指事。"于濊切。

軎，或从彗。

輻 fú　輪轑也。从車，畐聲。方六切。

轑 lǎo　蓋弓也。一曰：輻也。从車，尞聲。盧皓切。

軑 dì　車輨也。从車，大聲。特計切。

輨 guǎn　轂端沓也。从車，官聲。古滿切。

轅 yuán　輈也。从車，袁聲。雨元切。

輈 zhōu　轅也。从車，舟聲。張流切。

籀文輈。

暈 jú　直轅車轒也。从車，旲(具)聲。居玉切。

軏 yuè　車轅耑持衡者。从車，元聲。魚厥切。

軶 è　轅前也。从車，戹聲。於革切。

輝 hún　軶軥也。从車，軍聲。乎昆切。

軥 gòu(今音 qú)　軶下曲者，从車，句聲。古候切。

轙 yǐ　車衡載轡者。从車，義聲。魚綺切。

轙，或从金，从獻。

軜 nà　驂馬内轡繫軾前者。从車，内聲。《詩》曰："鋈以觼軜。"奴荅切。

衠 juàn　車搖也。从車，从行。一曰：衍省聲。古絢切。

𨊠 chéng　軺車後登也。从車，丞聲。讀若《易》"抍馬"之抍。署陵切。

載 zài　乘也。从車，𢦏(𢦏)聲。作代切。

軍 jūn　圜圍也。四千人爲軍。从車，从包省。軍(車)，兵車也。舉云切。

軷 bá　出，將有事於道，必先告其神，立壇四通，樹茅以依神，爲軷。既祭軷，轢於牲而行，爲範軷。《詩》曰："取羝以軷。"从車，犮聲。蒲撥切。

範 fàn　範軷也。从車，笵省聲。讀與犯同。音犯。

𨎮 è(今音 niè)　載高皃。从車，𤅊省聲。五葛切。

轄 xiá 車聲也。从車，害聲。一曰：轄，鍵也。胡八切。

轉 zhuàn 運也。从車，專聲。知戀切。

輸 shū 委輸也。从車，俞聲。式朱切。

輖 zhōu 重也。从車，周聲。職流切。

輩 bèi 若軍發車百兩爲一輩。从車，非聲。補妹切。

軋 yà 䡅也。从車，乙聲。烏轄切。

䡅 niǎn(輾、碾) 轢也。从車，㞋聲。尼展切。

轢 lì 車所踐也。从車，樂聲。郎擊切。

軌 guǐ 車徹也。从車，九聲。居洧切。

䡨 zōng 車迹也。从車，從省聲。臣鉉等曰："今俗別作蹤，非是。"即容切。

軼 yì 車相出也。从車，失聲。夷質切。

䡠 qiān(今音 kēng) 車䡠鉉也。从車，真聲。讀若《論語》"鏗尔，舍瑟而作。"又讀若掔。苦閑切。

䡹 zhì 抵也。从車，埶聲。陟利切。

軭 kuáng 車戾也。从車，匡聲。巨王切。

輟 chuò 車小缺復合者。从車，叕聲。臣鉉等按："《网部》輟與罬同，此重出。"陟劣切。

䡋 qǐ 礙也。从車，多聲。康禮切。

轚 jí 車轄相擊也。从車，从毄，毄亦聲。《周禮》曰："舟輿擊(轚)互者。"古歷切。

䡴 shuàn 治車軸也。从車，算聲。所眷切。

軻 kě(今音 kē) 接軸車也。从車，可聲。康我切。

䡩 kēng 車堅也。从車，殸聲。口莖切。

軵 rǒng 反推車，令有所付也。从車，从付。讀若胥。而隴切。

輪 lún 有輻曰輪，無輻曰輇。从車，侖聲。力屯切。

輇 quán 蕃車下庳輪也。一曰：無輻也。从車，全聲。讀若饌。市緣切。

輗 ní 大車轅耑持衡者。从車，兒聲。五雞切。

輗，或从宜。 輗，或从木。

軝 dǐ 大車後也。从車，氏聲。丁禮切。

轃 zhēn 大車簀也。从車，秦聲。讀若臻。側

詵切。

轒　fén　淮陽名車穹隆轒。从車，賁聲。符分切。

䡝　yūn(今音 yuān)　大車後壓也。从車，宛聲。於云切。

輂　jú　大車駕馬也。从車，共聲。居玉切。

䡨　chái　連車也。一曰：却車抵堂爲䡨。从車，差省聲。讀若遲。士皆切。

輦　niǎn　輓車也。从車，从㚘在車前引之。力展切。

輓　wǎn　引之也。从車，免聲。無遠切。

軖　kuáng　紡車也。一曰：一輪車。从車，㞷聲。讀若狂。巨王切。

轘　huàn　車裂人也。从車，睘聲。《春秋傳》曰："轘諸栗門。"臣鉉等曰："睘，渠營切，非聲。當从還省。"胡慣切。

斬　zhǎn　截也。从車，从斤。斬法車裂也。側減切。

輀　ér　喪車也。从車，而聲。如之切。

輔　fǔ　人頰車也。从車，甫聲。扶雨切。

轟　hōng　羣車聲也。从三車。呼宏切。

文九十九　重八

轏　zhàn　車名。从車，孱聲。士限切。

轔　lín　車聲。从車，粦聲。力珍切。

轍　zhé　車迹也。从車，徹省聲。本通用徹，後人所加。直列切。

文三新附

𠂤　duī　小𠂤也。象形。凡𠂤之屬皆从𠂤。臣鉉等曰："今俗作堆。"都回切。

𡴎　niè　危高也。从𠂤，屮聲。讀若臬。魚列切。

官　guān　史(吏)，事君也。从宀，从𠂤。𠂤，猶衆也。此與師同意。古丸切。

文三

説文解字 卷十四下

𨸏 fù(阜) 大陸，山無石者。象形。凡𨸏之屬皆从𨸏。房九切。古文。

陵 líng 大𨸏也。从𨸏，夌聲。力膺切。

䧢 hùn 大𨸏也。从𨸏，鯀聲。胡本切。

阞 lè 地理也。从𨸏，力聲。盧則切。

陰 yīn 闇也。水之南、山之北也。从𨸏，侌聲。於今切。

陽 yáng 高、明也。从𨸏，昜聲。與章切。

陸 lù 高平地。从𨸏，从坴，坴亦聲。力竹切。籀文陸。

阿 ē 大陵也。一曰：曲𨸏也。从𨸏，可聲。烏何切。

陂 bēi 阪也。一曰：沱也。从𨸏，皮聲。彼爲切。

阪 bǎn 坡者曰阪。一曰：澤障。一曰：山脅也。从𨸏，反聲。府遠切。

陬 zōu 阪隅也。从𨸏，取聲。子侯切。

隅 yú 陬也。从𨸏，禺聲。噳俱切。

險 xiǎn 阻，難也。从𨸏，僉聲。虛檢切。

限 xiàn 阻也。一曰：門榍。从𨸏，艮聲。乎簡切。

阻 zǔ 險也。从𨸏，且聲。側吕切。

陮 duì 陮隗，高也。从𨸏，隹聲。都辠切。

隗 wěi 陮隗也。从𨸏，鬼聲。五辠切。

阭 yǔn 高也。一曰：石也。从𨸏，允聲。余準切。

𨺅 lěi 磊也。从𨸏，厽聲。洛猥切。

陗 qiào 陖也。从𨸏，肖聲。七笑切。

陖 jùn 陗高也。从𨸏，夋聲。私閏切。

隥 dèng 仰也。从𨸏，登聲。都鄧切。

陋 lòu(陋) 阸陝也。从𨸏，㔷聲。盧候切。

陝 xiá 隘也。从𨸏，夾聲。臣鉉等曰："今俗从

山，非是。"矦夾切。

陟 zhì　登也。从𨸏，从步。竹力切。

古文陟。

陷 xiàn　高下也。一曰：陊也。从𨸏，从臽，臽亦聲。户猎切。

隰 xí　阪下溼也。从𨸏，㬎聲。似入切。

𨻳 qū　敧也。从𨸏，區聲。臣鉉等曰："今俗作崎嶇，非是。"豈俱切。

隤 tuí　下隊也。从𨸏，貴聲。杜回切。

隊 duì（墜，一音 zhuì）　從高隊也。从𨸏，㒸聲。徒對切。

降 jiàng　下也。从𨸏，夅聲。古巷切。

隕 yǔn　從高下也。从𨸏，員聲。《易》曰："有隕自天。"于敏切。

隉 niè　危也。从𨸏，从毁省。徐巡以爲：隉，凶也。賈侍中說：隉，法度也。班固說：不安也。《周書》曰："邦之阢隉。"讀若虹蜺之蜺。五結切。

阤 zhì　小崩也。从𨸏，也聲。丈尔切。

隓 huī　敗城𨸏曰隓。从𨸏，𡰪聲。臣鉉等曰："《說文》無𡰪字，蓋二左也。衆力左之，故从二左。今俗作隳，非是。"許規切。

篆文。

⿰阝頃 qīng　仄也。从𨸏，从頃，頃亦聲。去營切。

陊 duò　落也。从𨸏，多聲。臣鉉等曰："今俗作墮，非是。"徒果切。

阬 kēng　門（閬）也。从𨸏，亢聲。客庚切。臣鉉等曰："今俗作坑，非是。"

⿰阝賣 dú　通溝也。从𨸏，賣（𧶠）聲。讀若瀆。徒谷切。

古文⿰阝賣，从谷。

防 fáng　隄也。从𨸏，方聲。符方切。

防，或从土。

隄 dī　唐也。从𨸏，是聲。都兮切。

阯 zhǐ（址）　基也。从𨸏，止聲。諸市切。

阯，或从土。

陘 xíng　山絶坎也。从𨸏，巠聲。户經切。

附 fù（一音 bù）　附婁，小土山也。从𨸏，付聲。《春秋傳》曰："附婁無松柏。"符又切。

阺 dǐ 秦謂陵阪曰阺。从自，氐聲。丁禮切。

阢 wù 石山戴土也。从自，从兀，兀亦聲。五忽切。

隒 yǎn 崖也。从自，兼聲。讀若儼。魚檢切。

阸 è 塞也。从自，戹聲。於革切。

隔 gé 障也。从自，鬲聲。古覈切。

障 zhàng 隔也。从自，章聲。之亮切。

隱 yǐn 蔽也。从自，㥯聲。於謹切。

隩 ào 水隈，崖也。从自，奥聲。烏到切。

隈 wēi 水曲，隩也。从自，畏聲。烏恢切。

⿱臾自 qiǎn ⿱臾自商，小塊也。从自，从臾。臣鉉等曰："臾，古文蕢字。"去衍切。

⿰阝解 xiè 水衡官、谷也。从自，解聲。一曰：小谿。胡買切。

隴 lǒng 天水大阪也。从自，龍聲。力鍾切。

⿰阝衣 yī 酒泉天依阪也。从自，衣聲。於希切。

陜 shǎn 弘農陜（陕）也。古虢國，王季之子所封也。从自，夾（夹）聲。失冉切。

⿰阝無 wú 弘農陜（陕）東陬也。从自，無聲。武扶切。

⿰阝卷 juǎn 河東安邑陬也。从自，卷聲。居遠切。

陭 yī（今音 yì） 上黨陭氏阪也。从自，奇聲。於离切。

隃 shù 北陵西隃，鴈門是也。从自，俞聲。傷遇切。

阮 ruǎn（一音 yuán） 代郡五阮關也。从自，元聲。虞遠切。

⿰阝告 kù（今音 kū） 大自也。一曰：右扶風郿有⿰阝告自。从自，告聲。苦沃切。

陚 fù 丘名。从自，武聲。方遇切。

⿰阝貞 zhēng 丘名。从自，貞聲。陟盈切。

⿰阝丁 dīng 丘名。从自，丁聲。讀若丁。當經切。

⿰阝爲 huī（今音 wéi） 鄭地，阪。从自，爲聲。《春秋傳》曰："將會鄭伯于⿰阝爲。"許爲切。

陼 dǔ（今音 zhǔ） 如渚者，陼丘。水中高者也。从自，者聲。當古切。

陳 chén 宛丘，舜後嬀滿之所封。从自，从木，申聲。臣鉉等曰："陳者，大昊之虚，

晝八卦之所，木德之始，故从木。”直珍切。古文陳。

陶 táo　再成丘也，在濟陰。从𨸏，匋聲。《夏書》曰："東至于陶丘。”陶丘有堯城，堯嘗所居，故堯號陶唐氏。徒刀切。

阝召 zhào　耕以臿浚出下壚土也。一曰：耕休田也。从𨸏，从土，召聲。之少切。

阽 yán　壁危也。从𨸏，占聲。余廉切。

除 chú　殿陛也。从𨸏，余聲。直魚切。

階 jiē　陛也。从𨸏，皆聲。古諧切。

阼 zuò　主階也。从𨸏，乍聲。昨誤切。

陛 bì　升高階也。从𨸏，坒聲。旁禮切。

陔 gāi　階次也。从𨸏，亥聲。古哀切。

際 jì　壁會也。从𨸏，祭聲。子例切。

隙 xì　壁際孔也。从𨸏，从㣻，㣻亦聲。綺戟切。

陪 péi　重土也。一曰：滿也。从𨸏，咅聲。薄回切。

隊 duàn（今音 zhuàn）　道邊庳垣也。从𨸏，彖聲。徒玩切。

陾 réng　築牆聲也。从𨸏，耎聲。《詩》云："捄之陾陾。”如乘切。

陴 pí　城上女牆俾倪也。从𨸏，卑聲。符支切。

籀文陴，从𩫏。

隍 huáng　城池也。有水曰池，無水曰隍。从𨸏，皇聲。《易》曰："城復于隍。”乎光切。

阹 qū　依山谷爲牛馬圈也。从𨸏，去聲。去魚切。

陲 chuí　危也。从𨸏，垂聲。是爲切。

隖 wǔ（今音 wù）　小障也。一曰：庳城也。从𨸏，烏聲。安古切。

院 yuàn　堅也。从𨸏，完聲。臣鉉等案："《宀部》已有，此重出。”王眷切。

陯 lún　山𨸏陷也。从𨸏，侖聲。盧昆切。

阝辰 chún　水𨸏也。从𨸏，辰聲。食倫切。

阝戔 jiàn　水（小）𨸏也。从𨸏，戔聲。慈衍切。

文九十二　重九

阠 shēn　陵名。从𨸏，卂聲。所臻切。

阡 qiān 路東西爲陌，南北爲阡。从𨸏，千聲。倉先切。

文二新附

𨺅 fù 兩𨸏之閒也。从二𨸏。凡𨺅之屬皆从𨺅。房九切。

𨺍 yuè(今音 jué) 𨸏突也。从𨺅，決省聲。於決切。

𨻵 ài(隘) 陋也。从𨺅，𦍌聲。𦍌，籒文嗌字。烏懈切。籒(篆)文𨻵，从𨸏、益。

𨼿 suì 塞上亭守㷭火者。从𨺅，从火，遂聲。徐醉切。篆文省。

文四 重二

厽 lěi 絫坺土爲牆壁。象形。凡厽之屬皆从厽。力軌切。

絫 lěi 增也。从厽，从糸。絫，十黍之重也。力軌切。

垒 lěi 絫墼也。从厽，从土。力軌切。

文三

四 sì 陰數也。象四分之形。凡四之屬皆从四。息利切。古文四。籒文四。

文一 重二

宁 zhù 辨積物也。象形。凡宁之屬皆从宁。直呂切。

㽇 zhǔ 幝也。所以載盛米。从宁，从甾。甾，缶也。陟呂切。

文二

叕 zhuó 綴聯也。象形。凡叕之屬皆从叕。陟劣切。

綴 zhuì 合箸也。从叕，从糸。陟衛切。

文二

亞 yà 醜也。象人局背之形。賈侍中說，以爲次弟也。凡亞之屬皆从亞。衣駕切。

𠫴 yà 闕。衣駕切。

文二

五 wǔ 五行也。从二，陰陽在天地閒交午也。凡五之屬皆从五。臣鉉等曰：“二，天地也。”疑古切。古文五，省。

文一 重一

六　liù　《易》之數,陰變於六,正於八。从入,从八。凡六之屬皆从六。力竹切。

文一

七　qī　陽之正也。从一,微陰从中衺出也。凡七之屬皆从七。親吉切。

文一

九　jiǔ　陽之變也。象其屈曲究盡之形。凡九之屬皆从九。舉有切。

馗　kuí　九達道也。似龜背,故謂之馗。馗,高也。从九,从首。渠追切。　馗,或从辵,从坴。

文二　重一

内　róu　獸足蹂地也。象形,九聲。《尔疋》曰:"狐貍貛貉醜,其足蹞,其迹厹。"凡厹之屬皆从厹。人九切。　篆文,从足,柔聲。

禽　qín　走獸總名。从厹,象形,今聲。禽、离、兕頭相似。巨今切。

离　lí(一音 chī)　山神,獸也。从禽頭,从厹,从屮。歐陽喬説:离,猛獸也。臣鉉等曰:"从屮,義無所取,疑象形。"吕支切。

萬　wàn　蟲也。从厹,象形。無販切。

禹　yǔ　蟲也。从厹,象形。王矩切。

古文禹。

禺　fèi(狒)　周成王時,州靡國獻禺。人身,反踵,自笑,笑即上唇掩其目。食人。北方謂之土螻。《尔疋》云:"禺禺,如人,被髪。"一名梟陽。从厹,象形。符未切。

禼　xiè　蟲也。从厹,象形。讀與偰同。私列切。

古文禼。

文七　重三

嘼　xiù　犍也。象耳、頭、足厹地之形。古文嘼,下从厹。凡嘼之屬皆从嘼。許救切。

獸　shòu　守備者。从嘼,从犬。舒救切。

文二

甲　jiǎ　[位]東方之孟,陽气萌動,从木戴孚甲之象。一曰:人頭宜爲甲,甲象人頭。凡甲之屬皆从甲。古狎切。

古文甲,始於十,見於千,成於木之象。

文一　重一

乙 yǐ 象春艸木冤曲而出，陰气尚彊，其出乙乙也。與丨同意。乙承甲，象人頸。凡乙之屬皆从乙。於筆切。

乾 qián/gān 上出九(也)。从乙；乙，物之達也；倝聲。渠焉切，又古寒切。

籀文乾。

亂 luàn 治也。从乙；乙，治之也；从𤔔。郎段切。

尤 yóu(尤) 異也。从乙，又聲。徐鍇曰："乙欲出而見閡，見閡則顯其尤異也。"羽求切。

文四 重一

丙 bǐng 位南方，萬物成，炳然。陰气初起，陽气將虧。从一入冂。一者，陽也。丙承乙，象人肩。凡丙之屬皆从丙。徐鍇曰："陽功成，入於冂。冂，門也，天地陰陽之門也。"兵永切。

文一

丁 dīng 夏時萬物皆丁實。象形。丁承丙，象人心。凡丁之屬皆从丁。當經切。

文一

戊 wù 中宮也。象六甲五龍相拘絞也。戊承丁，象人脅。凡戊之屬皆从戊。莫候切。

成 chéng 就也。从戊，丁聲。氏征切。

古文成，从午。徐鍇曰："戊，中官(宮)。成於中也。"

文二 重一

己 jǐ 中宮也。象萬物辟藏詘形也。己承戊，象人腹。凡己之屬皆从己。居擬切。

古文己。

巹 jǐn 謹身有所承也。从己、丞。讀若《詩》云"赤舄己己。"居隱切。

㠱 jì 長踞也。从己，其聲。讀若杞。暨己切。

文三 重一

巴 bā 蟲也。或曰：食象蛇。象形。凡巴之屬皆从巴。徐鍇曰："一，所吞也，指事。"伯加切。

𢁒 bǎ 搥擊也。从巴、帚。闕。博下切。

文二

庚 gēng 位西方，象秋時萬物庚庚有實也。庚承己，象人臍。凡庚之屬皆从庚。古行切。

文一

辛 xīn 秋時萬物成而孰。金剛。味辛，辛痛即泣出。从一，从辛。辛，辠也。辛承庚，象人股。凡辛之屬皆从辛。息鄰切。

辠 zuì 犯法也。从辛，从自。言辠人蹙鼻苦辛之憂。秦以辠似皇字，改爲罪。臣鉉等曰："言按：言，孫本無，衍。自，古者以爲鼻字，故从自。"徂賄切。

辜 gū 辠也。从辛，古聲。古乎切。

古文辜，从死。

辥 xuē 辠也。从辛，㞷聲。私列切。

辤 cí 不受也。从辛。从受。受辛宜辤之。似兹切。籒文辤，从台。

辭 cí 訟也。从𤔔[辛]。𤔔[辛]猶理辜也。𤔔，理也。似兹切。籒文辭，从司。

文六　重三

辡 biǎn 辠人相與訟也。从二辛。凡辡之屬皆从辡。方免切。

辯 biàn 治也。从言在辡之閒。符蹇切。

文二

壬 rén 位北方也。陰極陽生，故《易》曰："龍戰于野。"戰者，接也。象人褢妊之形。承亥壬以子，生之叙也。與巫同意。壬承辛，象人脛。脛，任體也。凡壬之屬皆从壬。如林切。

文一

癸 guǐ 冬時，水土平，可揆度也。象水從四方流入地中之形。癸承壬，象人足。凡癸之屬皆从癸。居誄切。籒文从癶，从矢。

文一　重一

子 zǐ 十一月，陽气動，萬物滋，人以爲偁。象形。凡子之屬皆从子。李陽冰曰："子在襁緥中足併也。"即里切。古文子，从巛，象髮也。籒文子，囟有髮，臂脛在几上也。

孕 yùn 褢子也。从子，从几(乃)[聲]。徐鍇曰："取象於褢妊也。"以證切。

挽 fàn(今音 miǎn) 生子免身也。从子，从免。徐鍇曰："《說文》無免字。疑此字从𩰲省。以免身之義通用爲解免之免。晚、冕之類皆當从挽省。"芳萬切。臣鉉等曰："今俗作亡辯切。"

字 zì　乳也。从子在宀下，子亦聲。疾置切。

穀 gòu　乳也。从子，㱿聲。一曰：穀瞀也。古候切。

孿 shuàn（今音 luán）　一乳兩子也。从子，䜌聲。生患切。

孺 rù（今音 rú）　乳子也。一曰：輸［孺］也。輸［孺］尚小也。从子，需聲。而遇切。

季 jì　少稱也。从子，从稚省，稚亦聲。居悸切。

孟 mèng　長也。从子，皿聲。莫更切。

古文孟。

孼 niè（孽）　庶子也。从子，辥聲。魚列切。

孳 zī　汲汲生也。从子，茲聲。子之切。

籀文孳，从絲。

孤 gū　無父也。从子，瓜聲。古乎切。

存 cún　恤問也。从子，才聲。徂尊切。

𡥈 jiāo（今音 jiào）　放也。从子，爻聲。古肴切。

疑 yí　惑也。从子、止、匕，矢聲。徐鍇曰：“止，不通也。𠂤，古矢字。反匕之，幼子多惑也。”語其切。

文十五　重四

了 liǎo　尥也。从子無臂。象形。凡了之屬皆从了。盧鳥切。

孑 jié　無右臂也。从了，乚象形。居桀切。

孓 jué　無左臂也。从了，亅象形。居月切。

文三

孨 zhuǎn　謹也。从三子。凡孨之屬皆从孨。讀若翦。旨兖切。

孱 chán　迮也。一曰：呻吟也。从孨在尸下。臣鉉等曰：“尸者，屋也。”七（士）連切。

孴 nǐ　盛皃。从孨，从曰。讀若薿薿。一曰：若存。魚紀切。

籀文孴，从二子。一曰：𣍘即奇字𣍘。

文三　重一

𠫓 tū（突）　不順忽出也。从到子。《易》曰：“突如其來如。”不孝子突出，不容於内也。凡𠫓之屬皆从𠫓。他骨切。

或从到古文子，即《易》突字。

育 yù　養子使作善也。从𠫓，肉聲。《虞書》曰：

"教育子。"徐鍇曰："去，不順子也。不順子亦教之，況順者乎？"余六切。育，或从每。

疏 shū 通也。从㐬，从疋，疋亦聲。所葅切。

文三 重二

丑 chǒu 紐也。十二月，萬物動，用事。象手之形。時加丑，亦舉手時也。凡丑之屬皆从丑。敕九切。

𦙶 niǔ 食肉也。从丑，从肉。女久切。

羞 xiū 進獻也。从羊；羊，所進也；从丑，丑亦聲。息流切。

文三

寅 yín 髕也。正月，陽气動，去黄泉，欲上出，陰尚彊，象宀不達，髕寅於下也。凡寅之屬皆从寅。徐鍇曰："髕斥之意。人陽气鋭而出，上閡於宀、臼，所以擯之也。"古文寅。弋真切。

文一 重一

卯 mǎo 冒也。二月，萬物冒地而出。象開門之形。故二月爲天門。凡卯之屬皆从卯。莫飽切。古文卯。

文一 重一

辰 chén 震也。三月，陽气動，靁電振，民農時也。物皆生，从乙、匕，象芒達。厂聲也。辰，房星，天時也。从二；二，古文上字。凡辰之屬皆从辰。徐鍇曰："匕音化。乙，艸木萌初出曲卷也。"臣鉉等曰："三月，陽气成，艸木生，上徹於土，故从匕。厂非聲，疑亦象物之出。"植鄰切。古文辰。

辱 rǔ 恥也。从寸在辰下。失耕時，於封畺上戮之也。辰者，農之時也。故房星爲辰，田候也。而蜀切。

文二 重一

巳 sì 巳（已）也。四月，陽气巳（已）出，陰气巳（已）藏，萬物見，成文章，故巳爲蛇，象形。凡巳之屬皆从巳。詳里切。

㠯 yǐ(以) 用也。从反巳。賈侍中說："巳，意巳（已）實也。象形。"羊止切。

文二

午 wǔ 啎也。五月，陰气午逆陽，冒地而出。此予（與）矢同意。凡午之屬皆从午。疑古切。

啎 wǔ 逆也。从午，吾聲。五故切。

文二

未 wèi 味也。六月，滋味也。五行，木老於未。象木重枝葉也。凡未之屬皆从未。無沸切。

文一

申 shēn 神也。七月，陰气成，體自申束。从臼（𦥑），自持也。吏臣餔時聽事，申旦政也。凡申之屬皆从申。失人切。古文申。籀文申。

𤰷 yǐn 擊小鼓，引樂聲也。从申，柬聲。羊晉切。

臾 yú 束縛捽抴爲臾。从申，从乙。臣鉉等曰："乙，屈也。"羊朱切。

曳 yè 臾曳也。从申，丿聲。余制切。

文四 重二

酉 yǒu 就也。八月，黍成，可爲酎酒。象古文酉之形。凡酉之屬皆从酉。與久切。

古文酉，从卯，卯爲春門，萬物巳（已）出。酉爲秋門，萬物巳（已）入；一，閉門象也。

酒 jiǔ 就也。所以就人性之善惡。从水，从酉，酉亦聲。一曰：造也，吉凶所造也。古者儀狄作酒醪，禹嘗之而美，遂疏儀狄。杜康作秫酒。子酉切。

醿 méng 𪌉生衣也。从酉，冡聲。莫紅切。

醋 yín 孰𪌉也。从酉，甚聲。余箴切。

釀 niàng 醞也。作酒曰釀。从酉，襄聲。女亮切。

醞 yùn 釀也。从酉，昷聲。於問切。

酓 fàn 酒疾孰也。从酉，弁聲。芳萬切。

酴 tú 酒母也。从酉，余聲。讀若廬。同都切。

釃 shī 下酒也。一曰：醇也。从酉，麗聲。所綺切。

酮 juān 䤄酒也。从酉，肙聲。古玄切。

䤄 lì 酮也。从酉，鬲聲。郎擊切。

醴 lǐ 酒一宿孰也。从酉，豊聲。盧啓切。

醪 láo 汁滓酒也。从酉，翏聲。魯刀切。

醇 chún 不澆酒也。从酉，享聲。常倫切。

醹 rǔ(今音 rú)　厚酒也。从西,需聲。《詩》曰:"酒醴惟醹。"而主切。

酎 zhòu　三重醇酒也。从西,从時省。《明堂月令》曰:"孟秋,天子飲酎。"除柳切。

醠 àng　濁酒也。从西,盎聲。烏浪切。

醲 nóng　厚酒也。从西,農聲。女容切。

䤊 róng　酒也。从西,茸聲。而容切。

酤 gū　一宿酒也。一曰:買酒也。从西,古聲。古乎切。

𨡒 zhī　酒也。从西,智省[聲]。陟离切。

𨣨 làn　泛齊,行酒也。从西,監聲。盧瞰切。

𨢦 gǎn　酒味淫也。从西,竷省聲。讀若《春秋傳》曰"美而豔"。古禫切。

酷 kù　酒厚味也。从西,告聲。苦沃切。

醰 dàn(今音 tán)　酒味苦也。从西,覃聲。徒紺切。

䣚 pò　酒色也。从西,市聲。普活切。

配 pèi　酒色也。从西,己聲。臣鉉等曰:"己非聲,當从妃省。"滂佩切。

䣧 yì　酒色也。从西,弋聲。與職切。

醆 zhǎn(盞)　爵也。一曰:酒濁而微清也。从西,戔聲。阻限切。

酌 zhuó　盛酒行觴也。从西,勺聲。之若切。

醮 jiào　冠娶禮;祭。从西,焦聲。子肖切。

醮,或从示。

醀 jǐn　歓酒也。从西,朁聲。子朕切。

酳 yìn　少少歓也。从西,匀聲。余刃切。

醻 chóu(酬)　主人進客也。从西,𠷎聲。市流切。

醻,或从州。

醋 zuò　客酌主人也。从西,昔聲。在各切。臣鉉等曰:"今俗作倉故切。"

䤉 mì　歓酒俱盡也。从西,𥁑聲。迷必切。

釂 jiào　歓酒盡也。从西,嚼省聲。子肖切。

酣 hān　酒樂也。从西,从甘,甘亦聲。胡甘切。

酖 dān　樂酒也。从西,冘聲。丁含切。

醧 yù　私宴歓也。从西,區聲。依倨切。

醵 jù　會歓酒也。从酉，豦聲。其虐切。

醵，或从巨。

酺 pú　王德布，大歓酒也。从酉，甫聲。薄乎切。

醅 pēi　醉飽也。从酉，咅聲。匹回切。

醉 zuì　卒也。卒其度量，不至於亂也。一曰：潰也。从酉，从卒。將遂切。

醺 xūn　醉也。从酉，熏聲。《詩》曰："公尸來燕醺醺。"許云切。

醟 yòng　酗也。从酉，熒省聲。爲命切。

酗 xù　醉醟也。从酉，句聲。香遇切。

酲 chéng　病酒也。一曰：醉而覺也。从酉，呈聲。直貞切。

醫 yī　治病工也。殹，惡姿也，醫之性然。得酒而使，从酉。王育説。一曰：殹，病聲。酒所以治病也。《周禮》有醫酒。古者巫彭初作醫。於其切。

莤 sù　禮祭，束茅加于裸圭，而灌鬯酒，是爲莤。象神歆之也。一曰：莤，榼上塞也。从酉，从艸。《春秋傳》曰："尔貢包茅不入，王祭不供，無以莤酒。"所六切。

醨 lí　薄酒也。从酉，离聲。讀若離。吕支切。

䤘 chǎn　酢也。从酉，韱聲。初減切。

酸 suān　酢也。从酉，夋聲。關東謂酢曰酸。素官切。籀文酸，从畯。

酨 dài(今音 zài)　酢漿也。从酉，𢦏聲。徒奈切。

醶 yàn　酢漿也。从酉，僉聲。臣鉉等曰："今俗作釅，非是。"魚窆切。

酢 cù　醶也。从酉，乍聲。倉故切。臣鉉等曰："今俗作在各切。"

酏 yǐ(今音 yí)　黍酒也。从酉，也聲。一曰：甜也。賈侍中說：酏爲鬻清。移尔切。

醬 jiàng(醬)　盬(醢)也。从肉，从酉，酒以和醬也；爿聲。古文。籀文。即亮切。

醢 hǎi　肉醬也。从酉、㐭。臣鉉等曰："㐭，甌器也。所以盛醢。"呼改切。籀文。

䤛 mào(今音 mú)　䤛𨡒，榆醬也。从酉，敄聲。莫候切。

𨡒 dòu(今音 tú)　䤛𨡒也。从酉，俞聲。田候切。

酹　lèi　餟祭也。从酉，寽聲。郎外切。

醳　bì　擣榆醬也。从酉，畢聲。蒲計切。

醻　jú　醬也。从酉，矞聲。居律切。

醇　liàng(今音 liáng)　雜味也。从酉，京聲。力讓切。

醬　jiàn　闕。慈冉切。

醃　rǎn　闕。而琰切。

文六十七　重八

酪　luò(今音 lào)　乳漿也。从酉，各聲。盧各切。

醐　hú　醍醐，酪之精者也。从酉，胡聲。户吴切。

酩　mǐng　酩酊，醉也。从酉，名聲。莫迥切。

酊　dǐng　酩酊也。从酉，丁聲。都挺切。

醒　xǐng　醉解也。从酉，星聲。按："酲"字注云："一曰：醉而覺也。"則古"酲"亦音醒也。桑經切。

醍　tǐ　清酒也。从酉，是聲。它禮切。

文六新附

酋　qiú　繹酒也。从酉，水半見於上。《禮》有"大酋"，掌酒官也。凡酋之屬皆从酋。字秋切。

尊　zūn(尊)　酒器也。从酋，廾以奉之。《周禮》六尊：犧尊、象尊、著尊、壺尊、太尊、山尊，以待祭祀賓客之禮。祖昆切。尊(尊)或从寸。臣鉉等曰："今俗以尊作尊卑之尊，别作罇，非是。"

文二　重一

戌　xū　滅也。九月，陽气微，萬物畢成，陽下入地也。五行，土生於戊，盛於戌。從戊含一。凡戌之屬皆从戌。辛聿切。

文一

亥　hài　荄也。十月，微陽起，接盛陰。从二；二，古文上字。一人男，一人女也。从乙，象裹子咳咳之形。《春秋傳》曰："亥有二首六身。"凡亥之屬皆从亥。胡改切。

古文亥，爲豕，與豕同。亥而生子，復從一起。

文一　重一

說文解字 卷十五上

［敘曰］：古者庖犧氏之王天下也，仰則觀象於天，俯則觀法於地，視鳥獸之文與地之宜，近取諸身，遠取諸物，於是始作《易》八卦，以垂憲象。及神農氏，結繩爲治而統其事。庶業其繁，飾僞萌生。黄帝之史倉頡，見鳥獸蹏迒之迹，知分理之可相别異也，初造書契。百工以乂，萬品以察，蓋取諸夬。"夬，揚于王庭。"言文者宣教明化於王者朝廷，君子所以施禄及下，居德則(明)忌也。

倉頡之初作書，蓋依類象形，故謂之文。其後形聲相益，即謂之字。［文者，物象之本；］字者，言孳乳而浸多也。著於竹帛謂之書，書者，如也。以迄五帝三王之世，改易殊體，封于泰山者，七十有二代，靡有同焉。

周禮，八歲入小學，保氏教國子，先以六書。一曰指事，指事者，視而可識，察而可見，上下是也。二曰象形，象形者，畫成其物，隨體詰詘，日月是也。三曰形聲。形聲者，以事爲名，取譬相成，江河是也。四曰會意，會意者，比類合誼，以見指撝，武信是也。五曰轉注，轉注者，建類一首，同意相受，考老是也。六曰假借，假借者，本無其字，依聲託事，令長是也。

及宣王太史籀，箸大篆十五篇，與古文或異。至孔子書六經，左丘明述《春秋傳》，皆以古文，厥意可得而説。其後諸矦力政，不統於王，惡禮樂之害己，而皆去其典籍。分爲七國，田疇異晦，車涂異軌，律令異法，衣冠異制，言語異聲，文字異形。

秦始皇帝初兼天下，丞相李斯乃奏同之，罷其不與秦文合者。斯作《倉頡篇》，中車府令趙高作《爰歷篇》，太史令胡毋敬作《博學篇》，皆取史籀大篆，或頗省改，所謂小篆者也。是時，秦燒滅經書，滌除舊典，大發隸卒，興役戍，官獄職務繁。初有隸書，以趣約易，而古文由此絶矣。徐鍇曰："王僧虔云：'秦獄吏程邈善大篆。得辠繫雲陽獄，增綕大篆，去其繁複。始皇善之，出爲御史，名其書曰隸書。'班固云：'謂施之於徒隸也。即今之隸書，而無點畫俯仰之勢。'"自爾秦書有八體：一曰大篆，二曰小篆，三曰刻符，四曰蟲

書，徐鍇曰："案《漢書》注：'蟲書即鳥書。以書幡信，首象鳥形。'即下云鳥蟲是也。"五曰摹印，蕭子良以刻符、摹印合爲一體。徐鍇以爲，符者，竹而中剖之。字形半分，理應别爲一體。摹印屈曲填密，則秦璽文也。子良誤合之。六曰署書，蕭子良云："署書，漢高六年蕭何所定，以題蒼龍、白虎二闕。"羊欣云："何覃思累月，然後題之。"七曰殳書，徐鍇曰："書於殳也。殳體八觚，隨其勢而書之。"八曰隸書。

漢興，有艸書。徐鍇曰："案書傳多云張芝作艸，又云齊相杜探作。據《説文》，則張芝之前已有矣。"蕭子良云："藁書者，董仲舒欲言災異，藁艸未上，即爲藁書。藁者，艸之初也。"《史記》："上官奪屈原藁艸。"今云"漢興，有艸"，知所言藁艸是創艸，非艸書也。尉律：徐鍇曰："尉律，漢律篇名。"學僮十七已上，始試，諷籒書九千字，乃得爲吏。又以八體試之，郡移太史并課，最者以爲尚書史。書或不正，輒舉劾之。今雖有尉律，不課；小學不修。莫達其説久矣。

孝宣時，召通《倉頡》讀者，張敞從受之。涼州剌(刺)史杜業、沛人爰禮、講學大夫秦近，亦能言之。孝平時，徵禮等百餘人，令説文字未央廷中，以禮爲小學元士。黄門侍郎楊雄，采以作《訓纂篇》。凡《倉頡》已下十四篇，凡五千三百四十字，羣書所載，略存之矣。

及亡新居攝，使大司空甄豐等校文書之部，自以爲應制作，頗改定古文。時有六書：一曰古文，孔子壁中書也。二曰奇字，即古文而異者也。三曰篆書，即小篆，秦始皇帝使下杜人程邈所作也。徐鍇曰："李斯雖改《史篇》爲秦篆，而程邈復同作也。"四曰佐書，即秦隸書。五曰繆篆，所以摹印也。六曰鳥蟲書，所以書幡信也。

壁中書者，魯恭王壞孔子宅，而得《禮》、《記》、《尚書》、《春秋》、《論語》、《孝經》。又北平矦張倉獻《春秋左氏傳》，郡國亦往往於山川得鼎彝，其銘即前代之古文，皆自相似。雖叵復見遠流，其詳可得略説也。

而世人大共非訾，以爲好奇者也，故詭更正文，鄉壁虚造不可知之書，變亂常行，以燿於世。諸生競説字解經誼，稱秦之隸書爲倉頡時書，云父子相傳，何得改易。乃猥曰："馬頭人爲長"，"人持十爲斗"，"虫者，屈中也。"廷尉説律，至以字斷法，苛人受錢，苛之字，止句也。若此者甚衆，皆不合孔氏古文，謬於史籒。俗儒啚夫，翫其所習，蔽所希聞，不見通學，未嘗覩字例之條，怪

舊埶而善野言，以其所知爲祕妙，究洞聖人之微恉。又見《倉頡篇》中“幼子承詔”，因號：“古帝之所作也，其辭有神僊之術焉。”其迷誤不諭，豈不悖哉！

《書》曰：“予欲觀古人之象。”言必遵修舊文而不穿鑿。孔子曰：“吾猶及史之闕文，今亡也夫！”蓋非其不知而不問，人用己私，是非無正，巧説衺辭，使天下學者疑。

蓋文字者，經藝之本，王政之始。前人所以垂後，後人所以識古。故曰：“本立而道生”，“知天下之至嘖而不可亂也。”

今叙篆文，合以古籀，博采通人，至于小大，信而有證。稽譔其説，將以理羣類，解謬誤，曉學者，達神恉。徐鍇曰：“恉即意旨字。旨者，美也。多通用。”分别部居，不相雜廁。徐鍇曰：“分部相從，自許始也。”萬物咸覩，靡不兼載。厥誼不昭，爰明以諭。其偁《易》，孟氏；《書》，孔氏；《詩》，毛氏；《禮》；《周官》；《春秋》，左氏；《論語》；《孝經》：皆古文也。其於所不知，蓋闕如也。

（按：許慎此處按順序排列五百四十部首，今略。各部首序數，可參“部首目録”。）

説文解字　卷十五下

敘曰：按：敘曰二字當移至全敘開頭。此十四篇，五百四十部，九千三百五十三文，重一千一百六十三，解説凡十三萬三千四百四十一字。其建首也，立一爲耑。方以類聚，物以羣分。同牽條屬，共理相貫。雜而不越，據形系聯。引而申之，以究萬原。畢終於亥，知化窮冥。

于時大漢，聖德熙明。承天稽唐，敷崇殷中。遐邇被澤，渥衍沛滂。廣業甄微，學士知方。探嘖索隱，厥誼可傳。

粵在永元，困頓之季。徐鍇曰："漢和帝永元十二年，歲在庚子也。"孟陬之月，朔日甲申。

曾曾小子，祖自炎神。縉雲相黄，共承高辛。太岳佐夏，吕叔作藩。俾侯于許，世祚遺靈。自彼徂召，宅此汝瀕。

竊卬景行，敢涉聖門。其弘如何，節彼南山。欲罷不能，既竭愚才。惜道之味，聞疑載疑。演贊其志，次列微辭。知此者稀，儻昭所尤。庶有達者，理而董之。

召陵萬歲里公乘、艸莽臣沖，稽首再拜，上書皇帝陛下：

臣伏見陛下神明盛德，承遵聖業。上考度於天，下流化於民。先天而天不違，後天而奉天時。萬國咸寧，神人以和。猶復深惟五經之妙，皆爲漢制。博采幽遠，窮理盡性，以至於命。先帝詔侍中騎都尉賈逵，修理舊文，殊藝異術，王教一耑，苟有可以加於國者，靡不悉集。《易》曰："窮神知化，德之盛也。"《書》曰："人之有能有爲使羞其行，而國其昌。"

臣父，故太尉南閣祭酒慎，本從逵受古學。蓋聖人不空作，皆有依據。今五經之道，昭炳光明，而文字者，其本所由生。自《周禮》、《漢律》，皆當學六書，貫通其意。恐巧説衺辭使學者疑，慎博問通人，考之於逵，作《説文解字》。六藝羣書之詁，皆訓其意。而天地、鬼神、山川、艸木、鳥獸、蚰蟲、雜物、奇怪、王制、禮儀，世間人事，莫不畢載。凡十五卷，十三萬三千四百四十一字。

慎前以詔書校東觀，教小黄門孟生、李喜等，以文字未定，未奏上。今慎已病，遣臣齎詣闕。慎又學《孝經》孔氏古文説。文

古按：文古，當作古文。《孝經》者，孝昭帝時魯國三老所獻，建武時給事中議郎衛宏所校，皆口傳，官無其説，謹撰具一篇并上。

臣沖誠惶誠恐，頓首頓首，死辠死辠。

臣蹜沓再拜，以聞皇帝陛下。建光元年九月己亥朔二十日戊午上。徐鍇曰：“建光元年，漢安帝之十五年，歲在辛酉。”

召上書者汝南許沖，詣左掖門會。令并齎所上書。

十月十九日，中黄門饒喜，目詔書賜召陵公乘許沖布四十匹，即日受詔朱雀掖門。敕勿謝。

銀青光禄大夫守右散騎常侍上柱國東海縣開國子食邑五百户臣徐鉉，奉直郎守祕書省著作郎直史館臣句中正，翰林書學臣葛湍，臣王惟恭等，奉詔校定許慎《説文》十四篇，并《序目》一篇，凡萬六百餘字。聖人之旨，蓋云備矣。

稽夫八卦既畫，萬象既分，則文字爲之大輅，載籍爲之六轡。先王教化，所以行於百代。及物之功，與造化均，不可忽也。雖復五帝之後，改易殊體；六國之世，文字異形；然猶存篆籀之迹，不失形類之本。

及暴秦苛政，散隸聿興，便於末俗，人競師法。古文既絶，譌僞日滋。至漢宣帝時，始命諸儒修倉頡之法，亦不能復故。光武時，馬援上疏論文字之譌謬，其言詳矣。

及和帝時，申命賈逵修理舊文，於是許慎采史籀、李斯、楊雄之書，博訪通人，考之於逵，作《説文解字》。至安帝十五年，始奏上之。

而隸書行之已久，習之益工，加以行草八分，紛然閒出，返以篆籀爲奇怪之迹，不復經心。至於六籍舊文，相承傳寫，多求便俗，漸失本原。《爾雅》所載艸木魚鳥之名，肆意增益，不可觀矣。諸儒傳釋，亦非精究小學之徒，莫能矯正。

唐大厤中，李陽冰篆迹殊絶，獨冠古今。自云：“斯翁之後，直至小生。”此言爲不妄矣。於是刊定《説文》，修正筆法。學者師慕，篆籀中興。然頗排斥許氏，自爲臆説。夫以師心之見，破先儒之祖述，豈聖人之意乎？今之爲字學者，亦多從陽冰之新義，所謂貴耳賤目也。

自唐末喪亂，經籍道息。皇宋膺運，二聖繼明。人文國典，粲然光被。興崇學校，登進羣

才。以爲文字者，六藝之本，固當率由古法。乃詔取許慎《説文解字》，精加詳校，垂憲百代。

臣等愚陋，敢竭所聞。蓋篆書堙替，爲日已久。凡傳寫《説文》者，皆非其人。故錯亂遺脱，不可盡究。今以集書正副本及羣臣家藏者，備加詳考。有許慎注義序例中所載而諸部不見者，審知漏落，悉從補録。復有經典相承傳寫，及時俗要用而《説文》不載者，承詔皆附益之，以廣篆籀之路，亦皆形聲相從，不違六書之義者。其閒《説文》具有正體而時俗譌變者，則具於注中。其有義理乖舛、違戾六書者，竝序列於後。俾夫學者，無或致疑。大抵此書務援古以正今，不徇今而違古。若乃高文大册，則宜以篆籀著之金石。至於常行簡牘，則艸隸足矣。

又許慎注解，詞簡義奥，不可周知。陽冰之後，諸儒箋述有可取者，亦從附益。猶有未盡，則臣等粗爲訓釋，以成一家之書。《説文》之時，未有反切。後人附益，互有異同，孫愐《唐韻》，行之已久。今竝以孫愐音切爲定，庶夫學者有所適從。食時而成，既異淮南之敏；縣金於市，曾非吕氏之精。塵瀆聖明，若臨冰谷。謹上。

新修字義：

左文一十九，《説文》闕載，注義及序例偏旁有之。今竝録於諸部。

詔　志　件　借　魋　綦
剔　觷　醆　趄　顦　璵
瘳　櫼　緻　笑　迓　睆　峯

左文二十八，俗書譌謬，不合六書之體。

𠁁　字書所無，不知所从，無以下筆。《易》云："定天下之𠁁𠁁。"當作娓。

个　亦不見義，無以下筆。明堂左右个者，明堂旁室也。當作介。

暮　本作莫。日在茻中也。

熟　本作孰。享芽，以手進之。

捧　本作奉。从廾，从手，丰聲。經典皆如此。

遨　本作敖。从出，从放。

徘徊　本作裴回。寛衣也。取其裴回之狀。

迴　本作回。象回轉之形。

腰　本只作要。《説文》象形。借爲玄要之要。後人加肉。

嗚　本只作烏。烏，盱呼也。以其名自呼，故曰烏呼。後人加口。

慾　《説文》欲字注云："貪欲也。"此後人加心。

揀　本只作柬。《説文》从柬、八。八，柬之也。後人加手。

俸　本只作奉。古爲之奉禄。後人加人。

自暮已下一十二字，後人妄加偏傍，失六書之義。

鞦韆　案詞人高無際作《鞦韆賦序》云："漢武帝後庭之戲也。"本云千秋，祝壽之詞也。語譌轉爲秋千。後人不本其意，乃造此字。非皮革所爲，非車馬之用，不合从革。

影　案影者，光景之類也。合通用景。非毛髮藻飾之事，不當从彡。

斌　本作彬或份，文質備也。从文配武，過爲鄙淺。復有从斌从貝者，音頵，亦於義無取。

悦　經典只作説。

藝　本只作埶。後人加艸、云，義無所取。

著　本作箸。《説文》陟慮切，注云："飯攲也。"借爲住箸之箸，後人从艸。

墅　經典只用野。野亦音常句切。

蓑　衰字本作蘇禾切。从衣，象形。借爲衰朽之衰。

賾　《周易疏義》云："深也。"案此亦假借之字，當通用嘖。

黌　學堂也。从學省，黄聲。《説文》無《學部》。

黈　充耳也。从纊省，主聲。《説文》無《纊部》。

矗　直皃。經史所無。《説文》無《直部》。此三字皆無部類可附。

麌　《説文》噳字注云："麌鹿羣口相聚也。"《詩》"麀鹿麌麌"，當用噳字。

池　池沼之池。當用沱。沱，江之别流也。

篆文筆迹相承小異：

本作。本从二，从古文及，左旁不當引筆下垂。蓋前作筆勢如此，後代因而不改。

《説文》不从人，直作。

左旁亲从辛，从木。《説文》不省。此二字李斯刻石文如此，後人因之。

从辛，从口。中畫不當上曲。亦李斯刻石如此，上曲則字形茂美，人皆效之。

《説文》作，象二屬之形。李斯筆迹小變，不言爲異。

《説文》作，亦李斯小變其勢。李陽冰乃云："从開口形。"亦爲臆説。

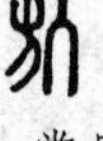
《説文》从中而垂下，於相出入也。从入。此字从中下垂，當只作，蓋相承多一畫。

如六切。《説文》本作肉，後人相承作，與月字相類。

《説文》作。止史籀筆迹小異，非别體。

此本蕃廡之廡，李斯借爲有無之無。後人尚其簡便，故皆从之。有無字本从亡。李陽冰乃云不當加亡。且蕃廡字从大，从卌，數之積也。从林，亦蕃多之義。若不加亡，何以得爲有無之無？

或作,亦止於筆迹小異。

《説文》作,李斯筆迹小異。

銀青光録大夫守右散騎常侍上柱國東海縣開國子食邑五百户臣徐鉉等,伏奉聖旨校定許慎《説文解字》一部。伏以振發人文,興崇古道。考遺編於魯壁,緝蠹簡於羽陵。載穆皇風,允符昌運。伏惟應運統天,睿文英武,大聖至明廣孝皇帝陛下,凝神繫表,降鑒機先。聖靡不通,思無不及。以爲經籍既正,憲章具明。非文字無以見聖人之心,非篆籀無以究文字之義。眷兹譌俗,深惻皇慈。爰命討論,以垂程式。將懲宿弊,宜屬通儒。臣等寔媿謏聞,猥承乏使。徒竆懵學,豈副宸謨?廛瀆冕旒,冰炭交集。其書十五卷,以編袟繁重,每卷各分上下,共三十卷。謹詣東上閤門進上,謹進。

雍熙三年十一月　日,翰林書學臣王惟恭、臣葛湍等狀進,奉直郎守祕書省著作郎直史館臣句中正,銀青光禄大夫守右散騎常侍上柱國東海縣開國子食邑五百户臣徐鉉。

中書門下牒徐鉉等新校定《説文解字》。

牒奉敕:許慎《説文》,起於東漢。歷代傳寫,譌謬實多。六書之蹤,無所取法。若不重加刊正,漸恐失其原流。爰命儒學之臣,共詳篆籀之跡。右散騎常侍徐鉉等,深明舊史,多識前言。果能商推是非,補正闕漏。書成上奏,克副朕心。宜遣雕鎸,用廣流布。自我朝之垂範,俾永世以作程。其書宜付史館,仍令國子監雕爲印版,依九經書例,許人納紙墨價錢收贖。兼委徐鉉等點檢書寫雕造,無令差錯,致誤後人。牒至準敕。故牒。

雍熙三年十一月　日牒。給事中参知政事辛仲甫、給事中参知政事吕蒙正、中書侍郎兼工部尚書平章事李昉。

筆畫檢字表

一、本表按字頭及古文、籀文楷化後筆畫數的多少，由少到多排列。

二、一般情況下，同筆畫數的字，將各字的首筆筆形按一丨丿丶乛的順序依次排列。首筆筆形相同的字頭，將第二筆的筆形按一丨丿丶乛的順序排列。第三筆、第四筆及以下各筆的筆形，也儘量按此方法排列。

三、部分前三筆筆形相同的字特別多，如十二畫"丨乛一"中，有100多個字頭，包括口部、目部、日部、虫部、田部等部首，而且各部首的字互有交叉，同爲口部的"喫"在第一位，相隔40位有"喈"字，再隔36位有"啺"字。爲查檢方便，將同部首的字相對集中排列，不規則的字，排在有部首的字的前面或後面。

四、後起異體字、區別字、通行字等，用括号表示。

三畫

四畫

五畫

萆	24	莛	21	蒸	26	枰	169	柱	162	剌	174
荆	21	苦	18	茹	26	枯	159	柿	154	郶	184
茟	16	莯	29	荔	27	相	95	柆	169	(冨)	149
筑	14	茯	385	荤	150	柤	163	柠	158	郹	180
茸	28	茷	24	茻	406	柙	170	柲	167	壷	403
苣	14	茬	13	荼	406	枵	160	柷	156	要	76
菜	18	蓝	27	兹	22	柚	154	柅	157	速	46
茜	25	苫	18	故	87	枳	158	柾	167	酊	439
茜	17	荇	20	胡	118	柍	155	柛	165	柬	174
茌	23	荃	25	勉	409	柷	167	柤	169	**一丿一**	
荐	24	荅	12	革	77	枂	164	招	160	庯	26
蔧	24	萴	21	南	173	栖	165	枷	165	咸	37
荺	173	荒	23	茆	102	柞	156	柀	156	庆	267
茐	19	荀	29	首	102	树	167	枏	164	庞	266
黄	15	茗	29	荀	258	柏	159	**一丨、**		威	361
菥	19	荅	14	**一丨丿**		栎	161	郏	184	**一丿丨**	
莖	20	荽	18	奈	154	栀	159	郭	184	匦	374
茶	21	(茅)	23	枒	155	柧	169	勃	409	頁	249
玭	17	荧	26	枯	168	枰	156	**一丨一**		研	269
草	12	茨	25	枯	161	柃	165	軌	424	厚	149
草	28	(荒)	23	柯	167	柢	159	郜	185	砌	269
苗	26	荌	22	柄	167	枸	157	戚	371	砾	324
莒	13	芽	16	柘	158	栅	164	郹	183	斫	420
茵	26	姜	16	柭	166	柳	158	匽	373	砭	269
茱	21	攺	15	柩	374	枹	167

│ ㄱ ㄴ											
		暑	188	暗	34	蛄	390	貴	178	幃	217
		最	214	喤	33	蛑	389	過	50	幄	218
睞	92	量	233	喔	40	蜊	392	遇	47	│ ㄱ ノ	
睊	95	猒	134	喙	33	蛭	390	遄	48	森	331
睥	92	彭	274	嗞	39	蚰	396	│ ㄱ │		楸	248
睍	93	晷	187	嘅	39	蛔	389	剴	121	粵	398
睎	95	景	187	戢	372	蛘	394	遄	47	盟	192
睦	96	晶	191	罟	41	蛛	399	罟	216	│ ㄱ 丶	
晚	93	敪	88	單	41	蜓	389	買	177	黑	291
睇	96	敨	88	品	61	蜓	395	罨	215	│ ㄱ ㄱ	
眼	95	喫	40	喦	59	蛕	389	罦	216	圍	175
暴	166	喁	37	喦	262	蚲	392	罥	216	骭	114
刵	121	喟	40	羿	41	蛤	393	嵌	263	骹	115
鼎	194	喝	39	罦	420	蜕	394	嵋	261	猷	248
貼	178	喑	36	郋	182	蛟	393	嵎	261	ノ 一 一	
覘	178	喟	35	勛	408	蛘	393	嵯	262	甥	408
貯	177	喈	40	趾	57	蚸	391	嵬	260	無	373
貶	178	嗢	37	跖	56	蛷	394	陵	262	鈷	147
賏	176	喘	35	跋	58	蜂	397	嵏	263	短	148
貽	178	啾	34	跌	56	晦	406	嵐	263	(智)	97
啫	186	喤	34	跛	58	晙	407	幅	217	鉼	147
罨	187	喉	33	跑	58	曹	118	幀	219	毳	239
暘	186	喲	61	跎	59	敷	87	崳	218		
睢	188	喉	33	踊	57	敫	89	愡	217		
晬	189	喚	40	跂	58	敦	62	幡	218

糝	200	瀰	321	、、一		襍	236	臂	257	嬶	364
馘	348	濡	316	蹇	42	襖	238	檗	157	一、一	
藁	198	濸	334	賽	178	襀	235	麑	375	翼	342
鳶	108	璗	10	蹇	58	襊	238	壁	44	一、｜	
、丿｜		盪	140	蹍	2	襑	235	臂	116	隸	84
斃	283	濕	315	寷	210	襁	234	擘	356	一、一	
、丿丿		澂	328	壹	206	禮	1	屢	241	孟	396
燦	290	澊	313	竀	209	襘	3	一一一		盤	412
燥	290	濮	315	竂	208	覰	244	蟲	396	一一一
燭	288	濞	319	竂	209	一一一		一｜一		匳	133
燬	286	澭	315	復	208	闑	345	孺	434	覶	245
燮	82	濱	318	邃	209	闌	346	隤	427	一一丿	
燨	291	濟	316	窩	208	闃	347	隵	426	蠻	389
肇	422	濚	312	鴰	109	闠	92	輮	152	一一、	
營	438	濘	322	、一一		闔	346	牆	150	繣	387
嚳	67	(濇)	45	寋	76	闇	346	槩	297	績	386
、、一		(澀)	321	顉	251	闊	347	一｜、		縛	381
瀞	327	濯	329	、一｜		闓	345	頣	249	縹	381
鴻	106	澤	321	襖	234	闍	344	一丿一		縷	384
濤	330	灘	316	襋	234	闕	347	嬭	368	縵	381
濈	327	、、｜		襑	237	歟	36	孆	369	繂	380
濫	319	懷	304	襌	236	歜	246	嬬	368	繈	378
澅	324	懦	303	襘	235	斀	89	嬪	365	維	378
		懝	304			臀	240

十九畫

二十畫

常用字漢語拼音檢字表

一、收字範圍：爲現代漢語中仍在使用的常用字。

二、排列方式：以《漢語拼音方案》的《字母表》爲序，排列音節。

三、取音標準：既收字頭的古代讀音，也收現代讀音，方便讀者查檢。有些字音古今不同，如"虫"，古音 huǐ，今音 chóng。本表既列 chóng 音，也列 huǐ 音。

A

ā
阿 426

āi
哀 39
埃 404
挨 357
唉 36

ái
皚 220

ǎi
毐 370
欸 246
矮 148
藹 65

ài
艾 17
隘 430
嗌 33
愛 151
礙 268

ān
安 205
窨 78
諳 72
盦 140

ǎn
俺 223

àn
岸 263
按 351
案 165
暗 187
闇 346
黯 291

áng
昂 189

àng
盎 140

āo
坳 405

áo
敖 111
嗸 261
嗷 38
獒 282
熬 287
翱 99

ǎo
拗 359
媼 361
媪 361
襖 238

ào
奡 297
傲 223
墺 400
澳 323

B

bā
八 30
巴 432
捌 359

bá
犮 283
拔 355
茇 22
跋 58
魃 259

bǎ
把 351
靶 78

bà
把 351
鮊 340
罷 216
霸 191

bái
白 220

bǎi
百 97
佰 225
柏 159
捭 357

bài
拜 349
敗 89
稗 196

bān
攽 87

班	11	（杯）	165	畚	374	鄙	178
般	242	**bāo**		**bèn**		**bì**	
頒	250	包	258	卑	83		
瘢	212	苞	17	背	115	筆	127
		胞	258	栢	165	**bēng**	
bǎn		**báo**		悲	307	祊	2
阪	426			碑	268	苾	24
版	194	雹	335	**běi**		畀	133
bàn		薄	24	北	232	泌	318
半	31	**bǎo**		**bèi**		毖	232
扮	354	保	221	孛	172	陛	429
伴	223	宋	206	邶	180	畢	110
絆	385	葆	28	貝	176	敝	220
辦	410	飽	145	背	115	婢	362
瓣	204	鴇	107	葡	91	閉	346
		緥	383	倍	227	啚	98
bāng		（寶）	206	被	236	弼	377
邦	178	**bào**		備	224	痹	212
bǎng				（備）	91	裨	236
榜	167	抱	352	輩	424	辟	257
膀	116	豹	272	**bèn**		碧	9
bàng		報	296	奔	295	蔽	23
蚌	393	（暴）	188	賁	176	（弊）	283
傍	226	鮑	340	**běn**		幣	217
謗	68	爆	288	本	159	壁	401
		bēi		（畚）	374	嬖	366
		陂	426	筆	84	避	49
						斃	283
						濞	319
					biān		
						砭	269
						蝙	395
						編	385
						邊	51
						鞭	79
						鯿	338
						邆	130
					biǎn		
						扁	60
						窆	209
						貶	177
						褊	236
					biàn		
						弁	243
						便	226
						徧	52
						緾	387
						（辨）	121
						辨	121
						變	88
					臂	116	
					髀	114	
					篦	133	
					璧	6	
					襞	237

辮 380
辯 433

biāo

彪 139
猋 284
標 160
膘 118
瀌 326
鏢 416
飈 397
鑣 417

biǎo

(表) 233
𧘝 233

biē

鼈 398

bié

(别) 114
別 114
蹩 57

bīn

邠 179
(彬) 222
賓 177
豳 179
儐 224
瀕 332

bìn

擯 224
殯 113
髕 114
鬢 254

bīng

(并) 232
冰 334
兵 75
幷 232

bǐng

丙 432
邴 183
秉 83
柄 167
炳 289
屏 240
(禀) 150
稟 150
餅 143

bìng

(幷) 232
(并) 232
併 225
並 299
併 225
病 210
竝 299

bō

波 319
撥 354
播 356

bó

伯 221
帛 220
勃 409
亳 148
博 63
搏 350
薄 24
膊 118
駁 275
踣 58
鎛 416

bǒ

跛 58
簸 133

bò

檗 157
擘 356

bū

逋 49

bǔ

卜 90
捕 358
哺 34
補 237

bù

不 343
布 219
步 45
怖 308
部 180
瓿 375

C

cāi

猜 282

cái

才 171
材 161
財 176
裁 233
纔 382

cǎi

采 168
彩 254

cài

菜 24
蔡 24

cān

參 191
餐 144
驂 276

cán

殘 113
慚 309
慙 309
蠶 396

cǎn

慘 306
黲 291

càn

粲 200
璨 11
燦 290

cāng

倉 146
蒼 23
滄 328
鶬 107

cáng

藏 29

cāo

操 350

cáo

曹 135
漕 330
槽 167

cǎo

艸 12
草 12
草 28

cè

册 60
策 131
(厠) 264

側 225	槎 169	嬋 369	嘗 136	**chē**	齔 54
廁 264	察 205	禪 3	償 226	車 421	櫬 170
測 320	**chà**	蟬 392	**chǎng**	**chè**	讖 63
惻 307	刹 123	纏 380	厂 266	徹 87	**chēng**
cēn	**chāi**	躔 57	昶 189	**chēn**	偁 225
參 191	差 133	讒 71	場 405	郴 183	稱 198
cén	釵 419	鑱 415	敞 88	琛 10	鐺 418
岑 262	**chái**	**chǎn**	氅 239	嗔 36	**chéng**
涔 325	柴 161	産 173	**chàng**	瞋 95	丞 74
céng	豺 272	諂 67	倡 228	**chén**	成 432
曾 30	儕 224	鏟 413	鬯 143	臣 85	呈 37
層 240	**chǎi**	**chàn**	唱 36	辰 435	承 352
cèng	茝 14	顫 252	悵 306	（沉）325	城 402
蹭 59	**chài**	**chāng**	暢 6	沈 325	宬 205
chā	瘥 213	昌 188	**chāo**	忱 301	乘 153
叉 82	蠆 390	倀 227	弨 376	宸 205	盛 139
杈 160	**chān**	倡 228	超 41	晨 76	棖 166
臿 201	覘 244	閶 344	鈔 418	晨 76	程 198
差 133	**chán**	**cháng**	**cháo**	陳 428	誠 65
插 351	孱 434	長 269	巢 174	（塵）280	酲 438
鍤 414	廛 264	常 217	朝 189	諶 65	橙 154
chá	潺 330	萇 15	嘲 40	**chèn**	懲 309
茬 23		場 405	（潮）318	趁 42	**chěng**
		腸 115	鼂 399	稱 198	逞 50
					騁 277

chī		赤	293	惆	306	廚	264	傳	227	吹	245
		敕	88	紬	381	雛	100	椽	162	炊	287
吃	37	啻	37	稠	195	**chǔ**		**chuǎn**		**chuí**	
蚩	392	飭	409	愁	307	处	419	舛	151	垂	405
笞	131	熾	290	酬	437	柠	158	喘	35	陲	429
喫	40			綢	387	處	419	**chuàn**		捶	357
螭	393	**chōng**		幬	217	楮	158	釧	419	椎	166
鴟	101	充	242	疇	406	楚	171			箠	131
魑	259	沖	319	籌	132	褚	238	**chuāng**		錘	415
癡	214	忡	308	儔	63	儲	224	刅	123		
		舂	201	醻	437	礎	269	囪	293	**chūn**	
chí		（衝）	53					創	123	春	28
弛	376	憧	304	**chǒu**		**chù**		窗	293	萅	28
持	350			丑	435	怵	308			**chún**	
匙	231	**chóng**		醜	259	畜	407	**chuáng**		唇	38
馳	277	虫	389			絀	382	（床）	164	純	378
遲	48	重	233	**chòu**		處	419	牀	164	淳	329
		崇	263	臭	283	黜	292	幢	219	脣	115
chǐ		蟲	397			觸	125			蓴	25
尺	241			**chū**				**chuǎng**			
侈	228	**chǒng**		出	172	**chuāi**		闖	347	**chǔn**	
（耻）	309	寵	206	初	121	揣	352			蠢	397
恥	309							**chuàng**			
扺	203	**chōu**		**chú**		**chuān**		創	123	**chuò**	
（肢）	203	抽	355	除	429	川	332	愴	306	綽	388
齒	54	紬	381	芻	26	穿	208			啜	34
褫	237			滁	330	**chuán**		**chuī**		輟	424
chì		**chóu**		耡	124			吹	35		
叱	38	仇	229	鉏	414	船	241

cī		璁	9	蹙	59	邨	185			軑 423
疵	210	聰	347	蹴	56	皴	87	**D**		帶 217
cí		驄	274	**cuàn**		**cún**				紿 379
祠	3	**cóng**		篡	260	存	434	**dá**		逮 48
茨	25	从	231	竄	209	**cǔn**		达	49	貸 176
瓷	376	從	231	爨	76	刌	121	怛	306	戴 75
詞	256	淙	320	**cuī**		忖	309	妲	369	**dān**
粢	143	琮	6	崔	263	**cùn**		荅	12	丹 142
慈	300	賨	178	催	229	寸	86	笪	131	眈 93
辝	433	叢	74	摧	350	**cuō**		達	49	珊 347
甆	143	**còu**		榱	163	撮	352	靼	77	耽 347
雌	101	湊	324	縗	387	蹉	59	**dǎ**		單 41
辭	433	**cū**		**cuǐ**		**cuó**		打	359	鄲 181
鷀	107	粗	200	璀	11	嵯	262	**dà**		儋 224
cǐ		（粗）	280	**cuì**		痤	211	大	294	殫 113
此	45	麤	280	萃	23	瘥	213	大	297	簞 129
cì		**cú**		啐	38	**cuò**		**dǎi**		**dǎn**
次	248	徂	47	淬	329	厝	266	（歹）	112	疸 213
伺	231	**cù**		悴	307	剉	122	**dài**		撣 350
刺	123	促	229	毳	239	挫	350	代	226	膽 115
（廁）	264	猝	281	粹	201	措	351	岱	261	**dàn**
廁	264	酢	438	翠	98	銼	412	待	52	旦 189
賜	177	蔟	26	**cūn**		錯	413	殆	113	但 229
cōng		醋	437	（村）	185			怠	304	（荅） 19
蔥	27									啗 34
										啖 37

淡	328	島	261	鐙	413	杕	161	琱	8	
憚	308	（搗）	355			弟	153	貂	272	**dǐng**
彈	377	導	86	**dī**		帝	1	雕	100	頂 249
誕	69	擣	355	低	230	棣	158	鯛	341	鼎 194
澹	321	蹈	57	堤	402	遞	48			**dìng**
藺	19	禱	3	滴	323	締	380	**diào**		定 205
癉	213			**dí**		諦	64	弔	230	訂 . 64
		dào		狄	283			（吊）	230	錠 413
dāng		到	343	迪	48	**diān**		掉	353	
當	407	悼	308	笛	132	滇	312	釣	417	**dōng**
璫	10	盗	248	滌	328	顛	249	調	66	冬 334
鐺	418	道	51	嫡	365	**diǎn**		窵	209	東 171
dǎng		稻	196	翟	98	典	133	**diē**		**dòng**
黨	292	**dé**		敵	88	點	291	跌	58	侗 223
dàng		得	52	鏑	417	**diàn**		**dié**		恫 306
		德	51	覿	245	佃	228	迭	49	洞 320
宕	207	**dēng**		糴	146	甸	407	瓞	204	凍 334
碭	267	登	45	**dǐ**		奠	133	疊	191	動 409
蕩	313	（燈）	413	氐	370	殿	85	耋	238	棟 162
�	10	鐙	413	邸	179	電	335	喋	194	蝀 395
盪	140			抵	350	墊	402	諜	72	**dōu**
dāo		**děng**		底	265	澱	327	**dīng**		都 178
刀	120	等	128	柢	159	簟	128	丁	432	兜 243
叨	145	**dèng**		砥	266	**diāo**		玎	8	篼 130
dǎo		鄧	181	詆	72	凋	334	釘	412	**dǒu**
倒	230	蹬	59	**dì**		彫	255			斗 420
				地	400

dòu		睹	94	懟	306	垛	401	堊	401	**F**	
		篤	276					惡	306		
斗	420	賭	178	**dūn**		**duò**		遏	50	**fā**	
豆	137							餓	145		
逗	48	**dù**		惇	300	惰	304	閼	346	發	377
脰	115	杜	155	敦	88	駄	278	鍔	121		
鬥	81	妒	366	蹲	58					**fá**	
竇	208	度	83			**E**		**ēn**		乏	46
鬭	81	渡	324	**dùn**				恩	301	伐	229
		蠹	397	盾	97	**ē**				罰	123
dū				遁	48	阿	426	**ér**		閥	347
都	178	**duān**		遯	49			儿	242		
督	95	耑	203	鈍	418	**é**		而	270	**fǎ**	
闍	345	端	298	頓	251	俄	228	兒	242	法	279
						哦	40	洏	327	灋	279
dú		**duǎn**		**duō**		峨	262				
毒	12	短	148	多	193	娥	362	**ěr**		**fà**	
獨	283			咄	36	額	249	耳	347	髮	254
瀆	323	**duàn**		掇	355	譌	70	迩	50		
櫝	164	段	85					珥	7	**fān**	
犢	31	緞	152	**duó**		**ě**		爾	91	(帆)	277
牘	194	鍛	412	度	83	惡	306	餌	80	番	30
讀	63	斷	420	敠	88			邇	50	幡	218
黷	292			奪	102	**è**				翻	99
讟	73	**duì**		(奪)	88	(歹)	112	**èr**		藩	25
		兌	242	鐸	416	厄	256	二	399	飄	277
dǔ		隊	427			歺	112	弍	399		
堵	401	碓	269	**duǒ**		(扼)	351	貳	177	**fán**	
覩	94	對	74	朵	160	鄂	182			凡	400
				朶	160

縿	385	**fáng**	**féi**	氛 11	峰 262	**fū**
煩	252			紛 385	峯 262	
蘩	28	防 427	肥 120	**fén**	(烽) 290	夫 298
樊	75	坊 406	(肥) 120	汾 313	葑 18	敷 150
蕃	28	房 344	腓 116	棼 171	(蜂) 396	(敷) 87
(繁)	385	妨 367	**fěi**	焚 288	熢 290	**fú**
璠	5	肪 115	匪 374	墳 405	豐 138	夫 298
(蘩)	28	魴 338	菲 27	濆 322	酆 179	弗 370
fǎn		**fǎng**	棐 170	**fěn**	蘴 396	伏 229
反	83	仿 224	斐 254	粉 201	**féng**	佛 224
返	48	紡 379	蜚 397	**fèn**	逢 48	孚 81
fàn		舫 242	翡 98	分 30	馮 276	扶 350
犯	282	訪 64	誹 68	份 222	縫 384	芙 29
汎	319	**fàng**	篚 131	忿 305	**fěng**	芣 21
泛	324	放 111	**fèi**	坌 401	諷 63	拂 357
范	27		吠 39	僨 229	**fèng**	服 242
販	177	**fēi**	(狒) 431	憤 306	奉 74	佛 304
飯	144	妃 361	沸 322	奮 102	鳳 104	枹 167
範	423	非 342	肺 115	糞 110	賵 178	复 151
fāng		飛 341	費 177	(糞) 401	**fó**	俘 229
方	242	菲 27	痱 211	**fēng**	佛 224	袚 3
邡	182	扉 344	廢 265	丰 173	**fǒu**	郛 179
坊	406	蜚 397	闠 431	封 402	缶 147	蚨 394
芳	24	緋 388	**fēn**	風 397	否 343	浮 319
枋	157	霏 337	分 30	楓 158		桴 162
鈁	416	騑 276	芬 12			虙 138
						符 128
						匐 258

涪 311	**fù**	**gà**	苷 14	**gàng**	割 122
緋 387			泔 327		歌 246
幅 217	父 82	尬 295	竿 130	杠 164	鴿 105
蜉 397	付 225		乾 432	戆 304	
福 2	附 427	**gāi**			**gé**
蝮 219	阜 426	陔 429	**gǎn**	**gāo**	革 77
蝠 395	赴 41	垓 400	秆 197	高 148	格 161
輻 423	复 151	荄 22	稈 197	羔 103	鬲 79
黻 220	負 177	該 72	感 307	皋 297	葛 20
鳧 86	副 121		赶 44	膏 115	隔 428
	婦 361	**gǎi**	(敢) 112	篙 133	閣 345
fǔ	傅 225	改 88			閤 346
甫 90	復 51		**gàn**	**gǎo**	骼 114
拊 351	富 205	**gài**	干 61	槁 161	
斧 419	腹 116	(丐) 373	旰 187	槀 161	**gě**
府 264	複 235	匄 373	淦 324	稾 197	哿 135
俛 251	蝮 389	匃 373	紺 382	稿 197	
莆 12	賦 177	漑 316	幹 162	縞 381	**gè**
(俯) 251	駙 276	溉 316		鎬 412	各 39
釜 80	縛 380	葢 25	**gāng**		箇 130
脯 118	鮒 338	(蓋) 25	扛 354	**gào**	鉻 418
腐 120	賻 178	概 165	岡 262	告 33	
輔 425	覆 216	槩 165	缸 147	郜 183	**gěi**
撫 352	馥 199		剛 121	誥 65	給 380
頫 251	鰒 340	**gān**	綱 384		
簠 129	**G**	干 61		**gē**	**gēn**
黼 220		甘 134	**gǎng**	戈 371	根 160
		玕 10	港 331	哥 135	跟 56
		肝 115		胳 116

gèn		肱	82	**gòu**		罟	215	**guà**		**guàn**	
亘	399	宮	207	垢	404	殺	103	卦	90	貫	193
gēng		恭	300	姤	370	詁	65	挂	358	裸	3
		蚣	392	冓	110	賈	177	詿	68	摜	352
更	88	躬	207	彀	377	鼓	136	註	70	盥	140
庚	432	觥	125	媾	362	嘏	62			灌	313
耕	124	龔	75	訽	72	穀	158	**guāi**		罐	147
賡	379	**gǒng**		遘	48	縠	198	乖	102		
羹	80	巩	81	構	162	轂	422			**guāng**	
gěng		拱	349	覯	244	瞽	96	**guài**		光	289
埂	404	珙	11	購	178	鵠	106	夬	82	洸	319
哽	37	鞏	77			蠱	397	怪	304	**guǎng**	
耿	347	**gòng**		**gū**		**gù**		**guān**		广	264
梗	159	共	75	苽	20	固	175	官	425	廣	264
綆	386	供	224	呱	34	故	87	冠	214	獷	282
骾	114	貢	176	孤	434	梏	170	倌	227	**guàng**	
gèng		**gōu**		姑	361	雇	101	棺	170	桄	169
更	88	佝	228	沽	316	錮	412	關	346	**guī**	
gōng		溝	323	辜	433	顧	251	鰥	337	圭	405
工	133	篝	129	觚	125	**guā**		觀	244	規	298
弓	376	**gǒu**		鴣	109	瓜	204	**guǎn**		瑰	10
公	30	狗	281	**gǔ**		刮	122	莞	15	閨	345
功	408	苟	27	古	62	緺	383	琯	132	嬀	360
攻	89	枸	157	谷	333	鴰	107	管	132	龜	398
供	224	笱	62	汩	330	**guǎ**		館	145	歸	44
				股	116	寡	206				
				骨	114

鬶	79	聒	348	害	207	菡	19	**hào**		貉	272
guǐ		蟈	394	駭	277	閈	345	号	135	翮	99
宄	207	**guó**		**hān**		漢	312	(昊)	297	覈	216
癸	433	國	175	酣	437	翰	98	昦	297	龁	55
軌	424	幗	219	鼾	98	頷	250	浩	319	閡	345
鬼	258	虢	139	**hán**		**háng**		號	136	**hè**	
匭	129	**guǒ**		邗	184	行	53	鎬	412	和	36
晷	187	果	160	邯	181	杭	358	顥	251	賀	176
詭	71	椁	170	含	34	航	242	灝	328	赫	294
簋	129	蜾	391	(函)	193	(航)	242	**hē**		褐	237
guì		裹	237	函	193	頏	296	喝	39	壑	112
柜	158	**guò**		(涵)	325	**hàng**		訶	71	鶴	106
桂	154	過	47	玲	10	远	51	**hé**		**hēi**	
貴	178			寒	207	沆	319	禾	195	黑	291
跪	56	**H**		(韓)	153	**hāo**		合	146	**hén**	
劊	121			**hǎn**		蒿	28	何	224	痕	212
劌	121	**hái**		厂	266	薅	29	和	36	**hěn**	
檜	159	孩	34	(罕)	215	**háo**		郃	179	很	52
鱖	339	骸	114	罕	215	号	135	劾	410	狠	282
gǔn		**hǎi**		**hàn**		號	136	河	311	**hèn**	
衮	233	海	318	扞	358	嗥	39	曷	134	恨	306
輥	422	醢	438	汗	330	**hǎo**		紇	378	**héng**	
鯀	337	**hài**		旱	187	好	363	核	166		
guō		亥	439	悍	304	郝	179	荷	19		
郭	184			(菡)	19			菏	315	恒	399
								涸	326

珩 7
横 169
衡 125

hōng

訇 69
烘 287
薨 113
轟 425

hóng

弘 376
宏 205
泓 320
虹 395
洪 318
紅 382
紘 383
閎 345
鴻 106

hòng

訌 69
澒 330
鬨 81

hóu

侯 148
矦 148
喉 33
喉 33
猴 284
猴 284
餱 143

hòu

后 256
厚 149
郈 184
逅 51
後 52
候 226

hū

乎 135
呼 35
忽 304

hú

弧 376
狐 284
胡 118
斛 420
壺 296
湖 322
瑚 10
觳 126
（糊） 144
餬 144
鶘 106

hǔ

虎 138
唬 40
琥 6

hù

互 130
户 344
怙 302
祜 1
扈 179
瓠 204
護 66

huá

芲 164
華 173
滑 321
（鏵） 164

huà

匕 231
化 231
（化） 231
畫 84
話 66
劃 122

huái

淮 314
槐 158
踝 56
懷 301

huài

坏 404
壞 404

huān

歡 246
貛 273
讙 70
驩 275

huán

郇 181
洹 315
桓 164
萑 16
寰 207
還 48
環 6
鍰 415
繯 380
鬟 256

huǎn

緩 388

huàn

幻 111
奐 74
宦 206
换 359
唤 40
涣 318
浣 329
患 308
焕 290
豢 271
擐 355
鯇 339
轘 425

huāng

肓 115
荒 23

huáng

皇 5
隍 429
湟 312
惶 308
黄 408
煌 289
蝗 392
篁 128
潢 322
璜 6
磺 267
蟥 391
簧 131

huǎng

怳 305

huī

灰 287
恢 300
揮 356
撝 356
暉 187
煇 289
翬 99
徽 385

huí

回 175
洄 324

huǐ

虫 389
虺 389

悔 306	魂 259	芨 15	齎 176	己 432	(塈) 401
毀 404	**hùn**	机 159	齏 204	脊 359	墍 401
huì	圂 175	(几) 90	(羈) 216	掎 355	暨 189
卉 26	混 318	肌 115	**jí**	給 380	際 429
恚 305	溷 320	其 133	及 83	幾 110	跽 56
彗 83	**huó**	剞 121	吉 37	麂 279	稷 196
晦 187	活 318	笄 128	岌 263	擠 350	髻 256
惠 110	**huǒ**	屐 241	汲 329	濟 316	冀 232
喙 33	火 286	姬 360	极 168	璣 10	劑 122
賄 176	夥 193	飢 145	即 142	蟣 390	薺 18
會 146	**huò**	基 401	佶 223	**jì**	嚌 34
(彙) 271	或 371	稘 263	亟 399	伎 228	濟 316
誨 64	貨 176	幾 110	急 303	技 356	薊 15
慧 300	惑 305	畸 406	卽 142	芰 18	績 386
諱 65	禍 4	箕 133	疾 210	忌 305	鯽 340
噦 37	獲 283	畿 407	級 380	妓 366	繫 386
薈 23	穫 197	稽 173	棘 194	季 434	繼 379
繪 381	蠖 390	緝 386	集 104	既 142	霽 336
翽 99	鑊 412	璣 10	嫉 229	洎 327	驥 275
匯 374		機 166	極 162	計 66	**jiā**
hūn	**J**	磯 269	楫 168	迹 46	加 409
昏 187		積 197	殛 112	紀 379	夾 294
婚 360		激 320	輯 422	記 66	佳 222
葷 13		擊 358	藉 25	寄 206	珈 10
闇 346	**jī**	雞 100	籍 128	悸 305	枷 165
hún		譏 68	**jǐ**	覬 142	痂 212
渾 320	几 419	饑 145	几 419	祭 2	浹 331
		躋 56			
		鷄 100

家 204	肩 116	蹇 58	鑑 412	茭 26	**jiào**
葭 27	姦 369	瞼 96	鑒 412	姣 363	叫 39
嘉 136	兼 199	繭 378	**jiāng**	教 90	校 168
jiá	菅 15	簡 128	江 311	蛟 393	教 90
荚 22	堅 84	鐧 417	姜 360	焦 289	窖 208
戛 371	閒 346	**jiàn**	將 86	澆 328	斠 420
蛱 391	犍 33	件 230	僵 229	膠 120	徼 52
铗 412	湔 311	見 243	漿 328	蕉 26	醮 437
颊 249	煎 287	建 53	（薑） 13	嬌 369	嚼 34
jiǎ	蒹 19	荐 24	疆 407	鮫 340	**jiē**
甲 431	監 233	健 223	薑 13	驕 275	皆 97
假 226	箋 128	閒 346	繮 385	**jiáo**	接 352
斝 420	緘 385	楗 163	**jiǎng**	嚼 34	揭 354
賈 177	縑 381	腱 120	蔣 20	**jiǎo**	階 429
瘕 212	艱 406	僭 227	講 67	角 124	喈 40
槚 156	殲 113	漸 313	**jiàng**	佼 221	街 53
jià	**jiǎn**	劍 123	匠 373	狡 281	**jié**
价 227	柬 174	澗 323	降 427	皎 220	孑 434
嫁 360	趼 58	箭 127	洚 318	腳 116	劫 409
價 231	減 330	賤 177	將 86	絞 295	拮 356
稼 195	剪 121	踐 57	絳 382	湫 326	桔 156
駕 276	（戩） 371	諫 65	醬 438	勦 409	桀 153
jiān	戩 371	餞 145	**jiāo**	徼 52	訐 71
奸 369	儉 226	鍵 413	交 295	矯 148	捷 358
戔 372	揀 349	檻 170	郊 179	腳 116	婕 362
	翦 98	薦 279		僥 230	傑 221
	檢 168	鐦 417		攪 356

柜	158	鋸	415	屬	241	均	400	愷	137	**kāng**	
沮	311	屨	241	**jué**		軍	423	愷	300		
莒	13	醵	438			菌	21	慨	300	康	197
筥	129	懼	302	孓	434	鈞	415	鍇	411	穅	197
（矩）	134	**juān**		角	124	麇	279	鎧	417	糠	197
蒟	21			（決）	323	**jùn**		**kài**		**káng**	
蒟	21	捐	358	抉	353						
榘	134	涓	318	決	323	俊	221	欬	247	扛	354
舉	354	娟	369	珏	11	郡	178	愾	306	**kàng**	
踽	56	鎸	414	玦	7	峻	262	**kān**		亢	296
jù		蠲	390	掘	356	（雋）	101	刊	122	伉	221
		juǎn		崛	262	浚	327	看	95	抗	358
句	62			桷	162	菌	21	勘	410	杭	358
巨	134	卷	257	訣	73	竣	298	堪	401	炕	290
苣	26	捲	357	厥	266	畯	407	（戡）	371	**kāo**	
具	75	**juàn**		絕	379	雋	101	戡	371		
俱	225			駃	278	餕	146	龕	341	尻	240
倨	223	券	409	蕨	27	駿	275	**kǎn**		**kǎo**	
（据）	353	卷	257	爵	143						
距	58	（雋）	101	譎	70	**K**		坎	402	考	239
詎	73	倦	230	蹶	57			侃	333	攷	89
鉅	418	狷	284	嚼	34	**kāi**		檻	170	**kào**	
（榘）	134	鄄	183	覺	245			顲	252		
窶	207	圈	175	矍	104	開	345	**kàn**		靠	342
聚	232	眷	95	攫	355	**kǎi**				**kē**	
踞	58	絹	381	钁	414			看	95		
據	350	雋	101	**jūn**		剴	121	闞	347	坷	404
遽	51	**juē**				塏	404			苛	23
		撅	358	君	35	楷	154

珂 10
柯 167
科 198
疴 210
軻 424
稞 197
窠 208
榼 165
磕 268
頦 252
顆 250
髁 114

ké

咳 34
(殼) 85

kě

可 135
渴 326

kè

克 195
刻 121
客 206
嗑 38
溘 331
課 65

kěn

肎 120
(肯) 120
墾 405
(墾) 405
懇 309
齦 54

kēng

阬 427

kōng

空 208
涳 320

kǒng

孔 343
恐 308

kòng

控 351

kōu

摳 349

kǒu

口 33

kòu

扣 358
寇 89
釦 413
觳 109

kū

圣 403
刳 122
枯 161
哭 41

kǔ

苦 15

kù

庫 264
絝 383
酷 437
(褲) 383
嚳 33

kuā

夸 294
咼 39
誇 69

kuǎ

侉 229

kuà

胯 116
跨 56

kuài

快 299
塊 400
鄶 183
噲 33
獪 281
膾 119

kuān

寬 206
髖 114

kuǎn

款 246

kuāng

匡 374
筐 374

kuáng

狂 283
誑 68

kuàng

(况) 319
況 319
壙 404
曠 186
纊 386

kuī

亏 136
刲 122
悝 305
窺 209
虧 136

kuí

奎 294
傀 222
逵 431
揆 354
葵 13
睽 94
魁 420
夔 151

kuì

喟 35
愧 369
匱 374
蕢 26
潰 321
憒 305
餽 145
聵 348
饋 144

kūn

坤 400
昆 188
崑 263
琨 9
褌 217
髡 255

kǔn

悃 300

kùn

困 175

kuò

括 356
适 47
𨓈 47
闊 347

L

lā

拉 350

lá

剌 174

là		lǎn		lǎo		顦	379	驪	274	溧	314
										厲	266
						lèi		lǐ		歷	44
刺	174	懶	368	老	238						
瘌	213	嬾	368	潦	325	肋	116	礼	1	曆	189
臘	117	覽	244			酹	439	李	154	癘	212
				lào		纇	283	里	406	隸	84
lái		làn		酪	439			俚	223	櫟	158
				澇	312	léng		理	8	瀝	327
來	150	濫	319	癆	213			裏	233	麗	280
萊	27	爛	288			棱	169	澧	314	櫪	170
淶	317			lè		lěng		禮	1	礫	268
		láng		泐	326			鯉	338	酈	185
lài		郎	183	勒	79	冷	334	醴	436	櫟	424
		狼	284	樂	167			邐	48		
睞	96	廊	266			lí				lián	
賚	176	琅	10	léi		(狸)	273	lǐ			
賴	177	稂	13			离	431			連	49
瀨	322	鋃	418	雷	335	(梨)	154	力	408	廉	265
籟	132			羸	103	梨	154	立	298	蓮	19
		lǎng		礧	165	(犂)	32	吏	1	憐	309
lán		朗	191	纍	384	嫠	369	利	121	聯	347
						貍	273	例	229	簾	128
婪	368	làng		lěi		黎	199	戾	283	鏈	411
嵐	263					縭	385	隸	84	鰱	338
闌	346	浪	312	耒	124	離	100	荔	27		
藍	14	閬	345	壘	430	藜	28	鬲	79	liǎn	
蘭	14			磊	269	罹	216	栗	193		
瀾	319	láo		誄	72	蘺	406	笠	131	斂	88
籃	129	牢	32	傫	229	蠡	397	粒	200	liàn	
襤	234	勞	409	蕾	403	蘺	14	詈	216	楝	158
讕	72	醪	436	纍	384

煉 288	潦 325	淋 329	陵 426	**liǔ**	**lòng**
練 381	膫 118	琳 6	翎 99		弄 74
鍊 412	燎 288	鄰 178	淩 315	（茆）28	
鏈 411	療 213	鄰 332	鈴 415	萷 28	**lóu**
	繚 380	嶙 263	零 335	栁 158	
liáng	鐐 411	遴 49	綾 381	（柳）158	婁 368
良 149	鷯 106	霖 336	櫺 163	綹 379	僂 229
梁 168		臨 233	靈 10		蔞 17
涼 328	**liǎo**	鱗 340		**liù**	樓 163
椋 155	了 434	麟 279	**lǐng**	六 431	螻 391
量 233	蓼 13		領 249		髏 114
粱 200	燎 288	**lǐn**	嶺 263	**lóng**	
糧 200		廩 150		隆 173	**lǒu**
	liào		**lìng**	龍 341	摟 353
liǎng	尥 295	**lìn**	令 256	癃 213	簍 129
兩 214	料 420	吝 39		龒 19	
蜽 394	廖 266	賃 177	**liū**	嚨 33	**lòu**
		藺 15	溜 314	瀧 325	（陋）426
liàng	**liè**			瓏 6	陋 426
倞 223	列 122	**líng**	**liú**	櫳 170	漏 330
量 233	劣 409	伶 227	留 407	朧 191	瘻 211
諒 63	冽 320	苓 17	流 332	礱 269	鏤 411
	烈 286	囹 175	瘤 211	籠 130	
liáo	裂 237	泠 313	畱 407	聾 348	**lū**
聊 347	獵 283	玲 8	（劉）418		露 336
僚 222	鬛 255	瓴 375	瀏 319	**lǒng**	
撩 351		聆 348	鎦 418	隴 428	**lú**
獠 283	**lín**	蛉 392	餾 143	壟 405	盧 139
遼 50	林 171	凌 334	騮 274		壚 400

廬	264	勠	409	慮	139	論	64			蠻	395

廬 264　勠 409　慮 139　論 64

má

麻 203

lùn

論 64

蘆 14　戮 371

luán

櫨 162　潞 313

臚 115　璐 6　孿 262

mǎ

馬 274

鑪 375　簏 130　孿 434

艫 242　麓 171　變 366

luō

捋 351

mà

鑢 413　露 336　攣 355

顱 249　鷺 106　欒 158

luó

禡 4　曼 82

錄 411　臠 117

羅 215　罵 216　蔓 20

lǔ

鑾 417

蘿 19　駡 216　幔 217

鹵 344

lǘ

鸞 104

luǒ

ma

慢 304

虜 193　閭 345

瘰 12　嘛 394　嫚 368

魯 97　驢 278

luǎn

裸 237

mái

縵 381

櫓 167

lǚ

卵 399　蠃 391

霾 336　鏝 415

lù

吕 207

luàn

luò

mǎi

máng

(录) 195　呂 207　亂 432

烙 290　買 177　邙 180

彔 195　挔 351

lüè

洛 312

芒 22

鹿 279　旅 190

落 23

mài

杧 163

陸 426　膂 207　掠 359

絡 386

盲 96

菉 27　履 241　略 407

犖 31　脈 333

淥 327　僂 229

lún

雒 100　麥 150

mǎng

逯 49　褸 234

駱 274　賣 172

莽 29

禄 2　縷 384　侖 146

濼 315　邁 46

蟒 29

碌 269

lǜ

倫 224

mán

māo

賂 176

掄 351

M

瞞 92

(猫) 273

路 58　律 53　淪 319

貓 273

輅 422　率 388　綸 383

鰻 338

máo

潞 327　綠 381　輪 424

毛 239

矛 421
茅 15
髦 254
蝥 392
蟊 396

mǎo

卯 435
（茆） 28
茆 28
𨑨 28
昴 187

mào

茂 22
冒 214
袤 234
貿 177
瑁 7
貌 243
懋 302

me

（麽） 110
麼 110

méi

没 324
玫 10
枚 160
眉 97
梅 154
媒 360
湄 323
楣 163
（霉） 292
黴 292

měi

每 12
美 103

mèi

妹 361
昧 186
袂 235
媚 363
寐 210
魅 259

mén

門 344
捫 350

mèn

悶 306
懣 306

méng

氓 370
（虻） 396
萌 21
盟 192
蒙 27
甍 375
瞢 102
蝱 396
濛 325
矇 96
朦 191

měng

猛 282
蒙 27
蠓 392

mèng

孟 434
夢 192

mī

眯 96

mí

迷 49
眯 96
謎 73
糜 200
麋 279
靡 342

mǐ

米 199
弭 376
靡 342

mì

汨 314
宓 205
泌 318
祕 2
（秘） 2
密 262
蜜 396
謐 66

mián

緜 377

miǎn

丏 253
沔 312
勉 409
湎 328
愐 302
緬 378

miàn

面 252
麪 150

miáo

苗 23

miǎo

杪 160
眇 96
秒 197
淼 331

miào

廟 265

miè

滅 330
蔑 102

mín

民 370
旻 186
珉 9

mǐn

皿 139
泯 330
敏 87
閔 347
黽 398
愍 307
閩 395

míng

名 35
明 192
茗 29
冥 191
溟 324
鳴 109
銘 419
瞑 95
螟 389

mǐng

酩 439

mìng

命 35

miù

繆 387
謬 70

mó

摹 356

模 162	**mǒu**	**nà**	撓 353	霓 336	**niàn**
膜 119	某 159	那 182	蟯 389	鯢 339	廿 63
（麽）110	**mú**	納 379	鐃 416	**nǐ**	念 300
麼 110	模 162	**nǎi**	**nǎo**	擬 354	**niáng**
摩 356	**mǔ**	乃 135	匘 231	**nì**	孃 369
謨 64	母 361	**nài**	（腦）231	昵 188	**niàng**
魔 259	牡 31	奈 154	**nào**	逆 47	釀 436
mò	拇 349	耐 270	淖 321	匿 373	**niǎo**
（歿）83	晦 406	鼐 194	鬧 82	溺 312	鳥 104
末 160	**mù**	**nán**	**nè**	膩 119	蔦 18
没 324	木 154	男 408	訥 67	**niān**	嫋 364
（沒）83	目 92	枏 154	**nèi**	拈 351	**niào**
沫 311	沐 329	南 173	內 146	蔫 23	尿 241
莫 29	牧 90	難 106	**nèn**	**nián**	**niè**
漠 318	睦 94	**nǎn**	恁 303	年 198	臬 167
墨 402	募 410	赧 293	**néng**	鮎 339	涅 321
默 281	墓 405	**náng**	能 285	黏 199	聶 348
瘼 210	幕 218	囊 174	**ní**	**niǎn**	孽 434
貘 272	慕 302	**nǎng**	尼 240	輦 424	躡 56
鏌 416	穆 195	曩 187	泥 317	撚 358	**níng**
驀 276	**N**	**náo**	怩 309	輂 425	寧 430
móu		呶 38	倪 227	（碾）424	檸 158
牟 32	**ná**			（輾）424	
侔 224	拏 351				
謀 64	拿 358				
鍪 412					
繆 387

甯 91
寧 135
凝 334

nìng

佞 366
寧 135

niú

牛 31

niǔ

狃 282
紐 383
鈕 414

nóng

（農） 76
（䢉） 76
濃 325
膿 141
醲 437

nòng

弄 74

nú

奴 362

nǔ

弩 377

nù

怒 306

nǚ

女 360

nuǎn

（暖） 290
煖 290

nüè

虐 138
瘧 212

nuò

搦 355
諾 63
懦 303

O

ōu

甌 375
毆 85
謳 66

ǒu

偶 230
（嘔） 247
耦 124
歐 247

òu

漚 325

P

pā

葩 21

pá

杷 165
琶 372

pà

怕 303

pái

俳 228
排 350

pài

派 322

pān

潘 327
（攀） 75

pán

槃 165
盤 165
蟠 392
鞶 77

pàn

判 122
泮 330
盼 93
叛 31
畔 407
袢 236

pāng

滂 319

páng

旁 1
徬 52
膀 116
龐 265

pàng

胖 31

pāo

拋 359
脬 115

páo

咆 39
庖 264
炮 288
袍 234
匏 258

pào

泡 315
炮 288

pēi

醅 438

péi

陪 429
培 403

pèi

沛 316
帔 217
佩 221
配 437
轡 388

pēn

噴 38

pén

盆 140

pēng

抨 357

péng

彭 136
棚 166
蓬 28

pī

丕 1
邳 184
披 353
劈 122

pí

皮 86
枇 156
蚍 397
疲 213
陴 429
埤 403
琵 372

脾	115	**piǎn**		嬪	365	頗	252	蒲	15	
裨	236			瀕	332			濮	315	**qí**
貔	272	諞	69	顰	332	**pó**				
羆	285							**pǔ**		圻 403
		piàn		**pǐn**		鄱	182			芪 20
pǐ		片	194			皤	220	朴	160	岐 179
				品	59			圃	175	(其) 133
匹	373	**piāo**				**pò**		浦	322	奇 135
仳	229			**pìn**				普	188	祁 181
圮	403	漂	319			朴	160	溥	318	祈 3
痞	213	縹	381	牝	31	迫	50	樸	161	祇 2
劈	122	飄	398	聘	348	破	269	譜	73	綦 194
噼	136					魄	259			耆 238
		piáo		**pīng**				**pù**		旂 190
pì		嫖	368			**pōu**				其 12
		瓢	204	俜	225			瀑	324	淇 313
媲	361			娉	366	剖	121			畦 407
僻	228	**piǎo**						**Q**		跂 59
甓	375			**píng**		**pǒu**				綦 167
譬	64	瞟	94	平	136	掊	351	**qī**		祺 2
闢	345			坪	400					旗 189
		piào		苹	14	**pū**		七	431	齊 194
piān		漂	319	凭	419			妻	361	綦 382
		驃	275	屏	240	攴	87	戚	372	蠐 390
偏	227			枰	169	仆	229	萋	22	騏 274
篇	127	**piē**		瓶	147	撲	357	凄	324	騎 276
翩	99	撇	95	萍	330	鋪	418	悽	306	麒 279
				荓	27			期	191	蘄 15
pián		**pīn**		馮	276	**pú**		欺	248	
		姘	369			匍	258	漆	312	
便	226			**pō**		莆	12	蹊	52	
蹁	58	**pín**				菩	15			
骈	276	贫	177	坡	400	僕	74

qǐ

企 221
杞 158
启 37
起 42
豈 137
啓 87
綺 381

qì

气 11
迄 51
弃 110
泣 330
汽 326
契 294
砌 269
氣 201
餼 201
訖 67
葺 25
棄 110
磧 268
器 61

qiā

掐 359

qià

洽 325

qiān

千 62
（汧） 312
汧 312
牽 32
鉛 411
愆 305
僉 146
遷 48
褰 235
謙 66
騫 277
（簽） 131
籤 131

qián

前 44
歬 44
虔 138
乾 432
鈐 414
鉗 415
箝 130
潛 324
蕁 16
錢 414
黔 292

qiǎn

淺 321
遣 48
繾 388
譴 71

qiàn

欠 245
芡 18
茜 17
倩 222
嵌 263
塹 404
歉 247
槧 168

qiāng

羌 103
戕 371
腔 120
槍 163

qiáng

強 390
强 390
薔 28
嬙 369
牆 150

qiǎng

襁 234
繦 379

qiàng

蹌 56

qiāo

敲 89
磽 268
繰 382

qiáo

荍 15
喬 295
僑 223
橋 168
樵 159
翹 98
譙 71

qiǎo

巧 134
悄 308

qiào

竅 208
翹 98

qiē

切 121

qié

茄 19

qiě

且 419

qiè

妾 73
怯 282
挈 350
篋 373
鍥 415
竊 201

qīn

侵 226
衾 236
欽 245
親 245
駸 276

qín

芹 18
芩 18
秦 198
琴 372
禽 431
勤 409
溱 314

qǐn

寑 206
（寢） 206
（寝） 210

qìn

沁 313

qīng

青 142
卿 257
清 320
傾 225
蜻 392
輕 421

qíng

情 299
黥 292

qǐng

頃 231
請 63

謦	63	鵁	106	軀	233	荃	25	**qún**		橈	161

馨 63

鵁 106

軀 233

荃 25

驅 277

拳 349

qún

橈 161

（擾）353

qìng

qiú

詮 65

群 103

饒 145

慶 301

仇 229

qú

銓 415

裙 217

rào

磬 268

囚 175

胸 118

鬈 254

裳 217

繞 380

罄 147

求 238

渠 323

權 158

R

rě

qiōng

（虯）393

瞿 104

quǎn

惹 309

蛬 14

虯 393

蘧 13

畎 332

rán

rè

泅 324

氍 239

畎 332

然 286

熱 290

qióng

俅 221

臞 117

quàn

rǎn

rén

邛 183

巯 72

衢 53

券 123

（冉）270

穹 209

酋 439

qǔ

勸 409

染 329

人 221

蛩 394

逑 49

曲 374

quē

ráng

壬 433

煢 342

球 6

取 83

缺 147

瓤 13

仁 221

銎 414

毬 239

娶 360

què

襄 13

任 226

（窮）209

遒 49

齲 55

qù

攘 349

rěn

瓊 5

裘 238

qù

（卻）257

壤 400

忍 309

藑 14

賕 178

去 140

卻 257

荏 13

窮 209

璆 6

趣 41

殻 85

攘 349

稔 198

qiú

quān

雀 100

ràng

rèn

qiū

糗 200

圈 175

確 268

讓 71

刃 123

丘 232

qū

悛 302

権 168

ráo

仞 221

邱 184

曲 374

圈 175

闋 347

蕘 26

任 226

秋 198

屈 241

quán

闕 345

嬈 368

妊 361

湫 326

區 373

全 147

qūn

楸 156

詘 71

泉 333

逡 49

（鰍）339

趨 41

鰌 339

衽 234
紉 385
軔 422
恁 303
葚 21
飪 143
韌 153

rēng

扔 356

réng

仍 225

rì

日 186

róng

戎 371
茸 28
容 206
蓉 29
溶 320
榮 158
融 80
嶸 262
鎔 412

rǒng

（冗） 206
宂 206

róu

柔 161
鞣 422
蹂 431

ròu

肉 115

rú

如 365
茹 26
儒 221
濡 316
孺 434
襦 236

rǔ

汝 313
乳 343
辱 435

rù

入 146
溽 321
蓐 29
縟 383

ruǎn

阮 428

ruǐ

蕊 22

ruì

芮 23
瑞 7
睿 112
鋭 415

rùn

閏 5
潤 326

ruò

若 25
弱 254
蒻 15
箬 127
爇 286

S

sǎ

洒 328
灑 329

sà

（卅） 63
卅 63
颯 398

sāi

塞 403

sài

塞 403
賽 178

sān

三 4

sǎn

散 119
（傘） 388
糝 200
繖 388
饊 143

sàn

散 119

sāng

桑 172
喪 41

sǎng

顙 249

sàng

喪 41

sāo

搔 352
臊 119
繅 378
騷 277

sǎo

嫂 362
埽 402
（掃） 402

sè

色 257
瑟 372
澀 45
濇 321
（澀） 45
（澀） 321
穡 195

sēn

森 171

sēng

僧 231

shā

沙 322
殺 86
莎 27
鎩 414

shà

歃 247
霎 337

shài

曬 188

shān

山 261
删 122
芟 24
苫 25
衫 238
姍 368
珊 10
潸 330
膻 117

shǎn

陝 428

閃 346

shàn

汕 323
苫 25
疝 211
剡 121
訕 68
扇 344
(善) 73
鄯 179
擅 354
膳 118
嬗 365
煽 290
禪 3
繕 384
贍 178
蟮 73

shāng

商 62
(商) 177
殤 177
傷 229
殤 112
觴 125

shǎng

賞 177

shàng

上 1
尚 30

shang

裳 217

shāo

捎 354
梢 157
稍 198
蛸 391
燒 286

sháo

勺 419
芍 20
苕 28
韶 73

shǎo

少 30

shào

召 35
邵 180
哨 39
紹 379

shē

奢 296
賒 177
(赊) 177

shé

舌 61
(折) 26
蛇 398

shě

捨 351

shè

社 4
舍 146
射 148
涉 332
赦 88
設 66
攝 350
懾 308

shēn

申 436
伸 227
身 233
呻 38
娠 361
深 314
紳 383
參 191
詵 63

shén

神 2

shěn

(吲) 246
沈 325
弞 246
(哂) 246
審 31
讅 65
瀋 328

shèn

甚 134
葚 21
腎 115
慎 299
蜃 393
滲 320

shēng

升 421
生 173
牲 32
笙 131
甥 408
聲 348

shéng

繩 385

shěng

省 97
眚 95

shèng

圣 403
胜 119
盛 139
(剩) 176
勝 409
聖 347
賸 176

shī

尸 239
失 354
屍 240
施 190
師 172
溼 326
詩 63
蓍 19
蝨 396
濕 315

shí

十 62
什 225
石 267
旹 186
拾 355
食 143
時 186
祏 3
寔 205
塒 402
(蝕) 393
實 205
餼 393
識 64

shǐ

史 83
矢 148
豕 270
使 227
始 363

shì

士 11

氏	370	噬	34	抒	354	**shù**		**shuǎng**		**sī**	
示	1	諡	72	芟	24			爽	91	司	256
世	63	螫	393	叔	83	术	196			私	195
仕	221	謚	72	姝	363	戍	371	**shuí**		思	299
市	148	釋	31	倏	282	束	174	誰	72	斯	420
式	133	**shōu**		書	84	沭	315			絲	388
枾	154	收	89	殊	112	述	47	**shuǐ**		澌	326
事	83	**shóu**		紓	379	恕	300	水	311	緦	387
侍	225	(熟)	81	梳	164	庶	265	**shuì**		颸	398
(柿)	154	**shǒu**		淑	320	術	53	稅	198	**sǐ**	
是	46	手	349	疏	435	漱	328	睡	95	死	113
适	47	守	206	舒	111	數	87	**shǔn**		**sì**	
恃	302	首	253	蔬	29	澍	325	吮	34	巳	435
室	204	**shòu**		樞	163	豎	85	**shùn**		四	430
逝	47	受	111	輸	424	樹	159	舜	152	寺	86
視	243	狩	283	**shú**		**shuā**		順	251	汜	322
貰	177	授	352	朮	196	刷	122	**shuō**		似	226
弑	86	售	40	秫	196	**shuāi**		說	65	兕	273
勢	410	壽	238	(孰)	81	衰	237	**shuò**		祀	2
嗜	37	瘦	213	(熟)	81	**shuài**		妁	360	泗	315
筮	128	綬	383	贖	177	帥	217	朔	191	俟	223
軾	422	獸	431	**shǔ**		率	388	碩	250	柶	165
試	65			暑	188			槊	170	飤	144
飾	218			黍	199	**shuāng**		鑠	412	涘	322
誓	65			署	216	霜	336			笥	129
蒔	23	**shū**		鼠	284	雙	104			竢	298
適	47	殳	85	蜀	390						
奭	98

嵗	273	溲	327	**suàn**		隼	105	**tà**		潭	314
嗣	60	嗽	39	祘	4	筍	127	沓	134	談	63
(肆)	269	藪	24	蒜	27	損	354	遝	47	彈	377
(飼)	144	**sū**		算	132	**suō**		撻	357	壇	405
駟	276	窣	209	**suī**		莎	27	榻	170	錟	417
隸	269	穌	198	睢	94	娑	366	踏	56	曇	189
襚		蘇	13	雖	389	梭	157	闒	347	檀	158
sōng		**sú**		**suí**		(蓑)	237	**tāi**		**tǎn**	
松	159	俗	226	隋	118	縮	380	胎	115	坦	402
嵩	263	**sù**		綏	388	**suǒ**		**tái**		袒	237
sǒng		泝	324	隨	46	所	420	台	36	**tàn**	
竦	298	涑	329	**suì**		嗩	176	臺	343	炭	287
sòng		素	388	祟	4	索	172	邰	179	探	355
宋	207	速	47	遂	49	瑣	8	炱	287	嘆	39
送	48	宿	206	歲	45	鎖	419	鮐	340	歎	246
訟	71	訴	71	碎	269	**T**		**tài**		**tāng**	
頌	249	(粟)	194	誶	71			泰	329	湯	327
誦	63	肅	84	穗	196	**tā**		態	304	鏜	416
sōu		溯	324	邃	209	它	398	**tān**		**táng**	
搜	358	遡	324	**sūn**		趿	57	貪	177	唐	37
蒐	17	愬	71	孫	377	**tǎ**		攤	359	堂	401
颼	398	鷫	105	**sǔn**		塔	406	灘	323	棠	155
sǒu		**suān**		(筍)	127	獺	284	**tán**		塘	405
叟	82	狻	283					郯	184	糖	201
		酸	438							螳	395

tǎng
帑 219
儻 230

tāo
弢 376
滔 318
韜 152
濤 330
饕 145

táo
咷 34
洮 312
逃 49
桃 154
陶 429
萄 27
檮 169

tǎo
討 72

tè
忒 303
特 31

téng
（疼） 213
痋 213
滕 319
縢 389
謄 67
騰 278

tī
剔 123
梯 166
銻 418

tí
荑 15
提 351
綈 381
緹 382
題 249
騠 278

tǐ
體 114

tì
洟 329
倜 230
涕 330
悌 309
逖 50
惕 308
（替） 299
裼 237
薙 24
嚏 35
鬄 255

tiān
天 1

tián
田 406
畋 89
恬 300
（甜） 134
甛 134
填 402
塡 402
鈿 419
闐 346

tiǎn
（忝） 309
忝 309
殄 113
腆 118
靦 252

tiāo
佻 228
挑 353
祧 4

tiáo
迢 51
條 160
蜩 392
調 66
髫 256

tiǎo
窕 209

tiào
眺 96
跳 57
糶 172

tiē
貼 178

tiě
鐵 411

tiè
帖 218

tīng
汀 326
听 36
桯 164
聽 348

tíng
廷 53
亭 148
莛 21
庭 264
停 231
霆 335

tǐng
町 406
挺 355
梃 160
艇 242

tōng
通 48

tóng
仝 146
同 214
彤 142
侗 223
桐 159
（疼） 213
痋 213
童 73
僮 221
銅 411

tǒng
桶 167
筒 131
統 379

tòng
痛 210
慟 309

tóu
投 352
頭 249

tòu
透 51

tū
厺 434
禿 243
突 209
（突） 434

tú
辻 46
荼 28

wán	wáng	
（徒）46	復 52	擇 23	丸 267	兦 373	桅 159
涂 312	蛻 393		芄 14	亡 373	唯 36
屠 240	**tūn**	**W**	完 205	王 4	帷 217
塗 405	吞 33		玩 8	**wǎng**	惟 301
圖 175	**tún**	**wā**	紈 380	网 215	嵬 260
酴 436	屯 12	哇 37	莞 15	往 51	圍 175
tǔ	豚 272	洼 322	頑 250	枉 161	爲 81
土 400	（臀）240	媧 362	**wǎn**	網 215	違 49
吐 37	**tuō**	窪 322	宛 205	**wàng**	維 385
tù	託 66	**wá**	菀 20	妄 367	濰 316
兔 280	脫 117	娃 367	（挽）425	忘 304	闈 344
tuān	**tuó**	**wǎ**	晚 187	望 373	**wěi**
湍 320	佗 224	瓦 375	脘 118	**wēi**	尾 241
tuán	沱 311	**wà**	惋 205	危 267	委 364
團 174	橐 174	韈 152	婉 364	威 361	洧 315
摶 356	馱 278	**wāi**	琬 6	逶 49	娓 365
tuàn	鼉 399	歪 39	畹 407	隈 428	偉 222
彖 272	**tuǒ**	**wài**	綰 382	微 52	萎 26
tuī	橢 165	外 192	輓 425	煨 287	隗 426
推 349	**tuò**	**wān**	**wàn**	薇 13	猥 281
tuí	拓 355	剜 123	萬 431	巍 260	葦 27
頽 243	柝 161	彎 376	**wāng**	**wéi**	痿 212
tuì	唾 35		汪 319	韋 152	煒 289
（退）52					偽 228
					諉 66
					緯 379
					鮪 337

趲	46							夥	209			
		wèn		**wū**		**wù**		郗	180	**xí**		
wèi		汶	316	汙	326	兀	242	唏	36	席	218	
未	436	問	36	巫	134	勿	270	奚	297	習	98	
位	224	搵	358	於	109	戊	432	息	299	蓆	24	
味	34			屋	240	阢	428	悉	31	隰	427	
畏	259	**wēng**		烏	109	物	33	晞	188	檄	168	
胃	115	翁	98	鄔	181	務	408	惜	307	襲	234	
渭	312			誣	68	悟	302	淅	327			
蔚	19	**wèng**				晤	186	欷	247	**xǐ**		
慰	302	瓮	375	**wú**		婺	365	犀	32	洗	329	
蝟	271			无	373	痦	210	稀	195	迆	48	
衛	53	**wō**		毋	370	誤	68	翕	99	枲	203	
謂	63	倭	222	吾	35	誤	70	晳	220	喜	136	
		喔	40	吳	295	鋈	411	豨	271	(徙)	48	
wēn		蝸	393	吴	295	霧	336	蜥	389	銑	411	
(溫)	311			梧	158	鶩	277	僖	226	禧	1	
溫	311	**wǒ**		無	373	鶩	107	熙	290	璽	402	
		我	372	蕪	23			熄	287			
wén						**X**		歙	247	**xì**		
文	254	**wò**		**wǔ**				熹	287	系	377	
(蚊)	396	(沃)	323	五	430	**xī**		羲	135	係	229	
聞	348	卧	233	午	435	夕	192	錫	411	郤	180	
蠡	396	渥	323	伍	225	兮	135	蹊	52	細	379	
		偓	224	武	372	西	343	蟋	395	舄	109	
wěn		握	350	侮	228	吸	35	谿	333	隙	429	
吻	33	渥	325	舞	152	昔	188	犧	33	餼	201	
紊	380	硪	268	廡	264	析	169			戲	371	
穩	199	斡	420	嫵	363					鬩	82

xiā

呷 36
鰕 340

xiá

匣 374
狎 282
俠 225
柙 170
遐 51
瑕 8
暇 188
轄 424
霞 337
黠 292

xià

下 1
夏 151
唬 40
廈 266
罅 147

xiān

仙 230
先 243
掀 354
僊 230
鮮 340
纖 379

xián

弦 377
咸 37
閑 346
嫌 367
銜 417
嫺 365
賢 176
癇 210
鹹 344

xiǎn

尟 46
蜆 391
跣 58
銑 411
險 426
獫 281
獮 286
顯 252

xiàn

限 426
莧 13
陷 427
羨 248
羡 248
綫 384
線 384
憲 300
縣 253
獻 283
霰 335

xiāng

相 95
（香） 29
香 199
（鄉） 185
廂 266
薌 29
湘 314
箱 131
緗 388
襄 236
鑲 412
驤 276

xiáng

庠 264
祥 2
痒 211
翔 99
詳 64

xiǎng

饟 144
想 301
餉 144
響 73
饗 144

xiàng

向 204
巷 185
相 95
象 273
項 250
像 230
曏 187

xiāo

削 121
枵 160
消 326
宵 206
逍 51
梟 170
蛸 391
綃 378
嘵 38
銷 412
霄 335
蕭 19
鴞 105
蠨 392
簫 131
瀟 330
囂 61
驍 275

xiáo

殽 85

xiǎo

小 30
筱 127
曉 188

xiào

孝 239
肖 116
哮 40
校 168
笑 132
效 87
嘯 36

xiē

歇 246

xié

叶 410
邪 184
協 410
挾 350
脅 115
衺 237
偕 224
斜 420
頡 251
勰 410
諧 66
擷 237
襭 237
攜 351

xiě

血 141
寫 206

xiè

泄 315
卸 257
械 170
渫 329
絏 386
榭 170
邂 51
懈 304
燮 82
褻 236

謝 66
蟹 394
瀣 330

xīn

心 299
忻 300
辛 433
昕 189
欣 246
訢 65
新 420
歆 248
薪 26
馨 199

xín

鐔 416

xìn

囟 299
信 65
釁 76

xīng

星 191
胜 119
猩 281
腥 119
興 76

xíng

刑 123
行 53
邢 181
形 253
型 402
陘 427
滎 322
餳 143
（餳） 143

xǐng

省 97
醒 439

xìng

杏 154
姓 360
幸 295
性 299
荇 20
興 76

xiōng

凶 202
兄 242
兇 202
匈 258
芎 14
（洶） 320
洶 320
（胸） 258
訩 71
营 14

xióng

雄 101
熊 285

xiǒng

（洶） 320
洶 320

xiū

休 169
修 253
庥 170
羞 435
脩 118

xiǔ

朽 113
滫 327

xiù

秀 195
岫 262
臭 283
袖 234
繡 381

xū

吁 38
（吁） 136
戌 439
盱 93
胥 118
虛 232
須 253
需 336
噓 35
繻 382

xú

徐 52

xǔ

栩 156
許 63
詡 66

xù

旭 186
序 264
（叙） 90
恤 303
洫 323
畜 407
勖 409
敘 90
壻 11
婿 11
絮 386
煦 286
蓄 28
緒 378
續 379

xuān

宣 204
軒 421
萱 14
瑄 11
儇 222
諼 67
翾 99

xuán

玄 111
旋 190
縣 253
璿 6
（懸） 253

xuǎn

選 48
癬 212

xuàn

泫 318
炫 289
眩 92
（衒） 53
絢 381
鉉 413
鏇 413

xuē

削 121
（薛） 15
鞾 79

xué

穴 208
學 90

xuě

雪 335

xuè

血 141
謔 69

xūn

勛 408

熏	12			湮	324	琰	6	**yáng**		**yáo**	
勳	408	**yā**		煙	289	演	318	羊	102	爻	91
薰	14	鴨	109	嫣	364	儼	223	洋	315	肴	118
		壓	404	鄢	182	黶	291	痒	211	姚	360
xún				閹	346			陽	426	洮	10
旬	258	**yá**				**yàn**		揚	354	堯	406
巡	46	牙	55	**yán**		咽	33	楊	158	軺	421
荀	29	芽	21	延	53	彥	254	瑒	6	搖	353
恂	301	崖	263	芫	20	晏	187	暘	186	遙	51
洵	317	涯	331	妍	367	唁	39	瘍	211	瑤	9
珣	5	衙	53	言	63	宴	205	颺	398		
循	52			炎	290	焱	293			**yǎo**	
(尋)	86	**yǎ**		沿	324	硯	269	**yǎng**		杳	162
詢	72	啞	36	研	269	雁	101	仰	225	舀	202
潯	321	雅	100	筵	128	厭	267	痒	211	窈	209
				閻	345	燕	341	蚌	393		
xùn		**yà**		檐	163	諺	67	養	144	**yào**	
汛	329	迓	67	顏	249	嬿	362	(癢)	393	要	76
迅	47	亞	430	嚴	41	驗	275			藥	24
訊	64	軋	424	鹽	344	(讞)	330	**yàng**		鷂	108
訓	64	訝	67	巖	262	豔	138	恙	307		
巽	133	揠	355					漾	312	**yē**	
馴	277			**yǎn**		**yāng**		樣	156	噎	37
遜	48	**yān**		奄	294	央	149				
蕈	21	咽	33	衍	318	泱	324	**yāo**		**yé**	
		烟	289	掩	356	殃	113	夭	295	邪	184
Y		淹	312	眼	92	秧	198	要	76		
		焉	109	郾	181	鞅	79	(腰)	76	**yě**	
		腌	119	偃	229	鴦	106			也	370

字	頁	字	頁	字	頁	字	頁	字	頁	字	頁
冶	334	**yí**		矣	148	異	75	**yīn**		**yǐn**	
野	406	匜	374	莒	16	逸	280	因	175	尹	82
yè		圮	405	倚	225	翊	99	茵	26	引	376
叶	21	夷	294	酏	438	軼	424	姻	361	吲	246
曳	436	沂	315	椅	156	意	299	音	73	蚓	389
夜	192	怡	300	旖	190	義	372	洇	317	(飲)	248
頁	249	宜	206	**yì**		肆	84	殷	233	隱	428
咽	33	羨	15	乂	370	裔	236	陰	426	螾	389
掖	359	咦	35	弋	370	詣	67	(陰)	337	歙	248
液	328	姨	362	刈	370	億	227	喑	34	**yìn**	
業	74	移	196	艾	17	誼	66	湮	324	印	257
葉	21	痍	212	亦	294	毅	85	禋	2	胤	116
謁	63	貽	178	异	74	瘞	405	慇	307	蔭	22
鄴	181	詒	68	抑	257	熠	289	駰	274	**yīng**	
yī		飴	143	邑	178	劓	123	霠	337	英	22
一	1	疑	434	佚	228	嶧	261	闉	345	瑛	6
弌	1	儀	226	役	86	懌	309	**yín**		嬰	366
伊	222	遺	49	易	273	殪	112	吟	38	應	299
衣	233	嶷	261	佾	230	縊	387	垠	403	罌	147
医	373	彝	388	弈	75	翳	99	寅	435	嚶	40
依	225	頤	349	奕	297	臆	115	淫	321	櫻	171
猗	281	**yǐ**		疫	213	翼	342	鄞	183	鶯	108
揖	349	乙	432	羿	99	(藝)	81	夤	192	纓	383
壹	296	(以)	435	益	140	繹	378	銀	411	鸚	108
噎	35	苡	435	挹	354	譯	72	齗	54	(鷹)	100
醫	438	迤	49	浥	322	議	72	齦	54		
黟	292	(苢)	16	埶	81	懿	296				
						驛	278

yíng
迎 47
盈 140
楹 162
塋 405
瑩 8
滎 322
熒 293
贏 360
營 207
縈 385
蠅 399
瀛 330
嬴 177

yǐng
景 187
郢 182
潁 315
（影） 187
穎 196
癭 211

yìng
映 189
（媵） 227
應 299

yōng
（佣） 224
邕 333
庸 90
傭 224
鄘 182
鏞 416
鱅 340
癰 212

yóng
喁 40
顒 250

yǒng
永 333
甬 193
咏 66
泳 324
俑 229
勇 409
涌 320
恿 409
詠 66
蛹 389
踊 56

yòng
用 90

yōu
攸 88
忧 307
呦 40
幽 110
悠 307
憂 151
優 226

yóu
尤 432
邮 180
油 314
柚 154
疣 252
郵 179
猶 284
遊 190
游 190
輶 421

yǒu
友 83
有 192
酉 436
羑 104
莠 13
牖 194
黝 291

yòu
又 82
右 37
右 82
幼 110
侑 366
柚 154
囿 175
宥 206
祐 2
誘 260
鼬 285

yū
迂 50
紆 379
淤 327
瘀 211

yú
（于） 136
予 111
余 30
於 109
盂 139
臾 436
禺 259
竽 131
俞 241
紆 379
娛 365
萸 21
隅 426
雩 336
魚 337
揄 354
逾 47
渝 330
愉 304
畲 406
腴 116
愚 304
榆 159
瑜 5
虞 138
漁 341
蝓 393
諛 67
餘 145
覦 244
輿 421
璵 5
歟 245

yǔ
与 419
予 111
宇 205
羽 98
雨 334
禹 431
圄 175
圉 296
庾 264
瑀 8
傴 229
與 75
語 63
嶼 263

yù
玉 5
芋 13
吁 38
（吁） 136
聿 84
或 371
郁 179
育 434
昱 188
浴 329
（域） 371
欲 246
遇 47

寓 206
裕 237
馭 53
御 53
煜 289
預 252
嫗 361
毓 435
獄 284
蜮 394
豫 273
諭 64
閾 345
禦 3
鴿 108
譽 66
鬻 80
鷸 107
鬱 143
鬱 171
籲 252

yuān

冤 280
淵 321
鴛 106

yuán

元 1
芫 20
沅 312
垣 401
爰 111
（原） 333
員 175
袁 236
援 355
湲 330
媛 366
園 175
圓 175
（源） 333
嫄 362
緣 383
圜 174
轅 423

yuǎn

遠 50

yuàn

苑 24
怨 306
院 205
院 429
掾 351
媛 366
瑗 6
愿 300
願 250

yuē

曰 134
約 380

yuè

月 191
刖 122
（岳） 261
越 42
粵 136
閱 346
樂 167
嶽 261
龠 59
瀹 328
躍 56
籥 128

yún

云 337
匀 258
芸 18
沄 319
郧 182
雲 337

yǔn

允 242
隕 427

yùn

孕 433
惲 300
運 48
暈 189
慍 306
緼 387
縕 387
醞 436
韻 73

Z

zā

帀 172
（匝） 172

zá

雜 236

zāi

（灾） 289
（災） 333
災 289
哉 36
栽 162
裁 289

zǎi

宰 206
載 423

zài

再 110
在 402
載 423

zān

簪 243

zàn

暫 188
贊 176
鏨 414
瓚 6

zāng

牂 103
臧 85

zǎng

駔 277

zàng

奘 297
葬 29

zāo

遭 47
糟 200

záo

鑿 414

zǎo

早 186
（蚤） 396
棗 194
澡 329
藻 27
蚤 396

zào

草 28
造 47
燥 290
譟 70
竈 208

zé

迮 47

則	121			沾	313		
筝	128	**zhā**		旃	190	**zhǎng**	
責	177	札	168	詹	30	掌	349
嘖	38	**zhá**		氈	239	**zhàng**	
幘	217	札	168	瞻	94	丈	62
擇	351	軋	424	鸇	108	杖	166
澤	321	閘	346	**zhǎn**		帳	218
簀	128	**zhǎ**		展	239	障	428
zè		眨	96	斬	425	**zhāo**	
仄	267	**zhà**		颭	398	招	352
(昃)	187	乍	373	(盞)	437	昭	186
zéi		栅	164	醆	437	釗	122
賊	371	詐	70	**zhàn**		啁	37
zèn		**zhāi**		占	90	朝	189
譖	71	摘	353	棧	166	**zhǎo**	
zēng		齋	2	湛	324	爪	81
曾	30	**zhái**		戰	371	沼	322
增	403	宅	204	蘸	29	**zhào**	
憎	306	翟	98	**zhāng**		召	35
甑	375	**zhài**		章	73	(兆)	90
繒	148	債	230	張	376	詔	65
罾	215	**zhān**		郭	184	照	289
zèng		占	90	彰	253	罩	215
贈	176			漳	313	趙	43
				璋	6	肇	87

櫂	170	砧	269
zhē		偵	231
遮	50	湞	314
zhé		斟	420
(折)	26	楨	161
哲	35	甄	375
摺	353	禎	2
輒	422	蓁	23
磔	153	榛	156
轍	425	禛	2
謫	71	禛	2
讋	70	臻	343
zhě		鋮	414
者	97	**zhěn**	
赭	293	枕	164
zhè		畛	407
柘	158	疹	117
浙	311	診	72
蔗	16	軫	422
鷓	109	**zhèn**	
zhēn		振	354
珍	8	朕	242
貞	90	賑	176
真	231	鴆	109
		震	335
		鎮	415
		鎭	415

zhēng		zhǐ			zhòng		
（争）111	枝 160	止 44	蛭 390	腫 117	緆 387		
征 46	知 148	只 62	（智）97	踵 57	籀 127		
爭 111	肢 116	旨 136	巇 271		驟 277		
蒸 26	梔 159	址 427	置 216	zhòng			
鉦 416	衹 2	抵 357	雉 100	仲 221	zhū		
箏 132	脂 119	衹 2	實 207	重 233	朱 159		
徵 232	隻 100	指 349	滯 326	衆 232	邾 182		
錚 416	楂 170	枳 158	製 238		茱 21		
	（蜘）399	咫 241	摯 350	zhōu	洙 315		
zhěng	織 378	痕 212	幟 219	舟 241	珠 9		
整 87		紙 386	質 177	州 333	株 160		
	zhí	軹 423	緻 388	周 37	蛛 399		
zhèng	直 373		櫛 164	妯 367	誅 72		
正 46	直 373	zhì	觶 125	（粥）80	銖 415		
政 87	姪 362	至 343	騭 274	鰲 296	（豬）270		
証 65	值 230	志 299	躓 57		諸 63		
鄭 179	值 230	豸 272	鷙 108	zhóu	豬 270		
諍 67	執 296	帙 218		軸 422	潴 331		
證 71	植 163	制 123	zhōng				
	植 163	治 316	中 11	zhǒu	zhú		
zhī	殖 113	炙 293	忠 299	肘 116	竹 127		
之 172	殖 113	陟 427	盅 140	疛 211	竺 399		
支 83	跖 56	桎 170	衷 236	帚 218	逐 49		
卮 256	摭 355	秩 197	終 380		舳 241		
汁 328	繁 277	致 151	螽 396	zhòu	筑 132		
芝 12	職 348	痔 212	鍾 412	宙 207	燭 288		
（巵）256	蹠 57	窒 209	鐘 416	紂 385	躅 57		
				冑 117			
			zhǒng	胄 214	zhǔ		
			冢 258	晝 84	主 141

渚 316	顓 251	**zhuì**	椓 169	訾 68	**zū**
煮 81		惴 307	濁 316	**zì**	租 198
麈 279	**zhuǎn**	墜 405	擢 355	白 97	菹 25
屬 241	轉 424	綴 430	濯 329	自 97	**zú**
zhù	**zhuàn**	縋 385	鐲 415	(自) 97	足 55
宁 430	傳 227	贅 177	鷟 105	字 434	卒 238
助 408	篆 127	**zhūn**	**zī**	恣 304	族 190
(仁) 231	轉 424	屯 12	仔 227	漬 325	鏃 418
佇 231	饌 144	肫 115	孜 87	**zōng**	**zǔ**
杼 166	籑 144	窀 209	咨 35	宗 207	阻 426
注 323	**zhuāng**	諄 64	姿 367	綜 379	俎 419
柱 162	妝 366	**zhǔn**	茲 22	**zǒng**	祖 2
祝 3	莊 12	準 326	孳 434	總 380	組 383
紵 387	裝 237	**zhuō**	滋 322	**zòng**	詛 68
貯 177	**zhuàng**	卓 231	粢 143	縱 379	**zuān**
箸 129	壯 11	拙 356	資 176	**zōu**	鑽 415
翥 99	狀 282	捉 351	緇 382	陬 426	**zuǎn**
駐 277	撞 356	**zhuó**	輜 421	鄒 183	纂 383
築 162	戇 304	灼 288	錙 415	鯫 339	**zuàn**
鑄 411	**zhuī**	茁 21	**zǐ**	**zǒu**	鑽 415
zhuā	隹 100	斫 420	子 433	走 41	**zuì**
髽 255	追 49	酌 437	姊 361	**zòu**	最 214
zhuǎ	椎 166	啄 40	秭 198	奏 297	
爪 81	錐 415	琢 8	第 128		
zhuān	騅 274		梓 156		
專 86			紫 382		
			滓 328

後　記

《説文》作爲治文字學者的必備書、常用工具書，歷經翻印，長盛不衰。以目前市面上最爲流行的中華書局影印清陳昌治本爲例，一印再印，供不應求。由於陳本是依據孫星衍覆刊宋刻大徐本而刻，而孫氏刻本最大的特點是保留了宋本的舊式，一筆一畫，悉依宋本，雖有訛誤，亦沿而不改。孫本的這一特點，在爲我們保留了宋本原貌的同時，也將宋本原有的錯誤一併沿襲下來。孫本原有的一些錯誤，陳本有的作了訂正，有的則没有訂正。孫本原來正確的，陳本在翻刻時，也有誤刻、誤改的地方。因此，《漢語大字典》在引用《説文》時，對於明顯的錯誤皆作了訂正，但也有改不盡的地方。

除此以外，儘管陳本一篆一行，眉目清楚，但對現代讀者而言，有兩大問題無法解決。一是《説文》9353 個字頭中有大量的生僻字，這些字雖然有反切注音，但對多數現代讀者而言，反切注音猶如不注；二是中華書局本所附的檢字手段落後，儘管其“檢字”是按筆畫排列，但同一筆畫數的字，又按照《説文》的部首排列，對於不熟悉《説文》部首的人來説，要檢一字，無異於大海撈針。隨着電腦技術的發展，造字已經不存在問題。而《現代漢語通用字表》的發佈，尤其是《現代漢語通用字筆順規範》的發佈，爲按筆畫編排字序、檢字快速定位掃清了障礙。

時至今日，如何整理出一部既有一定學術質量，又適合現代讀者閲讀、檢索的《説文》，就成爲一件大家盼望已久的事情。正鑒於此，我們本着既保留孫本、陳本用字習慣，又在注音、檢索等方面有所創新的設想，以中華書局影印的陳昌治本爲工作底本，整理出

《説文解字校訂本》,我們主要做了以下工作:

一、加注拼音。以徐鉉據孫愐《唐韻》所注反切爲依據,按照反切條例切出漢語拼音。如果該反切與今音不同,則在拼音後面加注今音。這樣既便於讀者能够迅速讀出字音,方便讀者將反切與拼音對照,學習反切的原理,又能使讀者瞭解古音與今音的不同。

二、加新式標點。

三、改正陳本誤改之處,同時根據衆本,將孫本的錯誤用圓括号括注在原字之後,既保留孫本的原貌,又給讀者一個正確的信息。

四、編制實用的索引。目前所出幾種排印本《説文》均附筆畫索引,但幾乎所有這些筆畫索引都受陳昌治本《檢字》的影響,在同一筆畫數下,只按《説文》部首的順序排列,根本無法快速檢字、定位。本書編制的筆畫索引,吸收最新成果,在同一筆畫數内將起筆筆畫以横、竪、撇、點、折的順序排列(第二筆、第三筆也儘量依次排列),可使讀者迅速判斷所檢字的大概方位,從而達到快速檢字的目的。同時,由於《説文》的九千多字中還有相當一部分活躍在現代書面語中,本書對這一部分字編制了《常用字漢語拼音檢字表》,便於讀者依音檢字,節省時間。

本書卷一至卷三,由王劍負責點校,卷四至卷五由王華寶負責點校,卷六至卷十五,由班吉慶負責點校;反切與漢語拼音的轉换由班吉慶負責;《筆畫檢字表》、《常用字漢語拼音檢字表》由王劍負責編制。

由於學疏力淺,整理中肯定有不少錯誤,希望廣大讀者批評指正。